大学体育教程

主　编　谭润芳　余昭炜
副主编　孔　凌　刘运胜
编　委　(排名不分先后)

何　涅　陈智芳　杨玉亭　孙　虹
冯丽明　翁小芳　王文文　马　玲
蒲李周　朱丽华　黄　超　归玉晓
杨蕃瑞　龚文翠　王　搏　曹　洋
娄方潇　刘倩玉　秦念念　田　英
贺兰明　杨汝情　龚　林　白　鹏

华中科技大学出版社
http://www.hustp.com
中国·武汉

内 容 提 要

本书以《全国普通高等学校体育课程教学指导纲要》和新时代全国高等学校本科教育工作会议精神为指导,以"育人为本"为教育根本、以"健康第一"为指导思想、以"终身体育"为终极目标,统筹学生需求、教师需求和学校需求,立足全人群和全生命周期两个着力点,从供给侧和需求侧两端发力,在传统体育教材基础上融入总结性思维导图和视频教学二维码,以直观图表和动态数字媒体技术与书本理论知识相结合,突显并强化"大学生一人至少一项体育技能"学习的科学性、趣味性、自主性,旨在培养大学生体育学习的兴趣和科学健身方法的掌握,助力"课内课外一体化"校园体育文化建设,为高校校园文化数字平台建设提供参考依据。

全书图文并茂,内容充实,信息量大,是一本集知识性、科学性、实用性和趣味性为一体,集理论与实践、文字与视频于一体的体育理论与实践教材,不仅适合于当代大学生和体育教师,也适合于广大体育爱好者。

图书在版编目(CIP)数据

大学体育教程/谭润芳,余昭炜主编. —武汉:华中科技大学出版社,2019.9(2022.8重印)
ISBN 978-7-5680-5686-1

Ⅰ.①大… Ⅱ.①谭… ②余… Ⅲ.①体育-高等学校-教材 Ⅳ.①G807.4

中国版本图书馆 CIP 数据核字(2019)第 195570 号

大学体育教程
Daxue Tiyu Jiaocheng

谭润芳 余昭炜 主编

策划编辑:陈培斌
责任编辑:陈培斌
封面设计:刘 婷
责任校对:刘 竣
责任监印:周治超

出版发行:华中科技大学出版社(中国·武汉)　　电话:(027)81321913
　　　　　武汉市东湖新技术开发区华工科技园　　邮编:430223
录　　排:华中科技大学惠友文印中心
印　　刷:武汉科源印刷设计有限公司
开　　本:787mm×1092mm　1/16
印　　张:23.25
字　　数:552 千字
版　　次:2022 年 8 月第 1 版第 5 次印刷
定　　价:58.00 元

本书若有印装质量问题,请向出版社营销中心调换
全国免费服务热线:400-6679-118　竭诚为您服务
版权所有　侵权必究

前　言

大学体育是学校体育的重要组成部分,是高校体育工作的中心环节,也是大学生掌握体育知识、发展体育技能、养成健康行为的关键。

本书以《全国普通高等学校体育课程教学指导纲要》和新时代全国高等学校本科教育工作会议精神为指导,围绕"一人一体育技能"学校个性化教育目标,以"育人为本"为教育根本、以"健康第一"为指导思想、以"终身体育"为终极目标,统筹学生需求、教师需求和学校需求三个层面,立足全人群和全生命周期两个着力点,从供给侧和需求侧两端发力,力求打造促进大学生体育技能发展和身心健康的直观新颖、趣味实用、科学系统的体育教材,助力"课内课外一体化"体育学习平台建设。

本书分为理论篇和实践篇两部分,共21章,约55万字。其中理论篇4章,着眼"一人一体育技能"课程体系建构,意在突出育体与育人的教育理念,培养大学生体育学习兴趣,在学习掌握体育基本理论知识的基础上领会与运用科学锻炼身体的方法,为"一人一体育技能"目标实现打下坚实的基础。实践篇17章,主要从体育技能发展课程角度设置,介绍了大学体育课堂主要学习运动项目的起源与发展、特点与锻炼价值、基本技术与基本战术、基本规则与裁判法等。同时,在传统体育教材知识创编基础上融入"视频教学二维码"链接模式,通过直观的动态技术演示与书本理论知识相结合,强化大学生的体育学习积极性、自主性、趣味性,促进"一人一体育技能"科学方向发展与形成。

本书由谭润芳、余昭炜担任主编,孔凌、刘运胜担任副主编,何涅、陈智芳、杨玉亭、孙虹、冯丽明、翁小芳、王文文(武汉城市职业学院)、马玲、蒲李周、朱丽华、黄超、归玉晓和杨蕃瑞(陆军工程大学军械士官学校基础部)、龚文翠、王搏、曹洋、娄方潇、刘倩玉、秦念念、田英、贺兰明、杨汝情、龚林、白鹏等参编,共同完成。

本书在编写过程中,学习、借鉴、引用了国内外众多专家、学者的研究成果,得到了文华学院校领导以及教务处、基础学部领导的关心、支持与帮助,教学视频演示得到了赵嘉辉、周英蓓、王子威、刘洋、涂玉峰、程钊、尤鹏程、章宇涵、刘庆、钟意、陈子煜、卢斯楠、袁毅、胡颖、张桓浩、郭子铭、黄雨馨、赖泽楷等的倾情付出,教学视频拍摄与制作得到了信息化管理中心李方亮老师与仓力刀工作室王泉富、胡元杰、李韩辉、张龙等的倾情奉献,教材编辑与出版得到了华中科技大学出版社的大力支持和帮助,在此一并表示衷心的感谢! 由于我们水平有限,疏漏和不妥之处敬请读者和同仁批评指正。

文华学院《大学体育教程》编写组
2019年7月

目　　录

第一章　大学体育课程概述 ··· 1
　　第一节　体育概述 ··· 1
　　第二节　大学体育课程 ·· 6
　　第三节　"一人一体育技能"体育课程 ·· 11

第二章　体质健康测试 ··· 16
　　第一节　体质与健康 ··· 16
　　第二节　大学生体质健康测试 ··· 20
　　第三节　《国家学生体质健康标准（2014年修订）》说明与评分 ············ 27

第三章　体育锻炼 ··· 49
　　第一节　体育锻炼原则与方法 ··· 49
　　第二节　体育锻炼监测与评估 ··· 52
　　第三节　体育锻炼计划与运动处方 ··· 60
　　第四节　体育锻炼注意事项 ·· 65

第四章　运动损伤 ··· 68
　　第一节　造成运动损伤原因 ·· 68
　　第二节　运动损伤预防原则 ·· 69
　　第三节　运动损伤与处理 ··· 70

第五章　身体素质 ··· 80
　　第一节　力量素质 ·· 80
　　第二节　耐力素质 ·· 86
　　第三节　速度素质 ·· 90
　　第四节　柔韧素质 ·· 94
　　第五节　灵敏素质 ·· 98

第六章　田径 ·· 102
　　第一节　田径运动概述 ··· 102

第二节　田径基本技术 ··· 104
　　第三节　田径基本规则 ··· 112

第七章　篮球 ·· 119
　　第一节　篮球运动概述 ··· 119
　　第二节　篮球基本技术 ··· 121
　　第三节　篮球基本战术 ··· 130
　　第四节　篮球基本规则 ··· 135

第八章　排球 ·· 137
　　第一节　排球运动概述 ··· 137
　　第二节　排球基本技术 ··· 138
　　第三节　排球基本战术 ··· 145
　　第四节　排球基本规则 ··· 148

第九章　足球 ·· 151
　　第一节　足球运动概述 ··· 151
　　第二节　足球基本技术 ··· 153
　　第三节　足球基本战术 ··· 169
　　第四节　足球基本规则 ··· 172

第十章　网球 ·· 176
　　第一节　网球运动概述 ··· 176
　　第二节　网球基本技术 ··· 179
　　第三节　网球基本战术 ··· 183
　　第四节　网球基本规则 ··· 186

第十一章　羽毛球 ·· 189
　　第一节　羽毛球运动概述 ··· 189
　　第二节　羽毛球基本技术 ··· 191
　　第三节　羽毛球基本战术 ··· 199
　　第四节　羽毛球基本规则 ··· 201

第十二章　乒乓球 ·· 205
　　第一节　乒乓球运动概述 ··· 205
　　第二节　乒乓球基本技术 ··· 206
　　第三节　乒乓球基本战术 ··· 215
　　第四节　乒乓球基本规则 ··· 217

第十三章　柔力球 ··· 221
第一节　柔力球运动概述 ··· 221
第二节　柔力球基本技术 ··· 222
第三节　柔力球基本战术 ··· 228
第四节　柔力球基本规则 ··· 230

第十四章　毽球 ··· 234
第一节　毽球运动概述 ··· 234
第二节　毽球基本技术 ··· 234
第三节　毽球基本战术 ··· 238
第四节　毽球基本规则 ··· 241

第十五章　武术 ··· 244
第一节　武术概述 ··· 244
第二节　武术基本动作 ··· 247
第三节　武术初级套路 ··· 250
第四节　陈式太极拳 ··· 270
第五节　武术基本规则 ··· 276

第十六章　跆拳道 ··· 279
第一节　跆拳道概述 ··· 279
第二节　跆拳道基本技术 ··· 281
第三节　跆拳道基本战术 ··· 287
第四节　跆拳道练习方法 ··· 289
第五节　跆拳道基本规则 ··· 291

第十七章　健美操 ··· 297
第一节　健美操概述 ··· 297
第二节　健美操基本动作 ··· 300
第三节　徒手健身操成套动作 ··· 302
第四节　健美操基本规则 ··· 307

第十八章　体育舞蹈 ··· 309
第一节　体育舞蹈概述 ··· 309
第二节　体育舞蹈基本知识 ··· 310
第三节　体育舞蹈基本技术 ··· 312
第四节　体育舞蹈基本规则 ··· 315

第十九章　形体训练 ……………………………………………………………… 318
　　第一节　形体训练概述 …………………………………………………… 318
　　第二节　形体训练基本姿态和方位 ……………………………………… 320
　　第三节　基本动作与成套动作练习 ……………………………………… 323
　　第四节　基本素质练习 …………………………………………………… 329

第二十章　瑜伽 …………………………………………………………………… 332
　　第一节　瑜伽概述 ………………………………………………………… 332
　　第二节　瑜伽基础练习 …………………………………………………… 335
　　第三节　瑜伽基本技术 …………………………………………………… 339
　　第四节　瑜伽基本规则 …………………………………………………… 346

第二十一章　健身气功·八段锦 ………………………………………………… 349
　　第一节　健身气功·八段锦概述 ………………………………………… 349
　　第二节　健身气功·八段锦动作解析 …………………………………… 352
　　第三节　健身气功·八段锦基本规则 …………………………………… 359

参考文献 …………………………………………………………………………… 362

第一章 大学体育课程概述

本章资源列表

第一节 体育概述

一、体育的概念

体育是社会发展的产物。中国古代没有"体育"一词,"体育"是外来词,出现在18世纪60年代的法国。1762年,教育家卢梭在《爱弥尔》(Emile)中,用"体育"(education physique)(法语)一词论述了对爱弥尔的身体教育过程。书中指出,儿童和青少年身体的成长、发育,应当依据其天然本性,因势利导,加以辅助,尽量少加人为约束。由于此书激烈地批判了当时的教会教育,在世界引起了强烈反响。此后,德国、英国等国纷纷沿用了卢梭的"体育"一词,"体育"在世界各国流传开来。

《辞海》(第六版)指出:体育亦称"体育运动"。狭义指身体教育,即以强身、医疗保健、娱乐休息为目的的身体活动。与德育、智育、美育相配合,成为整个教育的组成部分。广义指体育运动,包括竞技体育、学校体育、社会体育三个方面。它们均以身体活动为基本手段,锻炼身体,促进健康,增强体质,并具教学、训练以及提高运动技术和竞赛成绩的作用。

19世纪80年代,主张改革维新的有识之士将"体育"一词从日文翻译直接引入中国,起初译为"体之教""身体的教育"等,概念是"教育"。但随着体育项目和体育文化的挖掘、整理,以及时代变迁、社会发展、人文关怀及人类对运动的需求,今天的体育,已不仅仅是身体的教育。

从体育本质分析,体育的主体是人。人的构成包括生理学层面、心理学层面和社会学层面三个层面。因此,"只有以人的身心发展为中心,以增进人的健康、提高生活质量与社会文明发展、提升社会的现代化水平相统一为宗旨,体育才有可能符合现实中人的发展与社会发展的需要。""任何将体育单纯理解为娱乐、运动或者是脱离人身心发展的其他教育,都是违背体育的本质的。"透过现象看本质,体育的本质就是"以身体运动为基本手段,促进人们身心健康发展,提高人们的生活质量和生命质量"。体育概念就是:"体育是以身体运动为基本手段,促进身心发展的文化活动。"

二、体育的功能

体育的功能是由体育的本质属性和社会需求决定的。社会需求是随着生产力的发展、社会的变迁而不断发生变化的,在追求"全民健康、全面小康"的时代,体育的功能主要表现在以下六个方面。

(一)体育的健身功能

体育是以身体的直接参与来表现的,这是体育最本质的特点,它决定了体育的健身功能。

1. 提高人体的神经系统机能水平

人的各器官、系统的功能都是直接或间接地在神经系统的调节、控制下完成的。神经系统在整体内起主导作用,它分为中枢神经和周围神经两部分。体育锻炼往往要求身体完成一些比日常活动更为复杂的动作,所以,中枢神经就必须迅速动员各器官、系统的机能,使之协调以适应肌肉活动的需要。经常参加体育锻炼,就能使大脑神经细胞工作能力提高,反应灵活迅速、准确协调。

2. 促进人体运动系统的改善

长期科学地坚持体育锻炼,对骨、关节和肌肉具有良好的促进作用。人体在长期坚持体育锻炼时,由于新陈代谢加强,骨的血液供给得到改善,骨的形态结构和性能都发生良好的变化,骨密质增厚,使骨变粗,骨小梁的排列根据压力和拉力的不同更加整齐而有规律,骨表面肌肉附着的突起更加明显。这些变化使骨变得更加粗壮和坚固,从而提高了骨抗折、抗弯、抗压缩和抗扭转方面的性能。系统的体育锻炼,还可增大关节的稳固性,又可提高关节的灵活性。体育锻炼对肌肉的影响是最明显的。经常参加体育锻炼可使肌纤维变粗,肌肉的体积增大,使肌肉明显发达、结实、健壮、匀称而有力。长期坚持体育锻炼,还可以提高肌肉的收缩能力,提高肌肉能量供给需求,还可以提高神经系统对肌肉的控制能力。肌肉对神经刺激所产生的反应,会更加迅速和准确,使身体的各部分肌肉能够协调地配合。

3. 促进消化系统的机能改善

消化系统的作用是人体新陈代谢正常进行的保证。消化过程是通过神经和体液来调节的,而消化的各环节无不受大脑皮层的管理,大脑皮层在消化过程中同其他系统的活动一样占有重要地位。体育锻炼可使大脑皮层等神经系统得到改善,在神经和体液的调节下,消化系统的消化器官的物理性消化和化学性消化随之加强。另外,体育锻炼还能增强腹肌和盆腔肌的力量,使腹腔内的消化器官保持正常位置,强化消化道的平滑肌作用,能有效地防止内脏下垂和便秘等疾病的发生。还有,运动时呼吸活动加强,增大了横膈肌和腹肌的活动范围,因此对肝脏和胃肠起到了很好的按摩作用,可更好地促进食物的消化和吸收。

4. 提高人体的心血管系统机能水平

在长期体育锻炼的影响下,心肌收缩蛋白和肌红蛋白的含量增加,心肌中有毛细血管大量新生,供血量增加,心肌纤维变粗,心肌肥厚,心脏的大小和重量都增加。因此,训练有素的人,由于心搏徐缓,心脏的舒张期延长,所以心肌可得到充分的休息,而且心脏有更多的血液充盈。在血液循环过程中,除心脏是一个动力外,还必须由血管联成循环路径来实现它的功能。经常进行体育锻炼,中枢神经系统对血液循环器官的调节机能得到改善,使动脉血管弹性增强,减弱了小动脉血管的紧张度,血流的外周阻力减少,提高了血流量,有利于血液循环。同时,体育锻炼可以促进新陈代谢,增加脂肪的利用而不积存,增加纤维蛋白溶解酶的活动,防止血栓的形成,也是防止肥胖、高血脂、胆固醇过高、心血管系统疾病的积极手段。

(二)体育的教育功能

体育是教育的一部分。人们参与体育活动的过程,就是一个受教育的过程。体育的技艺性、群体性、国际性、礼仪性、竞技性的特点,决定了体育是传播价值观的理想载体。

1. 促进素质技能,培养生活自信

人的许多技能主要是靠后天学习获得的,包括基本的走、跑、跳、投等基本素质能力,也包括坐姿的规范、站姿的学习、跑跳能力的拓展等等。在素质技能学习过程中,明确的学习目标、渐进的训练步骤、有效的教学培养,可以培养学生的自信,促进其整体生活质量的提升。

2. 拓展运动技能,促进智力发展

运动技能拓展是根据人体的解剖学、力学、生理学等诸方面的因素特征,对人本身具有的运动能力的再开拓、再发展、再创造的一个过程。科学合理的拓展与训练,可以从不同侧面、不同程度刺激和促进人体的机能水平发展,刺激和促进的过程是一个改变人的记忆、思维、想象、判断的过程,是智力启迪和开发的过程。相关研究表明,科学合理的运动有助于大脑右半球功能的开发,有助于发展人的直觉、空间转换、形体感知等形象思维。

3. 增进体育知识,提高文化素养

由起初的生存需求到现今的精神需求,体育伴随人类的进步与发展,已经形成了自己的文化体系,包括健康促进技能与理论、体育监测与评估理论、体育竞赛规则与裁判法、体育形体意识与运动素养等等,是除体育教育之外没有任何一门课程可以取代的。因此,广泛的体育知识学习,不仅可以开阔人的视野,加强对人的生物属性的认知,还可提高自我运动修为和文化素养。

4. 规范品德意识,促进社会职能

社会的行为规范、价值观念等都可以通过体育过程来建立。比如明确的体育比赛规则可以促进参与者的规则意识,延伸到社会规则就表现为遵纪守法。体育比赛规则还强调公平、公正,延伸到社会生活就是追求社会的平等和公正,反对特权。体育比赛中,有队友、对手、裁判、观众,位置不同、角色不同,社会化功能就不同。通过互相接触、同进同退,可以培养优良的社会品德。

5. 塑造形意体验,培养审美情趣

体育的过程始终伴随着美。通过体育锻炼能使学生体魄健美、身材匀称、姿态优雅、动作矫健,这既是健康的标志,又是形体美的表现。运动中呈现的空间姿态、形神韵律、动静节奏、默契配合等等,给人的是深层的美感体感,无形中激发的是学生对美的追求。

(三)体育的娱乐功能

体育具有娱乐功能,是因为体育的游戏属性,使体育含有相应的娱乐因素。它的娱乐功能通过体育参与、体育观赏两个途径实现。体育参与可以实现个体参与的情感体验,体育观赏亦可实现个体观赏的情感体验。顾拜旦在《体育颂》中描述:"体育!你就是乐趣!

想起你,内心充满欢喜,血液循环加剧,思路更加开阔,条理更加清晰。你可使忧伤的人散心解闷,你又使快乐的人生更加甜蜜!"

在节奏加快、竞争激烈的现代社会,人们需要生活、学习、工作之余的情感宣泄,需要正能量的娱乐活动的观赏与参与。现在已经有越来越多的人参与到广场舞、快走、乐跑、快乐体操、快乐足球、攀岩、跑酷等大众体育活动中。通过体育,不仅疏导了紧张情绪,缓解了生活压力,还获得了轻松愉悦的运动快感。因此,经常性的、有规律的体育观赏与体育参与,不仅可以陶冶人的情操,更可以彰显人的社会价值感与人生存在感。

(四)体育的政治功能

体育是一种国际语言,具有很强的国际交流功能。尤其是竞技体育,彰显的不仅仅是更高、更快、更强的民族属性,更是国家综合实力体现的象征。因此,加强体育交流,具有维护世界和平、加强国家交流、促进民族和谐的政治功能。主要表现在:第一,振奋精神,增强民族自信心和民族认同感;第二,树立民族形象,提高国家的国际声望;第三,促进国际交流,加强公共外交。

(五)体育的经济功能

体育与经济的关系是相互促进,相互制约。首先,体育运动可以提高工作效率,促进生产力发展。经常参加体育锻炼的劳动者可以提高自身的身体素质和运动能力,增强对各种环境的适应能力,还可把控和调节劳动中的情绪,提升劳动过程中的生产效率,促进生产力的发展。其次,在体育运动过程中,需要合身的运动服装、高效的运动器材、舒适的运动场地与环境等。因此,越多人参与运动,运动产业链越是需要发展,越能带动国家的经济发展,提高国家的经济实力。另外,体育产业越是发展,越是需要更多的人力资源开发,诸如产品的制作、产品的销售、产品的服务等等,产业供需带动人力资源供需,为国家稳定、经济发展打下坚实的基础。

(六)体育的文化功能

体育本身就是一种文化,是人类根据自己的身体创造出来的一种文化。体育文化既可以是外显的,亦可以是内隐的。体育比赛中的场地设计、赛事精神、竞赛规则、管理组织,还有标识、旗帜、口号等等,都具有独特的、鲜明的文化导向功能,甚至可以作为一种语言沟通与交流。同时,体育蕴含价值观,可传递正能量,激发具有普世价值的体育精神,培养和谐、团结、互助、不气馁、敢拼搏的民族精神。比如 20 世纪 80 年代的"女排精神"。此外,体育借助文化传播,在体育产业中根据市场需求,研制出了各式各样的体育文化衍生品,为体育文化发展助力形成了强力的体育核心竞争力。

三、体育的分类

体育包括学校体育、社会体育和竞技体育。

(一)学校体育

学校体育的主体是学生,是学校教育的重要组成部分,是全民教育的基础。它是根据学生身心发育特点,有意识、有目标、有计划地对人体进行培育和塑造的过程。

学校体育对受教育者的生长发育、身体健康、体力与智力开发以及品德培养有着积极的促进作用。基本任务包括：①掌握一定的体育知识、技术和技能，养成科学锻炼身体的习惯；②提高学生运动的基本能力和技术水平，为国家培养体育后备人才；③增进健康，增强体质，以"运动促进健康"为理念，促进学生身心的全面发展；④进行思想教育，培养爱国主义、集体主义、勇敢顽强、竞争进取的精神和优良的道德品质。

学校体育作为教育和体育的交叉点和结合部，是国家体育事业发展的战略重点。为了达到教育、教养及发展的总目标，学校体育按不同教育阶段和年龄特征，通过体育课、课外活动、课外体育训练等基本组织形式，以增强体质、促进健康为核心，全面实现学校体育的各项目标与任务。由于处在学校教育这个特定的环境，体育实施的内容被列入学校教育总体规划，实施效果有相应的措施予以保证。因此，与其他教育环节共同构成了使学生德、智、体全面发展的完整教育过程。

(二)社会体育

社会体育的主体是民众，又称"大众体育"或"群众体育"。它是以娱乐身心、增强体质、防治疾病、促进健康为主要目的，其活动内容广泛，表现形式多样，适应性较强。

从世界发展趋势看，社会体育作为现代体育发展的重要标志，已经得到广泛的普及和发展。社会体育开展的广泛性和社会化程度，取决于一个国家经济的繁荣、生活水平的提高、余暇时间的增多及社会安定等因素。习近平在全国卫生与健康大会中强调，没有全民健康，就没有全面小康。要把人民健康放在优先发展的战略地位，以普及健康生活、优化健康服务、完善健康保障、建设健康环境、发展健康产业为重点，加快推进健康中国建设，努力全方位、全周期保障人民健康，为实现"两个一百年"奋斗目标、实现中华民族伟大复兴的中国梦打下坚实的健康基础。《"健康中国2030"规划纲要》亦提出："提高全民身体素质，完善全民健身公共服务体系，广泛开展全民健身运动，加强体育融合和非医疗健康干预，促进重点人群体育活动。"国家对社会体育的建设以及发展提高到国家战略的位置，给予了高度重视。目前，很多人已开始注重健康投资，把健身器械引进家庭，涉足游泳、篮球、羽毛球、网球、足球、户外越野、马拉松、攀岩、高尔夫等等运动项目。各种体育俱乐部、体育游乐园、健身娱乐中心、体能中心等也都竞相开办，吸引了大批体育爱好者。因此，这是一个全民健身的时代，亦会是一个全民健康的时代。

社会体育活动一般因人、因地、因时而异。因此，要在遵循业余、自愿、多样、文明的原则下，广泛开展社会体育活动。不仅有利于社会主义精神文明建设，有利于活跃民族文化氛围，更有利于增强人民身心健康，提高全民精神风貌。

(三)竞技体育

竞技体育的主体是运动员。竞技体育是为了战胜对手，取得优异运动成绩，最大限度地发挥和提高个人、集体在体格、体能、心理及运动能力等方面的潜能所进行的科学的、系统的训练和竞赛。

竞技体育的特点，主要表现在：①可以充分调动和发挥运动员的体力、智力、心理等方面的潜能；②具有激烈的对抗性和竞争性，以"更高、更快、更强"为目标；③具有统一的竞赛规则，以"公平、公正、公开"为原则；④具有很高的观赏价值，随着社会的不断发展，竞技体育已经发展得越来越成熟,越来越规范,而且随着各种运动的不断普及,喜爱和观看竞技运动的人也逐渐增多,让不同的运动都能长盛不衰,呈现百花齐放的局面;⑤具有一定意义上的教育价值,普及全民健身,发掘更多的体育人才,培养青少年的兴趣。

  竞技体育是社会文化的重要组成部分。它可以增强民族凝聚力,是国家强盛的标志,对促进社会政治、经济、文化的发展有着重要作用。一个社会的体育活动,受一定社会生产力、生产关系、经济基础和上层建筑的影响,不同历史阶段的体育具有不同的性质和特点。竞技体育作为社会发展的一个重要组成部分,其现代化的主要特征表现为:①体育已成为人们工作、生活不可分离的一部分,体育人口不断增加,社会化程度越来越高;②广泛运用体育科学理论和现代化技术力量指导工作、探索规律、改进方法,提高各项活动的科学性和实效性;③竞技运动向高水平和国际化发展,运动成绩不断提高,国际性竞争日益激烈,规模越来越大;④场地设施日渐完善,科技含量越来越高,以适应学校体育、社会体育、竞技体育的需要。

  学校体育、社会体育和竞技体育是构成现代体育的三大内容,它们是作为体育的不同运动手段和表现形式而存在的,每一内容都从某个侧面来反映体育的本质、特征和功能。实施学校体育的主要场所在各级各类学校,主要手段为体育教学,主要目的在于知识、技能、方法、道德的传授和培养,其教育性最为突出。大众体育的实施场所极为广泛灵活,其主要目的是休闲娱乐和强身健体。竞技体育的实施场所主要在各类运动场上,其主要手段为运动训练和竞赛,其专业性和竞技性是与其水平不断提高分不开的。竞技体育的目的不仅仅表现为夺取金牌,更重要的是还表现在培养人们建立不断超越自我的拼搏意识。学校体育、大众体育、竞技体育虽有各自不同的特点和组织形式,但三者作为现代体育的有机组成部分,在体育实践中是互相联系、互相影响的。

第二节 大学体育课程

  大学体育是学校体育的重要组成部分,也是学校体育向社会体育和竞技体育转化的纽带。目前在我国高等学校中,课程是大学体育的基本存在形式,即大学体育课程。大学体育课程是寓促进身心和谐发展、思想品德教育、文化科学教育、生活与体育技能教育于身体活动并有机结合的教育过程,是实施素质教育和培养全面发展的人才的重要途径,是大学体育工作的中心环节。大学体育课程集中体现了学校体育的教育目的,具体反映了学校体育的教学内容,决定了学校体育的教学方法和组织形式选择,是学校体育教学评价的重要依据。可以说,大学体育课程是连接学校教育培养目标和大学生体育技能形成的关键。

一、大学体育课程指导思想

(一)育人为本

  十年之计,莫如树木;终身之计,莫如树人。育人为本是教育工作的根本要求。

《国家中长期教育改革和发展规划纲要(2010—2020年)》指出"要以学生为主体……充分发挥学生的主动性,把促进学生健康成长作为学校一切工作的出发点和落脚点。关心每个学生,促进每个学生主动地、生动活泼地发展,尊重教育规律和学生身心发展规律,为每个学生提供适合的教育。"

"育人为本"就是使教育面向全体学生,突出学生的主体性,培养学生的主动性,发展学生的创造性,促进学生的个体性。

因此,大学体育课程是在"育人为本"的理念指导下,遵从学生身心发展规律,从学生实际出发,健身育人,培养学生运动能力、健康行为、思想品德。

(二)健康第一

生命在于运动,运动促进健康。《中共中央国务院关于深化教育改革全面推进素质教育的决定》(以下简称《决定》)指出"健康体魄是青少年为祖国和人民服务的基本前提,是中华民族旺盛生命力的体现,学校教育要树立健康第一的指导思想,切实加强体育工作,使学生掌握基本的运动技能,养成坚持锻炼身体的良好习惯"。《决定》从行政法规的角度提出学校教育"健康第一"的指导思想。

"健康第一"指导思想的确立,指导了大学体育课程性质的界定、课程架构的设置、课程内容的选择、教学方法的使用、组织形式的多样、课程评价的实施,决定了大学体育的课程目标是促进学生身体、心理、适应能力的"三维健康观"的协调发展。具体表现为:

(1)规定了大学体育课程是大学生以身体练习为主要手段,通过合理的体育教育和科学的体育锻炼过程,达到增强体质、增进健康和提高体育素养为主要目标的课程性质。

(2)在体育课堂教学的基础上,把有目的、有计划、有组织的课外体育锻炼、校外体育活动、运动训练等纳入体育课程,形成了课内课外一体化的体育课程架构。

(3)制定了大学体育课程内容的主要原则——健身性与文化性相结合、选择性与实效性相结合、科学性与可接受性相结合、民族性与世界性相结合,并强调与《国家学生体质健康标准》内容相衔接。

(4)规定教学方法要讲究个性化和多样化。提倡师生之间、学生之间的多边互助活动,努力提高学生参与的积极性,积极培养学生自主的锻炼能力,最大限度发挥学生的创造性。

(5)强调了学生主体地位和兴趣爱好的满足,不仅引入了学分制,而且采取了学生任意选择学习项目、学习时间和任课教师的"三自主"教学组织形式。

(6)转变教学评价观念,强化激励与发展,淡化甄别与选拔,突出评价主体的多元性和受评内容的多维性,充分发挥教学评价的导向和激励作用。

"健康第一"的指导思想是社会进步和时代发展的需要,是"全民健康、全面小康"的指导纲领,符合学校体育发展的规律,对促进和深化大学体育课程改革具有重要的价值与意义。

(三)终身体育

学校体育是一个有目的、有计划的体育教学过程,是人的一生接受系统身体教育最长、最有时间保证的阶段。在这个过程中,通过学习与掌握系统的体育技能知识和科学锻炼原理与方法,一方面可以促进学生的身体健康、增强体质,另一方面可以培养学生终身体育的意识、习惯和能力。所谓终身体育是指一个人终身进行体育锻炼和接受体育教育,即要在人的一生中实施体育。终身体育由"终身教育"衍生而来。

终身体育使大学体育从过去只强调学生在校学习期间的体育效益(即阶段效益),提高到追求长远效益和阶段效益相结合的新思路。终身体育教育不仅是满足学生在校期间身体得到锻炼、健康得到发展的要求,还要考虑学生离开学校走向社会以后,仍能坚持体育活动、锻炼身体。因而,大学体育课程目标着重培养学生终身体育的意识,养成经常进行身体锻炼的习惯,为毕业后为祖国健康工作打好身体基础。高校体育为终身体育进一步打好体质基础,具体包括以下三个方面。

1. 促进人的身心发育水平

促进人的身心发育水平,是指促使体格、体型、姿态、营养状况以及心理素质等方面的完善。促进人体生理功能水平的提高,即机体新陈代谢水平与各器官系统工作效能的提高;使身体素质和运动能力进一步发展,即速度、力量、弹跳、灵敏、协调、柔韧、耐力等素质以及走、跑、跳、投、攀、爬、负重等身体活动能力进一步发展和提高;进一步提高个体心理素质发展水平,即提高人体本体感知能力、个性特征、意志品质等发展水平;提高机体对内外环境的适应能力,即提高对不利因素和环境变化影响的应激调节能力和对各种疾病的抵抗能力。

2. 进一步培养终身体育的意识、兴趣和习惯

终身体育的意识是指对终身体育的正确态度和认识。只有具备了终身体育的正确态度和认识,体育学习和锻炼身体才能成为自觉行为。终身体育的兴趣、习惯,是指在对终身体育认识的前提下,通过体育教学、体育锻炼而产生的对体育的欲望和爱好,进而形成习惯,才能坚持不懈。养成体育锻炼习惯就是使学生形成一种相应巩固的、具有相当大稳定性的体育行为方式。

3. 掌握体育的基本理论知识和锻炼方法,从而培养与发展体育能力

体育能力,可以理解为两种,即运动能力和锻炼能力。运动能力是在掌握运动技术的基础上不断锻炼发展的能力,一般可分为基础能力和特殊能力。基础能力包括跑、跳、投、攀登、平衡,特殊能力是掌握了复杂技术之后才得到发展的。锻炼能力是明确锻炼目的,树立积极锻炼的意识;学会最基本的运动技术,能安排运动量,会做准备活动、整理活动,调整活动中的运动量;能把平时掌握的技术和个人特长随着年龄的变化转移到新的锻炼手段和娱乐中去。

二、大学体育课程目标

目标是人们想要达到的境地或标准,而课程目标是对学生通过课程学习所要达到的预期学习结果的陈述,它一般是由国家的课程标准或课程指导纲要明确规定的。依据对课程目标的理解,体育课程目标是指在一定的时间和范围内,体育教学过程中师生所应达到的教学结果和标准。体育课程目标规定着课程编制的方向,决定着课程内容的选择和组织,也是课程实施和评价的依据。

《全国普通高等学校体育课程教学指导纲要》指出大学体育课程目标由基本目标和发展目标构成,涉及运动参与目标、运动技能目标、身体健康目标、心理健康目标、社会适应目标五个领域。其中,基本目标是根据大多数学生的基本情况和基本要求来定的,发展目标是针对有所长和有余力的部分学生所确定的,也可作为大多数学生体育学习时努力的目标。

(一)基本目标

1. 运动参与目标

积极参与各种体育活动,基本形成自觉锻炼身体的习惯,基本形成终身体育的意识,并能够制订科学的个人锻炼计划,具有一定的体育文化欣赏能力。

2. 运动技能目标

熟练掌握两项以上健身运动的基本方法和技能;能科学地进行体育锻炼,提高自己的运动能力;掌握常见的运动损伤的处置方法。

3. 身体健康目标

能测试和评价体质健康状况,掌握有效提高身体素质、全面发展体能的知识和方法;能合理选择人体需要的健康营养品;养成良好的行为习惯,形成健康的生活方式;具有健康的体魄。

4. 心理健康目标

根据自己的能力设置体育学习目标;通过体育活动自觉地改善心理状态,克服心理障碍,形成积极乐观的生活态度;运用科学方法调节自己的情绪;在运动中体验运动的乐趣和成功的喜悦。

5. 社会适应目标

表现出良好的体育道德和团结协作精神;正确处理竞争与合作的关系,与同伴友好相处。

(二)发展目标

1. 运动参与目标

形成良好的体育锻炼习惯;能独立制订适用于自身需要的健身运动处方;具有较高的体育文化素养和观赏水平。

2. 运动技能目标

积极提高运动技术水平,发展自己的运动才能,在某个运动项目上达到或相当于国家级运动员水平;能参加有挑战性的野外活动和运动竞赛。

3. 身体健康目标

能选择良好的运动环境,全面发展体能,提高自身科学锻炼身体的能力,有较强的身体素质。

4. 心理健康目标

在具有挑战性的运动环境中表现出勇敢顽强的意志品质,能够承受比赛失败所带来的心理压力和挫折。

5. 社会适应目标

形成良好的行为习惯,主动关心、积极参加社区体育事务,成为体育活动中的积极分子和骨干力量。

三、大学体育课程内容确定原则

1. 健身性与文化性相结合

紧扣课程的主要目标,注重课程内容对促进学生健康发展的作用,把"健康第一"的指导思想作为确定课程内容的基本出发点,同时重视课程内容的体育文化含量。

2. 选择性与实效性相结合

学校应根据学生的特点以及地域、气候、场馆设施等不同情况确定课程内容。课程内容应力求丰富多彩,为学生提供较大的选择空间;同时,课程内容要充分反映和体现教育部、国家体育总局制定的《学生体质健康标准(试行方案)》的内容和要求。

3. 科学性和可接受性相结合

教学内容应与学科发展相适应,反映本学科的新进展、新成果。要以人为本,遵循大学生的身心发展规律和兴趣爱好,既要考虑主动适应学生个性发展的需要,也要考虑主动适应社会发展的需要,为学生所用,便于学生课外自学、自练。

4. 民族性与世界性相结合

弘扬我国民族传统体育,汲取世界优秀体育文化,体现时代性、发展性、民族性和中国特色。

四、大学体育课程评价

大学体育课程评价是对大学生学习的评价,主要是学习效果和学习过程的评价,包括体能与运动技能、认知、学习态度与行为、交往与合作精神、情意表现等。课程评价具有诊断功能、调节功能、激励功能、导向功能、反思功能。评价类型大体包括以下三种分类。

1. 根据评价在教学中的作用分类

根据评价在教学中的作用分类,可分为诊断性评价、形成性评价、总结性评价。

(1)诊断性评价是指在体育教学活动开始之前对学生的知识、机能、技能以及情感等状况进行评价。目的是通过了解学生的知识基础和准备状况,以便更好地实施教学,因材施教,因势利导。

(2)形成性评价是指在教学过程中,对学生的知识掌握和能力发展所做的比较经常而及时的测评,包括课堂提问、随堂考核、课后作业等。通过形成性评价,教师可以随时了解学生在学习上的进展情况,获得教学过程中的连续反馈,为教师随时调整教学计划、改进教学方法提供参考。

(3)总结性评价是指在一个学期或学年末,对学生学习的成果进行制度化的正规考查、考试及其成绩评定。其目的是检验学生的学业是否最终达到了体育教学目标的要求。

2. 根据评价运用的方法和标准分类

根据评价运用的方法和标准分类,可分为相对性评价和绝对性评价。

(1)相对性评价是运用常模参照性测验对学生的学习成绩进行的评定。依据学生个人的成绩在该班学生成绩序列中或常模中所处的位置来评价和决定他的成绩优劣,而不考虑他是否达到教学目标的要求,故相对性评价也称常模参照性评价。

(2)绝对性评价是一种在教学评价对象群体之外,预定一个客观的或者理想的教学目标,并运用这个目标去评价每个教学对象是否达标。故绝对性评价也称目标参照性评价。

3. 根据评价的主体分类

根据评价的主体分类,可分为教师评价和学生自我评价。

(1)教师评价是指体育教师对学生学习状况与成果进行的各种评价。包括教学过程中的提问、作业、测试等量化评价,还包括教师在与学生广泛接触中的个别指导、答疑等质性评价。教师评价具有综合性,难度指数偏高。

(2)学生自我评价,是指在教师引导下学生对自己的作业、体能、技能及其学习成果进行的自我评价。自我评价有助于分析正误、优劣,有助于自我反思、自我认知能力的提升。

大学体育课程评价是体育价值判断的过程,要突出体育评价的发展性功能、激励性功能等,就要立足于促进学生的体育知识学习、体育技能发展和体育素养形成,调动学生主动参与评价的积极性,从学生实际需求出发建立以学生为本的多元评价机制,才可实现大学体育课程基本目标与发展目标的实施效果。

第三节 "一人一体育技能"体育课程

"一人一体育技能"是文华学院个性化体育教育发展的总目标,是在"育人为本""健康第一""终身体育"人本教育思想指导下,依据学生的机能特点、身心需求与社会发展,提出的以体育技能发展为主线,致力于科学化、精准化方向发展且受益于一生的至少一项体育能力培养的总的体育教育目标,也是当前学校体育课内课外一体化课程体系建构的核心。"一人一体育技能"体育课程为了满足不同层次、不同兴趣、不同水平学生的需求与爱好,开设了系列课内、课外体育课程(见图1-1),主要包括体育教学课程、体育俱乐部、体育特色名片、运动训练与竞赛、课外体育、体育基地等。

(一)体育教学课程

1. 公共必修课程

公共必修课程是针对大学一、二年级学生开设的、必须修满规定学分的体育课程。课程打破了原有系别、班级建制,重新组合,建立了以学生为中心,以教师为主导的以"理论课引导、实践课主导、课外课辅导"的课程。课程包括普通选项课程和体育保健课程。

普通选项课程,主要依据不同运动项目特征与类属(见表1-1),针对具有一定体能和技能基础的学生,开设的以兴趣需求、爱好培养、技能发展为主的体育公共必修课程。课程以学校教务系统选课为主,具体项目课程评价指标与标准请扫描二维码阅读。

体育保健课程,主要是针对身体羸弱、肥胖、或受伤、手术后需要愈合康复,或慢性疾病、身体残疾等不能系统参加体育普通选项课程学习,但具有基

课程评价
指标与标准

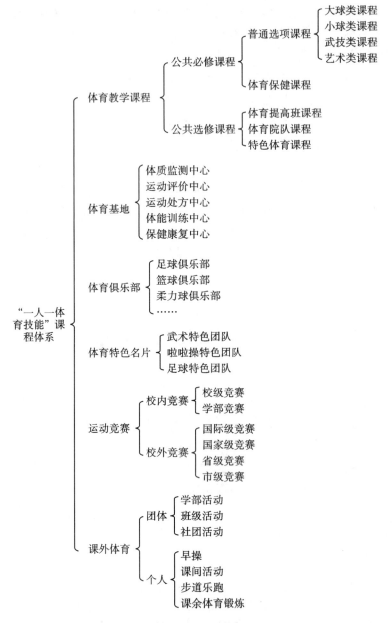

图 1-1 "一人一体育技能"课程体系示意图

本行动能力的学生,而专门开设的以身心促进、兴趣发展为主的康复、保健类体育公共必修课程。体育保健班课程须知、选课流程、注意事项等详细介绍请扫描二维码阅读。

2. 公共选修课程

公共选修课程主要是根据学生的兴趣、爱好,为了满足学有所长和有余力的学生设定的体育课程,是公共必修课的延续和补充。

体育保健
课程详介

第一章　大学体育课程概述

表1-1　运动项目类属与特征

序号	项目		竞技能力主导分类	动作结构特点分类	评定方法分类	特征	主要素质
1	田径	快走（长距离）	体能主导耐力性项目	单一动作结构周期性	测量类（距离、时间）	经济省力时效，推迟疲劳出现	耐力
		中长跑				短时间内有效发挥体能	
		快速跑	体能主导速度性项目				速度、力量
		投掷	体能主导快速力量性项目	单一动作结构非周期性	测量类（高度、远度、重量）	集中快速发挥力量	
		跳高、跳远		单一动作结构混合性	测量类（高度、远度）		
2	篮球		技能主导类同场对抗性项目	变异组合多元动作结构	命中类	战术的基础，突破防守而命中得分	1. 具备基本的速度、力量、耐力、柔韧和灵敏五项身体素质；2. 具备一定的心理素质
3	足球						
4	排球		技能主导类隔网对抗性项目		得分类	战术的基础，突破防守而命中得分	
5	网球						
6	羽毛球						
7	乒乓球						
8	毽球						
9	柔力球（竞技）						
10	柔力球（套路）		技能主导类表现难美性项目	固定组合多元动作结构	评分类	充分显示练习者的技艺与美感表现	
11	武术（套路）						
12	跆拳道（套路）						
13	健美操						
14	体育舞蹈						
15	形体						
16	瑜伽						
17	武术（技击）		技能主导类格斗对抗性项目	变异组合多元动作结构	制胜类	战术的基础，突破防守而制胜或得分	
18	跆拳道（格斗）						

1)体育提高班课程

体育提高班课程是体育公共必修课程之外,为了满足学有所长和有余力的学生需求,面向全校学生开设的一门体育选修课。亦可以是体育代表队的前期课程,课程以半专业化运动形式为主,以体能训练和专项运动技能培养为主,具体教学内容依据选课对象制定,教学方法与组织形式参照运动训练学而定,是"一人一体育技能"目标培养的中级阶段。

2)体育代表队课程

体育代表队课程是根据学校传统体育项目、特色体育项目、学生运动专长等综合因素设置的,专门为学校、院(系)培养体育骨干和运动专门人才的一门体育选修课程。课程面向全校学生,但具有一定选拔标准和具体要求,依据项目不同而不同。

体育代表队课程中学习所获取的成绩和通过参加学校、省级、国家级各类比赛所获得的奖励或名次,是体育代表队课程成绩评价的核心依据。获得的奖项与成绩,是学生评优、评先的必要条件之一。体育代表队是体育提高班的高级形式。

(二)体育俱乐部

体育俱乐部是综合学校体育环境、学生体质现状、学生兴趣爱好,主要以体育竞技为平台,专门设置的能促进大学生团队建设、校园体育活动交流的体育团体课程。课程实施会员制,由专门教师牵头管理,下设会员是在自愿、互助、互惠的基础上自主参加,并有相应的权利和义务。

(三)体育特色名片

体育特色名片课程是依据地域特色、学校特点、教师专长、学生爱好等,专门设置的具有文化传承、宣传特点、艺术欣赏等功能,且能促进大学生校园体育活动交流并具有独特校园文化创意特点的体育课程。课程以特色课程选修形式为主,由专门教师牵头。

(四)运动训练与竞赛

对具有体育才能和发展潜力的大学生,学校会有专门机构督促进行适度的课余运动训练和竞赛,不断提高其竞技水平,使其在校内外、省内外、国内外的比赛中创造出优异成绩。既可以为学校和国家争得荣誉,又可扩大学校的影响和知名度,同时也培养了体育骨干,推动学校体育的普及和开展,为国家竞技运动培养后备人才。

学校每年至少举行一次以综合项目为主的运动会。在校内还经常性地举办班级、年级之间的单项比赛。比赛形式有教学赛、友谊赛、邀请赛、表演赛、对抗赛等多种形式,极大地推进了学校体育的开展,丰富了大学生的课余文化生活。

(五)课外体育

课外体育是大学体育工作的重要组成部分。目的主要是为了丰富大学生课余生活,培养和发展学生体育锻炼兴趣和独立锻炼能力,增强学生体质,促进"一人一体育技能"发展。

1. 早操

早操是学生清晨起床后进行的体育锻炼,是我国大学生作息制度的一项内容。早操可以使处于睡眠抑制的各组织器官逐步过渡进入唤醒状态,是大学生能以良好状态进入一天的学习生活的有利形式。

2. 课间活动

课间活动是每个理论课下课后在休息时间进行的体育活动。适度的课间活动可以打破静坐少动的状态,消除维持坐姿时身体局部肌肉、视听等感觉器官和大脑皮层的疲劳,是一种脑力劳动后有效的积极性休息。

3. 步道乐跑

步道乐跑是学校为了改变大学生久坐少动状态,让学生在课余时间走出寝室,走出教室,走向操场,走向校园,以手机定位里程的"乐跑"趣味形式,督促大学生跑步行为习惯形成的一种跑步软件。步道乐跑是体育课堂的延伸,亦是大学生身体素质提高的一种积极促进的形式。跑步时间、跑步里程、跑步速度可在一定范围基础上自行设定,活动参加人数众多,形式灵活,趣味性强,可培养自觉运动习惯,提高自主管理能力。

4. 校园团体活动

校园团体活动是在课外集中一段时间组织全校、学部、班级、社团等学生进行的体育活动。体育时间比较灵活,可用一周或几天内有目的、有计划地组织这一活动。体育活动内容应丰富多彩,适应大学生的兴趣爱好,既生动活泼、富有趣味性,又兼顾知识性和教育性,有利于活跃校园文化生活。

(六)体育基地

体育基地包括体质监测中心、运动评价中心、运动处方中心、体能训练中心、保健康复中心,是体育教学、体育俱乐部、体育特色名片、运动训练与竞赛、课外体育顺利进行与实施的体育后台,是"一人一体育技能"课程总目标实施的助力,是大学体育个性化方向发展的航标,是人本教育发展的方向。体育基地建设是科技时代的产物,它具有系统的诊断、监测、评估、指导、纠正、提高等功能;是体育教师利用专门仪器、系统、量表等形式辅助体育测试与诊断的平台;是评估分析受试者运动机能和运动技能利弊,并根据其体育意向与体育兴趣,专门针对性地制定科学、合理、适用的运动处方的平台;是实施体育干预,正确引导,以促进受试者运动技能形成和身心健康发展的体育平台。

第二章 体质健康测试

本章资源列表

《国家学生体质健康标准》是我国学校教育工作的基础性指导文件和教育质量基本标准,是评价学生综合素质、衡量学生体质健康的重要依据,是一套量化的标准体系。标准本着"健康第一"的原则,主要从身体形态、身体机能和身体素质等方面综合评定学生体质健康水平,是促进学生体质健康发展、激励学生积极进行身体锻炼的教育手段,是国家学生发展核心素养体系和学业质量标准的重要组成部分,是学生体质健康的个体评价标准。

第一节 体质与健康

一、体质的概述

(一)体质的概念

所谓体质,指人体的质量,它是在遗传性和获得性基础上表现出来的人体形态结构、生理功能、身体素质、心理因素、适应能力等方面的综合的、相对稳定的特征。

体质秉承于先天,得养于后天。先天禀赋决定着个体体质的相对稳定性和个体体质的特异性,后天环境因素、生活认知、营养摄取、行为习惯等,使得机体体质存在可变性。体质特征伴随生命自始至终的全过程,或表现为特定生理状态下的生理反应性,或表现为特定病理状态下的发病倾向性。偏于某种体质类型者,在初显端倪之后,多具有循着此类体质的固有发展演变规律的趋势,体质的这种可预测性,为机体通过科学规律的体育锻炼进行疾病预防提供了可能。

(二)体质的范畴

体质的范畴包括以下五个方面。

1. 身体形态

身体形态是指人体形态、结构的发展水平,反映的是人体外部与内部的形态特征。外部形态特征指标包括高度(身高、坐高、足弓高等)、长度(腿长、臂长、手长、头长、颈长、足长)、围度(胸围、臂围、腿围、腰围、臀围和头围等)、宽度(肩宽、髋宽)和充实度(体重、皮脂厚度等)等;内部形态特征指标包括心脏纵横径、肌肉的形状与横断面等。

2. 身体机能

身体机能是指人体新陈代谢状况和各器官、系统的功能、效能。包括中枢神经系统、心血管系统、呼吸系统、消化系统、生殖系统、内分泌系统、物质和能量代谢、感官、体温等等。

身体机能是身体活动能力的基础,某一机能水平直接影响着人体运动时所需要的某一方面能力。例如:体能主导类耐力性项目,需要突出的心血管和呼吸系统功能;体能主导类速度力量项目,需要突出的神经系统、骨骼肌肉系统、心血管系统功能;技能主导类表现难美性项目,需要良好的心血管系统、神经系统和视觉、听觉等感官系统功能;技能主导类同场对抗项目,对中枢神经系统、心血管系统、呼吸系统、高级神经活动类型等均有很高要求;等等。

人体是一个完整的系统,各器官系统功能都是相互制约、相互影响的,因此,只有全面发展、提高身体机能,才有助于身体素质的提高,有助于身心健康的促进。

3. 身体素质

身体素质是指人体各器官系统的功能在肌肉活动中所表现出来的能力。包括力量、耐力、速度、柔韧、灵敏等身体运动的能力。

力量素质是人体进行体育运动的基本素质之一,是肌肉工作时克服内外阻力的能力。

耐力素质是人体或人体某部分在长时间活动中克服疲劳的能力,即机体抵抗工作过程中产生疲劳的能力。耐力素质是反映人体健康水平或体质强弱的一个重要标志。

柔韧素质是人体关节活动幅度的大小以及跨过关节的肌肉、肌腱、韧带、皮肤及其他组织的弹性和伸展能力,即人体大幅度完成动作的能力,它取决于关节的灵活性和肌肉韧带的伸展能力。

灵敏素质是人体在各种突然变换的条件下,能够迅速、准确、协调地改变身体运动的空间位置和运动方向,以适应变化着的外界环境的能力。它是人的运动技能、神经反应和各种素质的综合表现。一般通过对动作的熟练程度显示来衡量灵敏素质的高低。

4. 心理发育

心理发育是指人体的心理品质和心理过程的状态。包括智力、情感、行为、知觉、感觉、意志、性格等。

5. 适应能力

适应能力是指人体在适应外界环境时所表现出来的能力。包括对自然环境、社会环境、工作环境等的应激调节能力和对疾病或其他有碍健康的抵抗能力等。

(三)理想体质的判断

理想体质是人体体质的功能在不同状态中所表现出来的较高层次和较高水平的体质。理想体质具有明显的人群特征,如性别、年龄、种族、职业等。它是在"遗传的基础上,经过后天不断地改善物质生活条件和有目的、有计划地进行科学的身体锻炼等努力所达到的全面良好状态"。理想体质判断可参照以下标志:

(1)身体健康,主要脏器无疾病;
(2)身体形态发育良好,体格健壮,身材匀称;
(3)呼吸系统、心血管系统和运动系统具有良好的生理功能;
(4)有较强的运动能力和劳动工作能力;
(5)心理发育健全,情绪乐观,意志坚定,有较强的抗干扰、抗刺激能力;

(6)对自然和社会环境有较强的适应能力。

二、健康与亚健康

(一)健康的概述

1. 健康的定义

世界卫生组织(World Health Organization,WHO)在1978年国际初级卫生保健大会上所发表的《阿拉木图宣言》中指出:健康不仅是没有疾病或不虚弱,而是身体的、精神的健康和社会适应良好的总称。该宣言还指出:健康是基本人权,达到尽可能高的健康水平,是世界范围内一项重要的社会性目标。1984年,世界卫生组织又在其《世界卫生组织宪章》中再次明确界定健康新概念:"健康不仅仅是没有疾病和不虚弱,而且是身体上、心理上和社会适应能力上三方面的完美状态。"1989年世界卫生组织再一次深化了健康的概念,认为健康包括躯体健康(physicalhysi alhealtl)、心理健康(psychological health)、社会适应良好(good social adaptation)和道德健康(ethical health)。这个现代健康概念中的心理健康和社会性健康是对生物医学模式下的健康观念的有力补充和发展,它既考虑到人的自然属性,又考虑到人的社会属性,从而摆脱了人们对健康的片面认识,其具体含义如下。

(1)躯体健康(生理健康):躯体健康是指身体结构和功能正常,具有生活的自理能力。

(2)心理健康:心理健康是指个体能够正确认识自己,及时调整自己的心态,使心理处于良好状态以适应外界的变化。心理健康有广义和狭义之分,狭义的心理健康主要是指无心理障碍等心理问题的状态;广义的心理健康还包括心理调节能力,发展心理效能能力。

(3)社会适应良好:较强的适应能力是心理健康的重要特征。心理健康的大学生,应能与社会保持良好的接触,对社会现状有清晰、正确的认识。既有远大的理想和抱负,又不会沉湎于不切实际的幻想与奢望,注重现实与理想的统一。对于现实生活中所遇到的各种困难和挑战,不怨天尤人,用切实有效的办法去解决。当发觉自己的理想与愿望与社会发展背道而驰时,能够迅速地进行自我调节,以求与社会发展一致,而不是逃避现实,更不要妄自尊大和一意孤行。

(4)道德健康:道德健康是指能够按照社会规范的细则和要求来支配自己的行为,表现为思想高尚,有理想、有道德、守纪律。

2. 衡量健康的标准

世界卫生组织提出了衡量健康的十条标准:

(1)精力充沛,能从容不迫地应付日常生活和工作而不感到过分紧张;

(2)处事乐观,态度积极,乐于承担任务和责任而不挑剔;

(3)善于休息,睡眠良好;

(4)应变能力强,能适应各种环境的变化;

(5)对一般感冒和传染病有一定的抵抗能力;

(6)体重适当,体态匀称,站立时头、肩、臀比例协调;

(7)眼睛明亮,反应敏锐,眼睑不发炎;

(8)牙齿清洁,无缺损,无疼痛,牙龈颜色正常,无出血;

（9）头发光洁，无头屑；
（10）肌肤有光泽，有弹性，走路轻松，有活力。

健康是人们生活、学习和工作的基础，也是生活质量的保证，更是人类社会发展追求的终极目标。健康是一种动态的平衡，人类对健康的认知是随着社会的发展和生活水平的提高而不断变化的。

（二）亚健康状态

1. 亚健康概念

亚健康状态是指机体没有发生器质性病变，但呈现出机体活力降低，适应呈不同程度减退的一种生理状态，即机体结构退化和机体各系统生理功能减退的低质与心理失衡状态所导致的介于健康与疾病之间的状态，又叫慢性疲劳综合征或"第三状态"。

亚健康状态由四大要素构成：排除疾病原因的疲劳和虚弱状态，介于健康与疾病的中间状态或疾病前状态，在生理、心理、社会适应能力和道德上的欠完美状态，与年龄不相称的组织结构和生理功能的衰退状态。

2. 亚健康的分类

以世界卫生组织（WHO）四位一体的健康新概念为依据，亚健康可划分为以下四种。

（1）躯体亚健康。主要表现为不明原因或排除疾病原因的体力疲劳、虚弱、周身不适、性功能下降和月经周期紊乱等。

（2）心理亚健康。主要表现为不明原因的脑力疲劳、情感障碍、思维紊乱、恐慌焦虑、自卑以及神经质、冷漠、孤独、轻率，甚至产生自杀念头等。

（3）社会适应性亚健康。突出表现为对工作、生活、学习等环境难以适应，对人际关系难以协调，即角色错位和不适应是社会适应性亚健康的集中表现。

（4）道德方面的亚健康。主要表现为世界观、人生观和价值观上存在着明显的损人害己的偏差。

按照亚健康概念的构成要素分类：

（1）身心上有不适感觉；

（2）某些疾病的临床前期表现（疾病前状态）；

（3）一时难以明确其病理意义的"不明原因综合征"，如更年期综合征、神经衰弱综合征、疲劳综合征等；

（4）某些病原携带状态，如乙肝病原携带者、结核菌携带者、某些病毒携带者等；

（5）某些临床检查的高、低限值状态，如血脂、血压、心率等偏高状态和血钙、血钾、铁等偏低状态等；

（6）高致病危险因子状态，如超重、吸烟、过度紧张、血脂异常、血糖偏高、血压偏高等。

按身体的组织结构和器官系统又可以分为神经精神系统、心血管系统、消化系统、骨关节系统、泌尿生殖系统、呼吸系统、特殊感官等亚健康状态。

3. 造成亚健康状态的原因

造成亚健康状态的原因主要有以下几个方面：

（1）过度紧张和压力。长时期的紧张和压力对健康有四害：①引发急慢性应激，直接损害心血管系统和胃肠系统,造成应激性溃疡和血压升高、心率增快、加速血管硬化进程和心血管事件发生;②引发脑应激疲劳和认知功能下降;③破坏生物钟,影响睡眠质量;④免疫功能下降,导致感染机会增加。

(2)不良生活方式和习惯。如高盐、高脂和高热量饮食,大量吸烟和饮酒及久坐不运动是造成亚健康的最常见原因。

(3)环境污染的不良影响。如水源和空气污染、噪声、微波、电磁波及其他化学、物理因素污染是防不胜防的健康隐性杀手。

(4)不良精神、心理因素刺激。这是心理亚健康和躯体亚健康的重要因子之一。

三、体质与健康的关系

体质与健康虽然是两个不同的概念,但两者间存在着强大的关联性。体质与健康均涉及人的身体形态、身体成分、身体机能、身体素质、心理状态和适应能力等多个方面。体质是人体的质量,是生命活动的基础,健康是体质状况的外显状态。因此,体质与健康就是一种"特质(质量)"与"状态"的关系。只是作为"特质"的体质是相对稳定、不易改变的;而作为"状态"的健康是相对不稳定、易改变的。即所谓的健康就是一种动态平衡,体质就是维持动态平衡的一种能力。

《中共中央国务院关于加强青少年体育增强青少年体质的意见》中明确指出"青少年时期是身心健康和各项身体素质发展的关键时期。青少年的体质健康水平不仅关系个人健康成长和幸福生活,而且关系整个民族健康素质,关系我国人才培养的质量。体育锻炼和体育运动,是加强爱国主义和集体主义教育、磨炼坚强意志、培养良好品德的重要途径,是促进青少年全面发展的重要方式,对青少年思想品德、智力发育、审美素养的形成都有不可替代的重要作用。"因此,加强体育锻炼,对提高学生体质健康具有战略性意义。

第二节 大学生体质健康测试

现阶段,大学体育体质健康测试执行的标准依据是《国家学生体质健康标准(2014年修订)》(以下简称《标准》),是教育部在2002年制定的《国家学生体质健康标准》基础上,为了建立健全国家学生体质健康监测评价机制,激励学生积极参加身体锻炼,引导学校深化体育教学改革,推动各地加强学校体育工作,促进青少年身心健康、体魄强健、全面发展,结合新时期青少年体质健康状况和学校体育工作实际情况修订而成。具体测试评价指标、指标测试方法、测试标准说明与评分介绍如下。

一、大学生体质健康标准评价指标

《标准》规定的大学生体质健康评价指标,依据体质范畴分类,归纳如下:

(1)身体形态指标:身高、体重、体重指数[体重(kg)÷身高(m)平方]。

(2)身体机能指标:肺活量。

(3)身体素质指标:50 m 跑、1000 m 跑(男)、800 m 跑(女)、立定跳远、引体向上(男)、1 min 仰卧起坐(女)、坐位体前屈。

评价指标分类权重指数分别为:身体形态指标占 15%、身体机能指标占 15%、身体素质指标占 70%。具体单项指标与权重一览表,如表 2-1 所示。

表 2-1 普通高校大学生体质健康测试单项指标与权重一览表

测试范畴	单项指标	权重(%)
身体形态指标	体重指数(BMI)=体重(kg)÷身高(m)平方	15
身体机能指标	肺活量	15
身体素质指标	50 m 跑	20
	坐位体前屈	10
	立定跳远	10
	引体向上(男)/1 min 仰卧起坐(女)	10
	1000 m 跑(男)/800 m 跑(女)	20

二、大学生体质健康指标测量方法

(一)身体形态指标测试

1. 身高

1)测试目的

身高反映人体骨骼生长发育水平,是衡量身体纵向发育水平的重要指标。

身高与体重

2)测试场地与仪器

体质健康测试室;身高电子测量仪。

3)测试方法

(1)仪器进入工作状态后,受试者依据测试人员要求在电子显示屏上准确输入 12 位学号。

(2)受试者赤足,背向站立在身高计的底板上。两足跟并拢,足尖分开约 60°。身体自然直立,上肢自然下垂。头部自然正直,下颚微收,两眼平视前方,耳屏幕上缘与眼眶下缘最低点成水平位。足跟、骶骨部及两肩胛间与立柱相接触,成"三点一线"站立姿势。

(3)受试者保持动作,测试人员点击"确定"按键,开始测试,水平压板将自动下移至受试者头顶。

(4)待显示屏显示数值,测试人员点击"保存"按键,并记录显示数值,大声念出读数,受试者方可离开。记录以厘米(cm)为单位,精确到小数点后一位。

4)注意事项

(1)身高计应选择平坦地面,靠墙放置。

(2)测量过程中,不能随意按动按键。

(3)严格执行"三点一线"的测量要求。
(4)头发蓬松者要压实,妨碍测量的发辫、发结要放开,饰物要取下。
(5)读数完毕,等水平压板自动上升,方可平稳移开测试板。

2. 体重

1)测试目的

体重反映人体发育程度和营养状况水平,是衡量骨骼、肌肉、皮下脂肪及内脏器官等身体横向、纵向发育水平的重要指标。

2)测试场地和仪器

体质健康测试室;体重电子测量仪。

3)测试方法

(1)仪器进入工作状态后,受试者依据测试人员要求在电子显示屏上准确输入12位学号。

(2)受试者轻装、赤足、自然站立在体重计踏板的中央,保持身体平稳。

(3)受试者保持动作,测试人员点击"确定"按键,开始测试。

(4)待显示屏显示数值,测试人员点击"保存"按键,并记录显示数值,大声念出读数,受试者方可平稳离开测试板。记录以千克(kg)为单位,精确到小数点后一位。

4)注意事项

(1)测量时,体重计应放置在平坦地面上。

(2)受试者应尽量减少着装,不允许佩戴重物。

(3)上、下体重计时,动作要轻缓。

3. BMI

BMI 全名 body mass index,也称体重指数或身体质量指数。反映的是身高和体重之间的关系,是评价大学生体型的一个重要指标。世界卫生组织一直将它作为判别人体胖瘦程度的金标准,计算公式如下:

体重指数(BMI)=体重(kg)÷身高(m)平方。

体重指数的具体参考范围值,见表2-2。

表 2-2　BMI 范围值一览表

标准分级	BMI(kg/m^2)
体重过轻	BMI<18.5
体重正常	18.5~24.9
超重	25.0~29.9
肥胖Ⅰ级	30.0~34.9
肥胖Ⅱ级	35.0~39.9
肥胖Ⅲ级	≥40

(二)身体机能指标测试

身体机能指标只测试肺活量。

1)测试目的

肺活量反映人体肺的容积和扩张能力,衡量的是肺通气功能指标。

2)测试场地和仪器

体质健康测试室;肺活量电子测量仪。

肺活量

3)测试方法

(1)仪器进入工作状态后,受试者依据测试人员要求在电子显示屏上准确输入12位学号。

(2)受试者将口嘴装在文式管的进气口上,待测试人员点击"确认"按键。

(3)测试人员点击"确认"按键后,受试者手握文式管手柄,面对肺活量计站立,做深吸气(避免耸肩提气,应像闻花式的慢吸气);然后,将嘴对准嘴口以中等速度和力度吹气,直至吹气完毕。

(4)待显示屏显示数值,测试人员点击"保存"按键,记录显示的数值,并大声念出读数,受试者方可离开。记录以毫升(mL)为单位,不保留小数点。

4)注意事项

(1)测试应使用一次性口嘴。如果需重复使用,必须严格消毒。

(2)测试前,测试人员应向受试者讲解测试要领,受试者可试吹一次。

(3)测试时,受试者需将口嘴贴近嘴部周围皮肤,不可用嘴巴堵住吹气口,防止漏气或无法进气。

(4)受试者在呼气过程中,呼气不可过轻或过猛,防止测试仪器无感应或漏气;不能进行第二次吸气;不能用手堵住出气口。

(5)测试人员要及时纠正受试者用鼻呼气的错误动作。如果无法纠正,可让受试者带上鼻夹或用手捏住鼻子,防止鼻呼气。

(6)派生指标:肺活量指数=肺活量/体重。其中,肺活量单位为mL;体重单位为kg。

(三)身体素质指标测试

1. 速度测试——50 m 跑

1)测试目的

50 m 跑可以反映人体中枢神经系统的机能状态和神经与肌肉的调节机能,是衡量人体的反应、灵敏、爆发力、协调、柔韧等综合素质水平的指标。

2)测试场地和仪器

标准田径场内50 m的直道;50 m电子测试记录仪。

3)测试方法

(1)仪器进入工作状态后,每4人一组,受试者依据测试人员要求依次在电子显示屏上准确输入12位学号。

(2)受试者对应输入学号顺序,依次站到"1道"、"2道"、"3道"、"4道",然后以跑步预备式姿势站在起跑线后准备就绪。

(3)测试人员点击"确认"按键,受试者听到起跑信号,对应道次,以最快的速度,奔跑至终点线。

(4)待显示屏显示数值,测试人员点击"保存"按键,记录显示的数值,并大声念出读数,受试者方可离开。记录以秒(s)为单位,精确到小数点后一位。

4)注意事项

(1)受试者测试前,必须做充分的准备活动,以防止突然加速出现拉伤等问题。

(2)受试者测试时最好穿着运动裤、运动鞋,不允许穿牛仔裤或裙子,不得穿钉鞋、皮鞋、凉鞋等,不允许携带发卡、别针等易发生危险的配饰。

(3)受试者起跑前,不允许踩或超越起跑线。

(4)受试者听到起跑信号,方可跑步;不允许抢跑(如有,当即召回重跑)。

(5)受试者要全速直线跑,途中不得串道。

(6)受试者全速跑过终点线后,要慢跑逐渐停下来,不可立即停止。

2. 耐力测试——1000 m 跑(男)/800 m 跑(女)

1)测试目的

800 m(女)、1000 m(男)可以有效地反映学生心血管、呼吸系统的机能及肌肉耐力,是衡量心肺功能和耐力水平的指标。

2)测试场地和器材

标准 400 m 田径场;手持机电子测试记录仪。

3)测试方法

(1)受试者以 10~15 人一组,依据测试人员要求,站立在 1000 m(男)/800 m(女)起跑线后,待测试人员发出起跑指令。

(2)测试人员点击手持机"开始"按键,同时发出"各就位—预备—跑"的指令,受试者立即起跑,按照规定的跑道参加测试。

(3)受试者跑过终点线时,需向测试者"举手"示意,测试者点击手持机"结束"按键,依次记录成绩和"号码-名次"登记。

(4)待受试者基本恢复测前状态,按受试者"名次-测试成绩"对应记录,依次将受试者 12 位学号录入手持机,点击"保存"按键,记录显示的数字,并大声念出读数,受试者方可离开。成绩以"××分××秒"形式记录。

4)注意事项

(1)测试前一周,受试者要有充足的休息和睡眠,禁止熬夜或不良生活习惯。测试前一天,禁止吃油腻、辛辣、冰冷的食物。测试时,须做好充分的准备活动。

(2)测试前,测试人员按测试顺序依次分发号码服,并讲解号码服穿着注意事项,且做好受试者"姓名-号码"对应的详细记录;受试者按照规则正确穿戴号码服。

(3)受试者测试时必须穿运动裤、运动鞋,不允许穿牛仔裤或裙子,不得穿钉鞋、皮鞋、凉鞋,不允许携带发卡、别针等易发生危险的配饰。

(4)受试者起跑前,不允许踩或超越起跑线;听到起跑信号,方可跑步;不允许抢跑(如有,当即召回重跑)。

(5)测试过程中,受试者把握跑的节奏,嘴巴微闭,舌抵上腭,配合摆臂呼吸,切忌忽快忽慢、张口呼吸。

(6)受试者全速跑过终点线后,要慢跑逐渐停下来,不可立即停止,切忌坐下或躺地,亦不可立即喝水,尤其是冰水。

3. 立定跳远

1)测试目的

立定跳远是衡量下肢爆发力及身体协调能力的常用指标。

立定跳远

2)测试场地和仪器

体质健康测试室;立定跳远电子测量仪。

3)测试方法

(1)仪器进入工作状态后,受试者依据测试人员要求在电子显示屏上准确输入12位学号。

(2)受试者根据自我能力选择起跳线,然后两脚自然分开,站立在起跳线后,待测试人员发出测试指令。

(3)测试人员点击"确认"按键,并发出测试指令;受试者摆动双臂,双脚蹬地尽力向前跳,双脚落地后,向前走出测试区域。

(4)待显示屏显示测试数值,测试人员点击"保存"按键,记录显示的数值,并大声念出读数,受试者方可离开。记录以厘米(cm)为单位,不计小数。

4)注意事项

(1)受试者测试前,需做充分的准备活动。

(2)受试者起跳前,双脚均不能踩线、过线;起跳时,不能有垫跳、助跑、连跳等动作。

(3)犯规时成绩无效,需继续测试直至取得成绩。

(4)测试结束后,受试者不得在测试区域随意踩踏,需向前走出测试区。

4. 坐位体前屈

1)测试目的

坐位体前屈是测量在静止状态下的躯干、腰、髋等关节可能达到的活动幅度,主要衡量这些部位的关节、韧带和肌肉的伸展性和弹性及身体柔韧素质的发展水平指标。

坐位体前屈

2)测试场地和仪器

体质健康测试室;坐位体前屈电子测量仪。

3)测试方法

(1)仪器进入工作状态后,受试者依据测试人员要求在电子显示屏上准确输入12位学号。

(2)受试者赤足面向仪器,坐于地垫上,双腿伸直,脚跟并拢,蹬在测试仪挡板区域,脚尖自然分开。测试人员调整导轨高度使受试者脚尖平齐游标下缘。

(3)测试人员点击"确认"按键,并发出测试指令;受试者双手并拢,掌心向下平伸,膝关节伸直,上体前屈,用双手中指指尖推动游标平滑前进,直到不能推动。

(4)待显示屏显示测试数值,测试人员点击"保存"按键,记录显示的数值,并大声念出读数,受试者方可离开。记录以厘米(cm)为单位,精确到小数点后一位。

4)注意事项

(1)测试前,受试者应做好准备活动。

(2)测试时,受试者双臂不能突然前振,不能用单手前推游标,膝关节不能弯曲。

(3)测试时,禁止其他受试者按压受试者腰背部。

(4)测试人员要正确填写受试者测试值的"＋"、"－"号;如果受试者测试值小于－20 cm,按"－20 cm"记录。

5.1分钟仰卧起坐(女)

1)测试目的

1分钟仰卧起坐衡量的是人体腰腹部肌肉的力量及持续工作能力的指标。

仰卧起坐

2)测试场地和器材

体质健康测试室;仰卧起坐电子测试仪。

3)测试方法

(1)仪器进入工作状态后,受试者依据测试人员要求在电子显示屏上准确输入12位学号。

(2)受试者两手手指交叉抱于脑后,两腿稍屈膝成90°,仰卧于测试板上。根据受试者躯干和下肢的长度调节红外发射接收器和反射器的高度,使受试者在上体坐直时能阻断其红外信号。

(3)测试人员点击"确认"按键,受试者听到蜂鸣器"嘀"的一声响后,双手抱头、收腹起至双肘关节,触及或超过双膝后,还原至开始姿势,为完成一次仰卧起坐动作;连续不断地重复此动作,直至听到结束提示音后停止。

(4)待显示屏显示测试数值,测试人员点击"保存"按键,记录显示的数值,并大声念出读数后,受试者方可离开。记录以次为单位。

4)注意事项

(1)测试时,不允许受试者借用肘部撑起或臀部上挺后下压的力量完成动作;禁止双手未抱头、双肘未触及或未超过双膝、还原仰卧姿势时背部未触及垫子,否则该次仰卧起坐不计数。

(2)测试中,测试人员要随时向受试者报告已完成次数。

6.引体向上(男)

1)测试目的

引体向上是反映上肢肌肉力量和耐力的常用指标。

2)测试场地和器材

单双杠测试区;高单杠,杠的粗细以受试者手能握住为准。

3)测试方法

(1)仪器进入工作状态后,受试者依据测试人员要求在电子显示屏上准确输入12位学号。

(2)受试者面向单杠,自然站立,然后跃起,正手握杠,双手间距与肩同宽,身体呈直臂垂悬状态。

(3)待测试人员发出测试指令,受试者两臂同时用力,向上引体;引体时,身体不得有任何附加动作;当下颌超过横杠上缘,然后还原至直臂悬垂动作,为完成引体向上一次;依次循环往复,直至力竭。

(4)测试结束后,测试人员将数据录入电子测试仪,并大声念出读数后,受试者方可离开。记录以次为单位。

4)注意事项

(1)测试前,受试者须做充分的准备活动。

(2)若受试者身高较矮,不能自己跳起握杠,测试人员可以提供帮助。

(3)测试时,应有相应的保护措施,防止伤害事故的发生。

第三节 《国家学生体质健康标准(2014年修订)》说明与评分

一、说明

(1)《国家学生体质健康标准》(以下简称《标准》)是我国学校教育工作的基础性指导文件和教育质量基本标准,是评价学生综合素质、评估学校工作和衡量各地教育发展的重要依据,是《国家体育锻炼标准》在学校的具体实施,适用于全日制普通小学、初中、普通高中、中等职业学校、普通高等学校的学生。

(2)本标准的修订坚持健康第一,落实《国家中长期教育改革和发展规划纲要(2010—2020年)》、《国务院办公厅转发教育部等部门关于进一步加强学校体育工作若干意见的通知》(国办发〔2012〕53号)和《教育部关于印发〈学生体质健康监测评价办法〉等三个文件的通知》(教体艺〔2014〕3号)有关要求,着重提高《标准》应用的信度、效度和区分度,着重强化其教育激励、反馈调整和引导锻炼的功能,着重提高其教育监测和绩效评价的支撑能力。

(3)本标准从身体形态、身体机能和身体素质等方面综合评定学生的体质健康水平,是促进学生体质健康发展、激励学生积极进行身体锻炼的教育手段,是国家学生发展核心素养体系和学业质量标准的重要组成部分,是学生体质健康的个体评价标准。

(4)本标准将适用对象划分为以下组别:小学、初中、高中按每个年级为一组,其中小学为6组、初中为3组、高中为3组。大学一、二年级为一组,三、四年级为一组。

(5)小学、初中、高中、大学各组别的测试指标均为必测指标。其中,身体形态类中的身高、体重,身体机能类中的肺活量,以及身体素质类中的50 m跑、坐位体前屈为各年级学生共性指标。

(6)本标准的学年总分由标准分与附加分之和构成,满分为120分。标准分由各单项指标得分与权重乘积之和组成,满分为100分。附加分根据实测成绩确定,即对成绩超过100分的加分指标进行加分,满分为20分;小学的加分指标为1分钟跳绳,加分幅度为20分;初中、高中和大学的加分指标为男生引体向上和1000 m跑,女生1分钟仰卧起坐和800 m跑,各指标加分幅度均为10分。

(7)根据学生学年总分评定等级:90.0分及以上为优秀,80.0~89.9分为良好,60.0~

79.9分为及格,59.9分及以下为不及格。

(8)每个学生每学年评定一次,记入《〈国家学生体质健康标准〉登记卡》。特殊学制的学校,在填写登记卡时可以按规定和需求相应地增减栏目。学生毕业时的成绩和等级,按毕业当年学年总分的50%与其他学年总分平均得分的50%之和进行评定。

(9)学生测试成绩评定达到良好及以上者,方可参加评优与评奖;成绩达到优秀者,方可获体育奖学分。测试成绩评定不及格者,在本学年度准予补测一次。补测仍不及格,则学年成绩评定为不及格。普通高中、中等职业学校和普通高等学校学生毕业时,《标准》测试的成绩达不到50分者按结业或肄业处理。

(10)学生因病或残疾可向学校提交暂缓或免予执行《标准》的申请,经医疗单位证明,体育教学部门核准,可暂缓或免予执行《标准》,并填写《免予执行〈国家学生体质健康标准〉申请表》,存入学生档案。确实丧失运动能力、被免予执行《标准》的残疾学生,仍可参加评优与评奖,毕业时《标准》成绩需注明免测。

(11)各学校每学年开展覆盖本校各年级学生的《标准》测试工作,《标准》测试数据经当地教育行政部门按要求审核后,通过"中国学生体质健康网"上传至"国家学生体质健康标准数据管理系统"。测试和数据上传时间由教育行政部门确定。

(12)本标准由教育部负责解释。

二、评分

(一)单项指标评分表

单项指标评分表见表2-3~表2-18。

(二)加分指标评分表

加分指标评分表见表2-19~表2-24。

此外,《国家学生体质健康标准》登记卡(大学样表)见表2-25,免予执行《国家学生体质健康标准》申请表(样表)见表2-26。

第二章 体质健康测试

表2-3 男生体重指数（BMI）单项评分表（单位：千克/米²）

等级	单项得分	一年级	二年级	三年级	四年级	五年级	六年级	初一	初二	初三	高一	高二	高三	大学
正常	100	13.5~18.1	13.7~18.4	13.9~19.4	14.2~20.1	14.4~21.4	14.7~21.8	15.5~22.1	15.7~22.5	15.8~22.8	16.5~23.2	16.8~23.7	17.3~23.8	17.9~23.9
低体重	80	≤13.4	≤13.6	≤13.8	≤14.1	≤14.3	≤14.6	≤15.4	≤15.6	≤15.7	≤16.4	≤16.7	≤17.2	≤17.8
超重	80	18.2~20.3	18.5~20.4	19.5~22.1	20.2~22.6	21.5~24.1	21.9~24.5	22.2~24.9	22.6~25.2	22.9~26.0	23.3~26.3	23.8~26.5	23.9~27.3	24.0~27.9
肥胖	60	≥20.4	≥20.5	≥22.2	≥22.7	≥24.2	≥24.6	≥25.0	≥25.3	≥26.1	≥26.4	≥26.6	≥27.4	≥28.0

表2-4 女生体重指数（BMI）单项评分表（单位：千克/米²）

等级	单项得分	一年级	二年级	三年级	四年级	五年级	六年级	初一	初二	初三	高一	高二	高三	大学
正常	100	13.3~17.3	13.5~17.8	13.6~18.6	13.7~19.4	13.8~20.5	14.2~20.8	14.8~21.7	15.3~22.2	16.0~22.6	16.5~22.7	16.9~23.2	17.1~23.3	17.2~23.9
低体重	80	≤13.2	≤13.4	≤13.5	≤13.6	≤13.7	≤14.1	≤14.7	≤15.2	≤15.9	≤16.4	≤16.8	≤17.0	≤17.1
超重	80	17.4~19.2	17.9~20.2	18.7~21.1	19.5~22.0	20.6~22.9	20.9~23.6	21.8~24.4	22.3~24.8	22.7~25.1	22.8~25.2	23.3~25.4	23.4~25.7	24.0~27.9
肥胖	60	≥19.3	≥20.3	≥21.2	≥22.1	≥23.0	≥23.7	≥24.5	≥24.9	≥25.2	≥25.3	≥25.5	≥25.8	≥28.0

表 2-5 男生肺活量单项评分表（单位：毫升）

等级	单项得分	一年级	二年级	三年级	四年级	五年级	六年级	初一	初二	初三	高一	高二	高三	大一大二	大三大四
优秀	100	1700	2000	2300	2600	2900	3200	3640	3940	4240	4540	4740	4940	5040	5140
	95	1600	1900	2200	2500	2800	3100	3520	3820	4120	4420	4620	4820	4920	5020
	90	1500	1800	2100	2400	2700	3000	3400	3700	4000	4300	4500	4700	4800	4900
良好	85	1400	1650	1900	2150	2450	2750	3150	3450	3750	4050	4250	4450	4550	4650
	80	1300	1500	1700	1900	2200	2500	2900	3200	3500	3800	4000	4200	4300	4400
	78	1240	1430	1620	1820	2110	2400	2780	3080	3380	3680	3880	4080	4180	4280
	76	1180	1360	1540	1740	2020	2300	2660	2960	3260	3560	3760	3960	4060	4160
	74	1120	1290	1460	1660	1930	2200	2540	2840	3140	3440	3640	3840	3940	4040
	72	1060	1220	1380	1580	1840	2100	2420	2720	3020	3320	3520	3720	3820	3920
	70	1000	1150	1300	1500	1750	2000	2300	2600	2900	3200	3400	3600	3700	3800
及格	68	940	1080	1220	1420	1660	1900	2180	2480	2780	3080	3280	3480	3580	3680
	66	880	1010	1140	1340	1570	1800	2060	2360	2660	2960	3160	3360	3460	3560
	64	820	940	1060	1260	1480	1700	1940	2240	2540	2840	3040	3940	3340	3440
	62	760	870	980	1180	1390	1600	1820	2120	2420	2720	2920	3120	3220	3320
	60	700	800	900	1100	1300	1500	1700	2000	2300	2600	2800	3000	3100	3200
不及格	50	660	750	840	1030	1220	1410	1600	1890	2180	2470	2660	2850	2940	3030
	40	620	700	780	960	1140	1320	1500	1780	2060	2340	2520	2700	2780	2860
	30	580	650	720	890	1060	1230	1400	1670	1940	2210	2380	2550	2620	2690
	20	540	600	660	820	980	1140	1300	1560	1820	2080	2240	2400	2460	2520
	10	500	550	600	750	900	1050	1200	1450	1700	1950	2100	2250	2300	2350

表 2-6　女生肺活量单项评分表（单位：毫升）

等级	单项得分	一年级	二年级	三年级	四年级	五年级	六年级	初一	初二	初三	高一	高二	高三	大一大二	大三大四
优秀	100	1400	1600	1800	2000	2250	2500	2750	2900	3050	3150	3250	3350	3400	3450
	95	1300	1500	1700	1900	2150	2400	2650	2850	3000	3100	3200	3300	3350	3400
	90	1200	1400	1600	1800	2050	2300	2550	2800	2950	3050	3150	3250	3300	3350
良好	85	1100	1300	1500	1700	1950	2200	2450	2650	2800	2900	3000	3100	3150	3200
	80	1000	1200	1400	1600	1850	2100	2350	2500	2650	2750	2850	2950	3000	3050
	78	960	1150	1340	1530	1770	2010	2250	2400	2550	2650	2750	2850	2900	2950
	76	920	1100	1280	1460	1690	1920	2150	2300	2450	2550	2650	2750	2800	2850
	74	880	1050	1220	1390	1610	1830	2050	2200	2350	2450	2550	2650	2700	2750
	72	840	1000	1160	1320	1530	1740	1950	2100	2250	2350	2450	2550	2600	2650
	70	800	950	1100	1250	1450	1650	1850	2000	2150	2250	2350	2450	2500	2550
及格	68	760	900	1040	1180	1370	1560	1750	1900	2050	2150	2250	2350	2400	2450
	66	720	850	980	1110	1290	1470	1650	1800	1950	2050	2150	2250	2300	2350
	64	680	800	920	1040	1210	1380	1550	1700	1850	1950	2050	2150	2200	2250
	62	640	750	860	970	1130	1290	1450	1600	1750	1850	1950	2050	2100	2150
	60	600	700	800	900	1050	1200	1350	1500	1650	1750	1850	1950	2000	2050
不及格	50	580	680	780	880	1020	1170	1310	1460	1610	1710	1810	1910	1960	2010
	40	560	660	760	860	990	1140	1270	1420	1570	1670	1770	1870	1920	1970
	30	540	640	740	840	960	1110	1230	1380	1530	1630	1730	1830	1880	1930
	20	520	620	720	820	930	1080	1190	1340	1490	1590	1690	1790	1840	1890
	10	500	600	700	800	900	1050	1150	1300	1450	1550	1650	1750	1800	1850

表 2-7 男生 50 m 跑单项评分表（单位：秒）

等级	单项得分	一年级	二年级	三年级	四年级	五年级	六年级	初一	初二	初三	高一	高二	高三	大一大二	大三大四
优秀	100	10.2	9.6	9.1	8.7	8.4	8.2	7.8	7.5	7.3	7.1	7.0	6.8	6.7	6.6
	95	10.3	9.7	9.2	8.8	8.5	8.3	7.9	7.6	7.4	7.2	7.1	6.9	6.8	6.7
	90	10.4	9.8	9.3	8.9	8.6	8.4	8.0	7.7	7.5	7.3	7.2	7.0	6.9	6.8
良好	85	10.5	9.9	9.4	9.0	8.7	8.5	8.1	7.8	7.6	7.4	7.3	7.1	7.0	6.9
	80	10.6	10.0	9.5	9.1	8.8	8.6	8.2	7.9	7.7	7.5	7.4	7.2	7.1	7.0
	78	10.8	10.2	9.7	9.3	9.0	8.8	8.4	8.1	7.9	7.7	7.6	7.4	7.3	7.2
	76	11.0	10.4	9.9	9.5	9.2	9.0	8.6	8.3	8.1	7.9	7.8	7.6	7.5	7.4
	74	11.2	10.6	10.1	9.7	9.4	9.2	8.8	8.5	8.3	8.1	8.0	7.8	7.7	7.6
	72	11.4	10.8	10.3	9.9	9.6	9.4	9.0	8.7	8.5	8.3	8.2	8.0	7.9	7.8
及格	70	11.6	11.0	10.5	10.1	9.8	9.6	9.2	8.9	8.7	8.5	8.4	8.2	8.1	8.0
	68	11.8	11.2	10.7	10.3	10.0	9.8	9.4	9.1	8.9	8.7	8.6	8.4	8.3	8.2
	66	12.0	11.4	10.9	10.5	10.2	10.0	9.6	9.3	9.1	8.9	8.8	8.6	8.5	8.4
	64	12.2	11.6	11.1	10.7	10.4	10.2	9.8	9.5	9.3	9.1	9.0	8.8	8.7	8.6
	62	12.4	11.8	11.3	10.9	10.6	10.4	10.0	9.7	9.5	9.3	9.2	9.0	8.9	8.8
	60	12.6	12.0	11.5	11.1	10.8	10.6	10.2	9.9	9.7	9.5	9.4	9.2	9.1	9.0
不及格	50	12.8	12.2	11.7	11.3	11.0	10.8	10.4	10.1	9.9	9.7	9.6	9.4	9.3	9.2
	40	13.0	12.4	11.9	11.5	11.2	11.0	10.6	10.3	10.1	9.9	9.8	9.6	9.5	9.4
	30	13.2	12.6	12.1	11.7	11.4	11.2	10.8	10.5	10.3	10.1	10.0	9.8	9.7	9.6
	20	13.4	12.8	12.3	11.9	11.6	11.4	11.0	10.7	10.5	10.3	10.2	10.0	9.9	9.8
	10	13.6	13.0	12.5	12.1	11.8	11.6	11.2	10.9	10.7	10.5	10.4	10.2	10.1	10.0

第二章 体质健康测试

表2-8 女生50 m跑单项评分表(单位:秒)

等级	单项得分	一年级	二年级	三年级	四年级	五年级	六年级	初一	初二	初三	高一	高二	高三	大一大二	大三大四
优秀	100	11.0	10.0	9.2	8.7	8.3	8.2	8.1	8.0	7.9	7.8	7.7	7.6	7.5	7.4
	95	11.1	10.1	9.3	8.8	8.4	8.3	8.2	8.1	8.0	7.9	7.8	7.7	7.6	7.5
	90	11.2	10.2	9.4	8.9	8.5	8.4	8.3	8.2	8.1	8.0	7.9	7.8	7.7	7.6
良好	85	11.5	10.5	9.7	9.2	8.8	8.7	8.6	8.5	8.4	8.3	8.2	8.1	8.0	7.9
	80	11.8	10.8	10.0	9.5	9.1	9.0	8.9	8.8	8.7	8.6	8.5	8.4	8.3	8.2
	78	12.0	11.0	10.2	9.7	9.3	9.2	9.1	9.0	8.9	8.8	8.7	8.6	8.5	8.4
	76	12.2	11.2	10.4	9.9	9.5	9.4	9.3	9.2	9.1	9.0	8.9	8.8	8.7	8.6
	74	12.4	11.4	10.6	10.1	9.7	9.6	9.5	9.4	9.3	9.2	9.1	9.0	8.9	8.8
	72	12.6	11.6	10.8	10.3	9.9	9.8	9.7	9.6	9.5	9.4	9.3	9.2	9.1	9.0
及格	70	12.8	11.8	11.0	10.5	10.1	10.0	9.9	9.8	9.7	9.6	9.5	9.4	9.3	9.2
	68	13.0	12.0	11.2	10.7	10.3	10.2	10.1	10.0	9.9	9.8	9.7	9.6	9.5	9.4
	66	13.2	12.2	11.4	10.9	10.5	10.4	10.3	10.2	10.1	10.0	9.9	9.8	9.7	9.6
	64	13.4	12.4	11.6	11.1	10.7	10.6	10.5	10.4	10.3	10.2	10.1	10.0	9.9	9.8
	62	13.6	12.6	11.8	11.3	10.9	10.8	10.7	10.6	10.5	10.4	10.3	10.2	10.1	10.0
	60	13.8	12.8	12.0	11.5	11.1	11.0	10.9	10.8	10.7	10.6	10.5	10.4	10.3	10.2
不及格	50	14.0	13.0	12.2	11.7	11.3	11.2	11.1	11.0	10.9	10.8	10.7	10.6	10.5	10.4
	40	14.2	13.2	12.4	11.9	11.5	11.4	11.3	11.2	11.1	11.0	10.9	10.8	10.7	10.6
	30	14.4	13.4	12.6	12.1	11.7	11.6	11.5	11.4	11.3	11.2	11.1	11.0	10.9	10.8
	20	14.6	13.6	12.8	12.3	11.9	11.8	11.7	11.6	11.5	11.4	11.3	11.2	11.1	11.0
	10	14.8	13.8	13.0	12.5	12.1	12.0	11.9	11.8	11.7	11.6	11.5	11.4	11.3	11.2

表 2-9 男生坐位体前屈单项评分表（单位：厘米）

等级	单项得分	一年级	二年级	三年级	四年级	五年级	六年级	初一	初二	初三	高一	高二	高三	大一大二	大三大四
优秀	100	16.1	16.2	16.3	16.4	16.5	16.6	17.6	19.6	21.6	23.6	24.3	24.6	24.9	25.1
	95	14.6	14.7	14.9	15.0	15.2	15.3	15.9	17.7	19.7	21.5	22.4	22.8	23.1	23.3
	90	13.0	13.2	13.4	13.6	13.8	14.0	14.2	15.8	17.8	19.4	20.5	21.0	21.3	21.5
良好	85	12.0	11.9	11.8	11.7	11.6	11.5	12.3	13.7	15.8	17.2	18.3	19.1	19.5	19.9
	80	11.0	10.6	10.2	9.8	9.4	9.0	10.4	11.6	13.8	15.0	16.1	17.2	17.7	18.2
	78	9.9	9.5	9.1	8.6	8.2	7.7	9.1	10.3	12.4	13.6	14.7	15.8	16.3	16.8
	76	8.8	8.4	8.0	7.4	7.0	6.4	7.8	9.0	11.0	12.2	13.3	14.4	14.9	15.4
	74	7.7	7.3	6.9	6.2	5.8	5.1	6.5	7.7	9.6	10.8	11.9	13.0	13.5	14.0
	72	6.6	6.2	5.8	5.0	4.6	3.8	5.2	6.4	8.2	9.4	10.5	11.6	12.1	12.6
	70	5.5	5.1	4.7	3.8	3.4	2.5	3.9	5.1	6.8	8.0	9.1	10.2	10.7	11.2
及格	68	4.4	4.0	3.6	2.6	2.2	1.2	2.6	3.8	5.4	6.6	7.7	8.8	9.3	9.8
	66	3.3	2.9	2.5	1.4	1.0	−0.1	1.3	2.5	4.0	5.2	6.3	7.4	7.9	8.4
	64	2.2	1.8	1.4	0.2	−0.2	−1.4	0.0	1.2	2.6	3.8	4.9	6.0	6.5	7.0
	62	1.1	0.7	0.3	−1.0	−1.4	−2.7	−1.3	−0.1	1.2	2.4	3.5	4.6	5.1	5.6
	60	0.0	−0.4	−0.8	−2.2	−2.6	−4.0	−2.6	−1.4	−0.2	1.0	2.1	3.2	3.7	4.2
不及格	50	−0.8	−1.2	−1.6	−3.2	−3.6	−5.0	−3.8	−2.6	−1.4	0.0	1.1	2.2	2.7	3.2
	40	−1.6	−2.0	−2.4	−4.2	−4.6	−6.0	−5.0	−3.8	−2.6	−1.0	0.1	1.2	1.7	2.2
	30	−2.4	−2.8	−3.2	−5.2	−5.6	−7.0	−6.2	−5.0	−3.8	−2.0	−0.9	0.2	0.7	1.2
	20	−3.2	−3.6	−4.0	−6.2	−6.6	−8.0	−7.4	−6.2	−5.0	−3.0	−1.9	−0.8	−0.3	0.2
	10	−4.0	−4.4	−4.8	−7.2	−7.6	−9.0	−8.6	−7.4	−6.2	−4.0	−2.9	−1.8	−1.3	−0.8

第二章 体质健康测试

表 2-10 女生坐位体前屈单项评分表（单位：厘米）

等级	单项得分	一年级	二年级	三年级	四年级	五年级	六年级	初一	初二	初三	高一	高二	高三	大一大二	大三大四
优秀	100	18.6	18.9	19.2	19.5	19.8	19.9	21.8	22.7	23.5	24.2	24.8	25.3	25.8	26.3
	95	17.3	17.6	17.9	18.1	18.5	18.7	20.1	21.0	21.8	22.5	23.1	23.6	24.0	24.4
	90	16.0	16.3	16.6	16.9	17.2	17.5	18.4	19.3	20.1	20.8	21.4	21.9	22.2	22.4
良好	85	14.7	14.8	14.9	15.0	15.1	15.2	16.7	17.6	18.4	19.1	19.7	20.2	20.6	21.0
	80	13.4	13.3	13.2	13.1	13.0	12.9	15.0	15.9	16.7	17.4	18.0	18.5	19.0	19.5
	78	12.3	12.2	12.1	12.0	11.9	11.8	13.7	14.6	15.4	16.1	16.7	17.2	17.7	18.2
	76	11.2	11.1	11.0	10.9	10.8	10.7	12.4	13.3	14.1	14.8	15.4	15.9	16.4	16.9
	74	10.1	10.0	9.9	9.8	9.7	9.6	11.1	12.0	12.8	13.5	14.1	14.6	15.1	15.6
	72	9.0	8.9	8.8	8.7	8.6	8.5	9.8	10.7	11.5	12.2	12.8	13.3	13.8	14.3
及格	70	7.9	7.8	7.7	7.6	7.5	7.4	8.5	9.4	10.2	10.9	11.5	12.0	12.5	13.0
	68	6.8	6.7	6.6	6.5	6.4	6.3	7.2	8.1	8.9	9.6	10.2	10.7	11.2	11.7
	66	5.7	5.6	5.5	5.4	5.3	5.2	5.9	6.8	7.6	8.3	8.9	9.4	9.9	10.4
	64	4.6	4.5	4.4	4.3	4.2	4.1	4.6	5.5	6.3	7.0	7.6	8.1	8.6	9.1
	62	3.5	3.4	3.3	3.2	3.1	3.0	3.3	4.2	5.0	5.7	6.3	6.8	7.3	7.8
	60	2.4	2.3	2.2	2.1	2.0	1.9	2.0	2.9	3.7	4.4	5.0	5.5	6.0	6.5
不及格	50	1.6	1.5	1.4	1.3	1.2	1.1	1.2	2.1	2.9	3.6	4.2	4.7	5.2	5.7
	40	0.8	0.7	0.6	0.5	0.4	0.3	0.4	1.3	2.1	2.8	3.4	3.9	4.4	4.9
	30	0.0	−0.1	−0.2	−0.3	−0.4	−0.5	−0.4	0.5	1.3	2.0	2.6	3.1	3.6	4.1
	20	−0.8	−0.9	−1.0	−1.1	−1.2	−1.3	−1.2	−0.3	0.5	1.2	1.8	2.3	2.8	3.3
	10	−1.6	−1.7	−1.8	−1.9	−2.0	−2.1	−2.0	−1.1	−0.3	0.4	1.0	1.5	2.0	2.5

表 2-11 男生一分钟跳绳单项评分表（单位：次）

等级	单项得分	一年级	二年级	三年级	四年级	五年级	六年级
优秀	100	109	117	126	137	148	157
	95	104	112	121	132	143	152
	90	99	107	116	127	138	147
良好	85	93	101	110	121	132	141
	80	87	95	104	115	126	135
	78	80	88	97	108	119	128
	76	73	81	90	101	112	121
	74	66	74	83	94	105	114
	72	59	67	76	87	98	107
及格	70	52	60	69	80	91	100
	68	45	53	62	73	84	93
	66	38	46	55	66	77	86
	64	31	39	48	59	70	79
	62	24	32	41	52	63	72
	60	17	25	34	45	56	65
不及格	50	14	22	31	42	53	62
	40	11	19	28	39	50	59
	30	8	16	25	36	47	56
	20	5	13	22	33	44	53
	10	2	10	19	30	41	50

表 2-12 女生一分钟跳绳单项评分表（单位：次）

等级	单项得分	一年级	二年级	三年级	四年级	五年级	六年级
优秀	100	117	127	139	149	158	166
	95	110	120	132	142	151	159
	90	103	113	125	135	144	152
良好	85	95	105	117	127	136	144
	80	87	97	109	119	128	136
	78	80	90	102	112	121	129
	76	73	83	95	105	114	122
	74	66	76	88	98	107	115
	72	59	69	81	91	100	108
及格	70	52	62	74	84	93	101
	68	45	55	67	77	86	94
	66	38	48	60	70	79	87
	64	31	41	53	63	72	80
	62	24	34	46	56	65	73
	60	17	27	39	49	58	66
	50	14	24	36	46	55	63
	40	11	21	33	43	52	60
不及格	30	8	18	30	40	49	57
	20	5	15	27	37	46	54
	10	2	12	24	34	43	51

表 2-13 男生立定跳远单项评分表（单位：厘米）

等级	单项得分	初一	初二	初三	高一	高二	高三	大一大二	大三大四
优秀	100	225	240	250	260	265	270	273	275
	95	218	233	245	255	260	265	268	270
	90	211	226	240	250	255	260	263	265
良好	85	203	218	233	243	248	253	256	258
	80	195	210	225	235	240	245	248	250
	78	191	206	221	231	236	241	244	246
	76	187	202	217	227	232	237	240	242
	74	183	198	213	223	228	233	236	238
	72	179	194	209	219	224	229	232	234
	70	175	190	205	215	220	225	228	230
及格	68	171	186	201	211	216	221	224	226
	66	167	182	197	207	212	217	220	222
	64	163	178	193	203	208	213	216	218
	62	159	174	189	199	204	209	212	214
	60	155	170	185	195	200	205	208	210
不及格	50	150	165	180	190	195	200	203	205
	40	145	160	175	185	190	195	198	200
	30	140	155	170	180	185	190	193	195
	20	135	150	165	175	180	185	188	190
	10	130	145	160	170	175	180	183	185

第二章　体质健康测试

表 2-14　女生立定跳远单项评分表（单位：厘米）

等级	单项得分	初一	初二	初三	高一	高二	高三	大一大二	大三大四
优秀	100	196	200	202	204	205	206	207	208
	95	190	194	196	198	199	200	201	202
	90	184	188	190	192	193	194	195	196
良好	85	177	181	183	185	186	187	188	189
	80	170	174	176	178	179	180	181	182
	78	167	171	173	175	176	177	178	179
	76	164	168	170	172	173	174	175	176
	74	161	165	167	169	170	171	172	173
	72	158	162	164	166	167	168	169	170
及格	70	155	159	161	163	164	165	166	167
	68	152	156	158	160	161	162	163	164
	66	149	153	155	157	158	159	160	161
	64	146	150	152	154	155	156	157	158
	62	143	147	149	151	152	153	154	155
	60	140	144	146	148	149	150	151	152
不及格	50	135	139	141	143	144	145	146	147
	40	130	134	136	138	139	140	141	142
	30	125	129	131	133	134	135	136	137
	20	120	124	126	128	129	130	131	132
	10	115	119	121	123	124	125	126	127

表 2-15 男生一分钟仰卧起坐、引体向上单项评分表（单位：次）

等级	单项得分	三年级	四年级	五年级	六年级	初一	初二	初三	高一	高二	高三	大一大二	大三大四
优秀	100	48	49	50	51	13	14	15	16	17	18	19	20
	95	45	46	47	48	12	13	14	15	16	17	18	19
	90	42	43	44	45	11	12	13	14	15	16	17	18
良好	85	39	40	41	42	10	11	12	13	14	15	16	17
	80	36	37	38	39	9	10	11	12	13	14	15	16
及格	78	34	35	36	37	8	9	10	11	12	13	14	15
	76	32	33	34	35	7	8	9	10	11	12	13	14
	74	30	31	32	33	6	7	8	9	10	11	12	13
	72	28	29	30	31	5	6	7	8	9	10	11	12
	70	26	27	28	29	4	5	6	7	8	9	10	11
	68	24	25	26	27	3	4	5	6	7	8	9	10
	66	22	23	24	25	2	3	4	5	6	7	8	9
	64	20	21	22	23	1	2	3	4	5	6	7	8
	62	18	19	20	21		1	2	3	4	5	6	7
	60	16	17	18	19			1	2	3	4	5	6
不及格	50	14	15	16	17								
	40	12	13	14	15								
	30	10	11	12	13								
	20	8	9	10	11								
	10	6	7	8	9								

注：小学三年级～六年级：一分钟仰卧起坐；初中、高中、大学：引体向上。

第二章 体质健康测试

表 2-16 女生一分钟仰卧起坐单项评分表（单位：次）

等级	单项得分	三年级	四年级	五年级	六年级	初一	初二	初三	高一	高二	高三	大一大二	大三大四
优秀	100	46	47	48	49	50	51	52	53	54	55	56	57
	95	44	45	46	47	48	49	50	51	52	53	54	55
	90	42	43	44	45	46	47	48	49	50	51	52	53
良好	85	39	40	41	42	43	44	45	46	47	48	49	50
	80	36	37	38	39	40	41	42	43	44	45	46	47
	78	34	35	36	37	38	39	40	41	42	43	44	45
	76	32	33	34	35	36	37	38	39	40	41	42	43
	74	30	31	32	33	34	35	36	37	38	39	40	41
	72	28	29	30	31	32	33	34	35	36	37	38	39
及格	70	26	27	28	29	30	31	32	33	34	35	36	37
	68	24	25	26	27	28	29	30	31	32	33	34	35
	66	22	23	24	25	26	27	28	29	30	31	32	33
	64	20	21	22	23	24	25	26	27	28	29	30	31
	62	18	19	20	21	22	23	24	25	26	27	28	29
	60	16	17	18	19	20	21	22	23	24	25	26	27
不及格	50	14	15	16	17	18	19	20	21	22	23	24	25
	40	12	13	14	15	16	17	18	19	20	21	22	23
	30	10	11	12	13	14	15	16	17	18	19	20	21
	20	8	9	10	11	12	13	14	15	16	17	18	19
	10	6	7	8	9	10	11	12	13	14	15	16	17

表 2-17 男生耐力跑单项评分表(单位:分・秒)

等级	单项得分	五年级	六年级	初一	初二	初三	高一	高二	高三	大一大二	大三大四
优秀	100	1'36"	1'30"	3'55"	3'50"	3'40"	3'30"	3'25"	3'20"	3'17"	3'15"
	95	1'39"	1'33"	4'05"	3'55"	3'45"	3'35"	3'30"	3'25"	3'22"	3'20"
	90	1'42"	1'36"	4'15"	4'00"	3'50"	3'40"	3'35"	3'30"	3'27"	3'25"
	85	1'45"	1'39"	4'22"	4'07"	3'57"	3'47"	3'42"	3'37"	3'34"	3'32"
良好	80	1'48"	1'42"	4'30"	4'15"	4'05"	3'55"	3'50"	3'45"	3'42"	3'40"
	78	1'51"	1'45"	4'35"	4'20"	4'10"	4'00"	3'55"	3'50"	3'47"	3'45"
	76	1'54"	1'48"	4'40"	4'25"	4'15"	4'05"	4'00"	3'55"	3'52"	3'50"
	74	1'57"	1'51"	4'45"	4'30"	4'20"	4'10"	4'05"	4'00"	3'57"	3'55"
	72	2'00"	1'54"	4'50"	4'35"	4'25"	4'15"	4'10"	4'05"	4'02"	4'00"
	70	2'03"	1'57"	4'55"	4'40"	4'30"	4'20"	4'15"	4'10"	4'07"	4'05"
	68	2'06"	2'00"	5'00"	4'45"	4'35"	4'25"	4'20"	4'15"	4'12"	4'10"
	66	2'09"	2'03"	5'05"	4'50"	4'40"	4'30"	4'25"	4'20"	4'17"	4'15"
	64	2'12"	2'06"	5'10"	4'55"	4'45"	4'35"	4'30"	4'25"	4'22"	4'20"
	62	2'15"	2'09"	5'15"	5'00"	4'50"	4'40"	4'35"	4'30"	4'27"	4'25"
及格	60	2'18"	2'12"	5'20"	5'05"	4'55"	4'45"	4'40"	4'35"	4'32"	4'30"
	50	2'22"	2'16"	5'40"	5'25"	5'15"	5'05"	5'00"	4'55"	4'52"	4'50"
	40	2'26"	2'20"	6'00"	5'45"	5'35"	5'25"	5'20"	5'15"	5'12"	5'10"
不及格	30	2'30"	2'24"	6'20"	6'05"	5'55"	5'45"	5'40"	5'35"	5'32"	5'30"
	20	2'34"	2'28"	6'40"	6'25"	6'15"	6'05"	6'00"	5'55"	5'52"	5'50"
	10	2'38"	2'32"	7'00"	6'45"	6'35"	6'25"	6'20"	6'15"	6'12"	6'10"

注:小学五年级~六年级:50 m×8 往返跑;初中,高中,大学:1000 m 跑。

表 2-18 女生耐力跑单项评分表（单位：分·秒）

等级	单项得分	五年级	六年级	初一	初二	初三	高一	高二	高三	大一大二	大三大四
优秀	100	1'41"	1'37"	3'35"	3'30"	3'25"	3'24"	3'22"	3'20"	3'18"	3'16"
	95	1'44"	1'40"	3'42"	3'37"	3'32"	3'30"	3'28"	3'26"	3'24"	3'22"
	90	1'47"	1'43"	3'49"	3'44"	3'39"	3'36"	3'34"	3'32"	3'30"	3'28"
良好	85	1'50"	1'46"	3'57"	3'52"	3'47"	3'43"	3'41"	3'39"	3'37"	3'35"
	80	1'53"	1'49"	4'05"	4'00"	3'55"	3'50"	3'48"	3'46"	3'44"	3'42"
	78	1'56"	1'52"	4'10"	4'05"	4'00"	3'55"	3'53"	3'51"	3'49"	3'47"
	76	1'59"	1'55"	4'15"	4'10"	4'05"	4'00"	3'58"	3'56"	3'54"	3'52"
	74	2'02"	1'58"	4'20"	4'15"	4'10"	4'05"	4'03"	4'01"	3'59"	3'57"
	72	2'05"	2'01"	4'25"	4'20"	4'15"	4'10"	4'08"	4'06"	4'04"	4'02"
	70	2'08"	2'04"	4'30"	4'25"	4'20"	4'15"	4'13"	4'11"	4'09"	4'07"
	68	2'11"	2'07"	4'35"	4'30"	4'25"	4'20"	4'18"	4'16"	4'14"	4'12"
	66	2'14"	2'10"	4'40"	4'35"	4'30"	4'25"	4'23"	4'21"	4'19"	4'17"
	64	2'17"	2'13"	4'45"	4'40"	4'35"	4'30"	4'28"	4'26"	4'24"	4'22"
	62	2'20"	2'16"	4'50"	4'45"	4'40"	4'35"	4'33"	4'31"	4'29"	4'27"
及格	60	2'23"	2'19"	4'55"	4'50"	4'45"	4'40"	4'38"	4'36"	4'34"	4'32"
	50	2'27"	2'23"	5'05"	4'55"	4'55"	4'50"	4'48"	4'46"	4'44"	4'42"
	40	2'31"	2'27"	5'15"	5'00"	5'05"	5'00"	4'58"	4'56"	4'54"	4'52"
不及格	30	2'35"	2'31"	5'25"	5'10"	5'15"	5'10"	5'08"	5'06"	5'04"	5'02"
	20	2'39"	2'35"	5'35"	5'20"	5'25"	5'20"	5'18"	5'16"	5'14"	5'12"
	10	2'43"	2'39"	5'45"	5'30"	5'35"	5'30"	5'28"	5'26"	5'24"	5'22"

注：小学五年级～六年级：50 m×8 往返跑；初中、高中、大学：800 m 跑。

表 2-19 男生一分钟跳绳评分表(单位:次)

加分	一年级	二年级	三年级	四年级	五年级	六年级
20	40	40	40	40	40	40
19	38	38	38	38	38	38
18	36	36	36	36	36	36
17	34	34	34	34	34	34
16	32	32	32	32	32	32
15	30	30	30	30	30	30
14	28	28	28	28	28	28
13	26	26	26	26	26	26
12	24	24	24	24	24	24
11	22	22	22	22	22	22
10	20	20	20	20	20	20
9	18	18	18	18	18	18
8	16	16	16	16	16	16
7	14	14	14	14	14	14
6	12	12	12	12	12	12
5	10	10	10	10	10	10
4	8	8	8	8	8	8
3	6	6	6	6	6	6
2	4	4	4	4	4	4
1	2	2	2	2	2	2

注:一分钟跳绳为高优指标,学生成绩超过单项评分100分后,以超过的次数所对应的分数进行加分。

表 2-20 女生一分钟跳绳评分表(单位:次)

加分	一年级	二年级	三年级	四年级	五年级	六年级
20	40	40	40	40	40	40
19	38	38	38	38	38	38
18	36	36	36	36	36	36
17	34	34	34	34	34	34
16	32	32	32	32	32	32
15	30	30	30	30	30	30
14	28	28	28	28	28	28
13	26	26	26	26	26	26
12	24	24	24	24	24	24
11	22	22	22	22	22	22
10	20	20	20	20	20	20
9	18	18	18	18	18	18
8	16	16	16	16	16	16
7	14	14	14	14	14	14

续表

加分	一年级	二年级	三年级	四年级	五年级	六年级
6	12	12	12	12	12	12
5	10	10	10	10	10	10
4	8	8	8	8	8	8
3	6	6	6	6	6	6
2	4	4	4	4	4	4
1	2	2	2	2	2	2

注：一分钟跳绳为高优指标，学生成绩超过单项评分100分后，以超过的次数所对应的分数进行加分。

表 2-21 男生引体向上评分表（单位：次）

加分	初一	初二	初三	高一	高二	高三	大一大二	大三大四
10	10	10	10	10	10	10	10	10
9	9	9	9	9	9	9	9	9
8	8	8	8	8	8	8	8	8
7	7	7	7	7	7	7	7	7
6	6	6	6	6	6	6	6	6
5	5	5	5	5	5	5	5	5
4	4	4	4	4	4	4	4	4
3	3	3	3	3	3	3	3	3
2	2	2	2	2	2	2	2	2
1	1	1	1	1	1	1	1	1

注：引体向上、一分钟仰卧起坐均为高优指标，学生成绩超过单项评分100分后，以超过的次数所对应的分数进行加分。

表 2-22 女生一分钟仰卧起坐评分表（单位：次）

加分	初一	初二	初三	高一	高二	高三	大一大二	大三大四
10	13	13	13	13	13	13	13	13
9	12	12	12	12	12	12	12	12
8	11	11	11	11	11	11	11	11
7	10	10	10	10	10	10	10	10
6	9	9	9	9	9	9	9	9
5	8	8	8	8	8	8	8	8
4	7	7	7	7	7	7	7	7
3	6	6	6	6	6	6	6	6
2	4	4	4	4	4	4	4	4
1	2	2	2	2	2	2	2	2

注：引体向上、一分钟仰卧起坐均为高优指标，学生成绩超过单项评分100分后，以超过的次数所对应的分数进行加分。

表2-23　男生1000 m跑评分表(单位：分·秒)

加分	初一	初二	初三	高一	高二	高三	大一大二	大三大四
10	−35"	−35"	−35"	−35"	−35"	−35"	−35"	−35"
9	−32"	−32"	−32"	−32"	−32"	−32"	−32"	−32"
8	−29"	−29"	−29"	−29"	−29"	−29"	−29"	−29"
7	−26"	−26"	−26"	−26"	−26"	−26"	−26"	−26"
6	−23"	−23"	−23"	−23"	−23"	−23"	−23"	−23"
5	−20"	−20"	−20"	−20"	−20"	−20"	−20"	−20"
4	−16"	−16"	−16"	−16"	−16"	−16"	−16"	−16"
3	−12"	−12"	−12"	−12"	−12"	−12"	−12"	−12"
2	−8"	−8"	−8"	−8"	−8"	−8"	−8"	−8"
1	−4"	−4"	−4"	−4"	−4"	−4"	−4"	−4"

表2-24　女生800 m跑评分表(单位：分·秒)

加分	初一	初二	初三	高一	高二	高三	大一大二	大三大四
10	−50"	−50"	−50"	−50"	−50"	−50"	−50"	−50"
9	−45"	−45"	−45"	−45"	−45"	−45"	−45"	−45"
8	−40"	−40"	−40"	−40"	−40"	−40"	−40"	−40"
7	−35"	−35"	−35"	−35"	−35"	−35"	−35"	−35"
6	−30"	−30"	−30"	−30"	−30"	−30"	−30"	−30"
5	−25"	−25"	−25"	−25"	−25"	−25"	−25"	−25"
4	−20"	−20"	−20"	−20"	−20"	−20"	−20"	−20"
3	−15"	−15"	−15"	−15"	−15"	−15"	−15"	−15"
2	−10"	−10"	−10"	−10"	−10"	−10"	−10"	−10"
1	−5"	−5"	−5"	−5"	−5"	−5"	−5"	−5"

注：1000 m跑、800 m跑均为低优指标，学生成绩低于单项评分100分后，以减少的秒数所对应的分数进行加分。

表2-25 《国家学生体质健康标准》登记卡(大学样表)

姓名				性别				学号				学 校		
院(系)				民族				出生日期						
	大一			大二			大三			大四			毕业成绩	
单项指标	成绩	得分	等级	成绩	得分	等级	成绩	得分	等级	成绩	得分	等级	得分	等级
体重指数(BMI)(千克/米²)														
肺活量(毫升)														
50米跑(秒)														
坐位体前屈(厘米)														
立定跳远(厘米)														
引体向上(男)/ 1分钟仰卧起坐(女)(次)														
1000米跑(男)/ 800米跑(女)(分・秒)														
加分指标	成绩	附加分		成绩	附加分		成绩	附加分		成绩	附加分			
引体向上(男)/ 1分钟仰卧起坐(女)(次)														
1000米跑(男)/ 800米跑(女)(分・秒)														
学年总分														
等级评定														
体育教师签字														
辅导员签字														

注:高等职业学校、高等专科学校参照本样表执行。

学校签章:　　　　年　月　日

表 2-26　免予执行《国家学生体质健康标准》申请表（样表）

姓名		性别		民族		学号	
班级（院/系）						出生日期	
原因							
体育教师签字						家长签字	
学校体育部门意见							

申请人：
年　月　日

学校签章：
年　月　日

注：中等职业学校及普通高等学校的学生，"家长签字"由学生本人签字。

第三章 体育锻炼

体育锻炼是人进行身体活动的一种方式。科学合理的体育锻炼,必须具有运动训练、运动医学等相关学科的理论支撑。因此,参加体育锻炼必须遵循体育锻炼监测与评估的事实依据和体育锻炼注意事项,按照体育锻炼的原则与方法,逐步实施体育锻炼计划与运动处方,以防造成运动损伤,妨碍健康。

第一节 体育锻炼原则与方法

一、体育锻炼原则

体育锻炼原则是体育锻炼客观规律的反映,也是参与者安排锻炼计划、选择锻炼内容、运用锻炼方法必须遵循的基本原则,是人们在体育锻炼实践中总结出来的经验,为锻炼者达到理想效果而提供科学指导。

体育锻炼原则有自觉积极性原则、从实际出发原则、经常性原则、全面性原则、循序渐进原则。

(一)自觉积极性原则

自觉积极性原则是指体育锻炼者要有明确的健身目标,自我完善,并克服自身的惰性而战胜各种困难。锻炼身体要有一定的作息制度作保证。将体育锻炼作为生活中不可缺少的一部分,才能达到理想的效果。

明确"生命在于运动"的科学道理,树立正确的锻炼目的,将体育锻炼当作是日常学习与生活的自我需要,激发锻炼的主动性,从而调动锻炼的积极性。

培养体育锻炼的兴趣。兴趣是人们认识事物和从事活动的倾向,当一个人对一项体育活动产生兴趣时,就会对这项体育活动表现出极大的主动性和自觉性,做到身心融为一体。

(二)从实际出发原则

从实际出发原则是指选择锻炼内容、方法和安排运动负荷时,应根据个人的性别、年龄、职业、健康状况,对锻炼的爱好、要求和原有的基础,以及生活条件等实际情况来确定,按科学方法选择和确定自己的锻炼内容、方法、运动时间及运动负荷强度,以取得最佳的锻炼效果。

其一，根据个人实际情况制定一套实用可行的锻炼计划或运动处方，执行时应当严格遵守并注意阶段性的调整。其二，选择锻炼内容时，要注意它的健身价值，不要追求动作的形式，以及在力所不及的情况下从事高难度技术动作的训练，而应选择简便易行、锻炼价值大、效果好的身体练习作为身体锻炼的主要内容。其三，安排运动负荷时，以锻炼者能承受和克服的难度，一般以自我感觉舒适和不影响正常学习、工作和生活为准。

（三）经常性原则

经常性原则是指体育锻炼必须经常性进行，使之成为日常生活中的重要内容。体育锻炼给予机体刺激，每次刺激都产生一定的强度痕迹，连续不断的刺激作用则产生痕迹的累积，这种累积使机体结构和机能产生新的适应，体质就会不断增强，动作技能形成的条件反射也会不断得到强化。因此，体育锻炼贵在坚持，不应设想在短时间内取得显著效果，必须长久累积。

经常性原则注意以下几点：其一是有计划安排，根据个人能力所及，确定一个能够实现的体育锻炼目标，制定一个切实可行的锻炼计划；其二是强化锻炼意识，把体育锻炼列为日常生活内容，定期保证有一定的体育锻炼时间，逐步养成习惯，使体育锻炼成为生活的重要组成部分。

（四）全面性原则

全面性原则是指体育锻炼必须追求身心全面和谐发展，使身体形态、机能、身体素质及心理素质等方面得到全面协调的发展。人体是由各局部构成的一个整体，各局部均按"用进废退"的规律发展，体育锻炼能促进新陈代谢的普遍旺盛，使身体各系统、组织、器官和谐发展，达到身体相对完善和完美。

全面性原则注意几点：其一，身心的全面发展要适应环境，增强抵御疾病的能力，改善机体形态，提高机体功能，陶冶心情，丰富文化生活等方面；其二，体育锻炼的内容、方法要尽可能考虑身体的全面发展，一般以一些功效大、兴趣较浓的运动项目为主，以其他项目为辅进行全面锻炼；其三，注意全身的活动，不要限于局部；其四，在全面锻炼的基础上，有目的、有意识地加强专业实用性的体育锻炼。

（五）循序渐进原则

循序渐进原则是指体育锻炼必须遵循人体自然发展、机体适应的基本规律，从不同的主客观实际出发，合理安排运动负荷，在渐进的基础上提高锻炼水平。在体育锻炼过程中，运动负荷的大小直接影响人体机能的变化。负荷是否适宜，对锻炼效果的好坏起很大的作用。运动负荷的大小因人、因时而异。即使是同一个人，在不同的机能状态、不同的时间，人体对负荷的承受能力也不尽相同。进行体育锻炼时，其一，应注意力戒求成，必须根据锻炼者自身的实际情况确定运动负荷的大小，做到量力而行；其二，要注意锻炼后疲劳感的适度；其三，每次锻炼要遵守人体生理机能活动能力变化规律。

二、体育锻炼方法

体育锻炼方法是指以人体生理学为依据，结合锻炼的目的而制订的具体实施方法。主要介绍以下五种锻炼方法。

(一)连续练习法

连续练习法又称持续练习法,即在一定运动负荷水平上,维持不间断的连续锻炼,使练习者的身体在较长的时间内得到充分的锻炼。其运动负荷的大小主要取决于连续锻炼时间的长短:时间越长负荷越大,时间越短负荷越小。通常把连续练习的心率控制在 140 次/分左右,连续时间 20~30 min,能有效地发展机体有氧代谢的能力,提高一般耐力训练的水平。连续练习法主要是运动技术比较简易、锻炼者运动技能比较熟练的项目,如长距离跑步、游泳、自行车等运动采用。

(二)重复练习法

运用一定强度的练习,重复锻炼若干次,重复次数与机体的运动负荷成正比,通过较强的刺激,提高机体机能水平和运动水平。重复练习法的关键是要调节好适宜的运动负荷,一般认为大学生练习时的心率在 130~170 次/分比较适宜,能使锻炼者心室充盈,每搏输出量和氧气供应均达到最佳的状态。锻炼时心率低于 130 次/分,则效果不佳,应该增加重复次数。

(三)间歇练习法

间歇练习法是指以合理的间歇时间促使机体消除疲劳,以利于继续实施锻炼。间歇练习法通常在高强度或极限强度训练时采用,提高机体无氧代谢的能力。控制合理的间歇时间,是运用本方法的关键。间歇时间太短,机能得不到充分恢复,训练不能奏效,以致损害身体健康;间歇时间过长,中枢神经系统兴奋性降低,影响继续训练的效果。以跑步为例:8~10 s 的全速跑,间歇时间不少于 30 s;30~60 s 全速跑,间歇时间为 2~3 min 为宜。

训练基础较差的大学生,不要照搬专业训练的要求,可以按照有氧代谢的心率标准去调节锻炼,一般间歇后心率在 130 次/分左右,即可开始下一次的练习。间歇休息时,不应该完全静止不动,可以做一些轻松的活动,如走步、四肢放松、深而徐缓的呼吸等等,这有利于加速疲劳的消除。

(四)变换练习法

在练习过程中不断变换练习的强度、条件和要求,以调节生理负荷,激发锻炼的兴趣。如越野跑,随着路面的高低、平滑、周围环境条件的变化,调整跑速、改变步法,使练习者中枢神经系统不断接受新异刺激,有利于改善机体对外界刺激的适应能力,提高体育锻炼的实效性。

(五)循环练习法

按锻炼的要求选择若干运动项目,依次排列成若干个锻炼站,规定各站练习的内容、时间和次数,按一定的顺利进行反复循环锻炼。循环练习法的关键是要根据全面发展的原则选择项目,以达到综合练习、全面发展的良好效果。青少年学生运用循环练习时,既要追求身体形态健美,又要注意机能和运动素质的全面发展。选择的内容主要是那些简易熟练而又有实效的项目,以自己最大负荷的 30%~50% 的较轻强度练习即可。随着机体适应能力增强,再逐步提高练习的次数和强度。

除以上练习方法外,还有游戏法、负重法等。各种练习方法没有绝对的区别,但各有一定侧重的作用,运用时可以互相结合、互相补充、灵活应用。

第二节　体育锻炼监测与评估

体育锻炼监测与评估是为了使体育锻炼者有目的、有计划、有规律科学合理地参与运动,以问卷、量表、仪器等形式,对参与者机能、素质、负荷等运动相关因素进行监督、测试、评估的方法或手段。

一、动作功能筛查——FMS 功能监测与评估

动作功能监测与评估主要是通过 FMS 测试监测受试者身体运动功能存在的薄弱环节,并评估出潜在的运动损伤风险。

FMS 是 20 世纪 90 年代,美国矫形专家 Gray Cook 和训练专家 Lee burton 等人设计的一个基于基本动作模式来预测运动风险的筛查系统,主要通过 7 个功能动作,对人体基本动作模式的完成情况进行确认、分级和排序,进而对运动风险进行评估。

通过筛查可以评估出受试者接下来的三个方向:

第一,动作筛查过程中出现疼痛的受试者应该寻求医生或者是物理治疗师的帮助;

第二,动作筛查过程中没有疼痛,但出现功能动作障碍的受试者则需要进行纠正性练习;

第三,动作筛查过程中没有疼痛,也没有动作障碍的受试者可以参加后续的身体素质测试,也可直接进行运动功能和专项技能方面的训练。

(一) FMS 功能监测与评估标准

FMS 监测与评估简单、易操作,是实现"动作筛查"的理想工具,可以广泛应用于各种人群的基础运动能力的灵活性、稳定性的评价。以下依次从测试目的、测试规格、评分标准三方面进行介绍。

1. 深蹲

(1)测试目的:①评价髋、膝、踝关节的双侧对称功能活动能力;②通过上举杠铃杆过顶,测试胸椎和双肩的双侧对称功能活动能力。

(2)测试规格:受试者目视前方,上体自然直立。首先两脚平行开立,略宽于肩宽站立,同时双手以相同间距握测试杆,置于头顶正上方;然后双臂伸直向上举杆过顶,且慢慢下蹲致深蹲位前尽力保持两脚后跟着地,上体保持不变。如果试验 3 次还是不能完成规定动作,应在受试者两脚跟下各垫 5 cm 厚的平板(附加),并按上述要求依次完成动作。记录最低分。

(3)评分标准(见表 3-1)。

表 3-1 深蹲评分标准

评分	3分	2分	1分	0分
标准	躯干与胫骨平行或垂直于地面	躯干与胫骨平行或垂直于地面	躯干与胫骨不平行	出现疼痛
	股骨低于水平面	股骨低于水平面	股骨不能低于水平面	
	膝关节在脚的正上方	膝关节在脚的正上方	膝关节不在脚的正上方	
	横杆投影在脚的范围内	横杆投影在脚的范围内	可见腰椎弯曲	
		脚跟下垫 5 cm 厚的平板		

2. 栏架跨步

(1)测试目的:评定髋、膝、踝关节的稳定性和两侧功能的灵活性。

(2)测试规格:受试者目视前方,上体自然直立。首先双脚并拢,脚尖触及栏架底部,并以受试者胫骨粗隆上缘位置确定测试栏杆的高度,且要求其双手握测试杆至于颈后肩上保持水平;然后受试者保持重心稳定,支撑腿直立,缓慢抬起另一腿跨过栏杆,到脚跟触地,然后缓慢恢复到起始姿势。随后换另一腿重复以上动作,记录最低得分。受试者有 3 次机会完成测试。

(3)评分标准(见表 3-2)。

表 3-2 栏架跨步评分标准

评分	3分	2分	1分	0分
标准	髋膝踝同在矢状面内	髋膝踝不同时处于矢状面内	脚碰到栏架	出现疼痛
	腰椎动作非常小	腰椎有明显动作	任何时候失去平衡	
	横杆与皮筋始终平行	横杆不与地面平行		

3. 直线弓步蹲

(1)测试目的:评价髋部的稳定性与活动能力,股四头肌的柔韧性以及膝踝关节的稳定性。

(2)测试规格:用测量尺测量受试者胫骨的长度。受试者右脚尖紧贴测试板后标识线,全脚置于测试板上;从右脚尖向前量取与胫骨相同长度并标记,然后受试者左脚跟落在前标记线上,并全脚置于测试板上。测量尺交给受试者,并要求其将杆置于身后,右手在上,左手在下握杆,并紧贴头后、胸椎和骶骨部位。受试者保持动作,缓慢匀速下蹲,右膝触及测试板后站起恢复至起始姿势。允许尝试 3 次来完成测试动作。双侧上下肢交换,完成另一侧的测试,右侧、左侧成绩以低分记录。

(3)评分标准(见表 3-3)。

表 3-3　直线弓步蹲评分标准

评分	3分	2分	1分	0分
标准	躯干动作非常小或无动作,杆垂直三点距离 脚保持在矢状面内,并保持在测试板上 膝在前脚跟后方位置触碰平板	躯干有明显动作 脚不能保持在矢状面内 膝不能在前脚跟后方触碰平板	任何时候失去平衡	出现疼痛

4. 肩关节灵活性

(1) 测试目的:综合评价肩关节内旋、后伸及内收能力。

(2) 测试规格:测量受试者手的长度,以远端腕折痕处至食指指尖的距离为准。受试者自然站立位,双手握拳(拇指置于拳心),右手经右肩上,左手经下腰背和右手在背部相向靠拢,该动作应为一次性连贯动作,然后测量受试者两拳之间的距离。上下交换双手位置,重复以上测试。右侧、左侧成绩以低分记录。

(3) 评分标准(见表 3-4)。

表 3-4　肩关节灵活性评分标准

评分	3分	2分	1分	0分
标准	双拳之间距离在一个掌长之内	双拳之间距离在一到一个半掌长范围	双拳之间距离超出一个半掌长范围	出现疼痛

5. 主动直腿上举

(1) 测试目的:评价腘绳肌与比目鱼肌的柔韧性,保持骨盆稳定性和异侧腿的主动伸展能力。

(2) 测试规格:受试者仰卧位,且双臂置于身体两侧,呈掌心向上,头部平放在地面上,双膝放在测试板上方。两腿伸直并拢,两脚背屈;确定髂前上棘和膝关节线之间的中点,将测试杆垂直放在该位置。受试者抬起一侧腿,动作过程中,保持踝关节和膝关节的起始姿势;另一侧腿膝关节始终接触测试板,脚不能出现旋转等代偿动作。测试完成,换另一侧重复以上动作。右侧、左侧成绩以低分记录。

(3) 评分标准(见表 3-5)。

表 3-5　主动直腿上举评分标准

评分	3分	2分	1分	0分
标准	踝关节在大腿中点与髂前上棘之前	踝关节在大腿中点与髌骨中心之间	踝关节在髌骨中心之下	出现疼痛

6. 躯干稳定性推起

(1) 测试目的:在上肢对称性活动中,测试躯干水平面内的稳定性,同时直接测试肩胛骨的稳定性。

（2）测试规格：受试者俯卧位，两脚背屈蹬地，膝关节伸直；两前臂稍宽于肩撑地，两手大拇指与头顶保持在一条直线上。在该测试中，男子起始动作为掌心向下，双手拇指对准前额顶部（即发际线），女子双手拇指则对准下颌，受试者双手虎口分别和肩锁关节处于同一矢状面。脚背屈，膝关节充分伸展，全身发力撑起整个身体。躯干稳定性俯撑排除性测试：从俯撑动作开始姿势撑起上体，使脊柱充分后伸。成绩以低分记录。

（3）评分标准（见表3-6）。

表3-6　躯干稳定性推起评分标准

评分	3分	2分	1分	0分
标准	男性：双手拇指放于头上方两侧完成一次推起	男性：双手拇指放于下颌两侧完成一次推起	男性：双手拇指置下颌两侧不能完成一次推起	出现疼痛
	女性：双手拇指放于下颌两侧完成一次推起	女性：双手拇指放于锁骨水平完成一次推起	女性：双手拇指置锁骨水平不能完成一次推起	

7. 旋转稳定性

（1）测试目的：在上下肢联合运动中测试躯干的多向稳定性。

（2）测试规格：受试者两手、两膝和双脚分别紧贴且置于测试板两侧，腰椎保持自然伸直姿势，近似与测试板平行，两肩、两膝和躯干呈90°，双脚背屈。然后受试者同侧肘与膝在平面内屈曲靠拢。可以尝试3次来完成测试动作。测试完成，换另一侧重复以上动作。如果受试者得分在3分以下，以同时上抬对侧肢体的方式（成对角线）完成测试动作，可要求受试者换用对侧肢体完成相同测试动作，且记录最低得分。

（3）评分标准（见表3-7）。

表3-7　旋转稳定性评分标准

评分	3分	2分	1分	0分
标准	保持躯干与地面平行完成一次同侧（同手同脚）动作	保持躯干与地面平行完成一次对侧动作	不能完成对侧动作	出现疼痛
	膝和肘触碰时与平板成一条直线	膝和肘触碰时与平板成一条直线		

（二）FMS功能监测评分表

FMS功能监测与评估中，不论哪个动作在筛查中出现"疼痛"，都应及时就医，不能忽略不管，否则积劳成疾，难以治愈。

依据诊断结果，应按照低分到高分的评估顺序进行矫正，具体排序如下：

0分；

1分/3分的不平衡；

1分/2分的不平衡；

1分的一次测试；

1分/1分的双侧测试；

2分/3分的不平衡；

2分的一次测试；

2分/2分的双侧测试；

3分的一次或双侧测试。

如果评估中出现多个动作不对称，矫正顺序依次是：主动直腿上举、肩关节灵活性、旋转稳定性、躯干稳定性推起、直线弓步蹲、深蹲、栏架跨步。

FMS功能监测评估诊断记录要求：凡是动作筛查过程中，出现疼痛，可以在"原始分数"栏填写相应分数，但在"最终得分"栏填写0分；对于双侧筛查的动作评估，如果两侧得分不一致，在"最终得分"栏填写最低分。以下是FMS功能监测评分表，如表3-8所示。

表3-8 FMS功能监测评分表

测试项目		原始分数	最终得分	备注
深蹲				
栏架跨步	右			
	左			
直线弓步蹲	右			
	左			
肩关节灵活性	右			
	左			
肩关节灵活性（排除测试）	右			
	左			
主动直腿上举	右			
	左			
躯干稳定性推起				
躯干稳定性推起（排除测试）				
旋转稳定性	右			
	左			
旋转稳定性（排除测试）	右			
	左			
总分				

二、Borg量表

Borg量表，即主观疲劳等级（rating of perceired exertion，RPE）量表，是瑞典生理学家

Borg 提出的。该量表是主观感觉来反映身体运动负荷强度,也是判断疲劳的重要指标。运动时来自肌肉、呼吸和心血管方面的刺激,都会传到大脑皮质而引起感觉系统应激。大脑细胞通过对传入信息的综合分析而对其工作能力做出相应调整。如果感觉疲劳,往往会产生一种需要停止工作的预兆,因此,疲劳的主观感觉往往是真正疲劳的信号。

Borg 将运动强度的自我感觉分为 6~20 级,共 15 级。每一级各有不同的运动感觉特征,都具有相应的分值,不同强度运动的 RPE 分值乘以 10,大约相当于当时运动的心率值(如 12 级约等于 120 次/分),两者具有很高的关联性。这一规律适用于健康年轻人群。大部分参加锻炼者的运动强度设置在 12~15 级之间,说明运动强度是合理的,具体参照表 3-9。

表 3-9 主观疲劳感觉判定表

RPE 分级	主观运动感觉特征	强度(%)	体力(%)	相应心率(次/min)	其他感觉
6 级	安静	0			休息时的感觉
7 级	非常轻松	7.1	40	70	慢慢走动的感觉,轻微地察觉到自己的呼吸
8 级		14.3			
9 级	很轻松	21.4	50	90	户外缓慢步行的感觉,热身阶段的感觉
10 级		28.6			
11 级	轻松	35.7	60	110	轻快走动的感觉,察觉到自己的呼吸变的急促,不觉出汗,热身结束阶段的感觉
12 级		42.9			
13 级	稍费力	50	70	130	热身转向运动过程的阶段;体力开始被消耗,但可以维持,呼吸变得急促
14 级		57.2			
15 级	费力	64.3	80	150	激烈运动时可能出现的感觉,可以与人对话,但宁愿不说话,大量出汗
16 级		71.5			
17 级	很费力	78.6	90	170	非常剧烈运动时可能出现的感觉,呼吸非常急促,喉唇变得干燥
18 级		85.8			
19 级	极其费力	92.8	100	190	极度剧烈运动下出现的感觉,极度的疲惫,呼吸非常吃力
20 级	尽最大努力	100		200	

三、运动强度监测与评估

运动强度是指身体练习对人体生理刺激的程度,是构成运动量(运动强度和运动时间的乘积)的主要因素之一。运动强度对体育锻炼的效果和安全有直接的影响,因此制定科学合理的运动强度是体育锻炼计划的重要环节。运动强度的制定与体育锻炼目的(康复、治疗、健身、竞技)、医学检查结果、个人体能状况、体育锻炼内容、年龄、性别、体育锻炼经历等有密切的关系。

(一)运动强度与运动时间关系

运动时间指运动的持续时间,是除必要的准备与整理活动外,每次运动持续的时间。在体育锻炼过程中,运动的持续时间要与运动强度成反比,即运动持续时间越长运动强度应越小,反之持续时间越短运动强度应越大。

有关研究表明,锻炼心血管系统功能的运动处方一般要求锻炼时的运动强度在靶心率后,至少要持续运动 15 min 以上。美国大学运动医学学会推荐进行 20~60 min 持续的有氧运动。一般健康成年人可采用中等强度、稍长时间的配合;体力弱者可采用小强度、长时间的配合。

耐力性运动的运动时间每次进行 20~60 min 是比较适宜的。一次必要的运动时间,也是根据运动强度、运动频度、运动目的、年龄及身体条件等而不同,不能一概而定。

力量性运动等长练习中的肌肉收缩的维持时间一般认为在 6 s 以上较好,最大练习是负重屈膝后再维持 5~10 s。在动力性练习中,完成一次练习所用时间实际上代表动作的速度。

伸展性运动时间一般较为固定。24 式太极拳的运动时间约为 4 min;42 式太极拳的运动时间约为 6 min;8~12 节伸展运动的运动时间约为 12 min。伸展运动项目的总运动时间由一套或一段的运动时间来决定。

不论何种运动,不同的运动时间与运动强度的组合都可决定运动量的大小。一般来说,健康成年人宜采用中等强度、长时间的运动;体力弱而时间充裕的人,可采用小强度、长时间的配合;体力好但时间不富余者,可采用大强度、短时间的配合。日本体育科学中心建议人们采用以下三种中等运动强度的锻炼标准:15 min 的 70% $\dot{V}O_2$ max;30 min 的 60% $\dot{V}O_2$ max;60 min 的 50% $\dot{V}O_2$ max。

(二)运动性质分类监测与评估

1. 耐力性运动监测与评估

评定耐力性运动强度的指标有:最大摄氧量($\dot{V}O_2$ max)、心率、主观疲劳分级(RPE)等。在运动实践中,确定运动强度时常采用靶心率和主观疲劳程度相结合的方法。即先按适宜心率进行运动,然后在运动中结合 RPE 主观疲劳分级掌握运动强度。因此,熟练掌握靶心率与主观疲劳分级法,有助于科学合理地对体育锻炼过程进行监测与评估,有益于健康促进。

1)最大摄氧量($\dot{V}O_2$ max)

最大摄氧量是指极量运动时人所能吸取(消耗)氧的最大数值。最大摄氧量是心肺功能最高水平、人体最大工作能力的主要指标。数值的大小主要取决于心排血量、动静脉氧差、氧弥散能力、肺通气量以及肌肉摄取氧的能力。最大吸氧量越大,运动强度越大,二者之间存在相对固定的关系。例如,60%~80% $\dot{V}O_2$ max 的运动强度,就相当于最大心率的 70%~85%。

利用最大摄氧量测运动强度是比较科学的方法,但测定需要专业的仪器设备,其测试方法和要求较为复杂,因此主要用于科学研究,不适于大众监测与评估,在此不做详细介绍。

2)心率

心率是简便、易测量的生理指标,心率与运动强度之间存在一定的线性关系。用心率来评定运动强度的方法被广泛采用。

用心率评定运动强度的常用方法,介绍如下。

(1)年龄减算法。计算公式如下:

运动适宜心率=180(或170)-年龄

此法适用于健康人群,60岁以上或体质较差的中老年人则用170减去年龄。

(2)靶心率法。靶心率(THR)是指能获得最佳运动效果并能确保安全的运动心率。靶心率与运动强度的计算关系如下:

HR_{max}=220-年龄

上限靶心率=(HR_{max}-HR_{rest})×0.80+HR_{rest}

下限靶心率=(HR_{max}-HR_{rest})×0.60+HR_{rest}

注:HR_{max}代表最大心率,HR_{rest}代表安静心率,单位都是次/分钟。

(3)运动量百分比分级法。计算公式如下:

运动后净增心率=(运动后心率-运动前心率)/运动前心率×100%

评价标准为,运动后净增心率达71%及以上为大强度运动;运动后净增心率达50%~70%为中等强度运动;运动后净增心率为50%以下为小运动强度。

(4)最大心率储备法。最大心率储备是指最大心率和安静心率之差。通常按最大心率储备的50%~85%确定运动心率。计算公式如下:

运动心率=(HR_{max}-HR_{rest})×(50%~85%)+HR_{rest}

对于健康的群体,体育锻炼适宜较高强度的运动项目,强度控制在65%~75% $\dot{V}O_2$ max,即心率为130~150次/min;首次参加体育锻炼的群体更适合选择中等强度运动项目,强度控制在45%~55% $\dot{V}O_2$ max,即心率为90~110次/min,使机体指标具有一个适应的过程。心率为140次/min时,每搏输出量接近并达到最佳状态,健身效果明显;心率为150次/min时,心脏每搏输出量最大,健身效果最好;心率为160~170次/min时,虽无不良的异常反应,但也未出现更好的健身效果;心率达到180次/min时,体内免疫球蛋白减少,易感染疾病,并易产生疲劳或运动伤病。因此,体育锻炼时要根据自身情况、锻炼环境等因素,酌情定夺,合理把握,切忌过量,过犹则不及。

2.力量性运动监测与评估

评定力量性运动强度的指标有负荷强度、持续时间、重复次数、完成组数等,可根据锻炼者的自身情况和锻炼目的进行确定。

1)负荷强度

(1)负荷强度:力量性运动的负荷强度是指所加负荷的重量。RM(repetition maximum)的含义是可重复某一次数的最大重量。如1 RM指只能重复1次的最大负荷重量;10 RM指能重复10次的最大负荷重量。

1~5 RM的负荷训练能使肌肉增粗,发展力量和速度;6~10 RM的负荷训练能使肌肉粗大,力量、速度提高,但耐力增长不明显;用10~15 RM的负荷训练,肌纤维增粗不明显,但力量、速度、耐力均有增长;用30 RM的负荷训练,肌肉内毛细血管增多,耐久力提高,但力量、速度提高不明显。通常将1~6 RM负荷的训练称为高强度训练,8~12 RM为中等强度训练,10~15 RM为低强度训练。对于普通人群,一般推荐使用10~15 RM的负荷强度训练。

(2) 持续时间：指完成一次练习的时间。即由起始姿势开始，至还原到起始姿势所需的时间。

(3) 重复次数：指连续完成的次数。中间没有间隔，静力性练习规定有短暂间隔时间。

(4) 完成组数：指连续完成次数，称为一组。完成组数，将规定一共需完成几组。抗阻训练中采用不同训练负荷时的间歇推荐标准（见表 3-10）与力量性运动强度的确定原则（见表 3-11）。

表 3-10　力量训练中不同抗阻负荷时的间歇推荐标准

负荷强度	>13 RM	11～13 RM	8～10 RM	5～7 RM	<5 RM
间歇期	<1 min	1～2 min	<2～3 min	<3～5 min	>5 min

表 3-11　运动强度的确定原则

指标	动力性练习	静力性练习
负荷强度	10 RM 的重量	持续 10 s 左右的重量
时间/次	4～6 s	10 s 左右
次/组	同 RM 数量	3～5
间隔/次、组	40～60 s	20 s 左右
完成组数	3～5	1～2
天/周	3～4	3～4

3. 伸展性运动监测与评估

1）有固定套路的伸展运动项目的运动量

有固定套路的伸展运动项目，如太极拳、健美操、形体、八段锦等，其运动强度相对固定。如太极拳的运动强度一般在 4～5 METs 或相当于 40%～50% $\dot{V}O_2$ max。若增加运动强度，可以通过增加套路的重复次数或动作的幅度，调整身体姿态的高低来完成。

2）一般的伸展运动项目的运动强度

一般的伸展运动项目的运动强度可分为大、中、小三类。小运动量指四肢个别关节的简单运动，轻松的腹背肌肉运动等，运动间隙较多，一般在 8～12 节；中等强度指多个关节或肢体的联合运动，一般在 14～20 节；大强度指以四肢及躯干大肌肉群的联合动作为主，可加负荷，有适当间隙，一般在 20 节以上。

第三节　体育锻炼计划与运动处方

一、体育锻炼计划

(一) 体育锻炼计划的结构

体育锻炼计划是体育锻炼者为了促进身体健康或提高运动技能，使体育锻炼取得良好锻炼效果,对锻炼内容、时间、次数、方法等进行的科学的、合理的、有目的的规划。制定锻炼计划的目的在于减少盲目性,便于检查与总结锻炼效果。在制定锻炼计划时,要从个人的生活、学习、工作等条件的实际情况出发,因地制宜,因人而异;充分考虑外部环境、场地器材、季节气候等因素;遵循人体发展规律、循序渐进锻炼原则及全面发展的原则,适时选择体育锻炼的内容与方法。

锻炼计划一般可分为年度锻炼计划、阶段性锻炼计划、周锻炼计划、次锻炼计划。

1. 年度锻炼计划

年度锻炼计划是依据体育锻炼者的实际情况,结合体育课教学内容以及《国家学生体质健康标准》某个级别,或为改善久坐少动、肥胖、身体畸形等而制定的较为长远的目标。主要包括锻炼时间、锻炼目的。体能(年度)训练计划如表3-12所示。

表3-12 体能(年度)训练计划

1月	2月	3月	4月	5月	6月	7月	8月	9月	10月	11月	12月
有氧训练为主				抗阻训练为主				有氧+抗阻为主			
柔韧素质辅助				柔韧素质辅助				速度素质辅助			
准备阶段	适应阶段	保持阶段	提高阶段	速度素质辅助				灵敏素质辅助			
第一阶段				准备阶段	适应阶段	保持阶段	提高阶段	协调素质辅助			
				第二阶段				准备阶段	适应阶段	保持阶段	提高阶段
								第三阶段			

2. 阶段性锻炼计划

阶段性锻炼计划一般以一个学期或半年为一个阶段,也可以按季节或月份划分阶段而定。在阶段计划内,要对锻炼内容、锻炼时间、锻炼频率、运动强度等做出科学、合理、系统的安排。有氧阶段训练计划如表3-13所示。

表3-13 有氧(阶段)训练计划

阶段	1月	2月	3月	4月
	准备阶段	适应阶段	保持阶段	提高阶段
内容	快走	快走+慢跑	快走+慢跑	中速跑
		柔韧:(前)5分钟+(后)5分钟		
时间	30分钟	30分钟+10分钟		
频率	2次/周	3次/周		
强度	小强度	中等偏小强度	中等偏高强度	较高强度

3. 周锻炼计划

以周作为练习基本单位。周锻炼计划内容应具体、清晰,包括锻炼内容、锻炼频率、锻炼次数、锻炼时长、锻炼方法等。可分为耐力性训练计划、力量性训练计划、伸展性训练计划等。美国运动医学学会推荐正常人应该每周健身 2~5 次,如果以前没有健身习惯的,可以从少量开始,每周锻炼 2 次,以后慢慢增加到 3~4 次。快走(周)训练计划如表 3-14 所示。

表 3-14 快走(周)训练计划

阶段		第 1 周		第 2 周			第 3 周			第 4 周		
		周一	周四	周一	周三	周五	周一	周三	周五	周一	周三	周五
运动形式	手臂	直臂摆动式		屈臂摆动式								
	方向	前进式		前进式			后退式			前进+后退方式		
运动时间		17:00—17:30		17:00—17:30			17:00—17:30			17:00—17:30		
运动频率		2 次/周		3 次/周								
运动速度		匀速		匀加速			匀速			匀加速		
运动强度		小强度		中等偏小强度			中等偏大强度			较大强度		
运动感觉(RPE 量表)	锻炼前											
	锻炼中											
	锻炼后											
备注												

4. 次锻炼计划

一次科学合理的、严格的体育锻炼计划,包括准备部分、基本部分、整理放松部分三个部分。在不同锻炼阶段,三个部分中的强度与时间各有侧重,如图 3-1 所示。

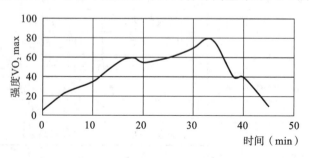

图 3-1 45 min 课的强度与时间分配图

准备部分即热身运动,是体育锻炼的开始部分。一般由小到中等强度的有氧运动开始使身体温度、心率慢慢升高,呼吸匀速变快,血液循环加速,肌肉韧性增加,关节活动度提高,为体育锻炼做好准备,减少运动损伤发生。热身活动以全身发热、微微出汗为最佳。活动时间一般为5~10 min。如果天气较冷或者初次运动,准备活动时间可适当延长至15~20 min。准备活动结束后,与锻炼或比赛的间隔时间不易太长,否则,大脑皮层又转入抑制状态,兴奋性下降,失去准备活动的意义。

基本部分是体育锻炼计划实施的关键,是通过锻炼频率、锻炼强度、锻炼时间、锻炼方式的设计与安排达到锻炼健身目的的过程。基本部分时间一般至少在20 min以上,运动强度一般控制在40%~60% VO_2 max。锻炼方法可采用持续训练法、间断训练法、循环训练法等,内容设置要根据个人能力,按照基本的锻炼原则,循序渐进地展开。锻炼过程中,学会运动强度与运动疲劳的实时把控,还要依据锻炼环境、场地、器材等约束,合理规避运动损伤。

整理放松部分是机体从剧烈运动到安静状态合理过渡的关键环节。在体育锻炼过程中血液循环较快,血液运输的量也增加了。特别是四肢部分,如果马上停止运动,血液会囤积在下肢,给心脏造成多余的负担。严重时会影响大脑供血,甚至出现头昏、眩晕和休克症状。所以,运动过后应有5~10 min的中到小强度的有氧或肌肉耐力训练时间来放松,以逐步减少运动强度,使运动者的心率和血压逐渐恢复到正常水平,同时消除机体在较大强度运动时肌肉产生的代谢产物。

(二)制定健身锻炼计划的注意事项

(1)个人锻炼计划应按自己的学习、健康状况、兴趣爱好、实际锻炼水平来安排制定。"凡事预则立、不预则废",制定锻炼计划是必要的,根据自己的实际情况科学的、合理地安排锻炼内容、锻炼时间、运动强度、运动量、恢复手段、调整方法等因素,充分保证练习计划持续、系统、完整、顺利地进行。

(2)在周练习计划中交替安排不同的练习内容(速度、力量、柔韧、协调、耐力等素质),既能够使练习者所需要的各种竞技能力得到全面综合的发展,又可避免负荷过于集中而导致过度训练的产生。

(3)周练习计划运动负荷强度与运动量的安排上,做到相互兼顾、互相对应的原则。强度大时,运动量则小;强度小时,运动量则大。运动强度与运动量的运动曲线是阶梯式、波浪式、螺旋上升式的曲线。

(4)体育健身锻炼计划的制定要尽可能同体育课内容和《大学生体质健康锻炼标准》项目内容、要求结合起来。

(5)因为每个人的个体差异性较大,在制定练习计划时要充分体现个性特色。参考其他人的练习计划,全方面考虑,突出自己优势,扬长补短,全面提高健康水平。

(6)锻炼计划的执行要与合理生活制度、平衡膳食、讲究卫生以及必要的自我监督结合起来,增强健身锻炼的科学性。

(7)健身锻炼计划的制定要留有可以变动的空间,有时计划没有变化快,定期做必要调整,使计划切实可行,更有科学性、系统性。

二、运动处方

(一)运动处方定义

运动处方是指对从事体育锻炼的人或患者,由康复医师、体育教师、教练员、社会体育指导员,根据医学检查资料(包括运动实验及体力测试),按其年龄、性别、健康状况、身体素质、心血管功能状况,结合生活环境、运动爱好等特点,用处方的形式制定适合的运动种类、时间、频率,并指出运动中的注意事项,以便有计划地进行经常性的体育锻炼,达到健身或康复的目的。运动处方就是根据锻炼者身体要求,按科学健身的原则提供的量化指导方案。一般讲,以增进健康、增强体质为目的而制定的一系列与个人身体状况相适应的、行之有效的科学运动方法,均称为运动处方。

(二)运动处方原则

运动处方制定是根据运动个体的实际与需求,以安全有效为目的,促进机体功能恢复或更健康。其制定主要遵循 FITT-VP 原则:F(frequency)代表频率,指每周运动进行的次数;I(intensity)代表强度,指运动费力程度;T(time)代表时间,指运动持续时间或总时间;T(type)代表方式,指运动模式或类型;V(volume)代表总量,指总的运动量;P(progression)代表进度,指运动中由低到高的进阶过程。一般以保持和提高健康为目的的锻炼计划包括有氧运动、抗阻运动、柔韧性练习、神经动作练习四个方面。

(三)运动处方的制定

运动处方制定与实施包括一般检查、临床检查、运动测试及体能测试、处方制定、锻炼计划执行。其实施过程流程图如图 3-2 所示。

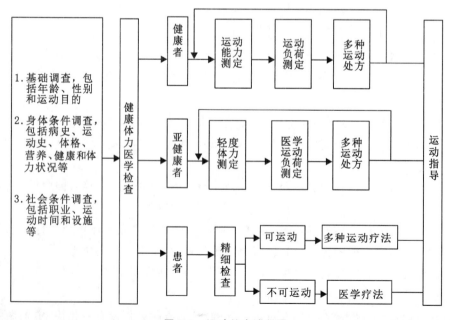

图 3-2 运动处方流程图

第四节 体育锻炼注意事项

一、体育锻炼时间设置

进行体育锻炼应遵守作息制度，正确处理好锻炼与学习、工作、生活的时间关系，以及生理负荷关系。

1. 早锻炼

开始时间应该以起床习惯为准，并非起床越早锻炼效果越好，不要为了抢新鲜的空气而大量减少睡眠时间，某种程度充足的睡眠比锻炼还重要。早锻炼时间 20~30 min，运动强度也不宜太大，否则，影响上午的学习任务。

2. 课外体育时间锻炼

课外体育时间锻炼一般选择在下午，最好是晚饭前 1.5~2 h 开始进行。锻炼时间宜为 1 h 左右，采取中等强度，每周至少要坚持 3~5 次。锻炼后应及时洗澡。

二、体育锻炼与睡眠关系

经常参加体育锻炼者，最好每天午睡 1 h 左右，一方面可以帮助恢复上午运动、学习和工作造成的疲劳，另一方面可以保证下午的学习、工作与锻炼有较充沛的精力。按时睡觉，保证每晚有 8~9 h 的充足睡眠时间，方可有精力参加适度的体育锻炼。

1. 睡眠醒来后，不宜剧烈运动

一般人在正常休息时，大脑皮层的抑制中枢占绝对优势。受大脑皮层支配的内脏器官趋于缓和，心跳缓慢无力，血管的血流缓慢且量少，呼吸系统也处于低能工作状态，消化与泌尿系统的机能状态也减弱，特别是运动系统的肌肉和关节韧带等处于十分松弛的状态。如果一觉醒来，马上进行剧烈运动，可能使身体出现极度不适应状态，容易造成运动损伤，容易使各主要内脏器官出现机能性和结构性疾病。

2. 睡前可适度散步，不宜剧烈运动

睡觉之前最好不要进行剧烈运动，因为剧烈运动，会引起中枢神经系统高度紧张和很大消耗；运动结束后需要较长时间的恢复，神经冲动还要维持较长的时间，容易引起失眠，产生心情烦躁等，不利于身体健康。如果为了调整学习与工作的紧张情绪，在睡前进行负荷较小的身体活动，如散步、慢跑、八段锦等，不仅对睡眠有帮助，还能促进身体健康。

三、体育锻炼与饮食健康

1. 饭后不宜剧烈运动

人在进食后需要加强胃肠蠕动和消化腺体的分泌活动，以利于胃肠对食物的消化和吸收。饭后血液大量进入消化系统，使该系统循环血量增加，以利消化。如果饭后立即运动，消化系统的血液被重新分配到运动系统中，使胃肠工作能力下降，对食物消化不利。长期会使胃肠功能紊乱,甚至会影响心脏的正常工作。

饭后立即进行剧烈运动还会引起呕吐和腹痛。进食后食物经过胃,需要一段时间才能到达肠道,剧烈运动使受到震动、颠簸,发生痉挛性收缩,易造成食物逆行,同时肠系膜受到牵拉,刺激内脏感受器引起腹痛。因此,饭后不宜做剧烈运动。

剧烈运动应在用餐后 $1\sim 2\ h$ 进行。如在运动中出现呕吐或腹痛,应降低运动强度或暂时停止运动。

2. 运动后不宜立刻饮食

在运动后应休息半小时左右再吃饭,也不宜立即吃生冷的食物,因为运动过程中不仅体温升高,而且机体内大量的血液为肌肉进行供能活动,肠胃等内脏器官所获得的血液量相对减少,消化系统处于抑制状态。突然吃进过冷的饮食,会强烈刺激肠胃,引起功能紊乱,易出现腹泻、腹痛、呕吐等。

3. 运动时要适度补水,忌过度饮水

水是人体的重要组成部分,它参与体内物质代谢、体温调节等生理过程。机体内的水分保持正常,才能保证健康。

运动时排汗较多,需水量较大。尤其是剧烈运动,人体分泌大量的汗液,汗液与盐分等物质一同排出体外,从而降低了血液中的盐浓度,引起体内大量缺水缺盐,使血液的渗透压降低,破坏了体内水和盐的代谢平衡。口渴实际上是由于呼吸道以及食道上部黏膜上的水分散失所致,此时只需用水漱口湿润一下咽喉即可;即使饮水,也要多次少量饮用温开水,逐渐补充丢失的水分,每次以 $150\sim 200\ mL$ 为宜,每次间隔 $15\ min$ 以上。在排汗多的情况下,也可以饮用淡盐水(浓度在 $0.25\%\sim 0.5\%$),以补充失去的盐分。待机体平静后,可多饮用些水,以加速体液的恢复。忌饮水过多,否则会增加消化器官的负担。大量的水进入血液,会加重心脏的负担。

四、体育锻炼与心理健康

1. 运动前应保持良好的心理状态

在进行运动之前,如果没有良好的心理状态,既收不到良好的健身效果,运动成绩得不到提高,也容易出现运动损伤和运动性疾病。例如,人在情绪极度反常,存在悲伤、忧愁、恐惧、愤怒等不良情绪时,会使人在运动时注意力不集中、心神不定;有时还会将愤怒的情绪带入运动中,容易造成不必要的伤害事故,甚至出现攻击或伤害他人的行为。

2. 运动时要心胸开阔和情绪稳定

在参加一些球类等集体运动时,要注意心胸开阔,不能经常与同伴或对手斗气,有时计较同伴配合不好,有时计较对方的动作粗野。一方面个人在运动中生闷气、耍态度,另一方面采取以牙还牙的做法对待同伴或对手,最终造成对手受伤害、同伴受气、个人也将受到伤害。因此,要求在运动时心胸开阔。

另外,在运动时还要做到情绪稳定,不能因为环境条件的变化、身体疲劳的产生和观众与对手的刺激,而个人情绪产生大的波动。出现急躁、心烦、气愤、泄气等情绪,一方面给自己的精神造成痛苦,另一方面由于注意力不集中,出现个人和他人身体损伤等严重后果,最终也达不到锻炼身体和训练、比赛的应有效果。

3. 运动结束后要保持心情愉快

运动时,人体要承受较大的生理负荷和心理负荷。特别是运动竞赛后,能量物质的消耗很大,在运动结束后要得到大量的补充和恢复。运动结束后,如果心情不好,不想吃饭,造成营养补充不足;如果情绪波动大,心脏与大脑皮层得不到放松与调整,心跳频率快,大脑还是处于兴奋状态,易造成疲劳加重,机能受损。长期下去,身体健康将会受到极大的影响。所以,在运动后要注意积极性休息和调节自己的情绪,保持心情愉快,既有利于机体疲劳的消除,更有利于健康。

五、体育锻炼与"运动极点"现象

"运动极点"是运动时人体反应的一种机能状态,是指进行剧烈运动时,由于开始活动阶段内脏器官的惰性与肌肉活动对它的需要不相称,致使供氧不足,出现呼吸困难、心跳加快、脸色苍白、肌肉酸痛、动作迟缓且不协调,甚至想停止运动等机能状态。极点出现时,减低运动强度,之后就会出现"第二次呼吸"。这种现象多在长跑或超长距离赛跑中继极点产生后出现。由于持续运动,使内脏器官活动的惰性逐渐得到克服,氧供应量增加,运动器官和内脏器官活动之间的协调性得到改善,从而出现动作轻松有力、协调自如的状态,即"第二次呼吸"。运动水平越高,"第二次呼吸"就来得越快。当"极点"出现时,不要紧张,也不要中断运动,特别是在长跑过程中,"极点"的出现可以很好地锻炼一个人的意志品质。

六、体育锻炼与女子卫生健康

女子经常参加体育活动,可以促进身体的生长发育,增进健康,提高身体各器官系统的功能水平。由于女子不仅在心脏、呼吸、骨骼和肌肉等方面的发育和功能与男子有显著的区别,而且伴有月经周期,因此,女子进行锻炼时,在运动项目的选择和运动量的安排上,应考虑其生理解剖特点和相应的卫生要求。

1. 根据女子身体机能特点,合理安排体育锻炼

女子的心血管、呼吸系统功能较差,因此,安排运动负荷应比男子相对小一些。女子肩部较窄,臂力较弱,做两臂支撑、悬垂和大幅度摆动都比较吃力,锻炼时要注意循序渐进和加强保护与帮助。女子身体重心较低,平衡能力较强,柔韧性较好,适宜于体操、艺术体操等项目。在运动中,应注意发展柔韧性,有目的、有步骤地加强肩带肌、腹肌、腰背肌等的锻炼。女子不宜过多做从高处跳下的练习,地面不可太硬,应注意落地姿势,以免身体受到过分震动,影响骨盆的正常发育和盆腔内器官的正常位置。根据女子的体型和心理特点,可选择跑步、游泳、形体、体操、武术和健美操等较适宜的体育项目。

2. 女子月经期可适度参加体育锻炼,但不宜强度过大

身体健康、月经周期正常的青年女性,可以适当参加体育锻炼。通过适度活动不仅可改善盆腔内的血液循环,减轻盆腔内的充血现象,而且腹肌、骨盆骶肌的节奏收缩和放松,对子宫能起到柔和的按摩作用,有利于经血的排出。此外,多样化的体育活动还能调节大脑皮质的兴奋和抑制过程,改善机体的神经体液调节,从而减轻身体的不适反应。经常参加体育锻炼的女子,在经期要减少运动量,避免大强度运动,不宜游泳,避免寒冷。女子月经期能否参加体育锻炼,应根据个人的情况区别对待。如果参加体育锻炼,应注意调节运动负荷,加强医务监督。

第四章　运动损伤

运动损伤是指体育运动过程中发生的各种损伤。如打球时踝关节扭伤、肌肉拉伤，以及锻炼者的腰肌劳损、骨折等。根据损伤病程可分为急性损伤和慢性损伤。根据受伤部位皮肤与黏膜的完整性受到破坏与否，又可分为闭合性损伤和开放性损伤。除此以外，按损伤程度不同还可分为重伤、中度伤和轻伤等。

运动损伤既有外在因素的影响，也有内在因素的作用，损伤的原因往往是内外因素综合的结果。其损伤部位往往与运动项目以及专项技术的特点有关。在运动中人体有时会受到外界因素的影响而引起皮肤、肌肉韧带、骨骼关节及内脏器官的损害，轻则妨碍日常工作和生活，重则危及生命。因此，大学生在运动中要加强预防意识，了解运动损伤的原因和特点，采取相应的防治措施，最大限度地避免和减少运动损伤的发生，从而使身心得到更好的锻炼。

第一节　造成运动损伤原因

造成运动损伤的原因较多。其发生与锻炼者身体素质和体质水平、安全措施、运动项目、运动技术水平、环境和条件等因素有关。

1. 自我认识不够，健康意识不足

主要是对预防损伤的意义认识不足，放松警惕；安全意识不够，思想麻痹松懈，没有积极采取有效的预防措施；发生运动损伤后，没有认真分析原因、吸取教训，使伤害事故再次发生。

2. 准备活动不合理，活动不充分

准备活动是体育锻炼的基本前提。其目的是：第一，提高中枢神经系统的兴奋性，加强各器官系统的活动，克服人体机能惰性，使身体有准备地从相对静止状态，转入紧张的活动状态，从而缩短人体对运动的适应过程；第二，使身体发热，提高呼吸和血液循环的机能；第三，减少肌肉、韧带粘滞性，增加其弹性和伸展性，使关节活动幅度加大，从而减少或避免损伤的发生；第四，熟悉运动环境，避免安全事故的发生。

当参加体育锻炼时，若未做准备活动或准备活动不充分，准备活动的内容与正式运动的内容结合得不好或缺乏专项准备活动，准备活动的运动量过大，准备活动未遵循循序渐进的原则，准备活动距正式运动的时间太长，都容易引起损伤。

3. 身体素质能力问题或运动技术错误问题

每个运动项目都有自己的技术特点，身体各部位的负担量也不尽相同，因此要学习正确的技术，并科学锻炼。技术动作不正确，违反了身体结构与机能的要求，违背了运动力学原理，往往造成局部用力不合理，使身体失去平衡和控制，从而造成损伤。身体素质水平低，如肌肉力量和弹性差、反应迟钝、关节灵活性和稳定性不够，也容易造成损伤。

4. 运动量安排不合理

运动量太大，疲劳累积太重，运动量上得太快、太急，使局部负担量过大，导致对组织的破坏性较大，造成损伤。

5. 心理状态问题

睡眠或休息不好，患病受伤或伤病初愈，疲劳和身体机能下降，造成机体反应迟钝；心情不好，情绪不高，思想不集中，兴奋不起来；情绪急躁，自控能力差，场上心慌意乱；好胜心强，盲目或冒失地进行锻炼，都易发生损伤。

6. 缺乏运动经验和自我保护能力

体育运动中出现意外时不知道如何处理，惊慌失措或缺乏自我保护经验和意识等容易发生损伤。如摔倒时用肘部或直臂撑地，造成尺骨或肘部损伤；由高处跳下时，用脚跟落地或屈膝缓冲不够造成腿部、腰部损伤。

7. 运动组织方法问题

运动组织方法不好，容易造成损伤。在运动过程中，缺乏严格的医务监督；没有遵循锻炼原则，不从实际出发区别对待，未认识到不同年龄、性别，其解剖、生理、心理特点不同；运动安排上，不是从小到大，从简单到复杂循序渐进、逐步进行；在进行器械练习时，缺乏必要的保护。

8. 场地、服装设备和环境问题

场地、服装设备和环境出现问题，均会造成损伤。运动场地不平，有碎石或杂物；跑道太硬或太滑；器械维护不良或年久失修，表面不光滑或有裂缝；器械安装不牢固或放置位置不妥当；缺乏必要的防护用具；运动时的服装不符合运动卫生要求；在高温、寒冷或大风大雨等恶劣的天气下锻炼，身体的机能发挥受到影响。

第二节　运动损伤预防原则

根据产生运动损伤的原因，预防的原则有以下几个方面。

1. 从思想上引起重视

运动时要有安全意识，有预防运动损伤的思想准备以及克服麻痹大意的思想。特别在对抗性体育活动中，要发扬良好的体育道德风尚。

2. 合理安排体育锻炼

要根据自身的年龄特点、健康状况和运动技术水平，合理安排运动量；运用各种形式的身体练习方法，全面提高身体素质，防止运动过程中的过度疲劳；运动负荷的安排要循序渐进,逐步增加,避免局部肌肉负担过重。

3. 认真做好准备活动

准备活动的内容,要根据锻炼或比赛内容,做到一般和专项准备活动相结合;准备活动的运动量,要根据身体特点、气象条件和训练或比赛的需要而定。一般认为,以身体感到发热,微微出汗为宜;准备活动结束与正式运动之间的时间不要过长,一般为 3~4 min。

4. 加强保护和自我保护

运动中适当的保护和帮助可以增加锻炼者的信心,避免一些意外事故的发生。对易伤部位和自身相对较薄弱的部位要加强锻炼,提高机能。此外,体育运动参与者都应主动掌握自我保护的方法,有意识地进行自我保护的专门性练习。如身体失去平衡时应立即向前或向后迈出一大步,以保持平衡。当人体快要跌倒时,要立即低头、屈肘、团身,以肩背部着地顺势做滚翻动作,而不可直臂撑地。

5. 加强医务监督

经常参加体育锻炼,要有自我监督身体状况的能力,定期进行体格检查;有伤病或身体不适时禁止参加剧烈运动或比赛;做好自我保健工作,身体有不良反应时,应认真分析原因,必要时请医生做医学检查;要认真做好运动场地、器械和个人防护用具的管理和安全卫生检查。

第三节　运动损伤与处理

在体育锻炼过程中,发生运动损伤是比较常见的。当运动损伤发生后,不可惊慌失措,应采取相应的急救措施,避免重上加重。

对于运动中发生的闭合性损伤和开放性损伤的早期诊断与初步处理方法:一般应减轻患者痛苦,减少并发症,为转送医院做进一步治疗创造条件。运动损伤的急救是一项极为重要的工作,如处理不当,轻者加重损伤,导致感染,增加患者痛苦,重者致残,甚至危及生命。因此,急救者采取的措施必须做到及时、准确、合理、有效。

1. 关节脱位

关节脱位是指由于暴力的作用使关节面之间失去正常的连接关系。关节脱位和半脱位,前者是关节面完全脱离原来的位置,后者为关节面部分错位。完全脱位时常伴有关节囊撕裂、关节周围韧带和肌腱的损伤。

1) 原因

运动中发生的关节脱位,大多是间接外力撞击所致。如摔倒时,用手撑地,引起肘关节或肩关节脱位。

2) 症状

关节脱位后,常出现畸形,与健肢对比不对称(伤肢有变长或缩短的现象),因软组织受损而出现炎症反应。局部疼痛、压痛和关节肿胀,并失去正常活动功能,甚至发生肌肉痉挛现象。

3）处理

用长度和宽度相称的夹板和绷带在脱位所形成的姿势下固定伤肢。如果没有夹板，可将伤肢固定在自己的躯干或健肢上，防止震动，随后立即送医院治疗复位。

2. 骨折

骨折是指骨的完整性遭到部分或全部断裂。骨折分为闭合性骨折和开放性骨折。严重骨折常伴有出血和神经损伤，易产生休克，甚至危及生命。体育运动中以四肢长骨的闭合性骨折为多见。

1）原因

直接暴力，骨折发生在暴力直接作用的部位，如足球运动中，上场队员的胫骨受到对方足踢而发生胫骨骨折；间接暴力，骨折发生在远离暴力接触的部位，如摔倒时手撑地而发生前臂或锁骨骨折；肌肉强烈收缩，由于肌肉急剧地收缩和牵引而发生骨折，如跨栏时引起大腿后群肌肉起点部坐骨结节的撕脱骨折。

2）症状

骨折发生后患处即刻会出现肿胀，皮下淤血，产生剧烈疼痛，肢体失去正常功能，肌肉间或产生痉挛，有时骨折部位发生变形，移动时可听到骨擦声。严重骨折时，伴有出血和神经损伤、发烧、口渴，甚至休克等全身性症状。

3）处理

（1）首先止痛抗休克；

（2）对于开放性骨折，应先止血，再做局部无菌处理和包扎伤口；

（3）临时固定，不要无故移动伤肢，不用试图复位，可牵引，夹板的长度必须超过骨折的上、下两关节，就地取材，夹板可用树枝、木棍、球棒代替，夹板与皮肤之间必须垫上软物，固定的松紧要适宜，非医护人员不宜随意使用恢复手法；

（4）简易处理后，应迅速送医院进行检查和治疗。颈椎发生骨折，注意不能摇动头部。

3. 腰肌劳损

1）原因

急性腰扭伤后未彻底治疗，或逐渐劳损、出汗受凉以及运动量过大，超过了局部所承受的能力或反复单一动作疲劳所致。

2）症状

酸胀、疼痛由轻到重，自感不适，夜间疼痛加重，轻微活动疼痛减轻，在竞技状态时几乎不疼，活动后疼痛加重。在腰部肌肉可触到硬结或大面积疼痛但难确定痛点，在竖脊肌的止点处有压痛点。有些患者不仅腰部疼痛，同时也放射至臀部或下肢，出现麻木疼痛或蚁行感。

3）处理

理疗、按摩或在痛点注射5%的当归液。同时可以内服中药。

4. 肌肉痉挛

俗称"抽筋"，是肌肉不由自主地强直性收缩。运动中常发生痉挛的肌肉为小腿腓肠肌，其次是足底部的屈肌。常见于足球、篮球、游泳等运动项目。

1)原因

(1)寒冷刺激:肌肉受到低温影响,兴奋性会增强,易使肌肉发生强直性收缩。因而寒冷的刺激,如游泳时受到冷水刺激,冬季户外锻炼时受到冷空气刺激,都可以引起肌肉痉挛。

(2)电解质丢失过多:运动中大量排汗,特别是长时间的剧烈运动或高温季节运动时,使电解质从汗液中大量流失,导致肌肉的兴奋性增高,发生肌肉痉挛。

(3)肌肉连续过快收缩而放松不够:运动训练或比赛中,肌肉过快地连续收缩,放松时间太短促,以致收缩与放松失调引起肌肉痉挛。

(4)疲劳:身体疲劳会影响肌肉的正常生理功能,疲劳的肌肉往往血液循环和能量物质代谢有改变,肌肉中会有大量的乳酸堆积,乳酸不断地对肌肉的收缩物质起作用,致使痉挛产生。

2)症状

痉挛的肌肉僵硬,疼痛难忍,痉挛肌肉所涉及的关节,伸屈功能有一定障碍。

3)处理

轻度肌肉痉挛,以相反的方向牵引痉挛的肌肉,一般都可以使其缓解。牵引时切忌用力过猛,以免造成肌肉拉伤。腓肠肌痉挛时,可伸直膝关节,同时用力使踝关节背伸。此外,还可配合局部按摩——采用重力按压、揉捏和点掐针刺委中、涌泉等穴。游泳中发生小腿肌肉痉挛时,不要惊慌,可先深吸一口气,仰浮水面,用抽筋肢体对侧的手握住抽筋肢体的足趾,用力向身体方向拉,同时用同侧的手掌压在抽筋肢体的膝盖上,帮助将膝关节伸直,待缓解后,慢慢地游向岸边。发生肌肉痉挛后,一般不宜再继续游泳,应上岸休息、局部按摩。

4)预防

加强身体训练,提高机体的耐寒能力和耐力。运动前必须认真做好准备活动,对容易发生抽筋的肌肉可事先做适当按摩。冬季锻炼要注意保暖。夏季运动时,尤其在进行剧烈运动或长时间运动时,要注意电解质的补充和维生素 B_1 的摄入。疲劳和饥饿时不宜进行剧烈运动。游泳下水前应先用冷水冲淋全身,使全身对寒冷有所适应,水温低时游泳时间不宜太长。在运动过程中要学会放松肌肉。

5. 肌肉酸痛

肌肉活动量大,引起局部纤维及结缔组织的细微损伤,以及部分肌纤维的痉挛所致。由于这种肌纤维细微损伤及痉挛是局部的,因而就整块肌肉而言,仍能完成运动功能,但存在酸痛感。酸痛后,经过肌肉局部细微损伤的修复,肌肉组织变得比以前强壮,以后同样的负荷将不易再发生损伤(酸痛)。

1)处理

(1)热敷酸痛的肌肉,促进血液循环及代谢过程,有助于损伤组织的修复及痉挛的缓解。

(2)做一些伸展性练习有助于缓解痉挛,使酸痛尽快消除。

(3)按摩,使肌肉放松、促进肌肉血液循环,有助于损伤的修复及痉挛的缓解。

(4)服用一些维生素C,促进结缔组织中胶原合成,有助于加速损伤的结缔组织修复,从而减轻和缓解酸痛。

(5) 针灸、电疗等对缓解酸痛也有一定的作用。

2) 预防

(1) 根据实际情况安排不同的负荷,负荷量不宜过大,也不宜增加过猛。

(2) 锻炼时,尽量避免长时间集中练习身体某一部位,以免局部肌肉负担过重。

(3) 进行准备活动时,注意对即将进行重负荷的局部肌肉活动更充分些。

(4) 整理活动时注意进行肌肉的伸展牵拉练习,有助于预防肌纤维痉挛,从而避免酸痛发生。

6. 网球肘

网球肘亦称"肱骨外上髁炎",由于肱骨外上髁伸肌总腱的慢性劳损或拉伤所致。多见于网球、乒乓球和击剑等运动员。如网球的反拍或下旋击球时,球的冲力作用在腕伸肌或被动牵扯该肌而致伤。

1) 症状

初期肘外侧疼痛,休息后缓解,病情发展呈持续性疼痛,重症提物时有突然"失力"现象。检查可见肱骨外上髁局部压痛、肿胀、伸腕抗阻痛。

2) 处理

早期停止局部运动,症状自行缓解,在前臂肌腹处扎弹力绷带能减轻症状,按摩和手法治疗均有效果。预防在于逐渐增强肘部肌力,避免局部负荷过重,早期发现病征,及时调节训练。

7. 运动中腹痛

运动中腹痛是指在运动训练或比赛中发生的腹痛。中长跑、马拉松和竞走中多见。运动中腹痛多发生在运动过程中或运动结束时,以右上腹痛为常见。

1) 原因

引起运动中腹痛的原因,主要有腹腔内疾患、腹腔外疾患和不明原因但与训练有关的运动性腹痛三大类。运动性腹痛的产生,往往与下列一些因素有关:缺乏锻炼或训练水平低;准备活动做得不充分;身体状况不佳,劳累,精神紧张;呼吸与动作之间的节奏配合不佳;膳食制度不合理,饮食上存在问题;运动速度和强度加得过快或太突然等。

2) 症状

运动中腹痛的过程与运动负荷和运动强度密切相关。大多数运动员或锻炼者在小负荷和慢速运动时,腹痛不明显,随着运动负荷和强度增加,腹痛也逐渐加剧。腹痛的部位,常为病变脏器所在。右上腹痛,多为肝胆疾患、肝脏淤血;中上腹痛,多为急性或慢性胃炎;左上腹痛,多为脾淤血;中部腹痛,多为肠痉挛、蛔虫病;右下腹痛,多为阑尾炎;左下腹痛,多因宿便引起。腹痛的性质与程度,可以因为引起腹痛的原因不同,其疼痛的轻重也不一样。一般来说,如果腹痛是直接由运动引起的,多为胀痛或钝痛,经过减少运动强度或深呼吸以及按压腹部后,疼痛可以缓解。如果原来已患有疾病,只是因运动而诱发腹痛者,多为锐痛或阵发性绞痛、钻痛,运动员或锻炼者往往要终止运动,经治疗后,疼痛才能缓解。

3) 处理

运动中若出现腹痛,应减慢运动速度和降低运动强度,加深呼吸,调整呼吸和运动节奏,用手按压疼痛部位,或弯腰跑一段距离,一般疼痛即可减轻或消失。如果无效,或疼痛反而加重,应停止运动,口服止痛药物(如阿托品等),点掐或针刺内关、足三里、三阴交等穴位,进行腹部热敷等。如仍无效,则需请医生治疗。

4) 预防

训练时要遵循科学的训练原则,要循序渐进地增加运动量。加强全面身体训练,提高生理机能水平。膳食安排要合理,饭后须经过一定时间后(1.5 h左右)才可进行剧烈运动,运动前不宜过饱或过饥,饮水不宜过多。要做好准备活动,运动中注意呼吸节律,中长跑时要合理分配速度。对于各种疾患引起的腹痛,应就医确诊,彻底治疗,疾病未愈之前,应在医生指导下进行体育活动。

8. 昏厥

昏厥是指脑部供血不足引起的一时性知觉和行动能力丧失的状态。在体育运动中常是过度紧张的一种表现。

1) 原因

(1)精神和心理状态不佳:如锻炼者过分紧张或激动,见到别人受伤、出血而受惊等,引起血压下降,导致脑部供血不足。

(2)直立性血压过低:长时间站立不动,久蹲后突然起立,长期卧床后突然坐起或站立时,引起血压显著降低,使脑部供血不足所致。

(3)重力性休克:锻炼者疾跑后立即站立不动引起。

(4)胸内和肺内压:增加力量练习时,锻炼者呼气后憋气,可使胸腔和肺内压增加,从而导致心输出量减少而引起。

(5)其他:损伤后剧烈疼痛、低血糖、中暑、心脏节律紊乱或心脏病,也可引起。

2) 症状

突然失去知觉、昏倒。发生前可感觉全身软弱无力、头昏、眼前发黑、耳鸣、恶心、出虚汗和面色发白等。昏倒后,皮肤苍白、四肢发凉、脉搏细弱、呼吸加快或缓慢。一般在昏倒片刻后,由于脑贫血消除即刻清醒过来。

3) 处理

使患者平卧或头部稍低位,安静保暖,松解衣领束带,用热毛巾擦脸,做下肢(从足部)向心性重推摩或揉捏,嗅以氨水或点掐、针刺人中、百会、合谷、涌泉等穴位。如有呕吐,宜将患者头部偏向一侧,如呼吸停止,应立即做人工呼吸。在知觉未恢复前,或有呕吐者,均不宜给任何饮料。醒后可给以热饮料或吃少量食品(低血糖者),注意休息。

4) 预防

平时要坚持体育锻炼,提高血管运动机能水平。久蹲后要慢慢地站立,疾跑后不要马上站定,应继续慢跑,调整呼吸,逐渐停下来。当有昏厥前征象时,应立即俯身低头或躺下。平时加强心理和意志训练;饥饿或空腹时不宜参加体育活动;进行超长距离运动时,应备有含糖饮料,供途中饮用。

9. 休克

休克是人体遭受到体内外各种强烈刺激后发生急性循环功能不全,导致周围循环衰竭为特征的严重全身性综合症。

1）症状

面色苍白、四肢湿冷、血压降低、脉搏微弱、神志模糊,进而出现昏迷,甚至死亡。

2）原因

引发休克的因子主要通过血量减少、心输出量减少及外周血管容量增加等途径引起有效循环血量剧减、微循环障碍,导致组织缺血、缺氧,代谢紊乱,重要生命器官遭受严重的乃至不可逆的损害。休克分如下类型:

(1)失血性休克。急性失血超过全身血量的20%(成人约800 mL)即发生休克,超过40%(约1600 mL)濒于死亡。严重的腹泻、呕吐所致休克亦属此类型。

(2)心源性休克。由急性心脏射血功能衰竭所引起,最常见于急性心肌梗死,死亡率高达80%。

(3)中毒性休克。主要见于严重的细菌感染和败血症,死亡率为30%~80%。

(4)过敏性休克。发生于具有过敏体质的患者。致敏原刺激组织释放血管活性物质,引起血管扩张,有效循环血量减少而发生休克。常见于药物和某些食物(菠萝等)过敏,尤以青霉素过敏最为多见,严重者数分钟内不治而亡。

(5)神经源性休克。剧烈的疼痛刺激通过神经反射引起周围血管扩张,血压下降,脑供血不足,导致急剧而短暂的意识丧失,类似于晕厥。有时虚脱与休克相仿,但虚脱的周围循环衰竭发生突然,持续时间短,尤其在及时补液后可迅速得以缓解;休克主要发生于大量失水、失血和出汗时,如伴有肾、心、肺功能衰竭可导致死亡。

3）处理

(1)休克的一般处理:在体育运动中,创伤性休克较为多见。轻度的头昏,可搀扶患者走一段时间,不适的感觉就会消失。稍重时,可让患者平躺,衣领松开,头部略放低(头部受伤、呼吸困难者则不宜采用此法),然后抬高患者下肢作轻微的抖动,患者症状马上得到缓解。注意全身保暖,尽量少搬动,有时可给以姜糖水、热茶水等饮料,有条件的可以吸氧,尽快静脉输液以扩充血容量等。轻度昏厥,还可以掐点人中、内关、合谷、涌泉、足三里等穴位,也可以使患者苏醒。

(2)针对病因进行处理:由于外出血而引起的休克,应立刻选择适宜的止血法,使出血停止;内出血时可冷敷。由于外伤、骨折等剧烈疼痛引起的休克,应以镇静剂止痛,尽量避免伤肢移动,就地固定夹板。休克是一种严重而危险的病理状态,如呼吸困难,应进行人工呼吸或给氧急救;疼痛剧烈,可给服止痛片或镇静剂。在急救的同时,应迅速请医生来处理或送医院。

10.过度紧张

过度紧张一般指高水平运动员因训练或比赛时运动量过大,体力负担超过机体能力而引起的病理状态。

1）原因

主要是运动员的训练水平不够和生理状态不良,易发生于缺乏锻炼,训练不足,比赛经验少的人。此外,患有疾病,特别是心脏病、高血压患者,或急性病初愈未完全康复,勉强完成剧烈运动或比赛的人也易引起过度紧张。

2）症状

常在剧烈运动或比赛后即刻出现。其症状主要是头晕眼黑、面色苍白、恶心呕吐、脉搏快而弱、血压降低。严重者可出现嘴唇青紫、呼吸困难、右侧肋部疼痛、肝脏肿大、心前区痛、心脏扩大等急性心功能不全现象,昏迷甚至死亡。

3）处理

立即使患者平卧,注意保暖,松解衣服,服热糖水或镇静剂。对于症状较重或昏迷者,可针刺或点掐人中、百会、涌泉等穴。如呼吸心跳停止者,应立即做人工呼吸和胸外心脏按压术。在进行急救处理的同时,应迅速请医生诊治或送医院治疗。

4）预防

加强身体素质训练,注意循序渐进。重视体格检查工作,凡是心血管机能不良者、患有急性病变者(如感冒、扁桃体炎、急性肠胃炎等)均不应进行剧烈运动或比赛。加强身体全面训练,遵照科学的训练原则,对训练水平低或锻炼基础差、身体病弱的人,要根据自己身体的实际情况量力而行,绝不可勉强完成运动负荷。要加强自我监督和训练、比赛中的临场医务工作。

11. 脑震荡

大脑神经细胞和神经纤维受到震动后所引起的意识和机能一时性障碍,脑神经无明显器质性病理改变。

1）症状

头脑伤后的意识障碍的脑震荡,可持续数分钟至半小时或 12 h 之久,同时面色苍白、血压下降、脉搏细弱、冷汗、瞳孔散大或缩小、呼吸浅而慢。意识障碍消除后,回忆不出当时受伤的情景(即逆行性遗忘),并遗有耳鸣、头痛、头晕、失眠、记忆力减退、恶心、心慌等。一般很快即恢复正常,但要注意脑内是否有出血、血肿、骨折等症状。

2）处理

立即使伤员平卧,头部冷敷,身体保暖。掐人中、合谷、内关等穴位,给氨水嗅闻,使昏迷者苏醒。对呼吸发生障碍的伤员,可做人工呼吸。对昏迷时间超过 4 min 以上,两侧瞳孔大小不一、口、鼻、耳出血,眼球青紫及清醒后头疼,剧烈呕吐或又再度昏迷者,应立即送医院抢救。对短时间意识恢复的轻伤员,应尽可能使其平卧并送回宿舍休息,一般应卧床休息到头痛、头晕的症状完全消除。不宜过早参加运动,避免头部震动,减少脑力劳动以免留下头痛、头晕的后遗症。忌用吗啡和杜冷丁。对症治疗,发热时要用冷水或冰块敷于额部降温。

12. 中暑

高温环境中发生的一种急性病。多发生在长跑、越野跑及足球等运动项目。

1）原因

在炎热的夏季进行长时间耐力训练或比赛,身体疲劳、失眠、失水、缺盐,对热环境适应能力差及训练水平较低者都较容易发生中暑。

2）症状

中暑早期可有头晕、头痛、呕吐现象,逐步发展为体温升高,皮肤灼热干燥,严重者可出现精神失常、虚脱、痉挛、心律失常、血压下降,甚至危及生命。

3）处理

当有中暑先兆或轻度中暑时,应将患者迅速撤离高热环境,移至通风阴凉处休息,解开衣领,并给予清凉饮料、浓茶、淡盐水等。对病情较重的患者,应立即移到阴凉处,让其平卧,根据不同的病情,处理方式如下:中暑痉挛时,牵伸痉挛肌肉使之缓解,并服用含盐清凉饮料;中暑衰竭时,服用含糖、盐饮料,同时做四肢按摩。中暑或昏迷时,可针刺人中、合谷、涌泉等穴,并立即送医院进行抢救。

4）预防

在高温炎热季节锻炼时,应当减少运动量和锻炼时间,适当调整作息时间及延长午休时间,避免在烈日下长时间锻炼。夏天在室外锻炼时,应戴白帽,穿浅色、宽敞、透气性能好的运动服。应准备清凉消暑或低糖含盐饮料,并准备急救药品。如发现中暑症状者,应立即停止运动,并及时处理。

13. 过度运动综合症

过度运动综合症亦称"过度疲劳",一般指高水平运动员训练后疲劳连续积累所引起的一种运动性疾病。

1）原因

训练中未遵循循序渐进和系统性原则,缺乏明显的节奏,过多地采用与身体机能水平不相适应的运动量,超过了身体的负担能力,是过度训练的主要原因。另外,生活规律遭到破坏,休息、睡眠不足,伤病后过早地参加剧烈运动,营养不良,不良环境,心理因素等都可能造成过度性疲劳。

2）症状

早期症状主要表现在神经系统方面。训练者往往精神不振、无力,不想参加训练,失眠,食欲不好,头晕,记忆力减退,运动能力与成绩下降。少数人会心情烦躁、容易激动。若症状进一步加重,则表现出失眠、头痛,活动时容易疲乏和出汗,体重持续下降等症状,同时还可能出现各器官、系统机能失调的现象。在循环、呼吸、消化等系统方面均表现出功能紊乱和异常现象。此外,全身过度训练,同时会伴随有局部劳损,女性还会出现月经紊乱。

3）处理

早期发现,及时处理是关键。早期的过度疲劳是容易恢复的,治疗与恢复的时间也较短,过度疲劳对身体的影响也较轻。如果过度疲劳发展到了中期和晚期,治疗恢复的时间就会延长,难度也很大,过度疲劳带来的病理变化对机体的影响也较广泛,愈后不良。

过度疲劳的治疗包括以下三个方面:

（1）消除病因。及时调整计划,降低运动量和运动强度,改变训练的内容和方式。如果过度疲劳发展到严重的程度,可停止运动训练,只做少量的健身运动。开展一些积极性休息活动,如跳舞、放松跑等,使神经系统得到放松。

（2）药物治疗。运动造成经常失眠者可采用药物治疗,也可采用维生素调整机体的代谢功能,促进疲劳的消除。维生素有 B_1、B_6、B_{12}、C 等。中药有人参、刺五加、三七、黄芪、五味子等,它们具有扶正固本、补气活血、滋养强壮、恢复体能的功用。

（3）食疗和物理疗法。多食用动物蛋白、蛋类和乳类制品,同时要多吃水果和蔬菜,提供丰富的维生素和矿物质。如鳖、乌鸡、桂圆干、大枣、羊肉等都有很好的滋补作用。物理疗法有温水浴、按摩和医疗体育等。过度疲劳经治疗,轻者2～3周可治愈,较重者需2～3个月,严重者需要更长时间。病愈恢复训练时要逐步增加运动负荷及运动强度,以防复发。

4) 预防

定期进行身体机能检查;制定训练计划时,要考虑到机体的可接受性与个人的特点;要遵循科学训练及锻炼原则,加强身体全面锻炼,注意锻炼节奏和大中小运动量的合理安排;大运动量训练和比赛后要采取积极的恢复措施;要有充分的休息、足够的睡眠,注意劳逸结合;营养要充足,富含维生素和矿物质;平时锻炼或训练时要加强医务监督和自我监督。

14. 运动性血尿

由于剧烈运动所引起肉眼或显微镜下的血尿,检查时无原发病者称为运动性血尿。多发于男性,常见于中长跑、马拉松、竞走、三级跳等运动项目。

1) 原因

剧烈运动是主要诱因,具体分为以下几种:

(1) 肾静脉高压:肾周围脂肪组织较少,长时间跑跳时,身体震动可使肾脏下垂,使静脉血流受阻,肾静脉压增高,从而导致红细胞渗出。

(2) 肾缺氧:运动时血液分配不良,造成肾脏长期缺血缺氧,影响肾脏正常功能,以致红细胞渗出。

(3) 肾损伤:运动时腰部的猛烈屈伸或蜷缩体位可使肾脏受到挤压,肾内毛细血管损伤,从而引起肾出血。

(4) 膀胱损伤:在膀胱排空的情况下跑步,脚落地震动时膀胱后壁和膀胱底部相互触碰,使该部位损伤,引起血尿。

2) 症状

运动后即刻出现血尿,其明显程度与运动量和运动强度的大小有关。出现血尿后若停止运动,则血尿迅速消失,一般不超过三天。

3) 处理

出现肉眼血尿时,不管有无症状均应终止运动。仔细检查,排除病理性血尿,以免延误诊治。对镜下出现少量红细胞而无并发症的运动员或锻炼者,应减少运动量,继续观察。运动性血尿诊断之后,可以参加训练或运动,但要安排好运动量,加强医务监督,并由医生给以适当治疗。器质性疾病所致的血尿和外伤性血尿,应针对病因进行积极的治疗,患病期间一般不要进行训练。

15. 运动性低血糖

由于运动引起的血糖下降低于 2.78 mmol/L,出现惊厥甚至昏迷。体育运动中,低血糖症多发生在长跑、长距离滑冰、滑雪和自行车等项目,多出现于剧烈耐久性运动或运动结束后不久。

1) 原因

主要是由于长时间的剧烈运动使体内消耗大量血糖;其次就是运动前或运动时饥饿,体内肝糖原储备不足,又没有得到及时补充。此外,赛前情绪过分紧张,赛后强烈的失望情绪或患病(如胰岛疾病、严重肝脏疾病等),都可以使血糖含量降低,导致低血糖。

2) 症状

当出现低血糖时,首先受影响的是神经系统,脑细胞的工作能力下降,继而体内多个器官的功能降低。轻者有强烈的饥饿感,疲乏无力、心慌、头晕、皮肤苍白及出冷汗等。重者神志模糊,言语不清或精神错乱,手足颤抖,步态不稳,甚至昏倒。检查时脉搏快而弱,呼吸短促,瞳孔放大。

3) 处理

使患者平卧,冬季注意身体保暖,神志清醒者可以供给热糖水或进食少量流质食物,一般经短时间后症状消失。昏迷者,可静脉注射50%葡萄糖50～100 mL。同时针刺(或指掐)人中、涌泉、合谷等穴。此外,还可用热水泡(或热敷)下肢,以促进下肢血液循环。

4) 预防

平时缺乏锻炼、患者未愈(或初愈)及饥饿者,不要参加长时间的剧烈运动;进行长时间耐久性运动前2 h(或赛前15 min),口服100～150 g葡萄糖,运动中适当地补充糖饮料。

16. 运动性贫血

运动性贫血是指由于运动训练与比赛的生理负担量过大引起的贫血。

1) 原因

(1) 蛋白质与铁的摄入不足和消耗增加。运动训练时,由于肌肉对蛋白质的需要和血清中铁的需要量增加,如果食物中没有足够的蛋白质和铁的补充,机体就会因蛋白质和铁的不足而影响红细胞的生成,从而引起运动性贫血。

(2) 红细胞破坏增加。运动训练时,脾脏收缩,由脾脏释放的溶血卵磷脂能使红细胞的脆性增加,红细胞膜的抵抗力减弱,加上剧烈运动时血流加速,红细胞与血管壁的撞击加剧,容易引起红细胞的破裂和溶血,从而导致运动性贫血。

2) 症状

运动性贫血发病缓慢,其主要症状为头晕、眼花、乏力、易倦、食欲不振、体力活动差、运动中易出现心悸、气喘、心跳加快、运动成绩下降。主要体征有眼结膜苍白、皮肤发白无血色、安静时心率加快、心尖部可闻及收缩期吹风样杂音。血液检查可发现红细胞和血红蛋白值低于正常数值。

3) 处理

减少运动量,必要时停止训练。饮食宜富于营养,多摄入含蛋白质、铁、维生素较多的食物,也可服用抗贫血药物。为了促进铁的吸收,可同时服用维生素C和胃蛋白酶合剂。此外,中药有党参、白术、炙甘草、熟地黄、当归、白芍等,对治疗贫血有很好的疗效。

4) 预防

合理安排运动负荷和运动量,遵循循序渐进和区别对待原则。合理安排生活制度和膳食制度,克服偏食和吃零食的不良习惯。

第五章　身体素质

身体素质是指人体各器官系统的功能在肌肉活动中所表现出来的能力,是人体在运动、劳动和日常生活中所表现出来的力量、耐力、速度、灵敏、柔韧等身体运动的能力。身体素质训练是指运用各种身体练习的方法和手段,全面提高和改善人的身体素质、形态、机能,提高机体在中枢神经系统控制下的工作能力的过程。

身体的各项素质不是孤立存在和发展的,任何一项运动都受到两种或两种以上的身体素质的共同作用,因此身体素质练习应该具有全面性和科学性。

第一节　力量素质

一、力量素质的概述

力量素质是人体进行体育运动的基本素质之一,是肌肉工作时克服内外阻力的能力。力量素质是日常生活、生产劳动和体育活动中所必备的素质,是获得运动技能和取得优异运动成绩的基础。

力量素质的提高和发展是以人体肌肉的形态结构、身体机能、生理生化机制的改变为基础,并以神经中枢的协调为前提而建立起来的各种用力动作的条件反射结果。也就是说一个人肌肉力量的大小要受到与其生长发育水平、性别、肌肉类型以及生理生化和训练等多方面因素影响。

二、力量素质的分类

由于各种运动项目完成的动作不同,所以表现出的力量类型也不同。根据不同运动项目对力量素质的要求,以及力量的不同表现形式,力量素质有多种分类方法。根据肌肉收缩的形式,可将力量分为静力性力量和动力性力量;根据力量和体重的关系,可分为绝对力量和相对力量;根据力量的表现形式,可分为速度力量和力量耐力;根据力量和专项的关系,又可以分为一般力量和专项力量。按运动不同项目对力量素质的要求,从力量的训练特征来分,可将力量素质分为绝对力量、相对力量、速度力量和力量耐力四种。这里我们仅按此分类方法进行阐述。

（一）绝对力量

绝对力量也叫最大力量,是指人体尽最大努力使肌肉收缩克服阻力时所表现出来的最大力量。绝对力量取决于肌肉生理横断面和肌肉工作时的协调能力。通过合理训练,增大肌肉生理横断面和改善肌肉工作时的协调能力都可以发展绝对力量。同时,绝对力量还受遗传、年龄、性别、训练水平等因素影响,由于机体各部分肌肉功能不同,所表现出来的绝对力量也不同。绝对力量的测定通常采用特定的动作或姿势(动力性或静力性)肌肉收缩做一次最大用力的方式来确定。

(二)相对力量

相对力量是指人体每千克质量所表现出来的最大力量。它主要反映人体最大力量与体重之间的关系。相对力量与最大力量和体重有直接关系,所以发展相对力量多采用提高肌肉协调能力的方法。这种方法不仅可以提高人体的最大力量,同时还能限制人的体重增加,从而发展了人体的相对力量。

在发展相对力量时,无论负荷重量大小,负荷密度都要大,这样才能使肌肉纤维工作的同步化程度提高,进而达到提高肌肉协调能力的目的。

(三)速度力量

速度力量也叫快速力量,是指肌肉单位时间内快速运动时克服阻力的能力,也可指人体在特定的负荷条件下所表现出来的动作速度。速度力量取决于人体肌肉的收缩速度和最大力量,具有速度和力量的综合特征。人体完成动作的力量越大、时间越短,所表现出来的速度力量越大。在进行速度力量训练时,要注意负重量:负重过大,会影响完成动作的速度;负重过小又难以表现出力量强度。

(四)力量耐力

力量耐力是指人体在克服外部阻力时,坚持尽可能长的时间或重复尽可能多的次数的能力。也就是无论人在静力或动力性工作中,能长时间保持肌肉紧张用力而不降低工作效果的能力。力量耐力受最大力量的影响,不同人体完成同一负荷时的重复次数,主要取决于最大力量,最大力量越大,重复的次数就越多,力量耐力就越好。此外,力量耐力增长还依靠血液循环、呼吸系统机能的改善和有氧代谢能力的提高。

三、力量素质训练方法

(一)绝对力量训练方法

1. 静力性练习

静力性练习一般多采用较大负荷量,以递增负荷的方法进行练习。负荷越大,由肌肉的感觉神经传至大脑皮质的神经冲动也就越强,从而引起大脑皮质指挥肌肉活动的神经细胞产生强烈兴奋,肌肉经常接受这种刺激,就提高了兴奋强度,并吸引更多的肌肉纤维参与工作,进而提高了肌肉的最大力量。

2. 重复法

这种方法的特点是负荷强度的大小随肌肉力量的增加而逐渐增加。重复用力训练采用的负荷强度一般是本人最大负荷量的 75%～90%,可进行 6～8 组,每组重复 3～6 次,每组间歇时间控制在 3 min。

3. 极限次数法

极限次数法是以某一强度达到极限练习次数的训练方法。这种方法的训练强度不大,要求每组的重复次数达到极限次数为止。

4. 极限强度法

这种方法主要是通过极限强度负荷提高对机体系统的刺激作用。练习负荷的强度逐渐递增,最后接近本人的最大强度。

5. 电刺激法

这种方法是利用电刺激引起肌肉收缩,从而提高肌肉活性。其生理机制是由大脑发出的中枢神经冲动被一种能使肌肉收缩的电刺激所取代。该方法是一种新的"非负荷"性的最大力量训练方法。

(二)相对力量训练方法

练习时采用85%以上的负荷强度,以练习者尽可能多的动员运动单位参与工作,练习次数为3次,6~10组,组间进行充分休息。

(三)速度力量训练方法

1. 自身体重练习法

这种方法主要是克服自身体重而进行跳跃或跑的练习,练习时要保持动作的连续性和快速用力的特征。

2. 负重练习法

练习时一般采用40%~60%的强度,加快练习频率,这样可以兼顾力量和速度两方面的发展。一般每组重复5~10次,进行3~6组,组间进行充分的休息。

(四)力量耐力训练方法

1. 持续间歇练习法

持续间歇练习法的特点是负荷重量较小,每次应竭尽全力去达到极限次数,使肌肉长时间持续收缩工作到最大限度。此方法一般采用25%~40%的负荷强度,进行3~5组练习,每组练习用较快的速度重复10~20次,组间休息30~90 s。

2. 循环练习法

循环练习法是指根据训练的具体任务,建立若干练习站或点,练习者按照规定的顺序、路线、时间依次完成各站规定的练习内容和次数,重复进行练习的方法。

提高肌肉耐力的循环练习一般采用以下两种不同方式:

1)大强度间歇循环练习

该方法采用绝对力量的50%~80%负荷,重复10~30次,重复速度要快,休息时间应是用力时间的2~3倍。

2)低强度间歇循环练习

该方法采用较低负荷(最大力量的30%~50%),重复次数接近极限次数。完成动作的速度适中或较慢,休息时间比大强度间歇循环练习时间要短。

四、力量素质练习形式

(一)自身体重练习形式

1. 跪撑-单腿举

目标:激活躯干肌群,发展核心力量。

要点:呈跪撑姿势,双臂伸直支撑于肩部正下方,背部平直,腹部收紧;左腿向后抬起伸直至与地面平行;保持3~5 s时间,匀速回至起始姿势。对侧亦然,重复规定次数;始终保持躯干稳定。

2. 跪撑-交替对侧举

目标:激活躯干肌群,发展核心力量。

要点:呈跪撑姿势,双臂伸直支撑于肩部正下方,背部平直,腹部收紧;右臂伸直沿耳边向前抬起,同时左腿向后抬起伸直至与地面平行;保持3~5 s时间,匀速回到起始姿势。对侧亦然,交替完成规定次数,始终保持躯干稳定。

3. 平板支撑-俯卧撑

目标:激活躯干肌群,发展核心力量。

要点:呈俯卧姿势,双臂伸直支撑于肩部正下方,背部平直,腹部收紧;双手距离与肩同宽,双脚并拢支撑于地面;完成动作至规定时间;始终保持躯干稳定。

4. 平板支撑-单腿举

目标:激活躯干肌群,发展核心力量。

要点:呈俯卧姿势,双臂伸直支撑于肩部正下方,背部平直,腹部收紧;双手距离与肩同宽,左腿向后抬起伸直至与地面平行,右脚支撑于地面,完成动作至规定时间;对侧亦然,始终保持躯干稳定。或者一侧保持3~5 s时间,匀速回到起始姿势后交替进行。

5. 俯桥-单手举

目标:激活躯干肌群,发展核心力量。

要点:呈俯卧姿势,双臂屈肘成90°夹角,支撑于肩部正下方,背部平直,腹部收紧;右臂抬起后伸直至与躯干成一平面,双脚分开支撑于地面,完成动作至规定时间;对侧亦然,始终保持躯干稳定。或者一侧保持3~5 s时间,匀速回到起始姿势后交替进行。

6. 俯桥-交替对侧举

目标:激活躯干肌群,发展核心力量。

要点:呈俯卧姿势,双臂屈肘成90°夹角,支撑于肩部正下方,背部平直,腹部收紧;右臂抬起后伸直至与躯干成一平面的同时,左腿抬起伸直至与地面平行;完成动作至规定时间;对侧亦然,始终保持躯干稳定。或者一侧保持3~5 s时间,匀速回到起始姿势后交替进行。

7. 臀肌桥

目标:发展躯干及臀部肌群力量。

要点:平躺仰卧于地垫上,双臂自然放于身体两侧,屈髋屈膝,脚尖勾起;臀部收紧,抬起髋部,直至肩、躯干、髋和膝在一条直线上;完成动作至规定时间或次数,回到起始姿势,注意背部不要出现弓形。

8. 臀肌桥-军步伸膝式

目标:发展躯干及臀部肌群力量。

要点:平躺仰卧于地垫上,双臂自然放于身体两侧,屈髋屈膝,脚尖勾起;臀肌收紧,抬起髋部,直至肩、躯干、髋和膝在一条直线上;保持臀肌桥姿势,右腿抬起伸直;完成动作至规定时间或次数,回到起始姿势,对侧亦然;注意伸腿过程中,始终保持身体稳定。

9. 俯卧撑屈伸

目标:发展胸大肌、肱二头肌、肱三头肌和三角肌的力量。

要点:双手撑地,与肩同宽,两脚并拢伸直放在高约 1 m 的器械上,全身挺直成斜俯卧姿势。练习时两臂尽量弯曲,肘高于臀部,胸部接触支撑面后快速用力撑起,还原成开始姿势。

10. 双手用力推墙壁

目标:发展胸部、腹部、肩部和臂部力量。

要点:面对墙壁,距离约 1 m,两脚并拢,两手掌约与肩宽支撑于墙壁上。要求两臂弯曲并猛力推墙,身体自然后退。两手推墙时,由手掌迅速过渡到指尖用力。

(二)负重与器械练习形式

1. 杠铃深蹲

目标:发展臀部和大腿前部肌群力量。

要点:双脚开立与肩同宽,肩扛杠铃,双手握在杠铃的杆上,抬头、挺胸,躯干保持正直,下蹲至大腿与地面平行的姿势后,蹲起恢复到开始姿势。下蹲时吸气,蹲起时呼气。

2. 杠铃半蹲

目标:发展臀部和大腿前部肌群力量。

要点:双脚开立与肩同宽,肩扛杠铃,双手握在杠铃的杆上,抬头、挺胸,躯干保持伸直,下蹲到大腿与地面成 45°的姿势后,恢复到开始姿势。下蹲时吸气,站起来时呼气。

3. 负重弓箭步走

目标:发展臀部和大腿前部肌群力量。

要点:双脚开立与肩同宽,肩负杠铃,支撑腿快速蹬地,摆动腿大幅度向前迈步落地支撑。

4. 负重交换腿跳

目标:发展下肢对抗缓冲、支撑身体力量和身体爆发力。

要点:肩负杠铃或其他重物,快速跳起交换双脚位置。

5. 负重交换腿上下台阶

目标:发展下肢对抗缓冲、支撑身体力量和身体爆发力。

要点:肩负杠铃,一只脚踩在一定高度的台阶上,另一脚踩在地面上,两脚同时蹬地并跳起,下降过程中,双腿交换位置。

6. 哑铃推举

目标:发展胸部、肩部和臂部力量。

要点:两脚左右开立,两手屈臂持哑铃于肩上,连续快速向上方推举。

7. 横向飞鸟

目标:发展肩上部肌群的力量。

要点:自然站立,两手持哑铃前平举向两侧做摆振扩胸到最大限度。

8. 爬绳

目标:发展肩部和臂部肌群的牵引力量。

要点:双臂微屈,双手握住绳索,双手依次向上握住更高位置,拉引身体上升。

9. 双手向前推实心球

目标:发展腿、髋、躯干和上肢的爆发力。

要点:双脚前后开立成半蹲,两手持球于胸前,肘部抬起稍低于肩,通过迅速蹬腿、挺身将球向前上方推出,推出时手用力拨球。

10. 原地侧向推实心球

目标:发展腿、髋、躯干和上肢的爆发力。

要点:身体左侧对投掷方向,两脚开立比肩稍宽,左脚脚尖与右脚脚跟在同一直线上,上体稍向右转,体重落在弯曲的右腿上。右腿积极蹬地、送髋,配合伸展躯干和手臂将球向前推出。

11. 双手向后抛实心球

目标:发展腿、髋、躯干和上肢的爆发力。

要点:背对投掷方向,双脚左右开立与肩同宽,两手持球下摆到两小腿间,双脚迅速蹬地、挺身、两臂伸直用力将球向后上方抛出。

12. 双手向前抛实心球

目标:发展腿、髋、躯干和上肢的爆发力。

要点:面对投掷方向,两脚前后开立与肩同宽,两手持球团身下摆到两小腿间,双脚迅速蹬地、挺身、两臂伸直用力将球向前上方抛出。

13. 哑铃摆臂

目标:发展肩前部、后部肌群力量和爆发力。

要点:双脚前后开立,双手持小哑铃,双臂屈肘(肘关节固定)以肩关节为轴,双臂前后快速大幅度摆动。

14. 引体向上

目标:发展肩部和臂部肌群拉引力量。

要点:双手与肩同宽直臂握住单杠,肩部肌群发力,屈肘向上引体。

15. 双杠屈臂撑

目标:发展肩部和臂部肌群支撑力量。

要点:双手握杠,直臂在双杠上支撑身体,屈肘向下降低身体重心,然后再撑起身体。

第二节 耐力素质

一、耐力素质的概述

耐力素质是指人体或人体某部分在长时间活动中克服疲劳的能力,即机体抵抗工作过程中产生疲劳的能力。耐力素质是反映人体健康水平或体质强弱的一个重要标志。

疲劳是有机体自我保护的一种正常生理现象,机体经过长时间的活动,必然会产生疲劳。当疲劳出现时,运动速度、力量、神经肌肉的协调配合能力就会下降,从而导致灵敏性和动作准确性降低,妨碍技术水平的正常发挥,甚至会造成动作失败,影响运动成绩。因此,提高人体克服疲劳的能力,对其他身体素质的发展和创造优异的运动成绩具有重要的作用。

二、耐力素质

1. 根据耐力素质对专项的影响划分耐力素质

根据耐力素质对专项的影响,耐力素质分为一般耐力与专项耐力。

一般耐力是指机体以中等强度或小强度、多肌群、多系统、长时间从事运动或工作的能力。一般耐力是发展专项耐力的基础。

专项耐力是指人体长时间、大强度地完成专项动作的能力。专项耐力的主要特征是突出体现专项特点,练习强度基本与比赛强度相当,如径赛项目以高速或较高速度跑完全程的重复能力,田赛项目以优异成绩连续进行试跳或投掷的能力。

2. 根据工作时所涉及的主要运动器官来划分耐力素质

根据工作时所涉及的主要运动器官来划分,耐力素质分为心血管耐力和肌肉耐力。

心血管耐力分为有氧耐力、无氧耐力。有氧耐力是指机体以有氧代谢为主要供能形式,坚持较长时间工作的能力。无氧耐力又称速度耐力,是机体在氧供应不足的情况下坚持较长时间工作的能力。无氧耐力又可以分为乳酸供能无氧耐力和非乳酸供能无氧耐力。

肌肉耐力又称力量耐力,是指人体肌肉系统在一定的内部与外部负荷的情况下,能坚持较长时间或重复较多次数的能力。肌肉耐力和力量水平的发展关系极为密切,发展肌肉的绝对力量能有效地促进肌肉耐力水平的提高。

三、耐力素质的训练方法

(一)有氧耐力的训练方法

1. 持续练习法

持续练习法是指相对较长的时间里(不少于 30 min),以较为恒定的强度进行练习的方法。其强度较小,一般控制在 60% 左右。

2. 重复练习法

重复练习法是指在相对固定的条件下,按照一定的间歇要求,在机体完全恢复的情况下反复进行某一练习的方法。运动强度控制60%左右可以发展有氧耐力。

3. 游戏或比赛法

此方法是运用游戏或比赛的方式进行练习。一般心率控制在150次/min左右。

(二)无氧耐力的训练方法

1. 重复练习法

运动强度控制在90%以上用来发展无氧耐力。

2. 间歇训练法

间歇训练法是指在一次或一组练习后,在机体未完全恢复的情况下进行下一次或一组练习。其负荷强度控制在70%～80%。

3. 游戏或比赛法

心率达到170次/min以上是进行无氧练习的主要手段。

(三)肌肉耐力的训练方法

肌肉耐力的练习内容和方法与力量练习基本相同,只是肌肉耐力练习的负荷强度较小,练习的持续时间要长,反复的次数要多些。具体方法可以参考力量练习的方法。

四、耐力素质练习形式

1. 持续慢跑

目标:发展有氧耐力。

要点:练习者用较慢的速度做30 min或更长时间的持续跑。

2. 定向跑

目标:发展有氧耐力。

要点:在场地或公路上做定时跑完固定距离的练习。如要求在14～20 min内跑3600～4600 m。强度为50%～60%。

3. 重复跑

目标:发展有氧耐力。

要点:在跑道上进行,重复跑的距离、次数与强度也应根据专项任务与要求而定。一般重复跑距为600 m、800 m、1000 m、1200 m等,重复次数一般为4～10次。强度为50%～60%。

4. 越野跑

目标:发展有氧耐力。

要点:在公路、树林、草地、山坡等场地进行。距离一般在4000 m以上,多达10000～20000 m。如以时间计算,一般在20 min以上,也可达1 h以上。强度为40%～50%左右。

5. 法特莱克跑

目标:发展有氧耐力。

要点:在场地、田野、公路上进行,自由变速的越野跑或越野性游戏。最好在公园、树林中进行,约30 min或更长时间。强度为50%左右。

6. 定时走

目标:发展有氧耐力。

要点:在场地、公路或其他自然环境中按规定时间做自然走或稍快些自然走。一般走 30 min 左右。强度为 40%～50%。

7. 大步走

目标:发展有氧耐力。

要点:交叉步走或竞走,在场地、公路或其他自然环境中做大步快走,交叉步走或几种走交替进行。每组 1000 m 左右,4～6 组,间歇 3～4 min。强度为 40%～50%。

8. 沙地连续走或负重走

目标:发展有氧耐力。

要点:在海滩沙地徒手快走或负重(杠铃杆或背人)走。徒手快走每组 400～800 m,负重走每组 200 m,做 5～7 组,每组间歇 3 min。强度为 45%～60%,心率控制在 160 次/min 以下。

9. 沙地竞走

目标:发展有氧耐力。

要点:海滩沙地上竞走练习,每组 500～1000 m,4～5 组,每组间歇 3 min。强度为 55%～60%。

10. 水中定时游

目标:发展有氧耐力。

要点:不规定游泳姿势及速度,规定在水中游一定的时间,如不间断地游 15 min、20 min 等。强度为 40%～50%。

11. 水中快走或大步走

目标:发展有氧耐力。

要点:在深 30～40 cm 的浅水池中,做快速走或大步走练习,每组 200～300 m 或 100～150 步,4～5 组,每组间歇 5 min。强度为 50%～55%。

12. 3 min 以上跳绳或跳绳跑

目标:发展有氧耐力。

要点:原地正摇跳绳 3 min 或跳绳跑 2 min。4～6 次,间歇 5 min。强度为 45%～60%。要求每次结束时,心率在 140～150 次/min,恢复至 120 次/min 以下开始下一次练习。

13. 5 min 以上的循环练习

目标:发展有氧耐力。

要点:根据专项选择 8～10 个练习,组成一套循环练习,反复循环进行 5 min 以上。3～5 组,每组间歇 5～10 min。心率在活动结束时控制在 140～160 次/min 左右,休息恢复到 120 次/min 以下,开始下一组练习。强度控制在 40%～60%。

14. 1 min 立卧撑

目标:发展力量耐力。

要点:撑由直立姿势开始,下蹲两手撑地,伸直腿成俯撑,然后收腿成蹲撑,再还原成直立。每次做 1 min,4～6 组,每组间歇 5 min,强度为 50%～55%。要求动作规范,必须站起来才算完成一次练习。也可以穿上沙背心做该练习;或做立卧撑接蹲跳起,则强度稍大,做 30 次为一组,每组间歇为 10 min。

15. 重复爬坡跑

目标:发展力量耐力。

要点:在 15°的斜坡道或 15°～20°的山坡上进行上坡跑,重复 5 次或更多次,跑距 250 m 或更长些,间歇 3～5 min。强度为 60%～70%。也可根据训练目的决定强度,可用心率控制运动强度,也可穿沙背心进行。

16. 连续跑台阶

目标:发展力量耐力。

要点:在高 20 cm 的台阶或高 50 cm 的看台上,连续跑 30～50 步,如跑 20 cm 高的台阶,每步跳 2 级。重复 6 次,每次间歇 5 min,强度为 55%～65%。要求动作不能间断,但不能规定时间,向下走尽量放松,心率恢复到 100 次/min 时可开始下一次练习,也可穿沙背心做该练习。

17. 原地间歇高抬腿跑

目标:发展力量耐力。

要点:原地或前支撑做高抬腿跑练习。每组 100～150 次,6～8 组,每组间歇 2～4 min,强度为 55%～60%,要求动作规范,不要求时间,但动作要不间断地完成,也可负重练习,但每组练习次数及组数可适当减少。

18. 原地间歇车轮跑

目标:发展力量耐力。

要点:原地做车轮跑,每组 50～70 次,6～8 组,每组间歇 2～4 min,强度为 50%～60%,也可扶墙借助支撑物完成。

19. 长距离多级跳

目标:发展力量耐力。

要点:在跑道上做多级跳,每组跳 80～100 m,30～40 次,3～5 组,每组间歇 5 min,强度为 60%～70%,注意组间的恢复情况。

20. 连续深蹲跳

目标:发展力量耐力。

要点:原地分腿站立,连续做原地深蹲跳起或在草地上向前深蹲跳。要求落地即起。每组 20～30 次或 30～40 m,重复 3～5 组,每组间歇 5～7 min,强度为 55%～65%。

21. 连续跳推举

目标:发展力量耐力。

要点:原地蹲立,双手握杠铃杆,提铃至胸前,连续做跳推举杠铃杆。每组 20～30 次,4～6 组,每组间歇 3 min,强度为 40%～60%。

22. 连续跳实心球

目标:发展力量耐力。

要点:面对实心球站立,双脚正面跳过球后,迅速背对球跳回。往返连续跳,每组 60

次,4～5 组,每组间歇 3 min,强度为 50%～55%。

23. 连续反复传接实心球

目标:发展力量耐力。

要点:用实心球做篮球传接球练习。每组 50 次,3～5 组,每组间歇 5 min。强度为 50%～60%。可选用 1～2 kg 实心球。

24. 双摇跳绳

目标:发展力量耐力。

要点:原地做正摇跳绳,跳一次摇两圈绳,连续进行。每组跳 30～40 次,做 4～6 组,每组间歇 5 min。强度为 55%～60%。该练习心率必须恢复到 120 次/min 以下时,方可进行下一组练习。

25. 拉胶皮带

目标:发展力量耐力。

要点:结合专项练习或专门练习做连续拉胶皮带练习。如拉胶皮带扩胸,或拉胶皮带作支撑高抬腿等。根据练习的用力程度及运动员水平决定强度和次数。一般强度为 55%～60%。

第三节　速度素质

一、速度素质的概述

速度素质是指人体或人体某部位快速运动的能力,即快速做出运动反应、快速完成动作、快速移动的能力。速度训练是人们根据自身的需要,采用适宜的训练手段和方法,开发人体速度潜能的过程。

二、速度的分类

速度素质是人体进行快速运动的一种能力,基本的表现形式有:反应速度、动作速度和周期性运动中的位移速度。

(一)反应速度

反应速度是指人体对各种信号刺激(如声、光、触等)的快速应答能力,它与中枢神经系统对肌肉的调节能力有关,反应速度以神经过程的反应时(其中包括感觉时间、思维判别时间和动作始动时间)为基础,反应时受遗传因素影响较大。另外,反应时的长短、刺激信号的强度与注意力的集中程度、指向有关。

(二)动作速度

动作速度是指人体或人体的某部分快速完成某一动作的能力。肌肉的收缩速度与应答反应的速度、多个单一动作间的频率、各种肌肉和不同动作间的协调能力是影响动作速度的主要因素。此外,动作速度的快慢还与人体各器官系统的准备状态,快速力量与速度耐力水平以及动作熟练程度有关。

(三)位移速度

位移速度是指在单位时间内,人体快速移动的能力。周期性运动中的位移速度是指人体通过一段距离所用时间的多少,它是反应速度、动作速度和动作频率综合表现的一种快速运动能力。

三、速度素质的练习方法

(一)反应速度练习方法

1. 信号刺激法

利用突然发出的信号提高人体对简单信号的反应能力。

2. 运动感觉反应练习

这种方法是通过提高练习者时间感知能力,进而提高反应能力。主要经过以下三个阶段:第一阶段是练习者对信号做出快速应答,然后告诉他具体的反应时间;第二阶段是练习者对信号做出快速应答,让他用自己预测的时间与具体反应的准确时间做比较,核对误差;第三阶段练习者按事先确定的时间完成动作。

3. 选择性练习

随着信号复杂程度的变化,让练习者做出相反的应答动作。

(二)动作速度练习的方法

(1)快速地重复完成某一动作的练习。

(2)利用外界助力控制练习者的动作速度。

(3)改变练习的要求和条件。

(三)位移速度练习方法

(1)利用85%~95%的强度,重复跑50 m。

(2)用最快速度在10~15 m内快速折返跑或进退跑。

(3)快速前并步或侧身并步绕障碍物的移动练习。

四、速度素质练习形式

1. 半蹲式起跑

目标:反应速度练习。

要点:半蹲踞式姿势,听到枪声迅速向上跳起并触及高物。

2. 小步跑接加速跑

目标:反应速度练习。

要点:在原地或行进间做小步跑,听到信号后突然加速冲刺跑10~20 m。反复练习。

3. 高抬腿跑接加速跑

目标:反应速度练习。

要点：做原地或行进间的高抬腿跑，听到信号后突然加速冲刺跑 10～20 m。反复练习。

4. 俯撑起跑

目标：反应速度练习。

要点：从俯撑开始，听信号后迅速收腿起跑 10～20 m。

5. 转身起跑

目标：反应速度练习。

要点：背对前进方向站立，听信号后迅速转体 180°，起动加速跑 20～30 m。

6. 坐姿或站姿快速摆臂

目标：动作速度练习。

要点：坐姿或站姿，做快速前后摆臂练习 20 s 左右，节奏由慢至快或快慢结合。摆臂动作正确、有力。重复 2～3 组，组间休息 5～7 min。

7. 原地快速高抬腿

目标：动作速度练习。

要点：站立听信号后做高抬腿 10～30 s，大腿抬至水平，上体正直。可重复练习 4～6 次，每组间歇 5～7 min。

8. 快速小步跑

目标：动作速度练习。

要点：小步跑 15～30 m，两腿频率越快越好。要求以大腿工作，小腿放松，膝踝关节放松，脚落地"扒地"。重复 4～6 次，每组间歇 5～7 min。

9. 快速小步跑转高抬腿跑

目标：动作速度练习。

要点：快速小步跑 5～10 m 后，转高抬腿跑 20 m。小步跑要放松而快，转高抬腿跑时频率不变，只是幅度加大。重复 3～5 次，每组间歇 5～7 min。

10. 快速小步跑转加速跑

目标：动作速度练习。

要点：快速小步跑 10 m 左右转入加速跑。加速跑时频率节奏不变，跑出 20～30 m 放松。重复 3～5 次，每组间歇 5～7 min。

11. 高抬腿跑转加速跑

目标：动作速度练习。

要点：快速高抬腿跑 10 m 左右转加速跑，频率节奏及前摆腿的高度不变。重复 3～5 次，每组间歇 5～7 min。

12. 高抬腿跑接快速车轮跑

目标：动作速度练习。

要点：原地快速高抬腿 5～10 s，接车轮跑 15 s。3～5 次一组，重复 2～3 组，每组间歇 7～10 min。

13. 跨步跳接加速跑

目标：动作速度练习。

要点：开始跨步跳，听信号后变加速跑。要求速度越快越好。跨步跳不少于 15 m，加速跑不少于 30 m，重复 2～3 组，每组间歇 3～5 min。

14. 单足跳

目标：动作速度练习。

要点：站立，两臂前平举，快速单足跳 10 m，放松走回。要求跳动时由摆动腿发力，动作频率越快越好。重复 4～7 次，可计时进行。

15. 后蹬跑变加速跑

目标：位移速度练习。

要点：行进间后蹬跑 20 m，听信号后变加速跑 20～30 m。要求后蹬动作规范，用力方向向前，加速跑速度越快越好。重复 2～3 次为一组，重复 2～3 组，每组间歇 7～10 min。

16. 单足跳变加速跑

目标：位移速度练习。

要点：开始做 10～15 m 单足跳，听信号后变加速跑 20～30 m。要求以左右脚各做一次练习后交换，加速跑要达到最快速度。每组 2～4 次，重复 2～3 组，每组间歇 5～7 min。

17. 连续加速跑

目标：位移速度练习。

要点：逐渐加速跑至最高速度，然后随惯性高速度跑 3～4 步后随惯性放松至慢跑后再加速跑，连续练习。一般为 30 m 加速跑，保持高速跑 5～8 m，放松跑 15～20 m，然后第二次加速跑。每组 2～3 次，重复 2～3 组，每组间歇 5～7 min。

18. 行进间跑

目标：位移速度练习。

要点：加速跑 20～30 m，在到达规定行进间的距离前达到最高速度，在规定距离内保持最高速度跑，在跑出规定距离后随惯性至放松慢跑，每组 2～3 次，重复 2～3 组，每组间歇 7～10 min。

19. 重复跑

目标：位移速度练习。

要点：以 95% 或以上的速度，重复多次短于专项距离的跑。也可以重复跑一组不同的距离。每组 3～5 次，重复 2～3 组，每组间歇 10 min。

20. 上坡跑

目标：位移速度练习。

要点：站立式起跑沿 7°～10° 的斜坡跑道上加速跑 30 m、60 m、80 m。要求大腿高抬加强后蹬力量。每组 3～5 次，重复 2～3 组，每组间歇 5～7 min。

21. 下坡跑

目标：位移速度练习。

要点:站立式或蹲踞式起跑沿 7°～10°的斜坡跑道下坡跑 30～60 m。要求随下坡惯性积极加快频率及速度。每组 3～5 次,重复 2～3 组,每组间歇 5～7 min。

22. 牵引跑

目标:位移速度练习。

要点:用绳子系在练习者的腰部,另一端系在牵引器上,做 20～60 m 跑练习。注意牵引速度要符合练习者的水平。每组 2～3 次,重复 2～3 组,每组间歇 5～7 min。

23. 接力跑

目标:位移速度练习。

要点:8×50 m 接力跑,4×100 m 接力或绕田径场连续循环接力跑,也可画 20 m 半径的小圆进行圆圈接力跑。每组 2～3 次(传接棒),重复 2～3 组,每组间歇 5～7 min。

24. 快速弯道跑

目标:位移速度练习。

要点:在弯道上,身体向圆心方向倾斜,右脚用前脚掌内侧,左脚用前脚掌外侧蹬地,右臂前摆时稍向左前方,后摆时肘关节稍向后方。每组 3 次,重复 2～3 组,每组间歇 2 min。

25. 排尾变排头跑

目标:位移速度练习。

要点:练习者成一路纵队行进间慢跑,排尾的人听信号后向前加速快跑至排头,循环往复,重复 3～5 组,每组间歇 3～5 min。

第四节　柔韧素质

一、柔韧素质的概述

柔韧素质是指人体关节活动幅度的大小以及跨过关节的肌肉、肌腱、韧带、皮肤及其他组织的弹性和伸展能力,即人体大幅度完成动作的能力,它取决于关节的灵活性和肌肉韧带的伸展能力。柔韧素质含有速度和力量的因素,而机体某部分具有良好的柔韧性不能代表整体的柔韧性都很好,为此发展柔韧性时必须注意要结合项目特点全面发展。

二、柔韧素质的分类

柔韧素质从其与专项的关系看,可分为一般柔韧性与专项柔韧性。一般柔韧性是指为适应一般技能发展所需要的柔韧素质,简单地讲就是身体主要关节的伸展活动能力。专项柔韧性是指专项运动所需要的特殊柔韧性。

柔韧素质从其外部运动状态的表现看可分为动力性柔韧性和静力性柔韧性。动力性柔韧性是指肌肉、肌腱、韧带根据动力性技术动作需要,拉伸到解剖学允许的最大限度能力,随即利用强有力的弹性回缩力来完成所要完成的动作。所有爆发力前的拉伸均属于动力性柔韧性。静力性柔韧性是指肌肉、肌腱、韧带根据静力性技术动作的需要,拉伸到动作所需要的位置角度,控制其停留一定时间所表现出来的能力。动力性柔韧性建立在静力性柔韧性的基础上,但必须要有力量素质的表现,静力性柔韧性好,动力性柔韧性不一定好。

从完成柔韧性练习的表现上看,柔韧素质又分为主动柔韧性和被动柔韧性。主动柔韧性是人依靠相应关节周围肌群的积极工作,完成大幅度动作的能力。被动柔韧性则是在一定外力协助下完成或在外力作用下表现出来的柔韧水平。主动柔韧性不仅反映对抗肌的可伸展程度,而且也可反映主动肌的收缩力量。一般来说主动柔韧性比被动柔韧性要差,这种差距越小,说明柔韧素质的发展水平越均衡。

从柔韧素质在身体不同部位的表现看,又可分为上肢柔韧性、下肢柔韧性、腰部柔韧性、肩部柔韧性等。

三、柔韧素质练习方法

(一)静力拉伸练习法

静力拉伸练习法是指缓慢地将肌肉、肌腱、韧带拉伸到有一定酸、胀、痛的感觉,然后再坚持一定时间的练习方法。这种方法可减少或消除超过关节伸展能力的危险性,防止拉伤,由于拉伸缓慢不会激发牵张反射。一般要求在酸、胀、痛的位置停留 6~8 s,重复 6~8 次。

(二)主动或被动的动力性拉伸方法

动力拉伸练习法是指有节奏的、速度较快的、幅度逐渐加大的多次重复一个动作的拉伸方法。在运用该方法时用力不宜过猛,幅度一定要由小到大,先作几次小幅度的预备拉长,然后加大幅度,从而避免拉伤。每个练习重复 5~10 次。

主动的动力性拉伸方法是靠自己的力量拉伸;被动的动力性拉伸方法是靠同伴的帮助或借助外力的拉伸,但外力应与人体被拉伸的可能伸展能力相适应。

四、柔韧素质练习形式

1. 提踵走

目标:发展踝关节柔韧。

要点:上体自然直立,双脚脚后跟提起,重心置于前脚掌,保持身体平衡;左脚向前迈一步,前脚掌触地,脚尖尽量跷起;右脚上步并重复上一动作。双腿交替向前行进。

2. 脚跟走

目标:发展踝关节韧性。

要点:上体自然直立,双脚脚尖翘起,脚跟着地;左脚上步,重心移至脚跟,脚尖尽力上勾;右脚上步重复此动作。双腿交替向前行进。

3. 抱膝走

目标:发展髋部柔韧性。

要点：上体自然直立，左腿屈膝上提，双手抱膝向上拉近至胸前；同时，右脚脚尖踮起，身体垂直向上领起，力达头顶，动作保持约 3 s；缓慢放开左膝并向前迈左步，右腿提膝并重复上一动作。双腿交替继续练习。

4. 提膝展髋走

目标：发展髋部柔韧性。

要点：上体自然直立，双臂展开与肩同高，掌心向前；左腿提膝收髋，展髋时带动膝关节外摆至腋下；左腿落下，右腿重复相同动作。双腿交替练习。

5. 拉肩

目标：发展肩关节柔韧性。

要点：双手握住单杠直立，双脚支撑，不移动双脚，上体向前倒或后倒，使肩充分拉伸。

6. 鸵式平衡

目标：发展髋部柔韧性。

要点：自然站立，挺胸抬头，右脚向前上步，右腿微屈膝，同时右臂伸直举过头顶，左腿向后伸直，身体前倾放平，同时左臂向左侧伸直；上体不动，目视前方，腰部微屈，左手下落触摸右脚尖，保持此姿势约 2 s，右臂可向右平伸以保持身体平衡。这时臀肌和股后肌会有伸拉感；缓慢收回动作，还原至原始姿势；另一侧动作相同，交替练习。

7. 正压腿

目标：发展下肢柔韧性。

要点：面对横木或一定高度的物体站立，一腿抬起，把脚跟放在横木上，脚尖勾紧；两手扶按在膝关节上，两腿伸直，腰背挺直，髋关节摆正，上体前屈并向前、向下做压振动作，两腿交替进行。

8. 侧压腿

目标：发展下肢柔韧性。

要点：侧对横木或有一定高度的物体，一脚支撑，另一脚抬起，腿跟放在横木上，脚尖勾紧；两腿伸直，腰背保持直立，髋关节正对前方，然后上体向放在横木上的腿侧内倾、压振。左右腿交替进行。

9. 后压腿

目标：发展下肢柔韧性。

要点：背对横木或有一定高度的物体，一腿支撑，另一腿后举起，脚背放在横木上，腿和脚背都要伸直，上体直立，髋关节正对前方，上体向后仰并做压振动作，左右腿交替进行。

10. 前压腿

目标：发展下肢柔韧性。

要点：一腿屈膝支撑，另一腿向前伸直，脚跟触地，脚尖勾紧上翘，踝关节紧屈；两手抓紧前伸的脚，上体前俯；两臂屈肘，两手用力后拉，同时上体尽力屈髋前俯，用头顶或下颏触及脚尖。略停片刻后上身直起，略放松后接着做下一次。两脚交替进行。

11. 仆步压腿

目标：发展下肢柔韧性。

要点：两脚左右开立，左腿屈膝全蹲，全脚着地；右腿挺膝伸直，脚尖内扣，尽量远伸，向下压振。亦可两手分别抓住左右脚，做向下压振或左右移换身体重心的动作。

12. 竖叉

目标：发展下肢柔韧性。

要点：两腿前后分开成一条直线，前腿的脚后跟、小腿腓肠肌和大腿后肌群压紧地面，脚尖勾紧上翘，正对上方；后腿的脚背、膝盖和股四头肌压紧地面，脚尖指向正后方；髋关节摆正与两腿垂直，臀部压紧地面。上体正直，可做上体前俯的压振动作，亦可做上体后屈的向后压振动作，增大动作难度和拉抻幅度，动作幅度由小到大，逐渐用力。

13. 横叉

目标：发展下肢柔韧性。

要点：两腿向左右一字伸开，两手可辅助支撑；两腿的小腿后侧着地，压紧地面，两脚的脚跟着地，两脚尖向左右侧伸展，充分打开成一字形。上体可以前俯，拉长腿后侧肌肉并充分开胯，也可以向左右侧倒，充分拉长大腿内后侧肌肉并增大胯的活动幅度。

14. 前俯腰

目标：发展腰部柔韧性。

要点：并步站立，两腿挺膝夹紧，两手十指交叉，两臂伸直上举，手心向上。然后上体弓腰前俯，两手心尽量向下贴紧地面，两膝挺直，髋关节屈紧，腰背部充分伸展。两手放松从脚两侧屈肘抱紧脚后跟，使胸部贴紧双腿，充分伸展腰背部。持续一定时间后再放松起立。还可以在双手触地时向左右侧转腰，用两手心触及两脚外侧的地面，增强腰部伸展时左右转动的柔韧性。

15. 下蹲挺髋

目标：发展髋关节柔韧性。

要点：原地蹲下，起立时先向前移动重心，提踵，以前脚掌着地，向前跪膝挺胸，由下蹲慢慢向上起立，身体挺胸后仰，向前挺髋。

16. 腰旋转

目标：发展髋关节柔韧性。

要点：两脚左右开立，略宽于肩，两臂自然垂于体侧，以髋关节为轴体前俯，然后以腰为轴，顺时针或逆时针方向旋转；同时，双臂随上体做顺时针或逆时针的环绕动作，以增加腰部旋转的幅度和力度。

17. 蜘蛛爬

目标：发展髋部、腰背部柔韧。

要点：并步站立，左脚向左前方约 45°上步后，弯腰屈膝前俯，保持中立脊柱，双手伏地向左脚（膝）前爬。目视正前方；双手从左侧爬到右侧，右腿缓慢前移上步。

18. 手足爬行

目标：综合柔韧性发展。

要点：双腿伸直，双手在地面尽量向前放；双臂伸直，脚跟不能离地；后背和双臂伸直后，双脚逐步向前移动，尽量靠近双手，双膝保持挺直不屈，股后肌和腰部肌肉有伸拉感；双脚前移尽量靠近双手后，双手缓慢尽量向前爬，直至还原成原始姿势。继续向前重复练习此组动作。

第五节 灵敏素质

一、灵敏素质的概述

灵敏素质是指人体在各种突然变换的条件下,能够迅速、准确、协调地改变身体运动的空间位置和运动方向,以适应变化着的外界环境的能力。它是人的运动技能、神经反应和各种素质的综合表现。一般通过对动作的熟练程度显示来衡量灵敏素质的高低。

灵敏性包括三层含义:一是掌握复杂动作的协调性的能力;二是迅速学会和完善运动技巧的能力;三是随情况变化的要求,迅速而正确地变化技巧的能力。

二、灵敏素质的分类

灵敏素质从其与专项运动关系来看,可分一般灵敏素质和专项灵敏素质。

一般灵敏素质是指人在各种活动中,在突然变换的条件下,迅速、合理、准确地完成各种动作的能力。它是专项灵敏素质发展的基础。

专项灵敏素质是人体在专项运动中,迅速、准确、协调自如地完成本专项各种技术动作的能力。它是在一般灵敏素质的基础上,长时间重复专项技术,提高专项技能的结果。

灵敏素质具有明显的项目特点。

由于各体育项目所表现的运动技能的差异,所以对各素质及神经反应的要求不同,对协调性的要求也不一样,从而体现灵敏素质在各种项目中的不同特点。

三、灵敏素质训练方法

(1)在跑、跳中做迅速改变方向的各种跑、躲闪、突然起动以及各种快速急停和迅速转体练习等。

(2)做各种调整身体方位的练习。

(3)做专门设计的各种复杂多变的练习。

(4)做各种变换方向的追逐性游戏和对各种信号做出应答反应的游戏等。

(5)发展身体平衡、协调能力。

四、灵敏素质练习形式

(一)绳梯训练

1. 双脚逐格向前迈步(见图5-1)

绳梯纵向摆放;练习者站在绳梯末端,肩部和髋部与梯级平行;右脚迈入绳梯第一格子后,左脚随之迈入此格,依次以相同方式快频率走完绳梯。然后再以左脚开始重复这项训练。

2. 双脚侧向移步（见图5-2）

绳梯横向摆放；练习者站在绳梯末端左侧，髋部和肩部都与梯级垂直；右脚迈入第一格子后，左脚随之迈入此格，左脚放置在右脚旁边，不能出现双腿交叉；依次以相同方式、相同频率继续横向移动，走完绳梯。然后再以左脚开始重复这项训练。

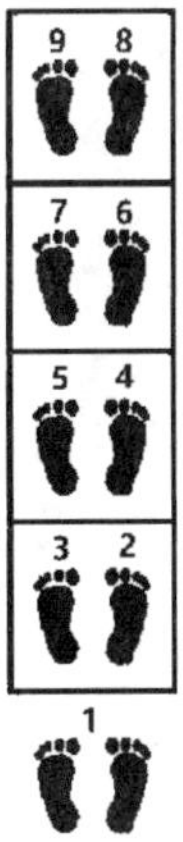

3. 跳格子（见图5-3）

绳梯纵向摆放；练习者双脚开立站在绳梯第一格子外侧，左脚站在格子左边，右脚站在右边，肩部和髋部与梯级平行；练习者迅速用右脚跳进第一格子，右脚落地后立即向前跳，再次落地时两脚横跨在第二格子两边外侧；然后练习者迅速用左脚跳进第二格子；依次循环以相同形式、同等频率跳至绳梯末端。

图5-1 双脚逐格向前迈进

4. Ali步（见图5-4）

绳梯横向摆放；练习者站在由第一个和第二个阶梯组成的第一

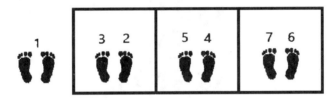

图5-2 双脚侧向移步

图5-3 跳格子

格子前，髋部和肩部垂直于梯级；练习者左脚跳进第一格子，右脚侧向移动。双脚交叉再次跳跃，右脚跳入第二格子，左脚移到第二格子前。练习者继续转换双脚并且横向移动到绳梯的末端。练习者应当轮换双脚，从向左和向右两个方向进行训练确保练习的平衡。

5. 之字形双脚跳（回转赛）（见图5-5）

绳梯纵向摆放；练习者站到第一格子左侧，髋部和肩部垂直于梯级；练习者双脚跳到第

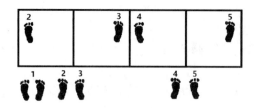

图 5-4　Ali 步

一格子中间后,双脚迅速跳至格子右侧;接着,双脚斜着跳至第二个格子中间后,迅速双脚斜着跳到格子顶端的左侧;然后沿之字形路线一直跳到绳梯末端。同样也可以侧向或倒着进行训练。

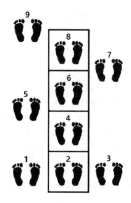

图 5-5　之字形双脚跳(回转赛)

6. 双脚侧向迈进迈出(见图 5-6)

绳梯横向摆放;练习者站在第一个格子前,髋部和肩部垂直于梯级;练习者右脚迈入第一格子中间,左脚紧随其后迈入格子中;当左脚迈入后,将右脚斜着迈出、站在第二格子前,左脚随后立即迈出;然后双脚依次迈入每个格子,侧向移动到绳梯末端。练习者也可换左脚从反方向重复该练习。

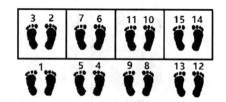

图 5-6　双脚侧向迈进迈出

(二)标志点训练

1. 象限灵敏训练(见图 5-7)

准备:在地上画一个十字形,把每个象限用 1 至 4 号标记,第一象限在左侧下半部分,第二象限在左侧上半部分,第三象限在右侧上半部分,第四象限在右侧下半部。

步骤:练习者以便于发力起动的姿势站在十字形的中间点位置,双脚分开与肩同宽,同时面向第一象限。待教师发出"开始"口令,计时开始;练习者跳至第一象限,然后按顺序以最快速度并平稳地逐一跳向每个象限。依次循环,按照规定时间计算完成动作个数。

2. 正方形灵敏训练(见图 5-8)

准备:4 个标志桶组成边长适度宽度的正方形。

步骤:练习者以半蹲踞式预备姿势站在 1 号标志桶位置,面向 2 号标志桶。待教师发出"开始"口令,计时开始;练习者冲刺到 2 号标志桶外围附近;然后,以相同方向侧移到 3 号标志桶的外围;在 3 号标志桶处,以最快速度倒退到 4 号标志桶处;在 4 号标志桶处左转并快速冲刺至 1 号标志桶处。依次循环,按照规定圈数或时间完成训练。要求练习者必须在每个标志桶的外围移动。

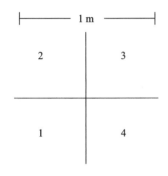

图 5-7 象限灵敏训练图

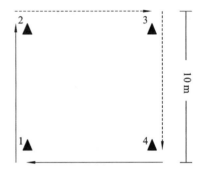

图 5-8 正方形灵敏训练图

第六章 田 径

田径运动是由走、跑、跳、投等单个或多个运动项目组成,以时间、高度、远度衡量运动效果,以不同形式反映人体基本运动能力的体育项目。是各项运动的基础,具有"运动之母"的美育。

第一节 田径运动概述

一、田径运动的起源与发展

田径运动是人类生存需要演变而来,伴随着社会发展而发展。远在上古时代,人们生活、劳动条件极其艰苦,"食草木之食,鸟兽之肉",为了生存和获得生活资料,在与大自然及野兽斗争中,经常出没于崇山峻岭、沼泽平原,跳过溪流,跨越障碍,追逐野兽,奔跑逃生,掷石块,投木棒等逐渐形成了走、跑、跳、投等各种运动技能。随着生产工具的改进和社会生产力的发展,人们有意识地把这些技能传授给下一代,使他们获得基本的生存本领。后来,这些技能应用在收获庆典中、祭祀活动中、军事战争中等等,逐渐由技能演变成娱乐、游戏,发展成比赛项目,在人类不断的应用与探索中,慢慢形成了今天的田径运动。

据史料记载,公元前776年,在希腊奥林匹克村举行了第一届古代奥林匹克运动会。从那时起,田径就被列为正式比赛项目,标志着田径运动从原始的自然运动形式发展成体育运动文化。1896年,法国人皮埃尔·德·顾拜旦创立了第一届现代奥林匹克运动会,确立了田径为奥运会第一运动的地位。

二、田径运动特点与锻炼价值

(一)运动特点

田径运动组成了最完整的身体训练,同时又具有场地设备简单,练习时不受人数、时间、季节、气候限制等特点,因而易于普及。

(二)锻炼价值

田径运动可以有效地锻炼和提高走、跑、跳、投等基本活动能力,通过田径运动的练习,能够全面地发展力量、速度、耐力、柔韧、灵敏、协调等身体素质,同时可以培养人的勇敢、果断、坚韧、顽强的意志品质,而这些素质和品质正是当代大学生不可缺少的。

三、田径运动分类

田径运动具有丰富的内涵。在当今社会中,竞技体育和大众健身已经成为现代体育运动发展的两大主题,人类对田径运动的认识也上升到新的高度。尽管田径运动是竞技场上的重要组成部分,但从发展历史来看,它从未离开过它本身固有的功能,也一直在围绕体育运动的本质,不断拓展更全面的功能和发展空间,为人类的身体健康、心理健康、身体素质提高及意志品质培养等提供更有效的方法。

田径运动分类有以下三种。第一,按照竞赛计算方法分类,分为田赛、径赛和全能三大类。以时间计算的走、跑类项目统称为"径赛",以距离计算的跳、投类项目统称为"田赛",两者部分项目组合的计分项目称为"全能"。第二,按照动作特征分类(见图6-1),可分为走、跑、跳、投和全能五项,在此基础上还可以进一步划分。第三,按照运动属性分类(见表6-1),可分为田径竞技运动和田径健身运动。田径竞技运动主要是以更高、更快、更强为宗旨,挑战人体极限,获得最佳成绩为目标;而田径健身运动主要是以自身需要为原则,发展基础运动能力,以健康促进为目标。

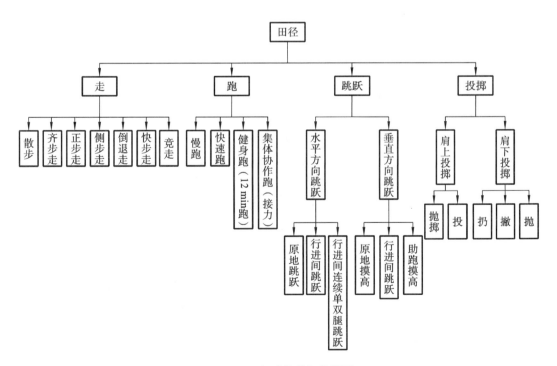

图 6-1 田径动作特征分类图

表 6-1 田径健身运动与竞技运动属性比较

健身运动属性	竞技运动属性
面向全体学生和练习者	面向少数具有田径运动天赋的运动员
掌握基本技术,选择健身性运动负荷,达到最佳健身锻炼效果	掌握完善的特定技术,进行大运动量训练,达到向运动极限冲击的目的
以健身基础理论为指导,科学健身	以专业训练理论为指导,科学训练
有丰富的练习内容、形式和方法	有规定的比赛项目、规则和要求
对运动场地、器材没有严格的规定	对运动场地、器材有严格的规定
全面发展基础运动能力	提高专项运动技术水平

第二节　田径基本技术

一、走

"走为百炼之祖"。中医学认为,人的足部有数十个穴位,这些穴位与人的五脏六腑有密切的关联,故称脚掌为人体的"第二心脏"。坚持走步锻炼,就是运用脚掌与地面的机械接触来刺激脚掌的穴位,激活经络,借以运行血气,营养全身,使人体各部分的功能活动保持协调和平衡,达到健康促进。

(一)走的形式与分类

"徐行曰步,疾行曰趋,疾趋曰走。"走的种类有很多,包括散步、慢步走、正步走、足尖走、半蹲走、弓箭步走、倒退走、侧步走、快步走、竞速走等等。

据资料显示,按步行速度分类,3 km/h 以内为散步,3.6 km/h 左右称慢走,4.5 km/h 称自然步行,5.5 km/h 才为快步走(又称竞技步行)。库珀对疾走的观点,每英里(1 英里＝1.6093 千米)12 min 疾走是一项不错的健身方式,它的效果不比每英里 9 min 的慢跑差,而且还免除了跑步对膝关节的损伤。美国运动医学学会对促进健康、提高体适能(体质)亦提出了最低推荐量范围为每天 5400 步至 7900 步。身体虚弱的人每天步行 5400 步就可以达到增进健康的目的,而对于身体状况较好的人,每天步行 7900 步才可以达到增进健康的目的。推荐量是建立在一定速度之上,能以 6000 步/h 速度步行就可达到增进健康的目的,即步行运动要达到中等强度。

为达到健康走的锻炼目的,天津体育科学研究所对此做了研究,提供了日消耗 200 kcal 的走步速度和锻炼时间,可供参考(见表 6-2)。

表 6-2　日消耗 200kcal 的走步速度和锻炼时间

项目	速度	时间
健身走	60 m/min	65 min
	80 m/min	56 min
	90 m/min	40 min

(二)健康走的注意事项

(1)行走的场地需要平坦,减少关节的损伤。

(2)挺胸抬头,展开双肩,让肩与臀保持在同一条与地面垂直的直线上。若臀部靠后,会增加脊柱和腰部负担,不能达到最佳运动效果。

(3)自然摆臂或稍大幅度摆臂,有直臂摆动,有曲臂摆动。切忌摆动幅度过大,造成重心控制不稳定,失去平衡。

(4)步幅大于自然走路,步频要快而有节奏;行走的速度要根据自身的体能状态,每天快走半小时至 40 min,走到"细汗微出",年轻人心跳一般不超过 130 次/min。

(5)注意配合呼吸,力争做到三步一吸、三步一呼。

(6)应将腰部重心置于所踏出的脚上,走时要积极使用全身肌肉,有助于减轻腰痛、肩痛,并可改善内脏机能。

(三)健身走的锻炼价值

一个充满健康活力的人可以是"健步如飞",一个体弱多病的人可以是"步履蹒跚"。走是人的最基本的运动方式,走姿、走速可以判断一个人的健康情况。在行走时手臂不摇摆,可能意味着他后背的移动性受限,易引起后背疼痛和受伤。健康人迈步时,是脚后跟首先接触地面。如果有人走路时是脚掌先拍打地面,多由于其肌肉控制力量较弱,可能是中风发作或椎间盘突出,压迫神经引起了肌肉神经功能受损。

健身走具有如下锻炼价值。

(1)通过各种方式的行走练习,可以培养大学生养成正确的走姿,塑造良好的体形和步态,克服"外八字脚"或"内八字脚"等不良行走习惯,促进脊柱、腿部骨骼和肌肉良好发育。

(2)坚持健身走练习,可以加强腿部骨骼、肌肉的质量,保持良好的心血管、呼吸系统的机能。对有高血压、心脏病、糖尿病、肥胖症等慢性病患者,也有较好的疗效。

(3)在郊外风景怡人处进行健身走,可以舒缓学习和生活中的心理压力,有助于消除心理疲劳。

(4)健身走简便易行,锻炼效果好,不受客观条件的限制,从而成为一种可以终身坚持的体育锻炼方式。

二、跑

跑是人体水平位移的一种基本运动形式,是单脚支撑与腾空相互交替,上肢与下肢、蹬与摆协调配合的周期性运动。

(一)跑的分类

在田径运动中,跑可以分为短跑、中长跑、越野跑、跨栏跑、障碍跑、马拉松跑、接力跑等。具体到项目包括100 m、200 m、400 m、800 m、1000 m、1500 m、3000 m、5000 m、10000 m、半程马拉松、全程马拉松、110 m栏、400 m栏、3000 m障碍、4×100 m接力、4×400 m接力、12分钟跑等等。跑的形式不一、各有其特点,但跑的基本原理是共通的。

(二)跑的周期构成

跑速的快慢主要取决于步长和步频两个因素。而步长和步频主要取决于跑的基本技术。跑的基本技术动作包括后蹬、摆腿、摆臂、上体姿势、落地等。分析跑的基本技术可具体到一个跑的动作周期。

一个跑的动作周期由两个单步组成,每个单步又由支撑和腾空时期构成(见图6-2)。

支撑时期是从脚着地时起至脚离地止,可分为着地缓冲和后蹬两个阶段。着地缓冲是从脚着地至身体重心移过支撑垂直部位之前,开始进入后蹬动作前的这一动作过程。跑时脚着地刹那对地面的冲击力是较大的,大约是人体重的两倍。着地缓冲阶段要努力减少阻力,迅速转入后蹬阶段,主要体现在着地脚的前脚掌积极"扒地",着地点要接近身体重心投影点,利用摆动腿前摆的力量和动作惯性使人体重心迅速向前移动。后蹬是从身体重心移过支撑垂直部位之后开始,至后蹬腿的前脚掌离地为后蹬时蹬地力量比着地冲击力大得多,因此后蹬是人体前进的动力阶段。

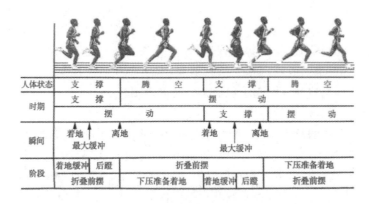

图6-2 跑的周期划分示意图

腾空时期是从支撑腿离地起至另一腿着地止,是两腿同时摆动,人体处于腾空状态时期。腾空时期需要摆臂辅助,需要核心力量的控制,更需要脑神经控制等,可见高质量的腾空彰显的是人的综合基础能力,因此大学生要适度加强跑的能力。

(三)跑的练习内容

跑的练习内容包括小步跑、高抬腿跑、后蹬跑、车轮跑、折叠腿跑、倒退跑等。

(四)健康跑的技术练习设计(见表6-3)

表 6-3 健康跑的技术练习设计图表

动作设计理念	跑的安全;跑的快速;跑的持久
动作过程步骤	跑步是通过两条腿交替支撑转换身体重心的运动： 单腿支撑平衡→驱动重心移动→提拉小腿与放松下落→辅助技术:摆臂和核心控制 1. 支撑阶段:脚前掌先着地,膝关节总是保持弯曲;肩、髋、支撑点在一条直线 2. 驱动阶段:前倾角度越大,步子距离越大 3. 放松阶段:脚跟向臀回拉,一般下落同时会拉另一脚,避免拖后腿,重心后移
教学训练过程	(一)跑步训练——摆臂与核心控制 1. 摆臂的技术要求:肘关节夹角约 90°→肩放松大臂前后摆动→摆动不超过身体中线 2. 摆臂与核心稳定练习:坐姿摆臂→跪姿摆臂→站姿分腿交替屈、直摆臂→站姿并腿摆臂→半蹲摆臂→弓箭步摆臂→单腿摆臂 3. 强化技术的身体训练:肩与胸部力量训练(俯卧撑,引体向上);核心稳定训练(各种板式支撑,坐姿"V"字两头起) (二)跑步训练——下肢弹性训练 1. 预备姿势:微屈膝、前脚掌支撑→肩、髋关节和支撑脚在一直线上 2. 下肢弹性训练:双脚站立弹动训练→单腿站立弹动训练→原地双脚弹动小跳→原地单脚弹动小跳→交换腿跳(跳绳)→配合摆臂练习→配合呼吸的练习 3. 强化技术的身体训练:全幅度提踵练习;多向的单、双腿小跳;连续跳跃小障碍 (三)跑步训练——驱动重心向前训练 前倾扶墙跳动小跳→屈膝前倒(双人)推肩→前倒跨步走 (四)跑步训练——提拉小腿和放松下落技术训练 1. 单腿弹动提拉小腿→单腿小跳提拉小腿→原地弓步提拉小腿→单腿小跳移动提拉小腿→弓步弹性蹬地提拉小腿→原地站立蹬地提拉小腿 2. 强化身体练习:仰卧屈膝;两头起;单腿提拉小腿跳;弓步提膝摆腿 (五)跑步训练——完整跑步技术训练 1. 带支撑的跑动训练→双人推肩跑动训练(原地、移动)→不同跑速的练习 2. 强化身体练习:半蹲或深蹲起(负重);半蹲跳;蛙跳;跨跳

(五)跑的注意事项

(1)途中跑技术是跑的主要技术,而途中跑的关键又是蹬与摆的协调用力。因此要把蹬、摆技术作为跑的重点技术进行练习,后蹬跑是其最好的练习手段。

(2)沿直线跑和盯固定目标跑是改进"左右摇摆跑""拐弯跑"等错误的最有效手段。

(3)跑的过程中,两腿腾空后的快速放松动作有助于节省能量、保持持续快跑的能力。

(4)由于后蹬不充分造成的"坐着跑",后蹬结束大小腿没有折叠就向前摆腿造成的"拖脚跑",内八字脚、外八字脚、仰头、低头、闭眼、视线不固定的跑及左右横摆臂所造成的"左右摇摆跑""拐弯跑",落地动作生硬、小腿或踝关节紧张造成的"击地""戳地跑"等,都是跑步技术中需要克服的典型错误。

(5)400 m(含 400 m)以下项目必须采用蹲踞式起跑,而中长跑和接力区内接棒者起跑一般采用站立式或半蹲踞式起跑。

(6)中长跑是有氧供能,需要掌握正确的呼吸节奏,一般跑 2 步或 3 步一呼气,2 步或 3 步一吸气,也有 1 步一呼、1 步一吸的节奏。

(7)中长跑竞赛战术一般有两种,一种是领先跑,一种是跟随跑,这要根据各人的专项素质能力和需要来确定。一般耐力好、速度差的运动员要破纪录,采用领先跑;速度好、耐力差的运动员要争名次,采用跟随跑。

(8)传接棒是接力跑的关键技术,学好传接棒技术要注意:

①传接棒手形要正确,一般采用"上挑式"和"下压式"两种方法(见图 6-3);

②要设起跑标志,起跑标志要根据传棒人的最后跑速和接棒人起跑速度来定;

③应错开跑,相隔 1~1.5 m 时,传棒人发出"接"的信号,接棒人向后伸手接棒,手形要正确稳定;

④10 m 预跑区只为起跑加速用,交接棒必须在 20 m 接力区内完成,在接力区或跑程中出现的掉棒必须由掉棒者捡起。

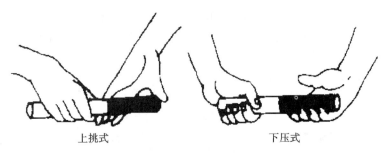

图 6-3 传接棒的方式

(9)4×100 m 接力赛跑应按每个队员的特长安排相应棒次。第一棒队员要起跑好、善跑弯道;第二棒队员要速度耐力好、传接棒技术好;第三棒队员除具备第二棒条件外,还应善跑弯道;第四棒队员应是全队速度最快、冲刺能力最强的。

三、跳

田径运动中的跳跃项目包括跳高、跳远、三级跳远、撑竿跳高等。跳跃项目最明显的运动学特征就是人体由水平位移运动,改变为抛射运动,具体地说就是通过起跳改变身体重心的运动方向,使人体向高度或远度腾越。所有的跳跃项目,既有共同的运动规律,又有各自的专项运动特征。在比赛过程中,跳跃项目追求的就是腾越尽可能高的高度或达到尽可能远的远度。

(一)跳远

跳远是以人体腾跃的最大水平距离计算运动成绩。跳远有立定跳远、跑跳、三级跳等。一般包括起跳、腾空、落地等部分。

1. 跳远腾空

跳远腾空动作有挺身式、走步式。

1)挺身式

起跳腾空后,摆动腿的大腿积极下放,小腿随之向下、向后方摆动,留在体后的起跳腿与摆动腿靠拢。当达到腾空最高点时,身体充分伸展,形成"挺胸展髋"姿势(见图6-4)。两臂上举或后摆,然后收腹团身,落地瞬间双腿前伸,完成落地动作。

图 6-4 跳远腾空——挺身式

2)走步式

起跳腾空后,摆动腿下落并向后摆动,同时,起跳腿屈膝前摆,在空中完成走步动作(见图6-5)。

图 6-5 跳远腾空——走步式

2. 落地

落地是跳远的最后一个环节。落地前,双臂应快速向后方摆动,有利于双腿向上抬起并向前方伸出,便于脚的落地点更靠近腾空后身体重心轨迹与水平面的交点,达到理想的跳跃距离。双脚落地瞬间,应及时屈膝缓冲,髋部迅速向前移动,双臂快速前摆,使身体特别是将臀部迅速移过落地点,以保持身体平衡,保证动作的完成,防止意外受伤。

(二)跳高

跳高是以越过横杆的垂直高度计量运动成绩的。跳高按照跳的形式可分为背越式跳高(见图6-6)、跨越式跳高(见图6-7)。完整的跳高技术是由助跑、起跳、过杆、落垫四部分组成。

(三)跳的练习提示

(1)快速助跑与快速起跳相结合是跳跃技术的关键。助跑速度快慢要以能控制做起跳动作为前提。

(2)跳远、三级跳远的助跑距离为 20~30 m。跳高的助跑一般跑 8~10 步,且与横杆成 35°~40°进行助跑。

图 6-6 背越式跳高

图 6-7 跨越式跳高

(3)因助跑最后几步要为起跳做准备,所以重心较低,倒数第二步要大于最后一步,因此倒数第二步身体重心最低。跳高重心下降幅度大于跳远、三级跳远。

(4)助跑准确性是跳跃技术中的难点,它对助跑速度的发挥及起跳动作影响很大。助跑节奏的稳定性、固定的开始姿势,都能影响助跑的准确性。

(5)助跑的开始姿势有站立式起跑和行进间起跑两种。加速的方法有积极加速跑和逐渐加速跑两种。助跑距离长短以发挥速度快慢来定。发挥速度慢,助跑距离可长些,可用逐步加速法。初学者为求步子的稳定性应采用站立式起跑。

(6)迈步踏跳倒数第二步摆动腿屈膝送髋很关键,跳高时摆动腿屈膝程度大于远跳项目。

(四)跳远技术练习设计(见表 6-4)

表 6-4 跳远技术练习设计图表

名称		内容
跳远	目标肌群	下肢、臀部以及核心肌群
	发展机能	下肢爆发力以及全身协调能力
	练习形式	根据跳远的四个技术环节进行不同形式的练习。 1.摆臂蹲:建立正确蹲的技术;连续徒手蹲起(加转体并配合手臂摆动) 2.快速蹬伸跳起展腹:双手撑墙蹲接伸展体(加提膝);原地站立蹲接蹬伸展体(提踵起);原地纵跳(加转体);俯撑蹬伸展体(加提膝);双手拉弹力带蹬伸(跳);腰挂弹力带蹬伸(跳) 3.空中收腹屈髋折叠:坐姿两头起;仰卧两头起;板式提臀起;原地抱膝跳;俯撑蛙人跳;俯撑蛙人跳成蹲 4.缓冲落地下蹲:徒手加速下蹲;篮球伐木蹲;下拉弹力带蹲;双脚跳跃障碍;高处跳下缓冲蹲 5.综合练习:连续蛙跳;连续多级跨跳;负重跳

续表

名称		内容
跳远	注意事项	1.爆发力练习需要动作快速 2.少次数,高强度 3.充分的放松伸展 4.每周不超过两次练习

四、投

田径运动中投掷类项目的运动学特征是人体通过持握器械,预先加速,最后用力使手中的器械产生加速度后,按适宜的角度抛射出去,达到最大的远度。投掷项目有铅球、铁饼、标枪和链球。这些项目的器械在构造、形状、重量上都不一样,投掷的方法、场地规则也不相同,但都属于斜抛运动,都是由器械握持、助跑(直线形式或旋转形式)、器械的掷出(最后用力)、维持身体平衡等四个相互紧密衔接的部分组成的。

(一)投的步骤(以铅球右手投为例)

(1)握球和持球。
(2)原地上一步正面双手推球。
(3)原地侧向推球。
(4)上两步后最后用力推球。
(5)重复做侧向连续滑步。
(6)完整的侧向滑步投球。

(二)器械出手的角度

田径运动投掷项目器械出手点高,落地点低,出手点和落地点之间的连线与地面水平线的夹角在分析中被称为地斜角(见图 6-8)。由于地斜角的影响,投掷项目的出手角度一般在 30°~40°之间,有利于获得更远的投掷距离。

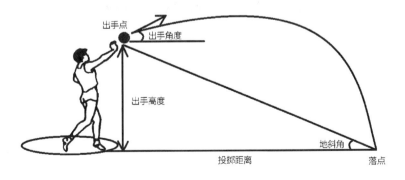

图 6-8 推铅球出手示意图

(三)投的练习提示

(1)所有投的项目都包括握持器械、助跑、最后用力、出手后的身体平衡等四个部分,其中最后用力技术是主要部分,是决定投掷远度的关键。

(2)助跑与最后用力衔接技术的关键在于助跑最后一步右脚落地之后,左脚着地前的一刹那,右腿及时跟进和左脚积极快落。

(3)助跑结束,两脚落地部位和方向是否正确直接影响到最后用力的效果。一般正确落位是左脚尖和右脚跟基本在一直线上,要使身体处于正确的发力状态,下颌、膝和右脚尖基本呈一垂线。

(4)头和非投掷臂的正确动作,直接影响到肌肉的拉紧和放松。如铅球滑步中,过早回头和左臂不保持前伸而过早打开,就会使左侧肌肉过早放松,直接影响到最后用力的工作距离、动作的速度和力量。

(5)最后用力的顺序应是:腿部蹬地用力在先,手臂用力在后;下肢转动先于上体的转动,髋的运动先于右肩;重心由右脚转向左脚。

(6)从左脚落地到器械出手,始终存在左侧支撑用力过程,左侧支撑用力指的是从左肩到左臂到左腿左脚整个身体左侧的用力,这在最后用力过程中起到积极支撑制动作用、用力作用和转动轴的作用。

(7)器械出手时,投掷臂的快速鞭打及手腕、手指的甩动或拨动,最后给器械再加速,有助于提高出手速度。对于掷标枪来说,还可以使器械产生顺时针方向的自转运动,有助于提高器械在飞行中的稳定性。作用到器械上的力应做到铅球通过球的重心,标枪通过纵轴。

(8)因铅球过早离开颈部而形成的"掉肘投",因用力顺序不明确而出现的"只用手臂力量、坐臀推球",因滑步时上体保持前俯不够、过早抬体而引起的"超越器械差",因摆腿方向不正、蹬地角度过大而引起的"跳滑",因左侧支撑无力而出现的"左肩侧倒或后转投",因左脚落地慢、右脚蹬转不及时而造成的"滑步后停顿"等,都是推铅球技术中的典型错误,对推铅球成绩有直接影响。

第三节 田径基本规则

一、径赛

(一)跑道测量

(1)标准跑道全长应为 400 m,由两个直段和两个半径相等的弯道组成。内、外突沿高约 5 cm,宽至少 5 cm。

(2)跑道计算线:第一道在内突沿外沿以外 30 cm 处,其余各道在内侧分道线外沿以外 20 cm 处。若没有内突沿,则应在标志线外沿以外 20 cm 测量。

(3)赛跑的距离应从起跑线的后沿量至终点线的后沿。

(4)400 m 及 400 m 以下各项径赛,分道比赛,每条分道宽 1.22±0.01 m(包括右侧分道线),分道线宽 5 cm。800 m、4×400 m 接力为部分分道跑(过抢道标志线后切入里道)。1500 m 以上为不分道跑。

(5)跑道的左右倾斜度最大不得超过 1%,在跑进方向上的向下倾斜度不得超过 1%。

(二)起点

(1)400 m 及 400 m 以下(包括 4×200 m 和 4×400 m 接力)和各项径赛,听到"各就位",运动员需双手和一个膝盖触地,两脚接触起跑器;"预备"口令时,运动员双手或双脚仍须与地面接触,两脚不得离开抵脚板;鸣枪后立刻起跑。

(2)400 m 以上的各个径赛项目(除了 4×200 m 和 4×400 m),所有的起跑都应为站立式。在"各就位"口令后,运动员应走向起跑线,在对应道次的起跑线后做好起跑准备姿势,其双手或双脚均不得触及起跑线和/或线前地面的任何部分。待发令员鸣枪,方可起跑。

(3)400 m 及 400 m 以下(包括 4×200 m 和 4×400 m 接力的第一棒)各项目,运动员必须使用起跑器进行蹲距式起跑。

(4)在"各就位""预备"口令发出后,所有运动员都应立即做好最后的预备姿势,不得延误。如果运动员准备起跑过程不满意,发令员有权撤回。

(三)犯规

(1)在"各就位"或"预备"口令发出后,未能在适当时间内执行起跑命令者,取消比赛资格。

(2)发令员下达"各就位"口令后,运动员用声音或其他方式干扰该项比赛中的其他运动员。裁判长对该运动员进行警告,如果运动员第二次违反规则将被取消比赛资格。

(3)运动员在做好最后预备姿势之后和鸣枪之前开始起跑动作,应判为一次起跑犯规。

(4)比赛中,对第一次起跑犯规的运动员给予警告,之后的每次起跑犯规的运动员均应被取消该项目的比赛资格。

(5)如果在比赛中挤撞或阻挡其他运动员,造成其走或跑进妨碍,该运动员(或其所属队)将被取消比赛资格。

(6)在弯道上踏在或跑出分道的外侧分道线。运动员在跑进中从中获得实际利益,并且挤撞或阻挡其他运动员,取消其比赛资格。

(7)800 m 跑是在第一个弯道末端的抢道线后沿之后为分道跑,当运动员越过此线后即可切入里道。抢道线应为一条弧线,宽 50 mm,横跨除第 1 道外的所有跑道。为了帮助运动员确认抢道线,可在各分道线与抢道线的交界处之后放置锥形物或棱柱体(50 mm×50 mm),这些标志物最大高度为 0.15 m,应与抢道线和分道线的颜色不同。如果运动员不遵守此条规则,他或他所在的接力队将被取消比赛资格。

(8)运动员自愿离开跑道后将不得继续参加该项目比赛,并将记录为中途退出。如果该运动员试图重新进入比赛,裁判长应取消其资格。

(9)运动员不可在跑道上或跑道沿线做标记或放置对他有帮助的标志物。

(10)接力跑犯规情况:

①未在接力区内完成交接棒(以棒为准);

②抛掷接力棒;

③接棒队员得到助力后跑进;
④未持棒跑完全程;
⑤交棒后离开跑道阻挡他人跑进;
⑥掉棒后,不是由原掉棒人捡起而跑进,或由原掉棒队员捡起,但缩短了距离,或阻碍他人跑进;
⑦4×400 m 接力的第三、四棒运动员在公共接力区内改变位置阻拦他人;
⑧4×400 m 接力接棒人在接力区外起跑;
⑨接力队的每名队员只能跑一棒,如果违反此规定,将取消该队比赛资格。

(四)终点名次

(1)判定运动员的终点名次,应以其躯干(不包括头、颈和四肢)任何部位抵达终点线后沿垂直面的顺序为准。

(2)部分分道跑项目的裁判方法:

①按道次分工(人盯人)(800 m 跑、4×400 m 接力),每个裁判员看一个道次。当运动员上道时,核实号码,牢记其特征。起跑后,注意跑步过程中的名次变化。运动员到达终点判定其名次。

②按名次分工(4×400 m 接力或不分道跑的 800 m 和 1500 m),每个裁判员看一至两个名次(第一名兼第八名,第二名兼第九名,以此类推)。起跑后,注意观察各队或运动员的名次变化,随时辨认自己所认看名次的道次(队名或号码)。判定运动员到达终点的名次,并立即核实本名次运动员的道次、号码和队名。

(3)不分道跑项目的裁判方法(1500 m 或 3000 m 以上的项目):采用按名次分工的办法。在中、长距离跑比赛中,为了准确判定名次,必须做好记圈工作。

①总记圈组(三人):A 报号码,并监看记录工作;B 记录;C 记录领先运动员通过终点的时间,记录脱圈运动员的人数。

②脱圈组(三人):D 报领先运动员号码,E 记录;D 报脱圈运动员号码,并记录,F 监看记录工作,并举牌或口头通知运动员剩余圈数。

③报圈组(两人):领先运动员进入终点直道时,报圈(翻牌),领先运动员还剩最后一圈时"摇铃"。(注:最后一圈时,应以信号通知每名运动员)

常用方法:两个总记圈,其中一个报告通过终点的运动员号码,另一个记录,特别注意领先运动员和脱圈运动员;其他裁判员每人认二到三名运动员并兼记这些运动员的圈数和报圈,特别是脱圈的运动员要为他报圈,最后判定名次。

(五)计时员

(1)计时应从发令枪发出的闪光或烟开始,直至运动员的躯干(不包括头、颈和四肢)的任何部位抵达终点线后沿垂直面的瞬间为止。

(2)人工计时,停表时如果指针停在两线之间,应按较差的时间计算。使用 1/100 s 的表或人工操作的数字式电子表,当百分位不为零时,应进位至较差的 1/10 s,如 10.11 s 进位成 10.2 s。

(3)在三只正式表中,两只表所计时间相同而第三只表不同时,应以两只表所计时间为准;如三只表所计时间各不相同,则应以中间成绩时间为准;如只使用两只表,所计时间又不相同时,应以较差的时间作为正式成绩。

(4)成绩相等:

①按成绩录取下一赛次时如成绩相等,电动计时看 1/1000 s(手计时看 1/100 s)。如果成绩依然相等,则有关运动员均应进入下一赛次。如实际条件不允许,则抽签决定进入下一赛次人选。

②决赛中出现第一名成绩相等,裁判长有权决定是否重赛。如无法重赛,则名次并列,其他名次的运动员成绩相等时并列处理。(决赛时成绩相等,以终点判定的名次为准,如分组决赛则并列)

(六)检录时间

兼项:如果一名运动员同时参加一项径赛和一项田赛或多项田赛,则有关裁判长每次可以允许该运动员在某一轮的比赛中,以不同于赛前抽签排定的顺序进行试跳(掷)。如果该运动员后来在轮到他试跳(掷)时未到,一旦该次试跳(掷)时限已过,则应视其该次试跳(掷)为免跳(掷)。

二、田赛

(一)跳高

比赛开始前,主裁判应向运动员宣布起跳高度和每轮结束后横杆的提升高度,此计划直至比赛中只剩下一名已获胜的运动员或出现第一名成绩相等时为止。

1. 试跳

(1)运动员可以在主裁判事先宣布的横杆升高计划中的任何一个高度上开始起跳,也可在以后任何一个高度上根据自己的愿望决定是否试跳。只要运动员在一个高度上连续三次试跳失败,即失去继续比赛的资格,第一名成绩相等而进行决赛名次赛的情况除外。

(2)允许运动员在某一高度上第一次或第二次试跳失败后,在其第二次或第三次试跳时请求免跳,并在后继的高度上继续试跳。运动员在某一高度上请求免跳后,不准在该高度上恢复试跳,除非出现第一名成绩相等的情况。

(3)在跳高比赛中,当所有在场运动员都完成比赛,但是该运动员还没有到场,并且给他的试跳时限已过,裁判长将视其为放弃比赛。

(4)除非比赛中只剩下一名运动员,并且他已获得该项目比赛的冠军,否则每轮之后,横杆升高不得少于 2 cm。当某运动员已在比赛中获胜时,有关裁判员或裁判长应征求该运动员的意见,由该运动员决定横杆的提升高度。

2. 测量

(1)所有高度项目的测量均应以厘米为单位,从地面垂直量至横杆上沿最低点。

(2)每次升高横杆后,在运动员试跳之前,均应测量横杆高度。当横杆放置在纪录高度时,有关裁判员必须进行审核测量。如果自上一次测量纪录高度后,横杆又被触及,在后继的纪录高度的试跳之前,裁判员必须再次测量横杆高度。

(3)横杆:

①跳高横杆全长为4.00 m(±2 cm),撑竿跳高横杆全长为4.50 m(±2 cm);

②两立柱之间的距离为4.00~4.04 m;

③横杆两端与立柱之间至少应有1 cm的空隙。

3. 决定名次

如果2名或者2名以上运动员跳过同样的最后高度,将按以下程序决定名次:

(1)在最后跳过的高度上,试跳次数较少者名次列前。

(2)如成绩仍然相等,则在包括最后跳过的高度在内的全赛中,试跳失败次数较少者名次列前。

(3)如成绩仍相等,但不涉及第一名时,则运动员的比赛名次并列。

(4)如涉及第一名时,在成绩相等的运动员间进行决名次跳,除非根据比赛前规定的技术规程或在比赛中但在该项目开始之前根据技术代表的决定(如没有任命技术代表,将由裁判长决定)。如果不进行决名次跳,包括相关运动员决定不再进行试跳的比赛任何阶段,成绩相等运动员的名次并列。

4. 跳高规则

(1)运动员必须用单脚起跳。

(2)如出现下列情况之一者,应判为试跳失败:

①试跳后,由于运动员的试跳动作,致使横杆未能留在横杆托上;

②在越过横杆之前,运动员身体的任何部位触及横杆后沿(靠近助跑道)垂直面以前的地面或落地区。如果运动员在试跳中一只脚触及落地区,而裁判员认为他并未从中获得利益,则不应因此原因判该次试跳失败。

(二)跳远

1. 场地

从起跳线量起,助跑道最小长度应为40 m,条件允许时应为45 m。助跑道宽度为1.22 m±(0.01 m),应用5 cm宽的白线标出助跑道。

2. 跳远规则

(1)如出现下列情况,应判为试跳失败:

①在未做起跳的助跑中或在跳跃中,运动员身体任何部位触及起跳线以前的地面;

②从起跳板两端之外起跳,无论是否超过起跳线的延长线;

③在助跑或跳跃中采用任何空翻姿势;

④起跳后,在第一次触及落地区之前,运动员触及了助跑道或助跑道以外地面或落地区以外地面;

⑤在落地过程中触及落地区以外地面,而落地区外的触地点较落地区内的最近触地点更靠近起跳线;

⑥离开落地区时,运动员在落地区外地面的脚部第一触地点较落地区内最近触地点,包括在落地区内因身体失去平衡而留下的任何痕迹更靠近起跳线。

(2)每次试跳后将立即进行测量。测量成绩时,应从运动员身体任何部位在落地区内的最近触地点量至起跳线或起跳线的延长线。测量线应与起跳线或其延长线垂直。

3. 起跳板

起跳板长 1.22±0.01 m,宽 20 cm(±2 mm),厚 10 cm,涂成白色,埋入地下,上沿与助跑道及落地区表面齐平。起跳板靠近落地区的边沿称为起跳线。

4. 落地区

落地区宽度最小 2.75 m,最大 3 m。助跑道应对准落地区中央。

5. 三级跳远(除下列规则外,跳远的规则也适用于三级跳远)

(1)三级跳远的三跳顺序是一次单足跳、一次跨步跳和一次跳跃。

(2)单足跳时应用起跳腿落地,跨步跳时用另一条腿(摆动腿)落地,然后完成跳跃动作。

6. 成绩测量

在所有远度跳跃项目中,记录测量距离的最小单位为 0.01 m,不足 1 cm 不计。

(三)铅球

1. 场地(见图 6-9)

(1)铅球投掷圈内沿直径应为 2.135 m(±5 mm)。

(2)铅球落地区角度为 34.92。(落地区 5 cm 线宽不包括在此角度内)。

(3)从金属圈顶两侧向外各画一条宽 5 cm、长至少 75 cm 的白线,白线的后沿的延长线应能通过圆心,并与落地区中心线垂直。

2. 试掷

(1)在投掷圈内完成铅球的试掷。在圈内进行试掷时,运动员在圈内应从静止姿势开始试掷,试掷时铅球要抵住或靠近颈部或下颌,用单手从肩部将铅球推出。在推球过程中持球手不得降到此部位以下,不得将铅球置于肩轴线后方。

(2)如果运动员在试掷中出现下列情况,判为试掷失败:

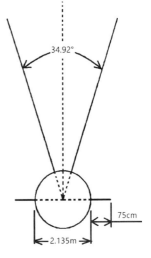

图 6-9 铅球场地示意图

①在进入投掷圈内并开始投掷之后,身体的任何部分触及铁圈上沿(或上沿内侧边缘)或圈外地面。

②推铅球时,身体的任何部分触及抵趾板除内侧的任何部分(包括它的上沿边缘也被认为是上沿的一部分)。

(3)如果在试掷过程中未违反有关规则,运动员可中止已开始的试掷,可将器械放在投掷圈或外边,也可离开投掷圈或助跑道。

(4)铅球第一次落地时触及了落地区角度线,落在落地区角度线以外的地面或触及落地区外的任何物体,将判为失败。

(5)运动员在器械落地后方可离开投掷圈。

在圈内完成试掷,离开投掷圈时,首先触及的铁圈上沿或圈外地面要完全在圈外白线的后面。该线后沿在理论上能通过投掷圈圆心。

3. 成绩测量

(1)记录测量距离的最小单位为 0.01 m,不足 1 cm 不计。

(2)每次有效投掷后立即进行成绩测量:从铅球球体落地痕迹的最近点取直线量至投掷圈内沿,测量线应通过投掷圈圆心。

第七章 篮球

本章资源列表

第一节 篮球运动概述

一、篮球运动起源与发展

篮球运动于1891年由美国马萨诸塞州斯普林菲尔德市基督教训练学校体育教师詹姆斯·奈史密斯博士借鉴其他球类项目设计发明的。由于这项运动十分有趣,因此篮球产生后传播很快,并在1896年由基督教青年会传入中国。1904年第三届奥运会上美国青年会男子篮球队首次进行了表演。此后,篮球运动逐步在美洲、亚洲、欧洲和大洋洲开展起来。随着这项运动的发展和提高,参赛人数由最初的无限制到规定为5人,规则由1892年的13条发展到现在的60条。1932年,国际业余篮球联合会在瑞士日内瓦成立;1936年,在第11届奥运会上,男子篮球被列为正式比赛项目。从此,篮球运动登上国际竞技运动的舞台。

新中国成立后,篮球运动得到了蓬勃的发展,在建立、健全篮球等级制度和运动员等级制度的同时,运动水平迅速提高。篮球运动是我国开展最普及、最广泛、最受群众喜爱的运动项目之一。近年来,随着广播电视、网络服务业的迅猛发展,越来越多的人从各种渠道欣赏到世界各国高水平篮球队的表演,特别是在国际赛场上,一些世界著名球星的精湛技艺更是征服了亿万观众的心,同时也吸引了更多的人参与篮球运动。

二、篮球运动的特点、作用和价值

(一)篮球运动的特点

(1)篮球运动有激烈的对抗性,人们要在全场内进行进攻与防守、突破与堵截、投篮与封盖、篮下争夺和空中拼抢,具有较强的身体对抗。这种对抗对青少年的身体素质、技战术、意识和比赛能力是一个良好训练,更是对他们的人格精神和意志品质的良好锻炼。

(2)篮球运动具有娱乐性,是以争夺球为中心的竞技游戏。做游戏是人们的天性,没有人会拒绝游戏。三人篮球就是最喜闻乐见的运动游戏,比赛蕴含着极大的娱乐性。比赛变化带来身心的激情,巧妙配合带来合作的享受,获得胜利带来精神的愉悦。

(3)篮球运动不仅给人们带来运动快感,还可以促进身体的全面发展。激烈比赛时每分钟心跳可以达到160次以上,对内脏系统和循环系统有极好的锻炼价值。跑、跳、投动作能促进骨骼、肌肉的发育,促进四肢均衡协调发展。比赛能提高他们神经系统的灵敏性,使他们判断准确,反应迅速,行动敏捷,提高了神经系统的功能。

(4)篮球比赛是表现个性的体育运动。争强好胜、表现自己是一般人的心理特点。篮球比赛就给他们提供了一个充分展示的机会。矮小的展示机敏灵活,高大的突出强劲硬朗,诚实的稳扎稳打,聪慧的变化多端。通过比赛,最直接最快捷地表现个人的综合素质。在这有限的时间空间里,用自己的素质、身体、技巧和智慧,为自己谱写一曲青春与活力之歌。

(5)篮球运动的形式多种多样,可以是三人的比赛,也可以是五人的比赛,可以是半场的比赛,也可以是全场的比赛。不论男女老幼都可以根据自己的爱好、自身条件去自由地参加。人们可以自由组合,自由搭配,组成一个球队来比赛。

(二)篮球运动的作用与锻炼价值

(1)篮球运动由跑、跳、投等多种运动形式组成,且运动强度较大,因此,它能全面、有效、综合地促进身体素质和人体机能的全面发展,提高和保持人的生命活力,为人的一切活动打下坚实的身体基础,从而提高生活的质量。

(2)与其他运动项目相比,篮球运动的形式多样,具有更强的参与性、趣味性、应变性、娱乐性和竞技性等,能满足不同人群的多种需求。篮球运动的形式可因人而异,运动量可随意调节,因此适宜于各类人群的广泛参与。不同的参与者都能在运动场上找到展示自我的机会,满足自己不同层次的需求。

(3)现代社会的高效率和快节奏限制了人们的相互交流与了解,但篮球场给人们提供了机遇。篮球运动能有效缓解工作压力,而良好的竞争环境又能培养健康的心理适应力和承受力,调整及维护参与者的心理健康水平。同时,篮球作为集体项目,在增加交流和友谊的同时,更能有效地培养团结协作的集体主义精神等良好的体育道德,帮助参与者正确理解和处理好个人与集体、竞争与合作的关系等。

(4)通过练习和比赛的过程,能使参与者的个性、自信心、情绪控制、意志力、进取心、自我控制与约束等方面都有良好的发展,以及培养团结拼搏、努力协作、文明自律、遵纪守法、尊重他人等良好道德品质和集体主义精神。

(5)篮球运动是一项创造性的活动,所有技、战术都既有原理和规则,又包含着个人的不同表现风格,没有固定、僵化的模式,每个人、每个队都可以用自己的方式来诠释自己对篮球的理解。也正是由于它的复杂性和多变性,需要参与者必须根据当时情况随机应变,及时、果断、快速地做出应答行动,即通过观察进行分析判断并做出行之有效的应对措施。而所有这一切,都需要参与者用自己的智慧,创造性地去应对场上出现的各种问题,从而有效地提高创新能力。

(6)由于篮圈在空中,而球可能处在任何位置,所以,篮球场上要展开地面与空间的全方位立体对抗。而且,所有的行动都要受到不同对手的制约,要求参与者依据自身实力,结合不同对手进行分析判断,斗智斗勇、扬长避短、克敌制胜。这能有效地促进参与者的心理(智力、意志力、个性等)、技能、观察、应变等综合能力的提高,锻炼和培养发现问题、分析问题和解决问题的能力。

(7)篮球运动正以较快的速度向职业化、商业化和产业化的方向发展。特别是高水平的竞技篮球运动早已转向了职业化和商业化,有些国家篮球运动的商业化水平已经很高。当代的职业篮球运动已经发展成为一项需要特殊天赋的极少数精英分子才有可能从事的、高收入的职业。而优秀运动员更是青少年心目中的偶像。

第二节 篮球基本技术

篮球技术是篮球比赛中进攻和防守动作体系的总和,是篮球运动的基础(见图7-1)。

篮球技术分为进攻技术和防守技术两大类。进攻技术包括:传接球技术、运球技术、投球技术、持球突破技术;防守技术包括:防守对手、抢球技术、断球技术、打球技术。在进攻和防守中都包含有移动和抢篮板球技术。

一、移动

移动是为了改变位置、方向、速度和争取高度等所采用的各种脚步动作方法的统称。

根据移动方式的不同可分为起动、跑、急停、转身、跳、交叉步、滑步等。

1. 起动

起动时身体重心迅速向移动方向倾斜,以后脚(向前起动)或者侧脚(向侧起动)的前脚掌突然用力蹬地,同时上体迅速前倾或侧转,手臂协调摆动,起动的前几步要短促而迅速地连续蹬地和快速摆臂相配合,使其在短时间内发挥最大速度。

2. 跑

跑是队员在球场上位置改变的一种手段,篮球场上的跑有快速多变的特点,且要求跑的同时还要观察场上的攻守情况,及时改变动作、速度、方向。

比赛中经常运用的跑有以下几种:

(1)变速跑:是队员跑动中利用速度的变化来争取主动的一种方法。加速时,两脚掌突然短促而有力地连续蹬地,频率较快,上体前倾和手臂摆动配合。减速时,上体直起,重心后移,用前脚掌着地减缓跑动的冲力。

(2)变向跑:是队员在跑动中突然改变方向摆脱防守或堵截进攻的一种方法。以从右向左变方向为例,先右脚着地,脚尖稍向内扣,用脚前掌内侧用力蹬地,屈膝、腰部随之左转,重心左移,左脚向左侧蹬出。

(3)侧身跑:是队员在向前跑动过程中,为了观察球场上的情况,上体侧转,进行攻守行动的一种跑动方式。注意跑动中头部与上体保持侧转,脚尖朝前进方向。

(4)后退跑:是队员为了观察场上的情况,背对前进方向的一种跑动方式。后退时,两踵提起,用前脚掌交替蹬地提膝向后跑动,上体放松,两臂自然摆动,两眼平视,注意场上情况。

3. 急停

急停是队员从高速到制动过程中的一个过渡动作,各种脚步动作的变化,一般都用急

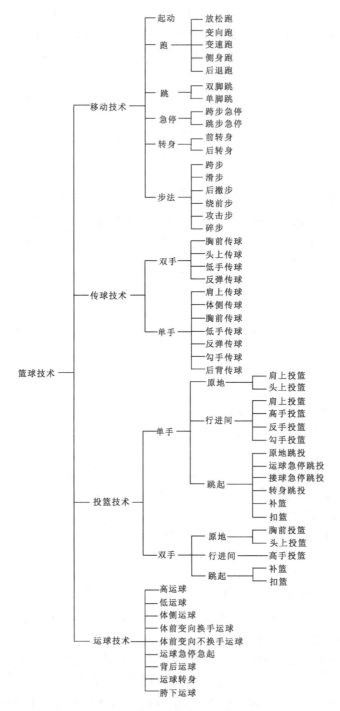

图 7-1 篮球基本技术示意图

停动作来衔接。

(1)两步急停(跨步急停):在快速跑时做跨步急停,先跨出一大步,脚跟着地过渡到脚掌抵住地面,屈膝,同时身体稍后仰,重心后移;然后第二步跟进,用前脚掌内侧蹬地,屈膝,身体内转,重心移至两脚之间,两臂弯曲,自然张开,保持身体平衡。

(2)一步急停(跳步急停):中慢速移动情况下,用单脚或双脚起跳(腾空较低)下落时,两脚平行落地,落地时前脚掌着地,内侧用力,屈膝重心下降,重心落在两脚之间,两臂微屈,保持身体平衡。

移动-跑

4. 转身

转身是利用跨步和身体的转动,改变站立的位置和方向。进攻时用以摆脱防守或在防守时抢占有利位置。因此,转身经常与其他动作组合运用。

(1)前转身:蹬地脚从中枢脚前方移动跨过的叫前转身。

(2)后转身:蹬地脚从中枢脚后方移动跨过后叫后转身。

移动-急停

5. 跳

跳是队员为了控制空间和争取主动的一种有效手段。

(1)单脚跳:起跳时,起跳腿微屈前送,脚跟先着地,并迅速屈膝过渡到前脚掌用力蹬地,同时两臂上摆,当达到高点时,两脚自然伸直,下落时,前脚掌着地,屈膝缓冲,保持身体平衡。

(2)双脚跳:起跳时,两脚自然并立,屈膝重心降低,两脚用力蹬地,伸膝,两臂迅速上摆,空中身体自然展开,落地时,前脚掌着地,屈膝缓冲,保持身体平衡。

6. 交叉步:向右移动时,左脚掌内侧用力蹬地从右腿前方跨出(前交叉)或右腿后方跨出(后交叉),同时右脚碾地,上体随之旋转,左脚落地后,右脚快速继续向右侧跨出,抢占有利位置。在进攻或防无球队员时经常运用交叉步,但在防有球队员时必须慎用。

移动-交叉步

7. 滑步

滑步:是防守队员的主要移动步伐,是防守中抢占有利位置,向任何方向自由移动的一种步法。

(1)侧滑步:向右为例,两脚平行开立,两臂侧伸,右脚向右跨出,左脚迅速并靠过来,同时右脚跨出。

移动-滑步

(2)前滑步:两脚前后开立,前滑时,前脚掌内侧蹬地,前脚向前跨出一小步,着地后,后脚紧随着向前滑动。

(3)后滑步:与前滑步方法相同,只是移动方向不同。

二、进攻技术

(一)传接球

传、接球是篮球比赛中队员为实现一定的战术要求有目的地转移球的一种方法。

1. 传球

传球是把每个队员连成一个整体,充分发挥集体力量的纽带和桥梁作用。

根据传球的动作结构和出手部位可分为:双手胸前传球、双手低手传球、双手低手向后传球、双手头上传球、单手肩上传球、单手向前传球、单手低手传球、单手低手向后传球、单手肩上向后传球、单手背后传球、单手体侧传球、勾手传球、反弹传球等。

1）双手胸前传球

双手胸前传球是一种最基本、最常用的传球方法。动作要领：双手手指自然分开，拇指相对成"八"字形，手心空出，手掌外沿，指根以上部位接触球，两肘自然内收，持球于胸腹之间，两腿自然站立，传球时，后脚蹬地，重心前移，前臂随之前伸，拇指推压外旋，食、中指用力将球弹出（见图7-2）。

传球-双手
胸前传球

2）单手肩上传球

单手肩上传球是由守转攻时，发动快攻所使用的一种中、远距离的传球方法。动作方法与双手胸前传球持球方法相同，两脚平行开立，右手传球时，左脚向传球方向或侧前方跨出大半步，同时转身将球引至肩侧，左手扶球，右手持球后下方，上臂与地面几乎平行，手腕后屈，重心在后脚上，传球时，在右脚蹬地的同时，转腰、转肩带动右肘向前摆臂，当右肘摆过体侧时，前臂加速前摆，并迅速向前扣腕，用食指、中指、无名指拨球，将球传出（见图7-3）。

传球-单手
肩上传球

图7-2　双手胸前传球

图7-3　单手肩上传球

3）反弹传球

反弹传球是具有地点低、不易被对方抢断、间接通过防守人的一种传球方式。做反弹传球时，持球方法与双手胸前传球的方法基本相同，只是持球者向地面击球传出，击球地点是在持球队员与接球队员2/3处，反弹的高度一般在接球队员的胸前位置。

4）双手低手传球（递交传球）

双手低手传球多用于内线队员进行策应或外围队员交叉跑动时。传球时，前臂外旋，手腕前屈，小指、无名指和中指用力拨球，将球传出。

2. 接球

接球是篮球运动中的主要技术之一，是获得球的动作，是抢篮板球和断球的基础。在激烈对抗中，能否稳妥地接球，对减少传球失误，弥补传球不足，以及抢断球等都非常重要。接球分双手接球和单手接球，不论是哪种接球时，眼睛要注视球，肩、臂要放松，手臂要迎球伸出，当手指张开指端触球时，屈肘、臂后引，缓冲来球，两手握球，保持身体平衡，以便下面动作的衔接。

(二) 运球

运球是持球队员在原地或移动中，用手连续拍按由地面反弹起来的球的动作。

运球是控制球、支配球、组织战术配合及突破防守的重要手段，是一项重要的进攻技术，也是熟悉球性，增强手对球的感应能力的一种有效的练习方法。

运球按动作技术可以分为：高运球、低运球、急停急起运球、体前变向换手运球、后转身运球、背后运球、胯下运球等。

1. 高运球

在快速推进或无防守时运用,高运球时两腿微屈,抬头目视前方,用手指拍按球后上方,使球反弹高度约在腰腹之间,球的落点在身体的侧前方,手脚协调配合,使球有节奏地向前运行。

运球-高运球

2. 低运球

低运球一般是在有防守阻挠的情况下,用来保护球或连接其他技术来摆脱防守的运球技术。运球时,两腿弯曲,重心下降,上体前倾,球的落点在体侧,用上体和腿保护球。同时,用手腕和手指短促地拍按球的后上方,手、球控制在膝关节的高度下,两腿用力后蹬,继续快速前进。

运球-低运球

3. 急停急起运球

急停急起运球是当运球运动员被对方紧逼时,运用速度的快慢变化来摆脱防守的一种运球技术。做急停急起运球时,运球队员降低速度时,采用两步急停,运球要低,使球与地面垂直反弹,双膝深屈,注意保护球,使防守队员重心变化,然后突然起动,起动腿的前脚掌内侧用力蹬地,用手拍按球的后上方,加快运球的速度以摆脱对手。

4. 体前变向换手运球

运球队员与防守队员接近时,迫使对手防守偏于一侧时而采用体前变向换手运球技术。

运球队员从防守者的左侧突破时,先向防守者右侧快速运球前进,当防守者重心向右侧转移时,运球队员突然改变方向,拍按球侧上方,使球从自己身体左侧弹向右侧,左脚迅速向右前方跨步,上体右转探肩,以臂和腿保护球,换右手拍按球的右上方靠近防守者的左侧运球突破。

运球-体前变向换手运球

5. 后转身运球

当对手逼近并堵截有球一侧时,运球者利用转身运球改变运球路线突破防守的一种技术。以右手运球为例,左脚跨前一步,右手按拍球的前上方,右脚用力蹬地后撤,顺势做后转身动作,将球吸至身体的后侧方,然后换手向前推进。用左手运球做转身时,动作相反。

运球-后转身运球

6. 背后运球

以右手运球为例:右脚前跨,右手将球拉到右侧身后,迅速转腕拍按球的右后方,使球从背后反弹于左侧的前方,右脚同时向左前方,左脚同时向左前方跨步,换左手运球加速前进。

7. 胯下运球

以右手为例:变向时,左脚在前,右手按拍球的右侧上方,使球从两腿之间胯下穿过,至身体左侧,然后上右脚,换手运球,加速前进。

运球-胯下运球

(三)投篮

投篮是进攻队员为了将球从篮圈上面投入篮筐而采用的各种专门动作方法的总称。是篮球比赛中主要的进攻技术,是唯一的得分手段。投篮得分的多少决定一场比赛的胜负,一切技术战术的目的,是为了创造有利的投篮机会,在有限的时间内得到更多的分数。攻方一切为投篮得分,守方阻挠一切投篮。

投篮根据不同形式可分为:原地投篮、行进间投篮、跳起投篮、补篮和扣篮等。

1. 原地单手肩上投篮

原地单手肩上投篮是篮球运动中最基本的投篮方法。以右手投篮为例:右手五指自然张开,用指根以上的部分接触球,掌心空出,左手扶球的左下侧,持球于肩上,右脚在前,左脚稍后,两腿微屈,重心落在两脚之间,上体自然放松,目视投篮目标,投篮时,双脚用力蹬地,伸展腰腹,抬肘、屈臂、手腕前屈,食、中指用力拨球,通过指端将球投出,球出手后,身体继续投篮动作向上伸展,脚跟微提起(见图7-4)。

投篮-原地单手肩上投篮

图 7-4　原地单手肩上投篮

2. 行进间投篮

行进间投篮是比赛中广泛应用的一种投篮形式。一般多在快攻或切入篮下时运用。以右手投篮为例:右脚跨出一大步的同时接球,左脚接着跨出一小步并用力蹬地起跳,右脚屈膝上抬,腾空后,根据与球篮的距离和角度,决定采用不同的投篮方法。

3. 跳投

跳投是比赛中常用的投篮方法,是指在摆脱防守后,及时调整脚步和重心,利用身体在腾空到最高点时出手的一种投篮方式。以右手为例:两手持球于胸腹之间,两脚自然开立,两腿弯曲,重心落在两脚之间,跳投时,两脚掌用力蹬地垂直向上跳起,上体伸展,同时双手迅速引球至肩上,右手托球,左手扶球的左侧方,当身体腾空到最高点时,左手离球,右臂向前上方伸展,手腕前屈,食、中指指端将球拨出,落地时屈膝缓冲,保持身体的站立姿势。

投篮-急停跳投

4. 行进间单手低手投篮

行进间单手低手投篮是在快速移动中超越对手后在篮下的一种投篮方法。以右手为例:右脚跨出一大步,同时接球,左脚接着跨出一小步并用力蹬地起跳,右脚屈膝上抬双手向前上方举球。当身体接近最高点时,左手离球,右手外旋,手腕柔和上抬,食、中、无名指向上拨球,碰板或空心入筐(见图7-5)。

投篮-行进间单手低手投篮

图 7-5　行进间单手低手投篮

5. 行进间单手肩上投篮

以右手投篮为例：右脚跨出一大步的同时接球，左脚接着跨出一小步并用力蹬地起跳，举球于肩上，当身体接近最高点时，右臂向前上方伸直，手腕前屈，食、中指用力拨球，通过指端投出。落地时双腿屈膝缓冲。

(四) 持球突破

持球突破是持球队员运用脚步动作和运球技术相结合快速越过防守者的一项攻击性很强的进攻技术。

1. 原地交叉步突破

以左脚为中枢脚为例：两脚平行开立，两腿微屈，重心移到左脚，右脚内侧迅速地并向左前方跨出一大步，上体向左转探肩，在左脚离地前，左手放球于迈出脚的侧前方，同时左脚再充分蹬地，重心右移迅速超越对手。

2. 原地顺步突破

以左脚为中枢脚为例：准备姿势与交叉步相同。突破时，左脚内侧蹬地，右脚迅速向右前方跨出一大步，同时向右转体探肩，重心前移，在左脚离地前用右手放球于右脚侧前方，同时左脚迅速蹬地向右前方迈出超越对手。

三、防守技术

防守技术是在篮球比赛中防守者运用合理的脚步动作，身体和手臂的动作限制进攻者活动和制造进攻者失误、违例而运用的一些动作的方法。防守的目的是主动破坏对方的进攻，最大限度地降低对手的得分率，主动地抢断球，转守为攻。在个人防守中关键要根据球在场上移动的情况，随时抢占有利的防守位置，运用合理的防守姿势。

(一) 防守无球队员

防守队员应以全力破坏对手摆脱接球为目的，防守人应在对手、篮筐和球的位置不规则的三角形范围内，根据球的转移、进攻者的移动及时调整防守位置以控制对手为原则，利用合理的防守技术做到人球兼顾，极力阻挠对手接球。

1)防守位置

正确合理地抢占有利位置,是争取防守积极主动的重要条件。防守队员位置的选择,要根据对手、球篮和球的位置距离,以及对手的身高、速度、进攻特点和自身的防守能力来决定。就一般情况来讲,防守队员应在对手与球篮之间偏向有球一侧的位置上,保持一定的角度和距离。对有球侧的防守距离要近,对无球侧的防守距离可适当地远一些,对篮下队员的防守要靠近对手。

2)防守姿势

正确的防守姿势,能扩大控制面积,并及时地向不同方向移动。

防守距离球较近的对手时,经常采用面向对手侧向球的斜前站立姿势。远离对手的外侧脚在前,重心落在两脚之间,伸外侧手臂,封锁对手的接球路线;防守距离球较远的对手,采用面向球侧向对手的站位姿势,靠近对手的脚在前,重心落在两脚之间,两臂伸于体侧,密切观察球与人的动向,堵截对手摆脱接球的路线,果断进行抢断。

3)防守方法

防守时,防守队员要根据进攻队员的移动和球的移动,合理地运用上步、撤步、滑步、交叉步和快跑等脚步动作,随时抢占有利的防守位置,保持正确的防守姿势,及时堵截对手摆脱移动的路线,不让对手在有利进攻的位置上接球。在防守无球队员时,有防纵切、防横切、横断球、纵断球等形式。

(二)防守有球队员

防守队员应最大限度地阻挠和干扰进攻者投篮、突破及传球。当对手接到球时,防守队员应迅速调整位置,站在对手与球篮之间,防守的距离应根据离篮板的远近而合理地选择防守位置,利用脚步移动、身体姿势和手臂动作极力破坏进攻者的投篮、突破和传球。

1. 防守有球队员的基本要求

(1)要观察判断对手的进攻意图,合理地运用防投篮、防突破、防传球、防运球的技术,不要轻易被对方的假动作所迷惑而失去重心。

(2)要及时抢占对手与球篮之间的有利位置。

(3)当对手运球停止时,要立即上前封堵。

(4)要及时发现对手的进攻特点,采取有针对性的防守行动。

(5)尽可能不犯规或少犯规。

2. 防守有球队员的基本方法

1)防守姿势

防守队员的站立姿势有以下两种方法。

(1)平步防守:两脚平行站立,两臂侧伸不停地挥摆。这种防守方法防守面积大,攻击性强,便于左右移动,适合于防守运球和突破。在对手运球停止时,封堵传球,进行夹击防守配合时也可以运用平步防守的方法。

(2)斜步防守:两脚斜前站立,前脚同侧的手臂向斜上方伸出,另一手臂侧伸。这种防守便于前后移动,对防投篮比较适用。

2)防守位置

当对手持球时,应站在对手与球篮之间的位置上,一般与对手的距离为伸手能够触到对方的球为宜。对手离球篮近则靠对手近些,对手离球篮远则离对手远些。特别要根据对手的技术特点(如善投、善传、善突),以及防守战术的需要及时调整防守位置。

3)防守方法

防守时,防守队员要根据采用的防守姿势,合理地运用移动,及时抢占有利的防守位置,积极挥动手臂干扰对手的进攻行动,堵截对手的突破路线,合理地运用抢、打球技术,争取获球,转守为攻。具体防守有球队员时,有以下三种形式:

(1)防守投篮较准的对手:要掌握其投篮技术的特点和习惯的投篮点,首先控制不让其轻易摆脱接到球,或者不让其轻易地在习惯的投篮点上投篮。当对手接到球后,采用贴近防守的方法使其难以投篮出手。迫使其改变习惯的投篮动作。当对手跳起投篮时,要及时跳起封盖,并防止对手投篮后的冲抢篮板球。

(2)防守运球突破的对手:要根据对手技术特点(中枢脚、突破方向、假动作等)采取对策。如对手习惯以右脚为中枢脚,采用交叉突破技术,经常从防守的左侧突破,则防守队员应采用堵左放右的策略,用平步防守或左脚在前的斜步防守堵住其左侧,迫使对手无法突破或只能向右侧运球,以削弱其攻击力。在对手运球突破时,防守者要积极移动,堵中放边,使其改变运球方向,逼向边角。当对手运球停止后,迅速上前封堵其传球和投篮。

(3)防守善于传球的对手:防守队员要根据对手位置与视线,判断其传球意图,及时上前贴近对手,积极挥动手臂阻挠其传球,迫使其向无攻击威胁的位置传球,同时也要伺机抢断球。

4)打球技术

打球是击落对手手中球的方法。可分为打持球队员手中的球、打运球队员手中的球和打行进间投篮队员手中的球三种。

四、抢篮板球

抢篮板球是一项复杂的综合技术动作,其动作包括判断方向、抢占有利位置、起跳动作、空中抢球动作和落地后的攻击技术动作组成。

(一)抢防守篮板球

防守队员抢篮板球要突出站位"挡"人。当对手投篮出手时,不能只去看球,应该首先运用移动的各种脚步动作,抢占有利位置,合理地"挡"住对手向篮下冲抢的路线,同时,要判断球反弹的落点,及时起跳,抢到球,组织反攻的机会。

(二)抢进攻篮板球

进攻队员抢篮板球要突出迂回"冲"抢。当自己投篮或同伴投篮时,要及时判断球反弹的方向,及早地越过防守者,抢占有利位置,用单脚或双脚起跳争取时间冲抢或补篮。

第三节　篮球基本战术

(一)篮球战术概念

篮球战术是指在比赛中为了战胜对手,队员个人技术的合理运用和队员之间相互协调的组织形式。

(二)进攻战术的基础配合

战术基础配合是两三人之间协同动作组成的简单配合。

1. 传切配合

传切配合是两三名队员利用传球和切入组成的简单配合。

传切配合的要点:①合理选择进攻位置,队形要拉开,按战术路线跑动;②持球队员运用投篮和突破等假动作吸引对手,以便及时把球传给切入的同伴;③切入的队员要先靠近对手,然后突然快速侧身跑,摆脱对手向篮下切入,随时注意接球进攻(见图7-6)。

图7-6　传切配合

2. 掩护配合

掩护配合是进攻队员选择正确的位置,运用合理的技术,以身体挡住同伴的防守队员的移动路线,给同伴创造摆脱防守获得进攻机会的一种配合方法。

掩护配合的要点:①掩护队员要站在同伴的防守队员的移动路线上;②掩护配合行动要突然、快速,运用慢动作造成防守队员错觉,完成掩护配合;③同伴之间必须掌握好动作配合的时间;④当防守队员换防守时,掩护队员运用掩护后的第二个动作,突然转身切入篮下或寻找其他进攻机会;⑤进行掩护的过程中,掩护队员和同伴都要做一些进攻动作,吸引对手,达到隐蔽掩护配合的意图(见图7-7、图7-8、图7-9)。

3. 突分配合

突分配合是持球队员运用突破打乱防守部署或吸引防守,并及时将球传给同伴,使同伴获得进攻机会的配合方法。

如图7-10所示:5从防守者的左侧突破,并吸引7上来和5关门防守,此时7及时跑到有利的进攻位置上去接5传来的球投篮或做其他进攻配合。

突分配合的要点:①突破队员的动作要简洁、快速,在突破过程中,既要有传球的准备又要有投篮的准备;②突破队员在突破过程中,始终注意观察场上攻、守队员的位置变化,随时准备分球或投篮;③场上其他进攻队员要掌握时机跑到有利的进攻位置上去接球。

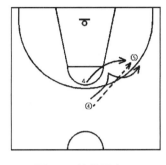

图 7-7　掩护配合一　　　图 7-8　掩护配合二　　　图 7-9　掩护配合三

图 7-10　突分配合　　　　　　图 7-11　策应配合

4. 策应配合

策应配合是指进攻队员背对或侧对球篮接球后,与同伴相互配合而形成的里应外合的进攻方法。

策应配合的要点:①正确选择策应点,迅速摆脱防守,抢占策应的位置;②策应队员接球后两脚开立,两腿弯曲,上体稍前倾,两肘微屈,两手持球置于腹前,用臂和身体保护好球,要随时注意观察场上情况,以便及时将球传给有进攻机会的同伴或自己伺机进攻;③策应队员在策应过程中,运用好跨步、转身来调整策应方向和位置,以便协助同伴摆脱防守或为自己创造进攻机会;④同队队员传球策应同伴后要及时摆脱、接应或切入篮下进攻。

如图 7-11 所示,⑤将球传 4 后,向底线做切入的动作突然摆脱 5 跑到罚球线后接 4 的传球作策应。4 传球后摆脱跑到 5 面前接球后起跳投篮。

(三)防守战术基础配合

防守战术基础配合是两三名队员在防守中运用协同防守配合的方法,它包括挤过、穿过、交接防守、"关门"、夹击、补防等防守配合,是组成全队防守战术的基础。

1. 挤过配合

挤过配合是掩护队员在进行掩护的一刹那,被掩护的防守队员主动上前,靠近自己的防守对象,并随其移动,从两名进攻队员之间侧身挤过去,继续防守自己对手的配合方法。

挤过配合要点:①防守掩护的队员应及时提醒同伴注意对方掩护,自己随时移动应稍向后撤,以便补防;②被掩护的防守队员要及时主动地快步贴近自己的对手。

2. 穿过配合

当进攻队员进行掩护时,防守掩护的队员主动后撤步,让同伴(即被掩护的防守队员)及时从自己和掩护队员之间穿过去,以便继续防守住自己的对手,称为穿过配合。

穿过配合要点:①当对方掩护时,防守掩护的队员要主动、及时后撤一步;②被掩护的队员要快速穿过堵住的进攻路线。

3. 交换防守配合

交换防守是当对方进行掩护或策应时,两名防守队员及时变换自己防守对手的一种配合方法。

交换防守配合要点:①交换防守前,防守掩护的队员要及时地把换人的信号告诉同伴并积极堵截切入队员的路线;②被掩护的防守队员接到换人的信号后,积极堵截掩护队员向内线切入的移动路线。

4. "关门"配合

"关门"是当进攻队员持球突破时,防守突破的队员后滑步。同时临近突破一侧的防守队员迅速向进攻队员的突破路线滑动,与防守突破的队员靠拢,像两扇门一样地关起来堵住持球突破队员的一种配合。

"关门"配合要点:①防守突破队员要积极防守,堵住进攻队员的突破路线,临近突破一侧的防守队员及时、快速向同伴靠拢进行"关门",不给突破队员留空隙;②夹击配合后,突破队员一停球,协助"关门"的队员迅速回防自己的对手。

5. 夹击配合

夹击配合是两个防守队员利用有利的区域和时机,封堵持球队员的传球路线,造成持球队员传球失误或违例的一种协同防守的配合方法。

夹击配合要点:①正确选择夹击的区域和时机;②夹击配合时,行动要果断突然,两名突击队员应充分运用身体两臂严密防守持球队员,两人的双脚位置约成90°角,不让对手向场内跨步;③夹击时,防止身体接触或抢球造成的不必要的犯规动作;④防守的两名队员在夹击配合过程中,其他防守队员要紧密配合放弃远离球的进攻队员,严防靠近球的进攻队员接球。

6. 补防配合

当防守队员被对手突破或绕过时,临近的其他防守队员主动放弃自己的对手而去补漏防守的配合方法,称为补防配合。

补防配合的要点:①当同伴被对方突破后,临近的防守队员要大胆放弃自己的对手,果断、突然快速地补防;②补防时,应合理运用防守技术,避免犯规;③被对手突破而漏防的队员应积极追防,补防同伴的对手,注意观察对方传球路线,争取断球。

(四)快攻与防守快攻

1. 快攻

快攻是指在由防守转入进攻时以最快的速度、最短的时间,在人数上造成以多打少的优势,或在人数相等的以及人数少于对方的情况下,乘对方立足未稳,果断而合理地进行快速攻击的进攻战术。

1)发动快攻的时机

(1)抢到防守篮板球时发动快攻。

(2)抢、打、断球,获球时发动快攻。

(3)掷界外球时,发动快攻。

(4)跳球,获球后发动快攻。

2)快攻战术的形式和组织结构

快攻的形式分为长传快攻、短传快攻和结合运球突破快攻三种,下面主要介绍长传快攻和短传快攻。

(1)长传快攻。长传快攻是防守队员在后场获球后,立即快速地用一次或两次传球给快下同伴进行投篮的一种配合方法。

长传快攻的要点:全队要有快攻意识;由攻转守获球队员迅速观察场上情况,机警、快速地传球;快攻队员要全力快跑超越对手,并准确判断来球的方向和落点,在跑动中完成接球和投篮(见图 7-12)。

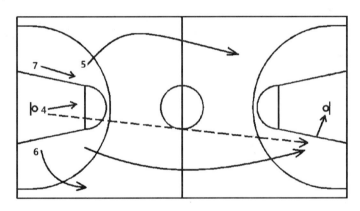

图 7-12 长传快攻

(2)短传快攻。短传快攻是防守队员获球后,立即以快速的短传推进和快速跑动获得投篮机会的一种配合方法(见图 7-13)。

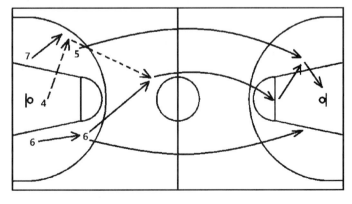

图 7-13 短传快攻

2. 防守快攻

防守快攻是防守战术的主要组成部分。它是在进攻转入防守的刹那间,快速有组织地制约对方的快速反击和破坏对方快攻路线的配合方法。

防守快攻的要点:

(1)提高投篮命中率,拼抢篮板球,减少失误,少给对方发动快攻的机会。

(2)封第一传,堵接应。当对方控制了篮板球时,持球队员最近的防守队员要迅速上前封堵对手的传球路线,其他队员应判断好接应点,干扰对方接应第一传,并有组织地退守。

(3)堵中路,卡好两边。除封第一传和堵接应外,还应组织力量堵截中路,迫使对手从边线推进。同时卡好两边,以防对方偷袭快攻。

(4)提高以少防多的能力。防守快攻结束阶段若遇以少防多时,防守队员要沉着冷静,有信心,充分发挥防守的积极性,判断准确,积极移动,合理运用技术,及时补位,提高防守效果。

(五)阵地进攻

阵地进攻时球过中场后,落位要快,进攻要连续,根据防守的情况和持球同伴的动向,随之相应地移动寻找防守缺口。

阵地进攻的战术队形常用的有"1-2-2"、"1-3-1"、"2-1-2"、"2-3"等。

(六)区域联防

区域联防是防守时每个人分工负责防守一定的区域,严密防守进入该区域的球和进攻队员,并与同伴协同防守的集体防守战术。

区域联防要求合理地分配队员的防守区域,在分工负责防守区域的基础上,五个队员必须协同一致,积极随球移动,加强对有球一侧的防守,做到近球者紧,远球者松;有球者上,无球者补。区域联防的战术队形常用的有"2-1-2"、"2-3"、"3-2"、"1-3-1"等。

区域联防应根据进攻队的特点和本队的条件来决定采用哪种站位队形进行防守。

(七)半场人盯人防守

半场人盯人防守是指在后场每个防守队员盯住一个进攻队员,同时协助同伴完成集体防守任务的全队防守战术。其特点是以人盯人,分工明确,能有效控制对方进攻重点。半场人盯人防守分为有球一侧防守与无球一侧防守。

有球一侧防守:球在正面圈顶一带时,要错位防守,以防守对方接球为主。球在 45°角一带时,要侧前防守。

无球一侧防守:球在圈顶一带和 45°角时,无球侧防守者应回缩,注意协防篮下,进攻人盯人有各种阵形打法,主要由传切、掩护策应等局部配合组成。

第四节　篮球基本规则

(一)暂停

对于 4×10 min 的比赛,上半时 2 次暂停,下半时 3 次暂停,但最后 2 min 最多 2 次暂停。当球成死球且比赛计时钟停止,以及当裁判员报告犯规、违例结束时,或对方投篮得分,可给予暂停机会。上半时未用过的暂停不得遗留给下半时或决胜期。每次暂停时间持续 2 min。

(二)替换

球成死球比赛计时钟停止,以及当裁判员报告犯规或违例(必须是对方违例)与记录台联系时,或在第 4 节或任一决胜期的最后 2 min 内某队已请求替换,对方投篮得分时才可以替换。如果有不合理的延误时,应给违犯的球队登记一次暂停。

(三)违例

违反规则而未造成犯规的行为统称违例,违例时判对方发球。篮球场上常见的违例有带球走、两次运球、球出界、球回后场、三秒等。

(四)侵人犯规

侵人犯规是指队员通过伸展手、臂、肘、肩、髋、腿、脚或过分地弯曲身体成不正当姿势来拉、阻挡、推、撞、绊人等以阻碍对方行动的接触动作。如果被犯规队员在做投篮动作且投中,得分有效,再判给一次罚球;如果二分投篮未中,判给二次罚球,三分投篮未中,判给三次罚球。

(五)违反体育道德犯规

新规则规定裁判员认为队员蓄意地对持球或不持球的对方队员造成侵人犯规为违反体育道德的犯规。当球员犯规严重粗野,又或者球员防守时并非针对篮球而是进攻球员,这很容易导致受伤,裁判可判断为违反体育道德犯规。

(六)队员的技术犯规

队员的技术犯规是不包含与对方队员接触的犯规,主要有如下几类。

(1)没有礼貌地与教练员、技术代表、记录台人员或对方队员交涉或触及他们。

(2)使用很可能冒犯或煽动观众的语言和举止。

(3)戏弄对方队员或在他的眼睛附近摇手妨碍其视觉。

(4)阻碍迅速掷球界外球入场,达到延误比赛为目的。

(5)宣判犯规后,在裁判员要求他举手后,不正当地举手者。

(6)改变他的队员号码,没有报告记录员和裁判员。

(7)由于任何未经批准的原因离开场地。

(8)悬吊在篮圈上,致使队员的重量由篮圈支撑。技术犯规的罚球为判给对方队一次罚球以及随后在中场的球权。

(七)队员的五次犯规

在 4×10 min 的比赛中,一名队员犯规达五次后,必须在 30 s 内自动退出比赛。

(八)全队犯规

在 4×10 min 的比赛中,每一节中一个队的队员犯规累计已达四次时,此后所发生的犯规,应判给对方队员两次罚球;但是,如控制活球队的队员或拥有掷球入界球权队的队员发生了侵人犯规时不应被判两次罚球。

对于大学生来讲,了解了上述简要的篮球规则,又学习掌握了几种主要技术,并且进行组合运用,就可以参与和欣赏篮球比赛,享受练球运动所带来的乐趣和刺激。但要完全了解篮球运动的奥妙或成为此项运动的高手,就要学习篮球专业知识技能和篮球规则,或向专业的篮球人士虚心请教、耐心学习了。

第八章 排　　球

　　排球运动是在规定场地上,双方隔网相对,以手运用发球、垫球、传球、扣球、拦网等技术,进行攻守对抗,不使球在本方场区落地的运动。场地中线上空设有球网,将场地分成均等的两个场区,竞赛时双方各上场6名队员,在长18 m宽9 m的场地上进行对抗运动。

第一节　排球运动概述

一、排球运动起源与发展

　　排球运动源于美国,是1895年由美国人W. G.摩根创造的。初期,排球被称为mintonette(小网子之意)。1896年,霍尔斯泰德教授根据比赛特点,提议改为volleyball(空中击球),即现代国际通用名称volleyball(排球)。

　　排球第一部规则发表在1896年7月出版的美国《体育》杂志上。最初排球比赛没有人数规定,赛前由双方临时商定,只要双方人数相等即可。排球在美国很快受到各教会、学校和社会的广泛重视,同时也被列为军事体育项目。

　　排球运动在美国问世后,由美国的传教士和驻外国的军官、士兵带到了世界各地。排球传入亚洲的时间比较早,约在1900年左右先后传入印度、中国、日本和菲律宾等国。排球传入亚洲后采用的规则与美国排球规则有很多不同之处,经历了由十六人制、十二人制、九人制、六人制的演变过程。

　　中国1953年成立排球协会,1954年1月11日国际排联正式接纳中国排球协会为正式会员,这对排球在我国的普及与提高起到了积极的作用。中国女排在1981年至1986年的世界性比赛中连续五次获得世界排球冠军,创造了世界女子排球"五连冠"的奇迹。排球运动在我国高校开展广泛,一直是大学生所喜爱的运动项目,是大学体育的主要项目之一。

　　现代排球赛事有世界排球锦标赛、世界杯排球赛、奥运会排球赛、世界沙滩排球锦标(巡回)赛等诸多赛事。排球是一项参与度广泛的集体性运动项目。

二、排球运动的特点与锻炼价值

(一)排球运动的特点

1. 形式的多样性和广泛的群众性

　　排球运动的场地设施比较简单,可在室内也可在室外。地板上、草地上、沙地、雪地上甚至水中都可以进行,形式多种多样,参加的人数可多可少,适合不同年龄、性别的人在不同的环境条件下进行活动,具有广泛的群众基础。

2. 技术的全面性和高度的技巧性

排球比赛中,任何位置上的队员都要参与防守和进攻,而且比赛中规则要求队员轮换位置,因此每个队员都必须全面掌握各种技术,而规则要求排球技术具有高度的技巧性,运动员的动作必须符合规则要求。

3. 激烈的对抗性和严密的集体性

排球比赛中双方的攻守转换始终是在激烈的对抗中进行的。水平越高对抗越激烈。每次完成进攻、防守或者战术配合,都必须通过场上队员的精心设计和巧妙配合,体现出严密的集体性。

4. 轻松的娱乐性和高雅的休闲性

排球运动在基层比赛中,不拘形式,只要有场地即可享受竞技的乐趣。排球比赛隔网进行,没有身体对抗,安全儒雅,是人们欢悦、休闲的理想方式。

(二)排球运动的锻炼价值

1. 增进健康、强健体魄

经常参加排球运动,不仅能改善人体中枢神经系统和内脏器官的功能状况,同时又能提高人的力量、速度、弹跳、灵敏、耐力等身体素质和运动能力。总之,经常参加排球运动会使人们在兴奋与愉快中增进健康,强健体魄。

2. 培养与锻炼良好的心理素质

经常参加排球运动训练或比赛,会学到很多控制自己情绪和调节自身心理的手段和方法。连续失误时,如何使自己尽快冷静下来而且不灰心;比分落后时,沉着和不气馁;关键比分时进攻不手软。这些都是对自己形成良好心理品质的培养和锻炼。

3. 培养勤奋、助人拼搏的优秀品质

排球比赛中,球不能落地而且三次必须过网,场上队员相互弥补同伴判断失误或因其他原因没接到位的球,为了发挥本方的进攻力量而不停奔跑扑救,给下一次击球创造方便条件,因此经常参加排球运动,可以培养人的优良体育道德作风和团队精神。

4. 培养人的信息意识、提高配合及应变能力

现代排球的比赛,准确的判断已成为制胜因素之一。通过观察对方和同伴的动作、击球的声音、场上的布局等,预测将要发生的情况而迅速做出决策。排球是一项集体配合取胜的运动项目,一个人能力多大也得同伴配合。因此,运动员在场上要互相协调配合。

第二节　排球基本技术

排球技术是指队员在排球比赛中,所采用的合理击球动作和完成击球动作必不可少的其他配合动作的总称。发球、传球、垫球、扣球和拦网为完整的击球技术,准备姿势、移动、起跳和倒地等动作为配合技术,或称无球技术。在掌握技术过程中,必须遵循"全面、熟练、准确、实用"的原则。

一、准备姿势与移动

准备姿势和移动是排球基本技术内容之一,又称无球技术。准备姿势和移动的关系密切,不可分割。准备姿势是为了更好地移动和完成各种击球技术,而要迅速移动和使技术动作规范就必须做好准备姿势。准备姿势和移动是在比赛中用得最多、影响技术效果最大的技术。

(一)准备姿势

在起动、移动和击球前队员所采取的合理的身体姿势与动作,称为准备动作。合理的身体姿势与动作是指既要使重心处于相对的稳定状态,又要便于进行起动、移动、起跳和完成击球动作。

1. 稍蹲准备姿势

两脚左右开立稍比肩宽,一脚在前,膝关节保持微屈,上体稍前倾,重心位于两脚之间,适当靠近前脚,脚跟稍提起。两臂放松,自然屈肘置于腹前近身处。全身肌肉适当放松,两眼注视来球,人处微动状态。

2. 半蹲准备姿势

重心低于稍蹲姿势的重心,膝部超过脚尖,思想高度集中,肌肉适当放松。

3. 低蹲准备姿势

低蹲准备姿势较前两种准备姿势身体重心更低,更靠前,两脚左右、前后的距离更宽一些,膝部弯曲的程度更大一些。肩部垂直线过膝,膝部垂直线超过脚尖,手臂置于胸、腹之间。

(二)移动

运动员从起动到制动之间的位移动作称为移动。移动是运动员为了能迅速地去接近来球,占据场上有利的位置,争取到一定的时间和空间,完成各种击球动作和战术配合,从而提高技术和战术的质量,减少失误。

1. 并步与滑步

以向前并步为例。后腿先蹬地,前脚向前跨出一步,后脚再迅速跟上,做好击球前的准备姿势。若向体侧连续快速做两次以上的并步,则称为滑步。

2. 跨步与跨跳步

跨步时,一腿用力蹬地,另一腿向来球方向跨出一大步,膝部弯曲,上体前倾。跨跳步是在跨步的基础上蹬地脚用力蹬离地面,使身体有一个腾空的阶段。

3. 交叉步

向右移动时,上体应稍向右转,左脚从右脚前向右交叉迈出一步,然后右脚再向右跨出大步,落在左脚右侧,同时身体转动对准来球方向,保持出球前的准备姿势。

4. 跑步

当来球的落点距身体很远时可采用跑步移动。跑步时,两臂用力摆动,以加快速度,并逐步降低重心去接近球。

二、传球

传球是用全身协调力量并通过手指手腕的弹力,将球传至一定目标的击球动作。传球是排球运动中一项重要技术,是组织进攻战术的基础。传球的方式很多,这里只介绍正面传球和背传球。

(一)正面传球

面对目标的传球称正面传球(见图 8-1),这是最基本的传球方法。

图 8-1　正面传球

1. 准备姿势

近似稍蹲姿势,但上体稍挺起,抬头看球,两手自然抬起,屈肘仰腕,放松置于额前。

2. 迎球动作

当来球接近额前时,开始蹬地、伸膝、伸臂,手指微张从脸前向前上方迎球,全身各部位动作应协调一致。

3. 击球点

在额前上方约一球距离处击球。

4. 手型

手触球时,十指应自然张开成半球状,手腕稍后仰,以拇指内侧、食指全部和中指的二、三指节触球的后下部,无名指和小指在球两侧辅助控制传球方向,两拇指相对近"一"字形,两手间要有一定距离。

5. 用力方法

首先从伸膝、伸髋使身体重心升高开始,紧接着再屈踝、抬臂、伸肘、送肩,在身体重心上升的同时两手迎向来球;在手和球即将接触前,手腕和手指有前屈迎球的动作;手和球接触时,各大关节继续伸展,手指和手腕最后用力将球传出。

(二)背传球

背对传球目标的传球称为背传球(见图 8-2),简称背传,是传球技术中的一种基本方法。

1. 准备姿势

上体后仰,身体重心在两脚之间,双手自然抬起,放松置于脸上方。

2. 迎球动作

迎球时,抬上臂,挺胸,上体后屈。

3. 击球点

保持在脸额的上方,比正面传球时略偏后一些。

4. 手型

与正面传球相同,但触球时手腕稍后仰,掌心向上,拇指托在球下,击球下部。

图 8-2　背传球

5. 用力方法

背传用力是依靠蹬腿、展体、抬臂、伸肘,并通过手指、手腕的弹力,把球向后上方传出。

三、垫球

垫球是排球运动的基本技术之一,是防守的主要手段,也是组织进攻的基础。垫球主要用于接发球、接扣球及拦回球。

（一）正面双手垫球

正面双手垫球（见图 8-3）是各项垫球技术的基础,也是最常用的一种垫球技术。

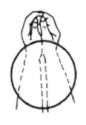 

图 8-3　正面双手垫球

1. 准备姿势

面对来球,成半蹲或稍蹲姿势站立。

2. 垫球手型

两手掌根相靠,手指重叠,手掌互握,两拇指平行前伸,手腕下压。

3. 垫球动作

当球飞到腹前约一臂距离时,两臂夹紧前伸,插入球下,向前上方蹬地抬臂,以全身协调动作迎向来球,身体重心随击球动作稍向前移。

4. 击球点

在腰腹前一臂距离左右击球,便于调整手臂角度。

5. 击球部位

利用前臂手腕关节以上 10 cm 左右的两小臂桡骨内侧所构成的平面击球的后下部。

141

(二)体侧双手垫球

击球点在体侧的双手垫球称为体侧双手垫球。

来球飞向体侧来不及移动对正来球时,即要采用侧垫。如球从左侧飞来,左脚往外跨出一步,右脚前脚掌内侧蹬地,重心随即移至左脚上,左膝弯曲。同时两臂向左侧伸出,右肩微向下倾斜,使两臂击球面截住球飞行的弧线,两前臂并拢成一平面,垫击球的后下部。来球在右侧时,以相反方向的动作击球。

四、发球

在端线后自行抛球,并用一只手将球直接击入对方区域的技术动作称为发球。发球是比赛的开始,也是进攻的开始。发球的方法很多,这里重点介绍正面上手发球、正面下手发球和侧面下手发球技术(均以右手为例)。

(一)正面上手发球

1. 准备姿势

面对球网,两脚自然开立,左脚在前,左手托球于体前。

2. 抛球与引臂

左手将球平稳地抛于右肩前上方,同时右臂抬起,屈肘后引,肘部与肩平,上体稍向右侧转动,抬头、挺胸、展腹,手掌自然张开。

3. 挥臂击球

击球时,利用蹬地,使上体向左转动,同时收腹,带动手臂向前上方快速挥动。在右肩前上方伸直臂的最高点,用全手掌击球的后中部。手触球时,手指和手掌要张开并与球相吻合,手腕要迅速做推压动作,使击出的球呈上旋飞行。击球后,随着身体重心前移,迅速入场。

图 8-4 正面下手发球

(二)正面下手发球(见图 8-4)

1. 准备姿势

面对球网,两脚前后开立,左脚在前,两膝弯曲,上体前倾,左手持球于腹前。

2. 抛球

左手将球轻轻抛起在右肩前下方,球离手约一球左右高度,同时右臂伸直后摆。

3. 击球

击球时,右脚蹬地,手臂以肩为轴,由后经下方向前摆动,身体重心随之前移,在腹前以全掌击球后下部。手触球时,手指手腕紧张,手成勺形击球,以掌跟部位击球。击球后,随着身体重心前移,迅速入场比赛。

(三)侧面下手发球

1. 准备姿势

左肩对网,两脚左右开立,约与肩同宽,两膝微屈,重心落在两脚之间,上体稍前倾,左手持球于腹前。

2. 抛球

左手将球垂直上抛在身体正前方,离胸前约一臂之距,球离手高度约一个半球。在抛球的同时,右臂摆至右侧后下方。

3. 摆臂击球

利用右脚蹬地向左转体的力量,带动右臂向前上方摆动,在体前腹部高度用全掌、虎口或掌根击球后下方。

五、扣球

扣球是队员跳起在空中,用一只手臂做鞭甩式挥动,将本方场区上空将高于球网上沿的球有力地击入对方场区的一种击球方法。它是排球技术中攻击性最强的一项技术。

(一)正面扣球

正面扣球(见图 8-5)是最基本的扣球方法。它是面对球网扣球,因此便于观察,准确性较高。加之挥臂动作灵活,能随时改变扣球的路线和力量,控制落点,因而进攻效果较好。

图 8-5 正面扣球

1. 起动姿势

起动时由稍蹲准备姿势开始,两臂下垂,站在离网 3 m 左右处,身体稍转向来球方向,以便于观察球并向各个方向助跑起跳。

2. 助跑

两步助跑开始时,左脚先向前迈出一步,接着右脚再快速跨出一大步,左脚及时跟上,踏在右脚之前,两脚尖稍向右转准备起跳。

3. 起跳

在助跑跨出最后一步的同时,两臂绕体侧后引,左脚跟上踏地制动过程中,两臂由后积极向前摆动,随着双腿蹬地向上起跳,两臂配合起跳有力地向上摆动。

4. 空中击球

起跳后，挺胸展腹，上体随右臂向后上方抬起而稍向后右转，身体呈反弓形。挥臂时，以迅速转体、收腹的动作发力，依次带动肩、肘、腕各关节向前上方呈鞭甩式挥动。击球时，五指微张，以掌心为中心，全掌包满球体，并保持紧张，在右肩前上方触球后中部，同时主动用力屈腕、屈指向前推压，使扣出的球呈上旋。

5. 落地

应力争双脚步同时着地，以前脚掌先着地再过渡到全脚掌着地，并顺势屈膝，缓冲下落的力量，做好下一动作的准备。

（二）助跑单脚起跳扣球

助跑单脚起跳扣球是指助跑的最后一步以单脚踏地，而另一脚直接向前上方摆动帮助起跳的一种扣球方法。

助跑单脚起跳扣球，可采用一步、两步或多步助跑。助跑的路线与球网的夹角宜小不宜大，以免造成前冲力过大而碰网或过中线犯规。在助跑的最后，以左脚向扣球点方向跨出大步，身体重心稍后倾，在右脚向前上方摆动时，左腿用力蹬地起跳，两臂配合上摆。起跳后的扣球动作与正面扣球基本相似。

六、拦网

靠近球网的队员，将手伸向高于球网处阻挡对方的来球，并触及球，称为拦网。拦网是排球技术中一项重要的防守技术。

（一）单人拦网

单人拦网是集体拦网的基础。按其动作结构可分为准备姿势、移动、起跳、空中动作和落地等几个互相衔接的部分。

1. 准备姿势

队员面对球网，两脚左右开立，约与肩同宽，距网 30～40 cm。两膝微屈，两臂屈肘置于胸前，随时准备起跳或移动。

2. 移动

为了对正对方的扣球点起跳，需要及时移动，常用的移动步法有一步、并步、交叉步、跑步等。移动结束要做好制动动作，以避免触网及冲撞同队队员。

3. 起跳

原地起跳时，两腿先屈膝下蹲，随即用力蹬地。两臂以肩发力，大臂为半径，在体侧近身处，做划弧或前后摆动，迅速向上跳起。

4. 空中动作

起跳拦网时，两臂应伸过网去，既不能触网，又要尽量去接近球。两手自然张开，屈指屈腕呈半球状。当手触球时，两手要突然紧张，手腕下压盖住球的前上方。

5. 落地

拦网后，要做含胸动作，以保持身体平衡。手臂要先后摆或上提，从网上收回至本方上空，然后再屈肘向下收臂，以免触网。与此同时，屈膝缓冲，双脚落地。

(二)集体拦网

由两人以上组成的拦网称为集体拦网。它可分为双人拦网和三人拦网两种。集体拦网的技术动作与单人拦网相同,其不同点是组成拦网区域,封堵固定的部位与方向,所以集体拦网时,队员之间的互相配合是非常重要的。

第三节 排球基本战术

排球战术是指运动员在比赛过程中,根据排球运动的客观规律,彼我双方的具体情况和临场中的发展变化,所运用和采取的合理技术的有效配合以及有组织、有目的、有预见性的行动。

从技术和战术的角度上看,排球比赛的目的是多得分,少失分,争取胜利。进攻与防守是对立统一的矛盾关系,相互之间转变迅速。为了达到战胜对方的目的,争取比赛中的主动地位,要求双方队员有意识地灵活运用各种技术去组成攻防配合。在技术全面的基础上,以攻为主,积极防守,加强集体配合,实现快、准、高、活。技术全面是基础,快速打法是重点,集体配合是保证。随着排球技术的不断提高,身体素质的逐步增强,经过多次实践,反复认识不断改进,形成了比较完整的战术体系。

一、阵容配备

为了最大限度地发挥每个队员的特长和作用,把全队的力量有效地组织起来,在战术的选择与运用上就有一个怎样配备阵容的问题。

(一)组织阵容中的几个问题

(1)要掌握全队队员各方面的情况。如身体素质、技术、思想、作风、意志、特长、配合能力以及临场经验等。

(2)在确定每个轮次的战术时,要把每个队员的特长在不同位置上充分地发挥出来,尽量弥补不足。选择能攻善守、技术全面的队员组成一个主力阵容。

(3)根据战术的需要,应考虑进攻队员与防守队员的搭配。把平时合作默契的攻防队员安排在相邻或适当的位置上,以便发挥各自所长,更好地组成战术配合。

(4)为了避免造成拦网或防守上的漏洞,应根据队员的身高及技术情况,进行前后和左右位置的搭配。

(5)为了打好开局球,第一轮站位时,一般让威胁较大的主攻者先站在前排最得利的位置(如右手扣球得力者站4号位,左手扣球得力者站2号位),拦网较强的队员先站在前排,防守较好的队员站在后排,或者让发球较好的队员先站1号位(本方先发球时)或2号位(对方先发球时)。

(6)除考虑基本阵容配备外,还应注意替补队员的合理使用。

(二)阵容配备的方法

阵容配备的方法主要有"四二"配备与"五一"配备两种。

1."四二"配备

上场的队员中,有四个进攻队员(或者有两个是主攻队员,两个是副攻队员),两个二传队员。这种阵容配备的特点是:前后排都能保持有一个二传队员和两个进攻队员,容易组织和发挥本队的进攻战术。

2."五一"配备

就是安排五个进攻队员和一个二传队员。其目的是加强拦网和进攻力量,并使二传队员能够更好地控制比赛的进行。当二传队员在前排时,采用"中一二"或"边一二"战术。当二传队员轮到后排时,可以采用插上的战术。这种配备方法要求队员进攻防守技术比较全面,互相配合比较熟练,特别是要求二传队员能组织全队的进攻战术,适用于具有一定训练水平的球队。其优点是能充分发挥全队的进攻力量,接应二传队员则可弥补有时主二传队员来不及传球所出现的被动局面;其缺点是当二传队员在后排时,移动换位较复杂,对组织战术的技术基础要求较高。

二、进攻与防守战术

(一)进攻战术

1."中一二"进攻战术

由前排中间的3号位队员担任二传,其他5名队员将来球垫传给二传队员,再由二传队员将球传给4号位或2号位队员扣球的进攻形式,称为"中一二"进攻战术。这种战术之下,一传目标明确,二传队员易于接应,加之战术配合简单,便于组织进攻。所以,"中一二"战术是排球进攻最基本、最简单的战术。

示例一:3号位队员传给4号或2号位队员集中或拉开进攻(见图8-6)。

示例二:3号位队员传给4号位平拉开,传给2号位队员扣背传半高球(见图8-7)。

示例三:3号位队员传给4号位队员短平快球,传给2号位队员扣背快球(见图8-8)。

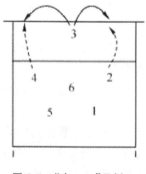
图8-6 "中一二"示例一

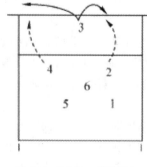
图8-7 "中一二"示例二

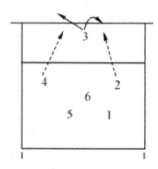
图8-8 "中一二"示例三

2."边一二"进攻战术

由前排边的2号位队员担任二传,将球传给3号位或4号位队员扣球的进攻战术,称为"边一二"进攻战术。这种战术也比较简单,容易掌握。并且由于 2 名进攻队员的位置相邻,便于进行互相掩护,增加了突然性和攻击性。

示例一:3 号或 4 号位队员扣一般集中球或拉开球(见图 8-9)。

示例二:4 号位队员扣定点拉开高球或平球,3 号位队员扣近体快球、短平快球或做掩护(见图 8-10)。

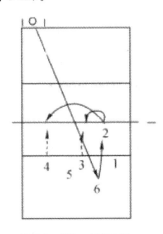
图 8-9 "边一二"示例一

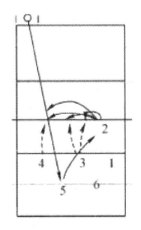
图 8-10 "边一二"示例一

3."插上"进攻战术

由后排的队员插到前排担任二传,将球传给前排 3 名队员扣球的进攻战术,称为"插上"进攻战术。

"插上"进攻战术能保证 3 名队员参加进攻,可以充分利用球网的全长,有利于发挥进攻队员的多种互相掩护战术配合,突破对方的防线,因此,更具有突然性和攻击性。

(二)接扣球防守战术

接扣球防守是由前排拦网和后排防守两部分组成。有效的拦网不仅可以抑制对方的进攻,而且还可以直接拦死对方的扣球,起到进攻的效果。后排防守是前排拦网的后盾,起到保护拦网、弥补拦网的作用,把没有拦到的球接起来后,再组织进攻。

1. 集体拦网

集体拦网是在个人拦网技术的基础上进行两三人的协同拦网配合。组成集体拦网时,要以一人为主,另一人或两人配合其行动;主拦队员要抢先移动正确取位,以便同伴配合;起跳时相互之间要保持好距离,避免相互冲撞或干扰。

2. 后排防守

后排防守是第二道防线,是组织反攻战术的基础,是关系到能否得分的重要问题。后排防守必须与前排拦网密切配合,互相弥补;后排防守时,要做好接应的准备,队员要具有良好的心理品质。

3. 防守阵形

防守阵形包括无人拦网下的防守阵形、单人拦网下的防守阵形、双人拦网下的防守阵形和三人拦网下的防守阵形。

第四节 排球基本规则

一、比赛场地与器材

(一)场地

比赛场地包括比赛场区和无障碍区。比赛场区为长 18 m、宽 9 m 的长方形。其四周至少有 3 m 宽的无障碍区,从地面向上至少有 7 m 高的无障碍空间。所有的界线宽 5 cm,其颜色须区别于场地颜色。两条边线和端线划定了比赛场区。边线和端线都包括在比赛场区面积之内。中线连接两条边线的中点。中线的中心线将比赛场区分为长 9 m、宽 9 m 的两个相等的场区。每个场区各画一条距离中线中心线 3 m 的进攻线。进攻线(包括进攻线的宽度)前为前场区,进攻线后为后场区。进攻线外两侧各画间距 20 cm、长 15 cm、宽 5 cm 的 5 段虚线为进攻线的延长线。两条进攻线的延长线之间、记录台一侧边线外的范围为换人区。端线后两条边线的延长线上各画一条长 15 cm,垂直并距离端线 20 cm 的短线,两条短线(包括短线宽度)之间的区域为发球区,发球区深度延至无障碍区的终端(见图 8-11)。

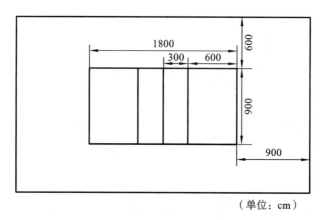

(单位:cm)

图 8-11 排球场地平面示意图

(二)球网和网柱

1. 球网

球网架设在中线上空。球网为黑色,长 9.5~10 m(每边标志带外 25~50 cm),宽 1 m,网眼直径 10 cm。网的上沿缝有 7 cm 宽的双层白色帆布,中间用柔韧的绳索穿过,网的下沿用绳索穿起,上下沿拉紧并固定在网柱上。球网的两端各系一条宽 5 cm、长 1 m 的标志带,垂直于边线。在两条标志带外沿、球网的不同侧面,分别设置长 1.80 m、直径 10 mm 的标志杆,高出球网 80 cm。标志杆每 10 cm 应涂有红白相间的颜色。男子球网高度 2.43 m,女子球网高度 2.24 m。球网高度应用量尺从场地中间丈量。球网两端离地面必须相等,不得超过规定高度 2 cm。

2. 网柱

网柱用圆形光滑的金属材料制成(需能调节高度)。网柱分别架设在两条边线外 0.5~1 m 的中线延长线上,高 2.55 m。

(三)球

球是圆形的,由柔软皮革或合成革制成外壳,内装橡胶或类似材料制成的球胆。颜色为一色的浅色或彩色。圆周长为 65~67 cm,重量为 260~280 g,气压为 0.30~0.325 kg/cm^2。

二、比赛方法

(一)计分

(1)比赛采用每球得分制。

(2)比赛采用五局三胜制,胜三局的队为胜一场。如果 2∶2 平局时,进行决胜局。

(3)每局(决胜局的第 5 局除外)先得 25 分同时超过对方 2 分的队胜一局,当比分为 24∶24 时,比赛继续进行至某队领先 2 分为止。决胜局,先得 15 分同时超过对方 2 分的队获胜,当比分 14∶14 时,比赛继续进行至某队领先两分为止;8 分时交换场地。

4. 得分

(1)球成功地落在对方场区。

(2)对方犯规。

(3)对方受到判罚。

5. 弃权与阵容不完整

(1)某队被召唤后拒绝比赛,则宣布该队为弃权。对方以每局 25∶0 的比分和 3∶0 的比局获胜。

(2)某队无正当理由而未准时到达比赛场地,则宣布该队为弃权,处理同规则(1)。

(3)某队被宣布一局或一场比赛阵容不完整时,则输掉该局或该场比赛,判给对方胜该局或该场比赛所必要的分数和局数。阵容不完整的队保留其所得分数和局数。

(二)场上位置与轮换

(1)发球队员击球时,双方队员(发球队员除外)必须在本场区内按轮转次序站位。

(2)靠近球网的 3 名队员为前排队员,其位置为 4 号位(左)、3 号位(中)、2 号位(右)。另外三名队员为后排队员。其位置为 5 号位(左)、6 号位(中)、1 号位(右)。1 号位队员与 2 号位队员同列,2 号位、3 号位队员与 4 号位队员同排。

(3)发球队获得发球权后,该队员必须按顺时针方向轮转一个位置,2 号位队员轮转至 1 号位,1 号位队员轮转至 6 号位等。

(三)判罚与犯规

1. 位置错误

(1)当发球队员击球时,如果队员不在其正确位置上,则构成位置错误犯规。

(2)当发球队员击球时的犯规与对方位置错误同时发生,则发球犯规被认为在先。

(3)如果是发球队员在击球后的犯规与对方位置错误同时发生,则对方位置错误在先。

2. 轮转错误

(1)没有按照轮转次序进行发球为轮转错误,应进行如下判罚:该队失一分,由对方发球;纠正队员的轮转次序。

(2)记录员应准确地确定其错误何时发生,从而取消该队自错误发生后的所有得分。对方得分仍然有效。如果不能确定错误发生的时间,则仅判失一分,由对方发球。

3. 队员在球网附近的犯规

(1)对方进攻性击球前或击球时,在对方空间触及球或者对方队员。

(2)从网下穿越进入对方空间并干扰对方比赛。

(3)队员的双脚(或单脚)全部越过中线进入对方场区。

(4)队员干扰比赛有下列情况(但不限于):

①击球行为触及标志杆及标志杆以内球网的任何部分;

②利用球网进行支撑或稳定身体;

③造成了对本方有利;

④妨碍了对方合法的击球试图;

⑤拉网/抓网。

4. 发球掩护犯规

(1)发球队的队员个人或集体不得利用掩护阻挡对方观察发球队员和球的飞行路线。

(2)在发球时,发球队队员个人或集体挥臂、跳跃或左右移动,或集体密集站立遮挡球的飞行路线,则构成掩护犯规。

5. 发球时的犯规

(1)下列犯规应判发球犯规进行换发球,即使对方位置错误。发球队发球次序错误或没有遵守"发球的执行"的规定。

(2)球被发出后,出现以下情况仍被判为发球犯规(除非未知错误):球触及发球队队员或球的整体没有从过网区通过球网的垂直面;界外球;球越过发球掩护的个人或集体。

(3)发球犯规与位置错误:如果发球犯规与对方位置错误同时发生,判发球犯规;如果发球后犯规(例如发球界外、发球掩护等),与对方位置错误同时发生,判位置错误犯规。

6. 进攻性的击球犯规

(1)在对方空间击球。

(2)击球出界。

(3)后排队员在前场区完成进攻性击球,并且击球时球的整体高于球网上沿。

(4)在前场区对高于球网上沿的对方发球完成进攻性击球。

(5)自由防守队员对高于球网上沿的球完成进攻性击球。

(6)队员在高于球网处,对同队自由防守队员在前场区用上手传出的球完成进攻性击球。

第九章 足　　球

本章资源列表

　　足球运动是在规定的场地以脚支配球为主,两队在同一场地内进行攻守的一项球类运动项目,具有"世界第一运动"的美誉。

　　标准的足球比赛由两队各派 10 名球员与 1 名守门员共 11 人,在长方形的草地球场上对抗、进攻。比赛时长 90 分钟,分上下两半场;比赛目的是尽量将球踢入对方的球门内,每射入一球即可得一分;当比赛结束后,得分多的一队胜出。如果在比赛规定时间内两队得分相同,则可以通过加时再赛或互射点球(十二码)等形式比赛分出胜负。足球比赛中,除了守门员可以在本方罚球区内利用手部接触足球外,球场上其他球员只可以利用手以外的身体其他部位控制足球(掷界外球除外)。

第一节　足球运动概述

一、足球运动起源与发展

(一)古代足球运动

　　足球运动是一项古老的体育运动,它的起源可以追溯到人类远古时期。早在公元前3000 多年的石器时代,我国就有了"石球游戏"。古代足球在战国时期有了较大的发展,当时足球游戏称为"蹴鞠"或"踏鞠"。两汉时期,随着社会经济的恢复与发展,蹴鞠活动发展较快,在社会各阶层都有开展。其社会功能除了具有娱乐性外,还增加了军事功能。唐、宋时期,随着生产力的发展和技术的进步,蹴鞠活动的发展达到了我国古代足球运动的顶峰。宋代开始出现了以表演踢球为职业的踢球艺人,有关足球的《事林广记·戊集》和《蹴鞠图谱》等被广泛流传。自元代以来,蹴鞠活动由直接对抗变为射门比赛或技巧表演,逐渐演变为艺人用以谋生的手段。清顺治帝入关后,曾下诏禁止八骑兵踢球,在政策压制下蹴鞠活动越来越萧条。同时民间简单易行的踢毽子运动的盛行也加速了古代蹴鞠活动的衰落。

(二)现代足球运动

　　现代足球起源于英国,1848 年第一部足球规则《剑桥规则》诞生。1857 年英国成立了世界上第一个足球俱乐部。1863 年 10 月 26 日成立了世界上第一个足球协会——英格兰足球协会,并制定了统一的足球规则。足球协会的成立,标志着世界足球运动进入了一个崭新的历史时期,并规定这一日为现代足球诞生日。1904年5月21日,在法国巴黎成立了国际性的组织——国际足球联合会(简称国际足联,FIFA)。随后,世界各大洲的足球联合会也相继成立。

从1900年的第2届奥运会开始,足球被列为奥运会正式比赛项目(女足比赛于1996年亚特兰大奥运会成为正式比赛项目),但不允许职业运动员参加比赛。自1930年开始,每4年举办一次的世界杯足球赛(二战期间停办过2次)取消了对职业运动员的限制,世界杯足球赛是世界足球最高水平的比赛。此外,国际性足球比赛还有世界青年足球锦标赛、世界少年足球锦标赛。

1840年鸦片战争以后,现代足球运动传入我国的香港和东南部沿海大城市的教会学校。1908年在香港成立我国现代足球运动的第一个组织——南华足球会。新中国成立后,在党和人民政府的领导下,足球运动得到迅速的发展。1956年开始实行全国甲、乙级足球联赛制度。1959年足球比赛被列入全国运动会比赛项目。1993年实行了俱乐部制,足球运动逐步走向职业化发展。2001年,中国男子足球队顽强拼搏,连过数关,闯进2002年韩日世界杯,圆了国人近半个世纪的足球梦。

二、足球运动的特点和锻炼价值

(一)运动特点

1. 整体性

足球比赛每队由11人上场参赛。场上的11人需要思想统一、行动一致、攻则全动、守则全防,参赛队员要具备积极向上、密切合作的团队意识。一个队只有形成整体的攻守,才能取得比赛的主动权及良好的比赛结果。

2. 对抗性

足球运动是一项竞争激烈的对抗性项目。比赛中双方以争夺控球权,将球攻进对方球门,而又不让球进入本方球门为目的展开短兵相接的争斗,尤其是在两个罚球区附近,时间、空间的争夺更是异常凶猛、扣人心弦。

3. 多变性

足球运动是一项技术上多姿多彩、战术上变幻莫测、胜负结局难以预测的非周期性运动项目。比赛中运用技战术时,要受对方直接干扰、限制和抵抗。技战术依据临场具体情况而灵活机动地加以运用和发挥。

4. 艰辛性

足球比赛中,运动员要在足球场上奔跑90 min,在不停地跑动中完成上百个有球和无球的技术动作,因而对参与者的耐力、灵敏、速度等综合素质具有很高的要求,参与者的能量消耗很大。

5. 易行性

足球竞赛规则比较简单,器材设备要求也不高。一般性足球比赛的时间、参赛人数、场地和器材也不受严格限制,因而是全民健身中一项十分易于开展的群众性体育运动项目。

(二)锻炼价值

1. 增强体质促进身体机能健康

足球运动是全面锻炼和健全体魄的良好手段,是全民健身活动中一项行之有效的体育运动项目。经常从事足球运动,可以提高人们的力量、速度、灵敏、耐力、柔韧等身体素质,并能使人的高级神经活动得到改善,尤其能增强人体的心血管系统、呼吸系统等内脏器官的功能,从而促进身体的健康。据测定,一名优秀足球运动员的肺活量比正常人要多2000~3500 mL;安静时的心率要比正常人低15~22次/min。

2. 增强心理素质培养良好品德

足球运动要求参加者在瞬间对球的旋转、弹性、飞行弧线、落点以及身体各部位的控制能力、双方队员在场上的位置、攻守态势等做出准确的感知和判断,并能在比赛中有效地利用。为了在比赛中迅速准确地观察、判断瞬息万变的情况,及时调整战术意图,队员必须具备良好的观察力、记忆力、想象力、思维能力和创造能力等。因此,经常从事足球运动不仅可以改善人的心理素质,还可以培养人的意志力、自制力、责任感及勇敢顽强、机智果断、坚韧不拔、团结协作、遵守纪律等思想品德。

3. 有利于精神文明建设

足球已成为人们生活的一部分。人们从足球运动中得到情绪体验;从观看足球中得到艺术享受;从谈论足球中得到思想交流。足球运动不仅丰富了人们的业余文化活动,提高了人们的生活质量,而且还成为一些城市的政治、经济、文化、生活的重要组成部分。它吸引着千千万万的市民,反映了城市的精神面貌,不仅是城市形象的标志之一,也是精神文明建设的载体。

4. 有利于人际交往与国际交往

随着全民健身运动的推进,各种各样的足球赛事频繁,运动员相互交流,可以增进社会交往,协调人际关系,形成一个单位或社会的凝聚力。有利于创造一个安定团结、民主和谐、健康文明、生动活泼的社会环境。在国际上,足球运动已成为政治、经济、文化交流的一种重要的工具。它可以加强各国人民的相互了解,扩大文化交流,增进友好团结,促进世界和平,为争取良好的国际环境起到积极的作用。所以现代足球运动的作用和影响,已远远超出了足球运动本身的范围。

第二节 足球基本技术

足球基本技术是运动员在比赛中,运用身体的有效部位合理完成各种动作方法的总称。是组织、实施战术的前提和基础。常用的基本技术有颠球、踢球、停接球、运球、头顶球、抢截球、掷界外球和守门员技术(见图9-1)。

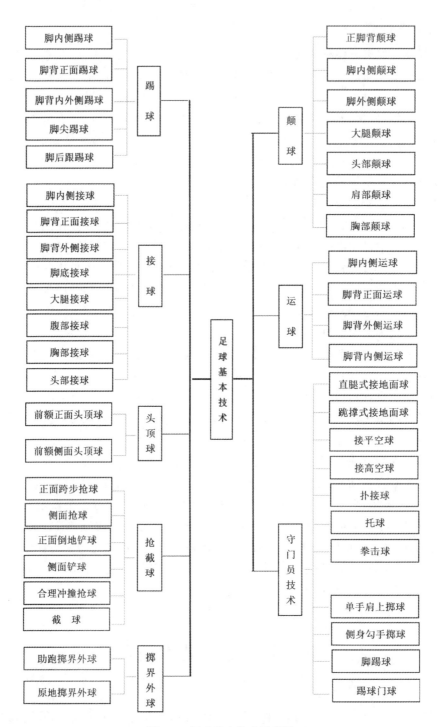

图 9-1 足球基本技术示意图

一、颠球

颠球一般有正脚背颠球、脚内侧颠球、脚外侧颠球、大腿颠球、头部颠球、肩部颠球、胸部颠球,共触及身体12个部位。下面主要介绍几种常用的颠球技术。

(一)动作分类

1. 正脚背颠球

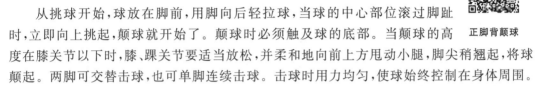

正脚背颠球

从挑球开始,球放在脚前,用脚向后轻拉球,当球的中心部位滚过脚趾时,立即向上挑起,颠球就开始了。颠球时必须触及球的底部。当颠球的高度在膝关节以下时,膝、踝关节要适当放松,并柔和地向前上方甩动小腿,脚尖稍翘起,将球颠起。两脚可交替击球,也可单脚连续击球。击球时用力均匀,使球始终控制在身体周围。

2. 脚内侧颠球

支撑腿膝关节微屈,身体重心在支撑脚上。当球落至膝关节高度时,颠球腿屈膝盘腿,脚内侧向上摆,脚内翻,轻击球的底部将球颠起,全身放松。

3. 脚外侧颠球

支撑腿膝关节微屈,身体重心在支撑脚上。当球落至膝关节高度时,颠球腿屈膝内扣,腿外侧向上摆,脚外翻,轻击球的底部,将球颠起,全身放松。

4. 大腿颠球

支撑腿膝关节微屈,身体重心在支撑脚上。当球落至髋关节高度时,颠球的大腿屈膝上摆,摆至水平状态时,轻击球的底部,将球颠起,全身放松。

(二)练习方法

(1)先从手坠落或抛起的球颠起,循序渐进,一个部位一个部位地练习。每次颠一下,反复练,再逐步过渡到颠2次、3次、多次,然后发展到交替使用2个、3个……12个部位颠球。

(2)从拉挑开始颠起,球落地弹起后颠1次,逐步过渡到颠2次、3次、多次连续颠球,再发展到2个、3个部位交替颠球。

(3)原地和行进间颠球。

(4)进行2人、3人、多人的传接颠球。

(三)注意事项

(1)脚击球时踝关节切忌过于松弛,造成用力不稳定。

(2)击球时脚尖向下或向上勾,易造成球受力后向前或向后触碰身体,使球难以控制。

(3)颠球时身体其他部位要适度放松,不然动作会显得僵硬,难于控制球。

二、踢球

踢球是运动员有目的地用脚的某一部位(脚内侧)把球踢向预定目标的技术动作。踢球主要用于传球和射门。踢球的方法很多,动作要领也有所不同,但是每一种踢法都是由助跑、支撑脚站位、踢球腿的摆动、脚触球和踢球后的随前动作五个环节组成。以下主要介绍脚内侧踢球、脚背正面踢球、脚背内外侧踢球、脚尖踢球、脚后跟踢球六种踢球方法。

（一）动作分类

1. 脚内侧踢球（见图 9-2）

直线助跑，最后一步稍大一点，支撑脚踏在球的侧面 15 cm 左右处，脚尖正对出球方向，膝关节微屈。在支撑脚着地的同时，踢球腿以髋关节为轴由后向前摆动。在前摆过程中屈膝外转，使踢球脚内侧正对出球方向，脚尖稍翘起，小腿加速前摆，脚踝用力绷紧，用脚内侧触及球的中下部（见图 9-3），触球后身体跟随移动，髋关节向前送。

图 9-2　脚内侧踢球

图 9-3　脚内侧踢球击球点

2. 脚背正面踢球（见图 9-4）

直线助跑，最后一步稍大些，支撑脚积极地支撑在球的侧面 10～12 cm 处，脚尖正对出球方向，膝关节微屈，踢球腿随跑动向后摆动，支撑的同时踢球腿以髋关节为轴，大腿带动小腿由后向前摆动。当膝关节摆至接近球的正上方时，小腿做爆发式的摆动，脚趾屈，以脚背正面部位击球的后中部（见图 9-5）。击球后身体及踢球腿随球前摆。

图 9-4　脚背正面踢球

图 9-5　脚背正面踢球击球点

3. 脚背内侧踢球（又称内脚背踢球）（见图 9-6）

斜线助跑，助跑方向与出球方向约成 45°，最后一步稍大，以支撑脚底积极着地，脚尖指向出球方向，距球内侧后方约 20～25 cm，膝关节微屈。在支撑同时，踢球腿已完成后摆，并开始以髋关节为轴大腿带动小腿由后向前摆动，当大腿摆至与支撑腿接近同一平面时，小腿做爆发式摆动，此时脚尖外转、脚背绷直，以脚背内侧部位触击球的中下部（见图 9-7）。击球后踢球腿及身体继续随球向前。

4. 脚背外侧踢球（又称外脚背踢球）

助跑、支撑脚站位及踢球腿摆动均与脚背正面踢球技术的三个环节相同，脚触球是用脚背外侧部位。此时要求膝关节和脚尖内转，脚背绷紧，脚趾紧屈并提膝，触（击）球后（见图 9-8）身体随踢球腿的摆动前移。

图 9-6　脚背内侧踢球

图 9-7　脚背内侧踢球击球点

图 9-8　脚背外侧踢球击球点

5. 脚尖踢球（又称脚尖捅球）（见图 9-9）

用支撑腿跳跃上步，踢球腿屈膝前跨，髋关节尽量前送，两臂上摆协助身体向前，小腿前伸，在踢球腿、脚落地前用脚尖捅球的后中部。

图 9-9　脚尖踢球

图 9-10　脚跟踢球

6. 脚跟踢球（见图 9-10）

这是用脚跟（跟骨的后面）接触球的一种踢球的方法。球在支撑脚外侧时，踢球腿在支撑脚前面交叉摆到支撑脚外侧用脚跟踢球。球在支撑脚内侧时，踢球脚后摆用脚跟踢球。

（二）练习方法

（1）各种踢球动作的模仿练习。原地或上一步踢假想球。

（2）一人用脚底挡球另一人作原地、跨一步与助跑的踢球练习。主要体会支撑脚的踏位、摆腿与触球的动作。

（3）对着足球挡墙踢球练习。开始距离短些、力量小些，然后逐渐加大距离和力量。

（4）各种踢球动作的两人练习。采用两人一组方式练习，踢球距离可根据需要和学生的水平而定。若踢定位球，可加上停球练习。若踢活动球，可相隔一定距离进行连续踢球练习，辅以各种跑动中的传切跑位练习。进行射门练习时可以一人传一人射，最后还可进行有对抗的传射练习。

(三)注意事项

1. 合理助跑

助跑作用在于调整人与球的方向、距离,以便在踢球时使支撑脚能够处于所需要的正确位置,从而增加击球的力量。助跑最后一步要稍大些。

2. 正确的支撑脚站位

正确的支撑脚站位是要以踢球腿的摆动能达到最大的摆幅、有利于踢球脚准确地接触球的合理部位为原则。支撑脚的位置一般是由所使用的踢球方法(脚法)来决定。

3. 踢球腿的摆动

踢球腿的摆动是踢球力量的主要来源。切忌斜摆腿并注意小腿的后屈与加速前摆。

4. 准确的击球点

用脚的准确部位击球的中后部,作用力通过球的中心使球获得全部力量出球平直而有力。当踢各种活动来球时,应准确判断来球的速度、方向,根据出球目标,合理选择踢球脚以及脚与球的部位。

5. 踢球后的合理随前动作

踢球后随着腿的前摆和送髋,使身体重心向前移动,这样既易于控制出球方向和加大踢球力量,又能缓和因踢球腿急速前摆而产生的前冲惯性,以维持身体的平衡。踢球后的随前动作还便于与下一个动作衔接。

三、接球

接球是指运动员有目的地用身体的合理部位,把运动中的球挡住并使球处于所需要的控制范围内,以便更好地衔接下一个动作。接球常用的部位有脚内侧、脚背正面、脚背外侧、脚底、大腿、腹部、胸部、头部等部位。

(一)动作分类

1. 脚内侧接球(见图 9-11)

支撑脚脚尖正对来球,膝关节微屈。接球腿提膝,大腿外展,脚尖微翘,脚底基本与地面平行,脚内侧正对来球并前迎,在脚内侧与球接触的一刹那迅速后撤,把球接在下一个动作需要的位置上。

脚内侧接球

2. 脚背外侧接球(见图 9-12)

将接球点放在接球腿一侧,支撑腿膝关节微屈。接球腿提起屈膝,脚内翻使小腿和脚背外侧与地面成一锐角,并对着接球后球运行的方向,然后大腿向接球后球运行的方向推送,同时身体随球移动。

3. 脚背正面接球(见图 9-13)

脚背正面接高空落下的球时,也可以将脚微抬起,并适度背屈,当球接触脚背的瞬间踝关节放松将球接住。

4. 脚底接球(图 9-14)

支撑脚站在球的侧面(或前或后均可),脚尖正对来球方向,膝关节微屈。同时接球提

图 9-11　脚内侧接球

图 9-12　脚背外侧接球

起,膝关节微屈,脚背略屈,使脚底与地面之间约小于 45°角(且脚跟离开地面),一般以前脚掌接触球的上部为宜。

图 9-13　脚背正面接球

图 9-14　脚底接球

5. 大腿接球(见图 9-15)

面对来球方向,根据球的落点迅速移动到位,接球腿大腿抬起,当球与大腿接触的瞬间大腿下撤将球接到需要的位置上。

大腿接球

图 9-15　大腿接球

图 9-16　腹部接球

6. 腹部接球(见图 9-16)

接球者的身体正对来球方向跑动,判断好球的落点,身体前倾,腹部对准落地反弹的球,腹直肌保持紧张,推压球前进。也可在触球瞬间身体侧转,将球接向所需要的侧面。

7. 胸部接球

胸部接球包括挺胸式、收胸式两种方法。

1）挺胸式接球（见图 9-17）

胸部接球

面对来球站立（两脚左右或前后开立），两膝微屈，重心置于支撑面内，上体后仰，下颌微收，两臂自然张开，维持身体平衡。接触球瞬间，两脚蹬地，膝关节伸直用胸部轻托球的下部使球微微弹起于胸前上方。

图 9-17　挺胸式接球

图 9-18　收胸式接球

2）收胸式接球（见图 9-18）

多用于接齐胸高的平直球。面对来球，两脚左右或前后开立，两臂自然张开，挺胸迎球，触球瞬间收胸、收腹、臀部后移将球接在体前。若需将球接在体侧时，则触球瞬间转体将球接在转体后相应的一侧。

8. 头部接球

高于胸部的来球可用头部接球。根据来球的运行路线，面对来球，用前额正面接触球的中下部，下颌微抬，两臂自然张开，提踵伸膝，触球瞬间全脚掌着地，屈膝、塌腰、缩颈，全身保持上述姿势下撤将球接在附近。

（二）练习方法

（1）利用足球墙进行停球技术练习。先练停地滚球然后过渡到用手抛或脚踢，高球撞墙进行停反弹球和空中球的练习。

（2）个人自抛高球再停反弹球。

（3）两人一球，一抛一停或一传一停，距离由近至远，力量由小到大。

（4）两人一球，在一定范围内做跑动中传接球练习，停球时要求尽量使用多种方法。地滚球用于近距离的传接球，反弹球和空中球主要用在中远距离。

（三）注意事项

（1）准确判断来球的落点、速度、路线以及球反弹的角度，恰当地确定支撑脚的位置。

（2）停球时，为了削弱与球接触时所产生的反作用力，一定要做迎撤动作以缓冲来球的力量或做轻微下压、切或撤引的动作，变换球的前进方向和抵消力量。

（3）停球后，身体重心必须迅速移动，以便更好地衔接下一个动作。

（4）用大腿或脚接球时踝关节或大腿要放松。用胸部挺胸接球时，上体稍后仰与来球成适宜的角度，触球后要挺胸、用力。

四、运球

运球是指运动员有目的地用脚或身体的其他合理部位不断地触球使球处于自己控制范围内的触球动作。常用的部位有脚内侧、脚背正面、脚背内侧和脚背外侧等。

（一）动作分类

1. 脚内侧运球（见图 9-19）

要求在运球前进时支撑脚始终领先于球，位于球的侧前方，肩部指向运球方向，支撑腿膝关节微屈，重心放在支撑腿上，另一条腿提起屈膝，用脚内侧推球前进，然后运球脚着地。

图 9-19　脚内侧运球

图 9-20　脚背正面运球

2. 脚背正面运球（见图 9-20）

运球时身体持正常跑动姿势，上体稍前倾，步幅不宜过大，运球腿提起，膝关节稍屈，髋关节前送，提踵，脚尖下指，在着地前用脚背正面部位触球后中部将球推送前进。

脚背正面运球

3. 脚背外侧运球

运球时身体持正常跑动姿势，上体稍前倾，步幅不宜过大，运球腿提起，膝关节稍屈，髋关节前送，提踵，脚尖绕矢状轴向内旋转，使脚背外侧正对运球方向，在运球脚落地前用脚背外侧推拨球的后中部。

4. 脚背内侧运球

身体稍侧转并自然协调放松，步幅小，上体前倾，运球腿提起外展，膝微屈外转，提踵，脚尖外转，使脚背内侧正对运球方向，在运球脚落地前用脚背内侧推拨球，使球随身体前进。

（二）练习方法

（1）走和慢跑中两脚交替直线运球。

（2）走和慢跑中沿弧线运球。可规定用一种脚法，如顺时针时用右脚的脚背外侧或左脚的脚背内侧运球。

（3）在慢跑中两脚交替用脚背内侧或脚背外侧折线运球。

（4）在慢跑中交替用左、右脚的脚背内侧折线运球。

（5）"8"字形运球。

（6）个人在运球中做突然变向、变速练习。

（三）注意事项

(1)跑动要自然,放松步子、小而短促,膝关节弯曲,身体稍前倾,以便随时改变方向。
(2)脚触球推拨的动作用力不要太大,使球始终处在自己的控制范围内。
(3)遇有对手争抢时要用身体掩护球或用离对方远侧的脚运球。
(4)运球时眼睛不能只盯住球,而是要随时抬头观察周围情况,这样才能根据场上情况做出相应变化,将球控制在所需要的范围。

五、头顶球

头顶球是指运动员有目的地运用头的前额部位直接处理空中球时所做出的各种击球的动作方法。头顶球技术分前额正面头顶球、前额侧面头顶球。

（一）动作分类

1. 前额正面头顶球（见图9-21）

前额正面
头顶球

身体正对来球方向,眼睛注视运动中的球,两脚左右开立（或前后开立）,膝关节微屈,重心置于两脚间的支撑面上（或后脚上）,两臂自然张开。当球运行到将垂直于地面的垂线时,两脚用力蹬地,迅速向前摆体,微收下颌,在触球瞬间颈部做爆发式振摆,用前额正面击球中部,上体随球前摆。

图 9-21　前额正面头顶球

图 9-22　前额侧面头顶球

2. 前额侧面头顶球（见图9-22）

根据来球的运行速度、运行轨迹,及时移动到位。两脚前后开立（或左右开立）,出球方向的异侧脚在前,重心逐渐过渡到前脚上,眼睛注视来球,前膝微屈,两臂侧前后自然张开,当球运行至体前上方时,用力蹬地,前脚掌适度旋转,上体随着向出球方向扭摆,同时用力向击球方向甩头,以前额侧面击球的后中部。

（二）练习方法

(1)做各种头顶球的模仿动作练习。
(2)一人双手持球至适当高度另一人进行顶球练习。
(3)自抛和互抛顶球。
(4)连续顶球,两人一球距离5～8 m对顶。
(5)头球射门练习。练习者在罚球点附近由教师或同伴从球门柱外端线处将球抛出,练习者可根据来球做原地顶、原地起跳顶、跑顶、跑动中起跳顶等练习。

(三)注意事项

(1)两眼注视来球,对来球的性质和运行路线要做出准确的判断,及时移动,并选择好顶球的位置和起跳时间。

(2)为了准确地将球击到预定目标,必须在身体摆动时就考虑到来球方向与将球顶出方向间的关系,使身体摆动发挥出最大的作用。

(3)顶球时,应在球运行到身体的垂直部位,头部触球发力颈部肌肉要紧张,切忌闭眼缩脖。在头触球时,必须使身体摆动所获得的速度与由接触部位造成的反射方向一致并指向预定目标。有时由于比赛情况无法保证身体摆动所获得的速度与由接触部位造成的反射方向一致,则必须使这两个不同的力(或速度)的合力(合速度)方向指向预定目标。

(4)顶球者在触球后要通过两臂合理摆动、脚步的移动、落地时的屈膝与屈踝动作维持身体的平衡以及合理的缓冲落地,目的为了防止造成运动损伤。

六、抢截球

抢截是占据有利位置,封堵球的去路或阻挠对手自由运动,它是运用身体的不同部位和所做的合理动作,以减慢对方推进速度,把对手控制的球夺过来或者破坏掉的一项基本技术。抢截球是防守中的主动行动,也是转守为攻的积极手段。抢截球包括抢球和截球两个内容。

(一)动作分类

1. 正面跨步抢球(见图 9-23)

图 9-23 正面跨步抢球

抢球前迅速靠近对方,做好抢球的准备,两脚前后开立,两膝微屈,重心下降,体稍前倾,面向对手,在对手运球脚触球后即将着地或刚着地时,支撑脚立即用力后蹬,抢球脚疾步跨出,膝关节弯曲,踝关节保持紧张,脚内侧正对来球,触球后用力提拉,使球从对方脚背滚过,同时身体重心迅速跟上,把球控制好。若离球稍远抢不到球时,可用脚尖捅抢。

2. 侧面抢球

与运球者平行跑动,待对方远离自己身体一侧的脚落地时,利用合理冲撞动作,使其失去平衡而离开球,乘机将球控制起来。在冲撞时要降低身体重心,靠近对方一侧的手臂要紧贴身体。

3. 正面倒地铲球

两脚前后开立,两膝弯曲,身体重心下降,面向对手,在对方运球脚触球后即将着地或刚着地时,一脚立即用力后蹬,另一脚沿地面向前滑铲,同时上体侧转后仰倒地,蹬地面成弧形扫踢球,将球留下或破坏掉,铲球后屈肘用手扶地或接着侧滚。

4. 侧面铲球

同侧脚铲球后,在运球者侧后跑动,当对方拨出球的瞬间,后脚用力后蹬成跨步,上体后仰,前脚(同侧脚)以脚外侧沿地面向外侧滑出,用脚背或脚尖将球踢出或捅出,接着小腿外侧、大腿外侧和臀部依次着地。

异侧脚铲球时,当运球者拨出球的瞬间,抢球者同侧脚(后脚)用力后蹬或跨步,上体后仰,异侧脚前伸,以脚外侧沿地面向前内侧滑出,用脚掌蹬球,接着小腿、大腿、臀部依次着地。

5. 合理冲撞抢球

当防守者并肩与运球者跑动追球时,防守者重心稍下降,靠近对手一侧的手臂紧贴身体,利用对方同侧脚离地的过程,用肘关节以上部位适当冲撞对手同样部位,使对手身体失去平衡,乘机将球控制住。

6. 截球

截球是比赛中两名队员传球时,对方队员使用踢球、顶球、铲球或停球等技术动作把球断下来或破坏掉。它根据临场需要选择使用某种动作,对于对方的传球、射门等截球时,需要用踢球、顶球或铲球等动作来完成,而对于使球处于自己控制之下的截球,则需要用停球动作来完成。

(二)练习方法

(1)一人一球对静止球做跨步抢球练习。
(2)向前轻推球后在慢跑中完成侧面抢球和铲球动作。
(3)两人并肩慢跑做合理冲撞练习。
(4)两人一球,一人运球另一人抢截球,此练习由消极对抗逐步过渡到积极对抗。

(三)注意事项

(1)抢截要抓时机,应在对手运球脚触球后即将着地或刚着地时,占据有利的位置实施抢截。
(2)抢截时,要利用身体的合理部位冲撞。
(3)在实施抢截动作后,应迅速使身体恢复到下一个动作所需要的状态和位置。

七、掷界外球

掷界外球是按照规则的规定和要求,有目的地用双手将球从场外掷入场内,使比赛继续进行的动作技术。同时它又是一次很好地组织进攻的机会,尤其在对方罚球区附近掷界外球。若不能很好地掌握这项技术,在掷球时因错误动作而造成违例,便失去一次很好的进攻机会。因此,运动员必须熟练掌握掷界外球技术。

(一)动作分类

1. 原地掷界外球(见图9-24)

面对出球方向,两脚前后或左右开立,每脚均应有一部分站立在边线上或边线外。膝关节弯曲,上体后仰成背弓,重心移到后脚上(左右开立时,重心在两脚间),两手自然张开,拇指相对,持球的侧后部,屈肘将球置于头后。掷球时,后脚用力蹬地(或两脚用力蹬地),两腿迅速伸直,身体重心由后脚移到前脚,收腹屈体,同时两臂急速前摆。当球摆到头上时用力甩腕将球掷入场内。掷球时,后脚可沿地面向前滑动,两脚均不得离地,要求掷球连贯性。

原地掷界外球

图 9-24　原地掷界外球

2. 助跑掷界外球

两手持球放在胸前,在助跑迈出最后一步时,上体后仰成背弓,同时将球上举至头后,掷球时的动作与原地掷界外球动作相同。将球掷出后,后脚可在地面上向前滑行,但不得离地。

助跑掷界外球

（二）练习方法

(1) 徒手模仿练习。

(2) 对墙掷球练习,要逐渐加大距离。

(3) 两人一组,面对面掷球。

(4) 助跑掷球练习。

（三）注意事项

(1) 掷球时,上下肢要与身体配合协调,重点体会对掷球技术的理解。

(2) 在掷球距离较远时,不要用力过猛。

(3) 下肢出现错误时,稍缩短掷球距离,可要求下肢置地力量适当减小,做到协调用力。

八、守门员技术

守门员技术是在比赛中守门员所采取的有效防御动作技术在接球后所做的有助于本队进攻的动作技术。守门员是全队的最后一道防线,他的主要任务是不让球射入本方球门。除要求守门员要沉着冷静,具有顽强的意志、快速敏捷的反应能力和全面熟练的守门技术外,还要求守门员善于观察全局,随时注意攻守发展情况,扩大自己在罚球区的活动范围,尽早截获来球,起到协助指挥全队防守和进攻的作用。

（一）位置选择

位置的选择应根据射门地点和射门角度来决定,一般应站在射门时球与两门柱所形成的分角线上。为了扩大防守面,可根据射门距离适当前移。

（二）准备姿势（见图 9-25）

两脚左右开立,与肩同宽,两脚跟稍提起,身体重心落在前脚掌上。两腿屈膝并稍内扣,上体稍前倾,两臂自然屈肘于体前,手指自然张开,目视来球。

(三)移动步伐

1. 侧移步

侧移步常用于扑接两侧低平球。向左侧滑步时,先用右脚用力蹬地,左脚稍离地面并向左滑步,右脚迅速跟上。向右侧滑步时,动作相同,方向相反。

2. 交叉步

交叉步多用于扑接两侧高球。向左侧交叉步移动时,身体先向左侧倾斜,同时右脚用力蹬地,并及时向左前方跨出一步成交叉步,然后左脚向左侧移

图 9-25　守门员准备姿势

动,右脚和左脚依次快速移动并蹬地跃出。向右侧交叉步移动时,动作相同,方向相反。

(四)接球与击球

1. 接地面球

1)直腿式(见图 9-26)

面对来球,弯腰时两膝伸直,两腿分开,距离不得超过球的直径,两手掌心向上,前迎触球后将球抱于怀中。

图 9-26　直腿式接地面球

图 9-27　跪撑式接地面球

接地面球

2)跪撑式(见图 9-27)

跪撑式接地面球多用于向侧移步接球。接左侧球时,左腿屈,右腿跪撑于左脚附后,距离不得超过球的直径,其余动作与直腿式接球相同。接右侧球时,动作相反。

2. 接平空球(见图 9-28)

平空球是指膝以上、胸以下的空中球。接球时面对来球,两手掌心向上,两手小指相靠,前迎接球。上体前屈,当手触球时微后撤以缓冲来球力量,将球抱于胸前。

接平空球

3. 接高空球(见图 9-29)

面对来球,两臂上伸,两手拇指相对呈八字形,其余四指微屈,手掌对球。在最高点手触球瞬间,手指、手腕适当用力,缓冲来球并将球接住,顺势转腕屈肘、下引将球抱于胸前。

4. 扑接球(见图 9-30)

异侧脚用力蹬地,双手快速向球伸出,一手置于球后,另一手置于球的侧后上方。同时身体向同侧脚方向倒地,落地时以小腿、大腿、臀、肘外侧依次着地,落地后即团身。

图9-28 守门员接平空球

图9-29 守门员接高空球

5.托球（见图9-31）

判断来球运行路线后,向后跃起托球。托球时手指微张,用手掌前部触球的下部,使球呈弧形越过球门横梁。

6.拳击球（见图9-32）

准确判断来球运行路线,及时移动到位,握紧拳,在接近球的刹那迅速出

接高空球

图9-30 守门员扑接球

图9-31 守门员托球

图9-32 守门员拳击球

拳击球。拳击球有单、双拳击球。单拳击球动作灵活,摆动幅度大,击球力量大;双拳击球接触球面积大,准确性高。

(五)发球

1. 手掷球

1)单手肩上掷球(守门员)(见图9-33)

充分利用后腿蹬地、持球手臂后引、转体挥臂和用腕力量将球掷出。

2)侧身勾手掷球(见图9-34)

由于掷球前球从异侧经头顶后将球掷出,作用力距离长,又能较好地借助腰腹力量,故出球速度快,距离远。

图9-33 守门员单手肩上掷球

图9-34 守门员侧身勾手掷球

2. 脚踢球

将球置于体前,在球自由下落过程中踢球。它多用于远距离或雨天场地泥泞时。

3. 踢球门球

直线助跑,最后一步稍大些,支撑脚积极地支撑在球的侧面10~12 cm处,脚尖正对出球方向,膝关节微屈,踢球腿随跑动向后摆动,小腿屈曲,支撑的同时踢球腿以髋关节为轴,大腿带动小腿由后向前摆动。当膝关节摆至接近球的正上方时,小腿做爆发式的摆动,脚趾屈,以脚背正面部位击球的后中部。击球后身体及踢球腿随球前移。

(六)注意事项

(1)重视基本功训练。守门员的技术核心是接球,将不同性质的来球稳稳接住的关键是手形。所以,守门员除重视反复练习各项基本技术外,更要狠抓接球、手形等关键性技术训练,使基本功扎实、熟练、稳健。

(2)守门员技术训练应逐步与实战需要相结合,训练中应突出在快速、对抗中高质量完成技术的能力。在训练和比赛中应全面发展守门员观察、思维、判断、反应、指挥等方面的综合能力。

(3)守门员位置的特殊性和守门员技术训练的单调、艰苦性,对守门员的勇敢、顽强、坚毅等意志品质提出了极高的要求,因而在平时的训练和比赛中要特别重视守门员的心理训练。

(4)随着足球竞赛规则的不断修改(例如不得用手接同队队员的回传球和掷界外球),使得守门员用脚处理球的机会大大增加。所以,守门员除必要的单独训练外,还应适当参加队内的综合训练,以提高踢球技术和意识。

第三节　足球基本战术

足球战术是指在比赛中为战胜对手根据实际情况所采用的个人行动和集体配合的方法。足球战术由进攻战术和防守战术两大系统构成。攻防战术又分为个人战术和集体战术。个人战术是全队战术的基础，全队战术是个人战术的综合。阵型是战术的重要组成部分，它使球队能有效地完成攻守战术配合。现代足球战术的特点强调发挥全队的攻守能力，也重视个人特长的发挥。

一、个人战术

(一)个人进攻战术

1. 跑位

在一场比赛中运动员接触球的时间一般仅有两三分钟，其余的时间均是无球状态下的活动，因此，跑位是否合理对一个队的战术质量和技术发挥都有很重要的关系。跑位的作用有摆脱对手接球、牵制或扯动对方为同伴创造机会，扰乱对方防线制造空当。常用的跑位方法有变速跑、变向跑等。

2. 运球过人

运球过人是进攻战术中极为重要的个人战术，它是破密集、破紧逼、造成以多攻少、创造传球空当、获取射门得分的有效手段。足球比赛强调以集体配合为主，但缺少运球突破的能力集体配合会变得困难。然而过多的或盲目的运球突破不仅会失去战机而且会影响全队的战斗力和斗志。因此，正确地处理好两者的关系是非常重要的。

3. 传球

传球是集体配合的基础，是完成战术配合、创造射门机会的最主要手段。传球按距离分为短传(15 m内)、中传(15～25 m)、长传(25 m以上)。传球按高度分为高、平、低三种。传球按方向分为直传、斜传、横传和回传。

(二)个人防守战术

1. 盯人

盯人是现代足球比赛中广泛运用的防守方法，有效的盯人防守是遏制与瓦解对方进攻、重新控制球的重要手段。

盯人有紧逼盯人和松动盯人两种。紧逼盯人是贴近对手不给对手从容活动的机会；松动盯人是以区域站位为主与对手保持一定距离，既盯住对手又保护同伴。在一般的情况下有球的一侧可采用紧逼盯人，无球的一侧可用松动盯人。对方队员靠近球门，本方要采用紧逼盯人。

2. 选位

选好位置能清楚地观察全场队员分布情况和球的移动方向。该位置一般应在本方球门与对方球门之间的直线上,在向本方球门后撤收缩时应沿该线回防,做到人球兼顾。

二、集体战术

(一)小组进攻战术

1."二过一"战术

"二过一"战术就是两个进攻队员运用传球和跑位配合方法突破一个防守队员的方法。

"二过一"配合的要求:"二过一"的局面瞬息万变,必须抓住战机及时完成配合。任何"二过一"配合都必须做到:传球准确及时、力量适当,接球队员突然摆脱、快速跑位时间恰到好处。通俗地讲,传球配合默契,人到球到、球到人到。

2."三过二"战术

"三过二"比"二过一"配合进攻的面更大,同时增加了进攻战术的多变性和突然性。

"三过二"配合的方法大致可分为两种:一是一个队员利用自己跑向空当牵制一个防守队员,其他两个进攻队员利用传切战胜另一位防守队员;二是三个队员通过传球进行一次间接"二过一"或连续两次"二过一"的配合战胜两个防守队员。

(二)全队进攻战术

1. 边路进攻

所谓边路进攻是指在对方半场侧面地区发动的进攻。由于两侧地区防守队员相对较少、空间较大,攻方在这一区域便于发动进攻突破防守线,但突破后由于射门角度小,因此边路突破后往往是将球传到中路,由中路的同伴包抄抢点射门。因此,边路进攻多以下底传中或 45°斜传方式为进攻结束手段。

2. 中路进攻

所谓中路进攻是指在对方半场中间地区发动的进攻。中路进攻由于离球门近、射门角度大,一旦突破防线威胁就很大,所以射门得分的可能性也大。然而现代足球都采用人数较多的严密防守,逼得紧抢得凶,增加了突破防线的难度,较难获得射门机会。

(三)防守战术

1. 区域防守

在区域防守体系中每个队员都是在自己相对稳定、明确的防守区域内进行盯人防守。主要是对进入自己防守区域的攻方队员实施盯人防守,原则上不越区盯人,拖后中卫执行补位的任务。

2. 盯人防守

采用人盯人防守时基本上各人专盯自己的防守对象,对手跑到哪里就盯到哪里,不交换防守也不受场区位置的约束,拖后中卫进行区域防守执行补位的任务。

3. 混合防守

混合盯人防守是人盯人防守和区域防守的结合。将对手具有突出威胁的攻击者和主要组织核心死死盯住,常常是两名中卫采用盯人防守将对方的两名突破能力强的前锋盯死,而其他防守队员采用区域盯人防守。

三、常见比赛阵型的特点

(一)"四四二"阵型

此阵型由四个后卫、四个前卫、两个前锋排列而成。特点是后防稳固、中场力量强、前锋少;采取区域联防,要求四个后卫能同时压上,退守双中卫主防对方两名前锋,边后卫要有一定的进攻力,见机插上积极助攻;中场队员要能攻善守,攻守力量搭配要合理并有侧重(见图9-35)。

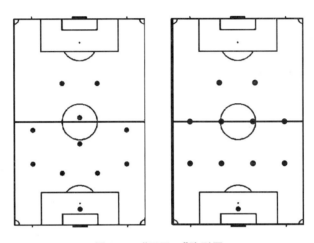

图 9-35 "四四二"阵型图

(二)"四三三"阵型

此阵型由四个后卫、三个前卫、三个前锋排列而成。特点是要求前锋的攻击力要强,后防较稳固,中场力量较强,攻守有一定的变化和灵活性。进攻时要求前卫选择时机参与第一线的进攻(见图9-36)。

(三)"五三二"阵型

此阵型由五个后卫、三个前卫、两个前锋排列而成。特点是三个中卫固守中路,居中的中卫起自由人的作用,左右两边后卫既主防边路同时要参与边线的进攻,故对边后卫的技能、体能要求极高。中场的队员攻防兼备、体力要好,两个攻击手的主要任务是穿插、牵引、寻找射门机会(见图9-37)。

(四)"三五二"阵型

此阵型由三个后卫、五个前卫、两个前锋排列而成。特点是三个后卫的职能范围相当大,五个中场队员能更有效地控制中场,两个边前卫必须控制对方边线进攻(见图9-38)。

(五)"三四三"阵型

此阵型由三个后卫、四个前卫、三个前锋排列而成。"三四三"阵型是世界劲旅荷兰队善于运用的一种阵型。此阵型能加快攻防转换的速度,同时能随时扩大进攻面,使进攻更为快速多变,因而此阵型对队员的技能、体能和战术意识等方面的要求相当高(见图9-39)。

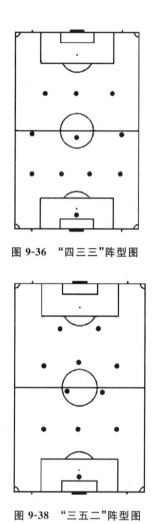

图 9-36 "四三三"阵型图

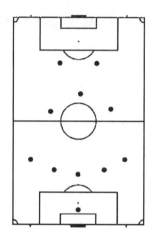

图 9-37 "五三二"阵型图

图 9-38 "三五二"阵型图

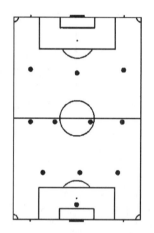

图 9-39 "三四三"阵型图

第四节 足球基本规则

一、比赛场地

(一)球场

球场边线长度在 90 m 至 120 m 之间,宽度在 45 m 至 90 m,在任何情况下,球场边线的长度必须大于球门线的长度。国际足联规定世界杯决赛场地为长 105 m、宽 68 m(见图 9-40)。

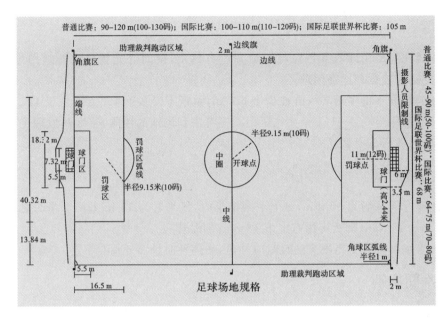

图 9-40　足球场平面图

（二）界线

（1）球场各线须与地面齐平，不得做成 V 型凹槽或高出地面的凸线，线的颜色须清晰，亦可用熟石灰粉画线。

（2）正式比赛时，场地各线宽度不超 12 cm，边线与球门线的宽度应包括在场地面积之内，其他各线亦包括在该区面积之内。球门区和罚球区的丈量都应从球门柱内沿和球门线外沿量起。球门线的宽度必须与球门柱的宽度相等。

（三）球门区

在比赛场地两端距球门柱内侧 5.50 m 处的球门线上，向场内各画一条长 5.50 m 与球门线垂直的线，一端与球门线相接，另一端画一条连接线与球门线平行，这三条线与球门线范围内的地区叫球门区。

（四）罚球区

在比赛场地两端距球门柱内侧 16.50 m 处的球门线上，向场内各画一条长 16.50 m 与球门线垂直的线，一端与球门线相接，另一端画一条连接线与球门线平行，这三条线与球门线范围内的地区叫罚球区。

（五）球门

球门应设在球门线的中央，由两根内沿相距 7.32 m 与两边角旗点相等距离的直立门柱，以及一根下沿离地面 2.44 m 的水平横木连接组成。无论是固定球门或可移动球门都必须稳定地固定在场地上。门柱及横木的宽度、厚度与球门线，均应对称相等，不得超过 12 cm。球门应为白色。

二、球

(1)正式比赛所用球的颜色应与场地颜色有区别,夜间灯光场地比赛须用黑白色球。裁判员在比赛前应检查比赛用球。

(2)球的圆周不得多于 70 cm 或少于 68 cm,重量不得多于 450 g 或少于 410 g。

(3)球的气压为 0.6~1.1 个大气压力。应考虑到场地的性质、硬度及地理位置等因素适当掌握球的气压。

三、比赛时间

(1)比赛时间每场为 90 min,分上下两个半时,每半时为 45 min,两个半时之间的休息时间不得超过 15 min(淘汰赛中有上下 15 min 加时赛)。

(2)每半场中队员受伤损失的时间应补足,伤停补时最多 6 min。

四、判罚规则

(一)犯规与不正当行为

1. 直接任意球

裁判员认为如果队员草率地、鲁莽地或使用过分的力量做出以下任何一种犯规行为将判给对方踢直接任意球:

(1)踢或企图踢对方队员;

(2)绊摔或企图绊摔对方队员;

(3)跳向对方队员;

(4)冲撞对方队员;

(5)打或企图打对方队员;

(6)推对方队员;

(7)争抢或抢截对方队员。

如果队员有以下任何一种犯规行为也判给对方踢直接任意球:

(1)为了得到对球的控制在抢截对方队员时于触球前触及对方队员;

(2)拉扯对方队员;

(3)向对方队员吐唾沫;

(4)故意手球(不包括守门员在本方罚球区内);

(5)阻挡对方球员。

2. 点球

在比赛进行中无论球在什么位置,如果队员在本方罚球区内有上述犯规行为中的任何一种,应被判罚点球。

3. 间接任意球

如果守门员在本方罚球区内有下列犯规行为中的任何一种将判给对方踢间接任意球:

(1)在发出球之后未经其他队员触及再次用手触球;

(2)用手触及同队队员故意踢给他的球;

(3)用手触及同队队员直接掷入的界外球;

(4)用手持球时间超过 6 s。

裁判员认为如果队员有下列情况发生时也将判给对方踢间接任意球:

(1)动作具有危险性;

(2)阻挡对方守门员从其手中发球。

4. 黄牌

如果队员有下列七种犯规行为中的任何一种将被出示黄牌并警告:

(1)做出非体育道德行为;

(2)以语言或行动表示异议;

(3)持续违反规则;

(4)延误比赛重新开始;

(5)当以角球或任意球重新开始比赛时不退出规定的距离;

(6)未得到裁判员许可进入或重新进入比赛场地;

(7)未得到裁判员许可故意离开比赛场地。

5. 红牌

如果队员有下列七种犯规行为中的任何一种将被出示红牌并罚令出场:

(1)严重犯规;

(2)暴力行为;

(3)向对方或其他任何人吐唾沫;

(4)用故意手球破坏对方进球或明显的进球得分机会(不包括守门员在本方罚球区内);

(5)用可判为任意球或点球的犯规行为,破坏对方向本方球门移动着的、明显的进球得分机会;

(6)使用无礼的、侮辱的或辱骂性的语言;

(7)在同一场比赛中得到第二次黄牌警告。

(二)越位

越位是指在对方半场内,当队员踢球一瞬时,较球队员比对方倒数第二名防守队员更接近球门线。

处于越位位置的队员,在同队队员踢或触及球的一瞬间,裁判员认为就其下列情况而言"卷入"了现实比赛中时,才被判为越位,否则虽处于越位位置,但不能判为越位:①干扰比赛;②干扰对方队员;③利用越位位置获得利益。

如果队员直接从下列情况下接到球则没有越位:①球门球;②掷界外球;③角球。

对于任何越位裁判员应判给对方在越位发生地点踢间接任意球。

越位不是犯规。

第十章 网 球

本章资源列表

网球运动是指在规定的场地上,两名或两对球员隔网相对,用球拍击球过网以造成对方失误得分的运动。击球时可在对方来球第一次落地反弹后回击,也可以不等球落地,凌空直接还击。正式比赛项目有男子团体、女子团体、男子单打、男子双打、女子单打、女子双打、男女混合双打等七项。

第一节 网球运动概述

一、网球运动的起源与发展

网球运动的起源及演变可以用四句话来概括:网球孕育在法国,诞生在英国,开始普及和形成在美国,现盛行全世界。

网球运动起源在法国。早在12—14世纪,法国的传教士常常在教堂的回廊里,用手掌击打一种类似小球的物体,以此来调剂刻板的教堂生活。渐渐地这种活动传入法国宫廷,并很快成为当时贵族的一种娱乐游戏——掌球戏。开始,他们是在室内进行这种游戏,后来移至室外,在一块开阔的空地上,将一条绳子架在中间,两边各站一人,仅用手来回击打一种裹着头发的布球。这种球的表面使用埃及坦尼斯镇所产的最为著名的绒布——斜纹法兰绒制作的,英国人将这种球称为坦尼斯 Tennis。直到15世纪这种游戏由用手掌击球改为用实心的木拍打球。后来打网球的人越来越多,这种游戏在英国和其他欧洲国家也逐渐开展起来。

现代网球始于1873年,英国的温菲尔德少校改进了早期网球的打法,并将场地移向草坪地。同年出版了《草地网球》一书,为草地网球制定了几条简单的规则,这标志着现代网球运动的产生。1874年,他又规定了球网的大小和高低,在英国举办了简易的草地网球比赛。1875年,英国板球俱乐部修订了网球比赛规则,于1877年7月举办了第一届温布尔登草地网球锦标赛。后来又将网球场地定为23.77 m×8.23 m的长方形,球网中央的高度为99 cm(在此之前,球网的高度是2.1234 m),并确定了每局采用0、15、30、40和平分的记分方法。1884年,英国伦敦玛丽勒本板球俱乐部又把球网中央的高度定为0.914 m。至此,现代网球正式形成,很快在欧美流行起来,并成为一项深受欢迎的球类运动。

随着网球运动的发展,在器材和场地设置等方面也在不断地发展变化。网球拍由木质拍,发展到制作精细的圆头拍,且材质也由木质发展成为铝合金以及碳素纤维与钛合金,质量上获得了很大的提高,形状也发生了很大的变化。球由原来的弹性较弱的小布球,发展成弹性很好的胶皮球和橡皮球。场地也由草地发展为红土地以及硬场地。

在1984年的洛杉矶奥运会上,网球被列为表演项目;在1988年的汉城奥运会上,网球被列为正式比赛项目。

中国近年来在女子网球事业上有了长足的进步,孙甜甜和李婷在2004年雅典奥运会上获得女双金牌。之后,中国选手郑洁、晏紫获澳网女双冠军。

网球运动在我国高校起步较晚,但开展广泛,是大学生喜爱的运动项目之一。

二、网球大赛简介

(一)戴维斯杯网球锦标赛

男子团体赛——戴维斯杯(Davis Cup)是由美国德威特·费利·戴维斯(Dwight Filley Davis)创始的。1900年,在美国的波士顿进行了由英国和美国参加的第一届团体赛。

从1904年起,其他国家的网球协会也参加了比赛,一直延续至今。戴维斯杯在一年内分四个阶段进行。在每年的二月份进行"世界组"和各地区组的第一轮比赛,在每年的四月份进行戴维斯杯的第二轮,第三轮在每年的九月份进行。"世界组"决出争夺赛维斯杯的前两个队,各地区组决出升降组的队。决赛在每年的十一月份进行,决出获得戴维斯杯的队和升入"世界组"的8个队以及降至地区组的8个队。

戴维斯杯赛采用4单1双,5场3胜制。比赛分3天进行,第一天两场单打,第二天一场双打,第三天两场单打。

(二)联合会杯赛

世界网球女子团体赛叫联合会杯赛。联合会杯赛于1963年网联成立50周年而创办的,第一届比赛在伦敦的女子俱乐部举行,有16支球队参加,最后美国队战胜澳大利亚队获得冠军。

联合会杯赛创建的初期,参加的国家有限,所以全部的比赛场次都集中在主办国,在一周内决出优胜者。到1991年,已有56个国家报名参加这一赛事。这样的比赛规模使原有的赛制难以满足人们的要求。为此,从1995年决定采用类似戴维斯杯赛的最新方法。

(三)四大公开赛

温布尔顿网球锦标赛和美国、法国、澳大利亚公开赛,被称为世界四大网球锦标赛,在当年获四大网球公开赛冠军的叫作大满贯,所以也有称四大网球公开赛为大满贯赛。

1. 温布尔顿网球锦标赛

温布尔顿网球锦标赛是现代网球史上最早的比赛。由全英国俱乐部和英国草地网球协会于1877年创办。首次在伦敦西南郊温布尔顿总部举行的网球比赛叫"全英草地网球锦标赛",在草地球场上举行。

温布尔顿网球锦标赛在每年六月的最后一周至七月初定期举行,参赛资格赛按前一年各种重大比赛中获得的累计分而确定。

2. 美国网球公开赛

美国网球公开赛始于 1881 年,在美国罗得岛新港举行该项比赛。每年 8—9 月间定期举行。女子比赛始于 1887 年,它与温布尔顿网球锦标赛一样,是国际网联主办的重要传统赛事之一,受到各国运动员的重视。

美国网球公开赛所用比赛场地是硬地,它是仅次于温布尔顿网球锦标赛的有较大影响的国际赛事。

3. 法国网球公开赛

法国网球公开赛始于 1891 年,通常在每年的五月下旬至六月上旬定期举行,比赛地点在巴黎西部的一座叫罗兰·卡罗斯的大型体育场。1927 年该地成了法国网球公开赛的赛场后,一直成为世界著名网球运动员向往的圣地,其冠军获得者与温布尔顿网球锦标赛优胜者一样名震网坛。

法国网球公开赛每年举行一次,开始只限本国人参加,1925 年以后对外开放,成为公开赛。罗兰·卡罗斯的球场属慢速红土场地,利于底线型选手,所以一场比赛打上 4 个小时是司空见惯的事。在这么小的球场上,花费这长的时间去打一场比赛,球员要有超群的技术和惊人的毅力才行。

4. 澳大利亚网球公开赛

澳大利亚网球公开赛始于 1905 年,赛地在墨尔本,每年的 1—2 月定期举行,它是每年四大网球公开赛最先举行的赛事,也是最年轻的大满贯。

(四)IBM/ATP 世界锦标赛

IBM/ATP 世界锦标赛是每年 ATP 巡回赛的最后一站,也是最重要的一站比赛,它还是职业网联在每年举办的最后一项赛事。

IBM/ATP 世界锦标赛在每年十一月份在德国的法兰克福网球中心——"节日"大厅体育馆内举行。

全世界大约有 400 多名网球运动员有资格角逐于高水平的职业网坛。他们在 ATP 的各站比赛中可以获得相应的积分,积分榜的排名决定 IBM/ATP 的参赛资格。参加 IBM/ATP 世界锦标赛的 8 名选手则是站在职业网球的"宝塔尖",只有排名前 8 的选手才有资格参加 IBM/ATP 锦标赛。

三、网球运动的锻炼价值

1. 增强体质,促进健康

网球运动是一项老少皆宜的运动,运动量可大可小,可以自行调节。练习网球,可以使人们的动作敏捷,判断准确,反应迅速,提高速度、力量、柔韧、灵敏等身体素质,对改善人体运动系统、循环系统、呼吸系统、神经系统以及抵抗各种疾病、适应外界的能力都有重要的作用。

2. 培养良好的意志品质和作风

在网球运动中,特别是在比赛中,通过进攻与防守、控制与反控制,既斗智,又斗勇,锻炼了个人的意志品质和心理素质,有利于培养拼搏进取的精神和胜不骄、败不馁的道德风尚,有利于增强克服困难的信心。

3. 团结协作,增进友谊

练习网球需要对手或球友。通过网球运动可以交流球技,增进友谊,特别是参加双打比赛,可以培养人们相互信赖、团结协作、密切配合的合作意识。此外,它还是一项社交活动,可以促进彼此的沟通和理解。

4. 愉悦身心,陶冶情操

网球比赛具有较强的观赏性。网球比赛中,场上热烈的气氛,激烈的争夺,使广大观众如醉如痴,豪情满怀。运动员所表现的顽强斗志,精湛的技艺,都令人赏心悦目,久久难以忘怀,让人从中得到一种美的享受。

第二节　网球基本技术

一、握拍方法

网球最基本的握拍法有三种:大陆式、东方式、半西方式。握拍方法依据握拍手虎口所对网球拍柄棱不同而不同。拍棱有 8 条,以拍面垂直地面为准,拍棱从左到右依次标记,共八条。网球拍柄底端如图 10-1 所示。

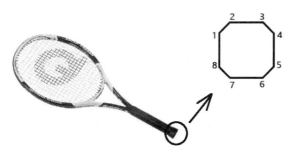

图 10-1　网球拍柄底端示意图

(一)大陆式握拍法

将拍面垂直地面放置身体正前方,右手虎口形成的"V"字形对准从左往右数起的第二条棱在拍柄末端握好,食指和中指分开。

这种握拍法起源欧洲大陆,故得此名。此握拍法的优点是:发球,正、反手击球,截击球,高压球,都无需变换握拍。缺点是很难打出上旋球。大陆式握拍法多用于上网截击和发侧旋球。

(二)东方式握拍法

1. 东方式正拍握拍法

将拍面垂直地面放置身体正前方,右手虎口形成的"V"字形对准从左往右数起的第三条棱在拍柄末端握好,食指和中指分开。

2. 东方式双手反拍握拍法

将拍面垂直地面放置身体正前方,右手虎口形成的"V"字形对准从左往右数起的第二条棱在拍柄末端握好,左手在右手上方也在第二条棱握好,食指和中指分开。

握拍

东方式握拍法因最初广泛使用于美国东部的沙土场地而得名。分正手和反手两种。这种握拍法的优点是,既能打出上旋球,也能打出平击球。缺点是很难打出很强劲的上旋球。

(三)半西方式握拍法

1. 半西方式正拍握拍法

将拍面垂直地面放置身体正前方,右手虎口形成的"V"字形对准从左往右数起的第四条棱在拍柄末端握好,食指和中指分开。

2. 半西方式双手反拍握拍法

将拍面垂直地面放置身体正前方,右手虎口形成的"V"字形对准从左往右数起的第二条棱在拍柄末端握好,左手在右手上方也在第二条棱握好,食指和中指分开。

半西方式握拍法的优点是正手既能打出很强劲的平击球,也能打出有力量的上旋球,便于加力控制。缺点是很难处理低球。

二、正手击球技术

正手击球指的是在本人握拍手同侧的地方击打落地球的打法,它是网球基本技术中最常用的击球方法之一。下面以右手握拍者为例介绍正手击球的动作要领(以下均以右手握拍为例)。

(一)正手击球动作要领

1. 准备姿势

面对球网,双脚向前自然开立大约一个半肩宽到两个肩宽,双膝微屈,身体略向前倾,重心落在双脚的前脚掌上,右手握拍,左手轻托拍颈,双肘微屈,拍面垂直于地面,拍头指向对方,两眼注视对方来球。初学者宜采用东方式握拍法。

正手击球

2. 转体开拍

当判断到对方来球在正手位时,身体向右旋转90°,重心转移至右脚,拍头指向正后方,拍头的高度与腰部平齐,拍柄末端向前,左手自然前伸保持身体平衡。

3. 上步

左脚向击球方向调整步法。

4. 击球(及随挥动作)

从后摆进而向前挥动时紧握球拍,手腕后伸、固定,用力蹬腿,转动身体挥拍,正拍的击球点在身体的右侧前方尽量不超过腰的高度。球触拍后,使拍面平行于网的时间尽量长些,挥拍沿着球飞行的方向前送,重心前移落在左脚,身体也随着转向球网,挥拍动作在左肩上方结束,肘关节向前指向球飞行方向。随挥结束,立即恢复至准备姿势,准备下一次击球。

(二)正手击球的不同打法

从球的旋转性能分类,有上旋球、下旋球、平击球、侧旋球(内侧旋)等不同旋转的打法,下面简单介绍几种不同的正拍击法。

1. 上旋球

球拍自球后下方向前上方挥动摩擦,使球整个球体由后下方朝前上方转动,故叫上旋球。这种打法是在击球时,加大向上提拉挥动幅度,使球产生较为急剧的上旋。上旋球的特点是飞行弧度高,下降快,前冲力较大。打上旋球最大的优点是便于加力控制,是正拍击球中既能发力大,又能控制进入场区,减少失误的击球方法,尤其是在快速跑动中调整精确的击球点很难,而上旋球则有较大的把握性。另外,正拍上旋球的飞行路线呈彩虹状,过网后有急剧下降的特点。上旋球还是破坏对方上网的有力武器。较低的上旋球落在上网的对方脚下,使其难于还击。

2. 下旋球

和上旋球相反方向旋转的球是下旋球,俗称"削球"。击球时,球拍稍向后倾斜,挥拍是由后上方至前下方挥拍击球的后下部产生下旋,球是由前上方向后下方旋转并向前飘行,过网时很低,落地反弹起也很低并伴有回弹现象,下旋球的落点容易控制,也可以打对方的深区,常用于随球上网,可以协调连贯地把随击与上网结合在一起,利用球的飞行时间和深而准的落点冲至网前截击;也可以作为变换旋转和节奏的打法,扰乱对方的节奏,使之失误。

3. 平击球

挥拍击球的路线向上较平缓,击球时拍面几乎垂直地面,击球的正后部。用同样的力量击球,平击球的速度最快,球落地后前冲力量大,球的飞行路线较平直。

4. 侧旋球

击球时球拍由球的后部向内侧平行挥动,使球产生由外向内的侧旋,故称侧旋球。这种球飞行路线呈水平向外侧的弧线飞行,落地后向外跳,常用于正拍直线进攻。

在实践中,球的旋转常是混合性的,球的旋转与来球的方向、力量、旋转速度和击球时的挥拍路线、触球时的拍面角度等因素有关。因此,要掌握正手击球中的不同旋转球的方法,需要在平时训练中反复练习。

三、反手击球技术

反手击球又称反拍击球,是指击打与握拍手相反方向落地球的打法。

(一)反手击球动作要领

1. 准备姿势

同正手击球准备姿势,只是当对方来球飞向反手位时,要迅速变换为反手握拍。

反手击球

2. 转体开拍

当判断到对方来球在反手位时,身体向左旋转90°,重心转移至左脚,拍头指向正后方,拍头的高度与腰部平齐,拍柄末端向前。

3. 上步

右脚向击球方向调整步法。

4. 击球(及随挥动作)

从后摆进而向前挥动时紧握球拍,手腕后伸、固定,用力蹬腿,转动身体挥拍,反拍的击球点在身体的左侧前方尽量不超过腰的高度。球触拍后,使拍面平行于网的时间尽量长些,挥拍沿着球飞行的方向前送,重心前移落在右脚,身体也随着转向球网,挥拍动作在右肩上方结束,肘关节向前指向球飞行方向。随挥结束,立即恢复至准备姿势,准备下一次击球。

(二)反手击球的不同打法

从球的旋转性能分类,反拍与正拍一样,也有上旋球、下旋球、平击球和侧旋球几种不同旋转的击球方法。

以上是反拍击球的动作要领。在实践中球的旋转常是混合性的,这与来球的方向、力量、旋转等因素有关,因此,要掌握好反拍击球技术,需要反复练习。

四、发球

(一)发球技术动作要领

1. 握拍与准备姿势

1)握拍

一般采用大陆式握拍或东方式反手握拍法。

发球

2)准备姿势

两脚开立与肩同宽,前脚与端线成45°,重心放在前脚上,肩膀侧对球网,左手扶住拍颈,拍头向前,身体放松,精神集中。

2. 抛球与后摆动作

抛球与挥拍后摆同步开始,左手抛球的同时右手拉拍后摆使整个发球动作更加协调完整。抛球时,左手拇指、食指与中指轻握着球抛送至左脚前上方,手掌不要接触球,整个抛球动作应平稳、协调、匀速地将球送至最高处再脱手,抛球的高度应比击球点高。右手持拍手与握球手同时下落,挥拍是从后上方摆起,同时屈膝、转体展肩,右肘从外向后展约同肩高,后摆完成时拍头在头后方竖直指向天空,左侧腰胯成弓形,身体重心随着抛球开始先移向后脚,当后摆动作完成后重心开始前移。

3. 前挥击球

后手挥拍从拍头在头后自然开始下垂,经左肩胛骨向上挥摆,右肘伸直高抬拍头指向天空,当球落到击球点的瞬间,迅速击球的后上部,左脚上蹬,手臂与身体充分向上伸展,击球时眼睛盯住击球点使拍面触球的正确部位,持拍的手腕带动小臂做内旋的"鞭击"动作,此时身体重心前移,身体面对球网。

4. 随挥动作

击球后,保持连续完整的向前上方伸展的随挥动作,挥拍直至身体的左下方,右脚跨过底线进入场区,身体重心完全前移至右脚,身体转向球网保持平衡。发完球,要迅速调整位置,准备接对方的回球。

(二)发球的不同打法

1. 平击发球

平击发球虽然力量大,但是命中率低。平击球的击球点应在身体的前上方,击球的后上部,挥拍的"鞭击"动作发力要集中,身体充分向上伸展可获得最高的击球点,以提高命中率。

2. 切削发球

球抛在右侧前上方,球拍击球部位在球的右侧上方,整个挥拍动作是从右侧上方至下方,使球产生右侧旋转,球的飞行路线是一条从右向左的弧线。切削球可以提高命中率并可以把对方拉出场外回击。这种发球的准确性高,常用于第二发球。

3. 旋转发球

这是一种以上旋为主、侧旋为辅的发球方法。由于它的上旋成分多于切削发球,使球产生一个明显的从上向下的弧形飞行轨迹过网,越发力,旋转成分越多,弧线越大,命中率越高。抛球位置比平击发球偏左些,球拍沿球的右上方摩擦,使球产生明显的右侧上旋,球过网时较高呈弧线飞入发球区,在力量不减的情况下伴随强力的旋转,造成对方回击球困难。

第三节　网球基本战术

一、单打战术

(一)上网型打法

运用网前进攻得分法的战术称为上网型打法战术,主要有以下三种战术。

1. 发球上网战术

发球上网是获取胜利的重要手段。利用大力发球或者用旋转发球压制对手,然后迅速上网抢攻。这种战术的特点是主动进攻,先发制人。发球上网战术是一种威胁性较大的战术。

2. 随球上网战术

通常是利用对方接发球或双方在底线对攻相持时,出现质量较低的中场球,利用正、反手抽击来压制对方,并随球上网的战术,称之为随球上网战术。

3. 接发球上网战术

当对手发球的力量不太大,角度又不十分刁时,要主动利用快速多变的手段接发球,随即上网截击。在接对手第二发球时,要抢攻上网而直接创造得分机会。

(二)底线型打法

以底线用正、反手击出不同力量、落点、速度和旋转的球,制造进攻的机会,其战术有以下五种。

1. 对攻战术

以正、反手的大力抽击,连续攻一点大角,突然变线攻击另一个大角空挡;利用正、反手的大力击球,不断变换击球路线,迫使对方左、右奔跑,同时抓住机会进行突击;利用正、反手击球,发挥力量和速度的优势,攻打对方致命弱点;打出大角度的球,促使对方左右奔跑,突然连续打击一点,再突然变换落点。

2. 拉攻战术

这是一种常见的战术,利用底线正、反手拉出上旋球,或是正手拉上旋,反手削球,调动对方左右奔跑,抓住战机,出奇制胜;利用正、反手拉上旋球,同时加拉正、反手小斜角,加长对手的跑动路线,造成对手回球质量较差,然后捕捉战机,及时有力进攻对方;将上旋球拉到对方反手深区,在伺机进攻对方的正手;利用正、反手的大力上旋球打到对手的底线左右大角深处,压住对手,使其难以上网和起拍,再伺机突击。

3. 侧身攻战术

它是利用大力的正手抽击和快速的移动步法,再利用正手有力地进攻对手的战术,称之为侧身攻战术。

利用连续正手攻打对手的反手,再突然变线,击打对方正手;连续不断地利用正手攻击对手,争取主动;利用正手攻击对手,连续打出重复球;利用正手来调动对手跑动,再利用反手控制落点,寻找机会用正手突击进攻。

4. 紧逼战术

它是利用底线快速节奏的正、反手抽击,来迎击上升球,并控制好落点,形成步步紧逼的态势。紧逼对手的两角,造成对手陷入被动局面和回球质量差,再趁机上网得分;先发制人,接发球时就紧逼对手,致使对手感到紧张,从而产生心理压力;连续紧逼对手反手,再突然变向攻打对手的正手,伺机而动。

5. 防守反击战术

防守反击战术是以判断反应迅速、步法灵活、体力充沛、击球准确的特点和底线控制球能力强的优势,调动对手,力争在防守中伺机反击的战术。

当对手应用底线紧逼战术时,利用底线正、反手拉上旋球至对方的底线两角深处,牵制对方,然后再寻找机会进行反击。

当对手应用发球上网战术进攻时,采取借力接球,将球快速打到对方脚下,或左右两小角,然后寻找机会反击得分。

当对手采用随球上网战术进攻时,要加强底线破网和第一拍的成功率和突击性,并提高破网的质量,达到牵制对手、伺机第二次破网反击的目的。

二、双打战术

双打比赛中,两个选手既要密切配合,又要制订以己之长、攻彼之短,出其不意、攻其不备,先发制人、力争主动的战术,才能克敌制胜。双打战术主要有发球局战术和接发球战术。

(一)发球局战术

发球局战术是指利用发球进攻并形成上网抢网战术。主要战术有发球上网、发球上网抢网和澳大利亚网前战术。

1. 发球上网战术

在第一发球中,利用八成力量发出不同旋转的球或平击球,做到发球稳健,提高成功率,在发球的落点上不断变化,以压制对手,然后迅速上网;第二发球也要利用发球不同旋转和变换落点来控制对手,为上网创造机会。上网后打出大角或平而深的截击球,切勿起高球,以防对手同伴抢网。

2. 发球上网抢网战术

抢网是指网前人横向移动,拦截对方接球员打过来的球。

发球员发球前先应知道网前的同伴在背后所做的手势,即应发什么落点以及抢网与否,同时应注意发球质量、命中率和落点的变化。

3. 澳大利亚网前战术

网前人和发球员站在同一半场,这种站位布阵战术称为澳大利亚双打战术。一般是在接发球打过来的斜线球很低,使冲上网的发球员很难掌握好击球时机,就可采用这种战术。网前队员在这个位置上既能截住对方的斜线球,又能朝着对方网前人方向打击而得分。运用澳大利亚网前战术,首先网前同伴给发球员做出手势,告诉发球员落点和网前是否抢网,同时要有高质量的第一发球来配合。

(二)接发球局战术

为了改变接发球时在底线被动挨打的局面,要提高接发球的质量,积极进攻,主动上网,灵活多变,同时还要防止蛮干。接发球局战术主要有:接发球双上网战术、接发球网前抢网战术和接发球双底线战术。

1. 接发球双上网战术

当对方发球时,接发球员要判断准确,积极向前至底线里面,向前向下顶压击球,向着发球上网的对手脚下打斜线或打边线附近击球,然后随接发球上网。

2. 接发球网前抢网战术

当接发球员接到了质量高的低平球,或对手发球上网中场拦出一个质量较低的球时,接发球员的同伴要快速跑动抢网,给对手以迅雷不及掩耳一击。而接发球员见到同伴抢网,要迅速到位,以防对手截击直线球。这种战术运用得当,造成对方发球上网者的心理压力,进而出现回球质量低下或回球成功率低。要特别注意的是接发球员的同伴不要过早移动,防止被对手发觉而回击直线球。

3. 接发球双底线战术

为了对付对手的发球威胁,瓦解对手的快速进攻节奏,压制对手网前攻杀,两个队员都退到底线,提高接发球的成功率。要做到稳中带狠,重点破中路和两边小斜线,并结合挑上旋高球技术。

第四节　网球基本规则

一、网球场地设备

(一)场地标准规格(见图10-2)

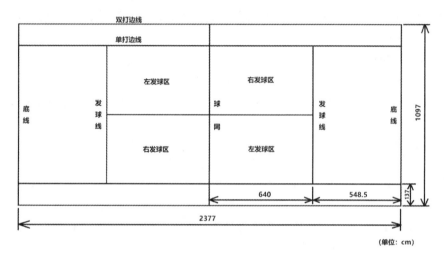

图10-2　网球场地平面示意图

1. 单打球场

单打球场是一个长 23.77 m,宽 8.23 m 的长方形场地,球场两端的界线叫端线,球场两边的界线叫边线。在球网两侧 6.40 m 处的场内各画一条与球网平行的横线叫发球线。在连接两发球线的中点画一条与边线平行的线,线宽 5 cm,叫中线。中线与球网成"十"字形,将发球线与边线之间的地面分成四个相等的区叫发球区。在端线的中心,向场内画一条长 10 cm、宽 5 cm 的垂直于端线的短线叫中点。全场除端线可宽至 10 cm 外,其他各线的宽度均不得超过 5 cm,也不得少于 2.5 cm。端线以外至少要有 6.40 m 的空地,边线以外至少要有 3.66 m 的空地。全场各区的丈量,除中线外,都从各线的外沿计算。

2. 双打场地

双打球场宽为 10.97 m,比单打球场每边多 1.37 m。两发球线间的单打球场边线为发球区的边线。其余各项与单打球场规则相同。双打球网长 12.80 m。中心网高度为 0.914 m,边线网高度为 1.07 m。

(二)球

比赛用球一般为黄色,外表毛质均匀。球的直径是 6.35~6.67 cm。球的重量是 56.7~58.5 g。球的弹力为:从 2.54 m 的高度自由落下时,能在混凝土地面上弹起 1.35~1.47 m 高。气温在 20 ℃时,如果在球上加压 8.165 kg,球应下陷 0.56~0.74 cm。

(三)球拍

球拍总长度不得超过 81.28 cm;总宽不得超过 31.75 cm;拍框内沿总长不得超过 39.37 cm,总宽不得超过 29.21 cm。

拍框,包括拍柄,不应有附设物及设备。如有附设物和设备,只限用以限制和防止拍框和拍柄的磨损、振动或分散重力。

球拍的击球面必须是平的,由弦线上下交替编织或连接组成,其组成格式应完全一致。每条弦线必须与拍框连接,特别是穿弦后,其中心密度不能小于其他任何区域密度。

弦线不应有附设物或突起物。如有附设物,只限用于限制或防止弦线的磨损、振动或分散重力,其大小或布置均应合理。

二、比赛基本规则

(一)比赛开始

场地的选择和在第一局中的发球权由赛前掷币来决定掷币获胜的一方可以选择或要求对方选择。

(二)发球

1. 发球前的规定

发球员在发球前应先站在端线后、中点和边线的假定延长线之间的区域里,用手将球向空中任何方向抛起,在球接触地面以前,用球拍击球。球拍接触球时,就算完成发球。

2. 发球时的规定

发球员在整个发球动作中,不得通过行走或跑动改变原站的位置;两脚只准站在规定位置,不得触及其他区域。

3. 发球员的位置

每局开始,先从右区端线后发球,得或失一分后,应换到左区发球,依次进行。

4. 发球失误

(1)未击中球。

(2)发球员触及除了端线后、中心标志的假定延长线之间的区域以外的任何地方。

(3)发出的球,在落地前触及固定物(球网、中心带和网边白布除外)。

(4)违反发球站位的规定。

(5)未发到发球区域内。

(6)每一发球区发球有两次发球权,第一发球失误后,应在原发球位置进行第二次发球。

5. 发球无效

(1)发球触网后,仍然落到对方发球区内。

(2)接球员未作好接球准备。

发球无效,均应重发球。

6. 交换发球

每局比赛终了,交换发球权。

(三)交换场地

双方应在每盘的第 1、3、5 等单数局结束后,以及每盘结束双方局数之和为单数时交换场地。在"抢七"中,双方得分之和达到 6 分时,交换场地。

(四)双打

1. 双打发球次序

每盘第一局开始时,由发球方决定由谁首先发球,对方则同样地在第 2 局开始时决定由谁首先发球。第 3 局由第 1 局发球方的另一球员发球。第 4 局由第 2 局发球方的另一球员发球。以下各局均按此次序发球。

2. 双打接发球次序

接发球次序与发球相同,但同伴间应在每局中轮流接发球。

3. 双打还击

接发球后,双方由其中任何一名队员还击。如运动员在其同队队员击球后,再以球拍触球,则判对方得分。

(五)失分

以下行为均判失分:球在第二次着地前未能还击过网,还击的球触及对方场区界线外的地面固定物或其他物件;还击空中球失败;在比赛进行中,运动员故意用球拍拖带或接住球,或故意用球拍触球超过一次;"活球"期间,队员的身体、球拍或穿戴的其他物件触及球网、网柱或对方场区以及地面;过网击球;抛拍击球;比赛中队员故意改变其球拍的形状。

(六)压线球

比赛中,落在界线上的球都算界内球。

(七)胜负的判断

1. 胜一局

运动员每胜一球得一分,各自得的第一分记 15 分,胜第二分记 30 分,胜第三分记 40 分,先得四分者为胜一局。如双方各得三分时,为平分,平分后,一方先得一分时,为该运动员占先,占先者再得一分,才算胜一局;若一方占先,对方又得一分,则又为平分。依此类推,直到一方在平分后净胜两分才结束该局。

2. 胜一盘

一方先胜 6 局为胜一盘,但遇双方各胜 5 局时,则有两种制度:

(1)"长盘制",一方必须净胜 2 局才算胜一盘。为当今网坛已很少采用此制。

(2)先取 7 局者为胜一盘,但遇局数 6 比 6 时,则需打"决胜局",即先取 7 分者为胜一局,但遇分数 6 比 6 时,一方必须胜对手两分才算胜出此局,亦即胜出此盘。

3. 胜一场

男子比赛一般采用五盘三胜制;女子比赛一般采用三盘两胜制。

第十一章 羽 毛 球

本章资源列表

羽毛球运动是在规定的场地上,由两名或两队球员隔网相对,用球拍往来击球过网,以球触对方场区或使对方击球失误得分的运动项目。分男子单打、男子双打、女子单打、女子双打、男女混合双打、男子团体、女子团体等。

第一节 羽毛球运动概述

一、羽毛球运动的起源与发展

现代羽毛球运动诞生于英国。1870年,出现了用羽毛、软木做的球和穿弦的球拍。1873年,英国公爵鲍弗特在格拉斯哥郡伯明顿镇的庄园里进行了一次羽毛球游戏表演。从此,羽毛球运动便逐渐开展起来,"伯明顿"即成了羽毛球的名字(英文的写法是badminton)。那时的活动场地是葫芦形,两头宽、中间窄,窄处挂网,到1901年才改为长方形。

1875年,在印度产生了世界上第一部羽毛球比赛规则。三年后,英国制定了更趋于完善和统一的规则。1893年,世界上最早的羽毛球协会——英国羽毛球协会成立,并于1899年举办了全英羽毛球锦标赛。

1934年,由加拿大、丹麦、英国、法国、爱尔兰、荷兰、新西兰、苏格兰和威尔士等国发起并成立了国际羽毛球联合会,总部设在伦敦。从此,羽毛球国际比赛日渐增多。

1934—1947年,丹麦、美国、英国、加拿大等欧美选手称雄于国际羽坛。在1948—1949年举行的首届世界男子羽毛球团体锦标赛——汤姆斯杯,马来西亚队荣获冠军,从而开辟了亚洲人称雄国际羽坛的时代。在1948—1979年间的11届汤姆斯杯赛中,印度尼西亚队夺得7次冠军,马来西亚队夺得4次冠军。20世纪60年代,中国队后来居上,1963年、1964年连续两次打败世界冠军印尼队,1965年又全胜欧洲诸羽毛球强国。

世界女子羽毛球团体锦标赛——尤伯杯,于1956年开始举行,美国人夺得了前3届冠军。而从20世纪60年代后期开始,优势转移到了亚洲,日本队和印尼队包揽了历届所有比赛的冠亚军。直到1982年,中国队首次参加全英锦标赛,即获得了女子单打冠亚军和双打冠军。至此之后中国、印尼的羽毛球水平一直保持领先优势。韩国、日本则迎头赶上,成为近年来中国队、印尼队的主要对手。

男子羽毛球自20世纪70年代以来,处于领先地位的则是印尼队和中国队。1982年,中国队首次参加汤姆斯杯赛荣获冠军,受到了世界羽坛的普遍赞扬。到 20 世纪 70 年代后期,亚洲的日本、韩国、巴基斯坦、泰国、马来西亚等国家和地区的羽毛球技术也有了很大的进步,在国际比赛中取得了较好的成绩。而欧洲的丹麦、英国、瑞典等国也在发挥原有特点的基础上,广泛吸取了亚洲人的技术和经验,技术水平稳步提高,至今仍不失为羽坛劲旅。

随着羽毛球的逐步发展,1978 年 2 月,世界羽毛球联合会于香港成立。1981 年 5 月,国际羽毛球联合会和世界羽毛球联合会正式合并,称为国际羽毛球联合会。它举办的世界比赛有:汤姆斯杯赛(男子团体锦标赛)、尤伯杯赛(女子团体锦标赛)、世界杯赛(单项比赛)、全英锦标赛(非正式传统单项比赛)。羽毛球是我国广大群众喜爱的运动项目,一直是普通高校体育课的主要教学内容。

二、羽毛球运动的特点与锻炼价值

(一)运动特点

1. 休闲娱乐性

在羽毛球运动中,人们通过战术或者本能,努力地去把球击到对方的场地。每当击球者在击出一个好球或赢得一个球时都能使自己兴奋并获得成功的喜悦。同时羽毛球运动又能展示参与者的灵活、机智、潇洒的气质,促使参与者尽情地表现自己,实现自娱自乐的目的。

2. 竞技观赏性

羽毛球运动动作细腻、技术种类繁多、打法多变导致球路变化莫测,让有力度的进攻与有韧性的防守密切结合起来,尤其是参与者在运动中所表现的坚强斗志、顽强作风和优美造型,都在一定程度上展示着羽毛球运动的力与美,使观赏者感到是一种享受。

(二)锻炼价值

1. 增强体质

羽毛球运动对参与者的身体素质要求很高,要求参与者要具有保证比赛所需要的较强动作发力和长时间的奔跑、蹬、跳、跨以及上肢的连续击球动作的能力;具有一定的反应速度、动作速度和急停、变向、变速的移动速度;具有突然改变动作方向和击球力度的能力;具有肩、腕、腰、髋、踝等关节的柔韧性。参与者经过长时间活动,以上各项素质均得到不同程度的提高,起到了增强体质的作用。据资料记载,高强度羽毛球运动过程中,人的心率可达 160~180 次/min;中强度运动时,人的心率可达 140~150 次/min;低强度运动时,人的心率可达 100~130 次/min。

2. 培养意志

羽毛球运动因其具有竞争性和对抗性,特别是在一场比赛时,一般需要运动 50~90 min,运动员在场上前后、左右不断变换方向,跑动距离在 3000 m 以上,加之球路的千变万化,运动员在移动击球中不断重复起动、加速、急停等变速动作,消耗的体力非常大。如遇上双方势均力敌、同时出现"极点"现象的关键时刻,技术与战术就显得不太重要,此时谁能够意志坚强,谁就能够取得最后的胜利。对于休闲羽毛球运动,为了更好地适应与诠释羽毛球运动,参与者会不断努力地追求技术上的进步和心理上的成熟,可以很好地培养人的意志,同时可以提高人们在工作和生活中战胜困难的勇气与信心。

3. 陶冶心智

在羽毛球运动中,通过合理地运用各种击球技术和步法移动,完成在场上的进攻与防守、控制与反控制的不断交换,运动员不仅要密切注意球在空中飞行的路线、速度和弧度的变化,还要依此判断对方的行动意图,随时进行调整,采取合理的应变行动。也就是说,在羽毛球运动中不仅要斗勇还要斗智,要不断揣摩对方的战术意图,选择适宜的策略,把握各种战机,争取比赛的胜利。因此经常从事羽毛球运动可以使人思维敏捷、反应迅速。同时,比赛的紧张气氛、激烈的竞争,能够很好地锻炼参与者的心理素质,在竞争中,强化进取精神,使人的智、勇、技在竞争与对抗中得到升华,能以良好的心态、正确的人生观去面对事业的荣辱。

第二节 羽毛球基本技术

羽毛球技术是指运动员在羽毛球比赛中所采用的合理动作的总称(见图11-1)。主要基本技术包括手法和步法。

一、手法

手法包括握拍、发球、接发球、击球。

(一)握拍

在羽毛球各项基本技术中,握拍技术是最简单、最基本的一项。掌握正确的握拍方法是掌握合理、准确、全面的击球技术的前提条件。握拍方法分正手握拍和反手握拍两种。

1. 正手握拍

正手握拍就像握手一样,五指围绕拍柄,虎口对着球拍柄窄的一面。小指、无名指、中指自然并拢,食指与中指稍稍分开,自然地弯曲并贴在球拍柄上。在拍柄与手掌之间留有空隙,手掌下部与拍柄底端留点空间供手指自由移动。击球之前,握拍一定要放松、自然,在击球的一刹那才紧握球拍。

2. 反手握拍

反手握拍有两种:一种是在正手握拍的基础上,把球拍框往外转,拇指伸直贴在拍柄的宽面上,食指、中指、无名指、小指并拢;另一种是正手握拍把球拍框外转,拇指贴在球拍柄的棱上,食指、中指、无名指、小指并拢。反手握拍时,手心与球柄之间要留有空隙,这样握拍有利于手腕力量和手指力量的灵活运用。

(二)发球

发球是羽毛球基本的重要的技术之一,是唯一一个在对手不参与时运用的技术。羽毛球发球可以通过不同的发球手法,发出不同弧度、不同落点的球来控制对方,为本方创造进攻得分的机会。按发球弧线,可分为发高远球、发平高球、发平快球、发网前球(见图11-2)。

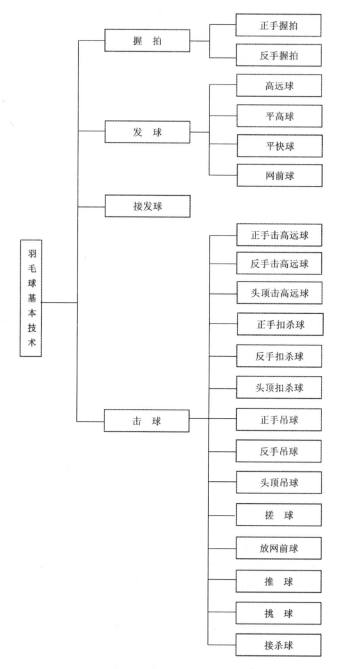

图 11-1 羽毛球基本技术示意图

按握拍方式,可分为正手发球和反手发球。

1. 正手发球

单打发球站在中线附近,离前发球线 1 m 左右站位。双打发球站位可靠近前发球线,身体左肩侧对球网,左脚在前,右脚在后,重心在右脚上,右手持

握拍

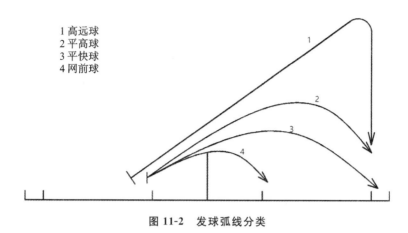

图 11-2 发球弧线分类

拍向右后侧举起,肘部放松微屈,左手拇指、食指和中指夹住球,举在胸腹间。发球时,身体重心由右脚移至左脚。

用正手发球,不论是发何种弧线的球,在发球前应该注意动作的一致性,这样就会给对方的接发球造成判断上的困难。

正手发高远球

1) 正手发高远球

所谓发高远球是将球发得又高又远、使球飞到对方场区底线附近,球下落时几乎与地面垂直。

发高远球时,左手把球举在身体的右前方并自然放下,使球下落,右手同时持拍由大臂带动小臂,从右后方沿着身体向前并向左上方挥动。当球落到右手臂向前下方伸直能触到球的一刹那,握紧球拍,并利用手腕的力量向前上方发力击球。击球之后,球拍顺势向左上方挥动缓冲。发球时,球拍的拍面要明显低于手腕,击球点要低于最下的一根肋骨,以肩部作为支点,手臂大幅度摆动。

2) 正手发平高球

发球前准备姿势同发高远球。发球的动作过程大致同发高远球,只是在击球的一刹那,小臂加速带动手腕向前上方挥动,拍面要向前上方倾斜,以向前用力为主。发平高球时要注意发出球的弧线以对方接球时伸拍打不着球的高度为宜,并应发到对方场区底线。这是一种比高远球低、速度较高远球快,具有一定攻击性的球。

3) 正手发平快球

发球准备姿势同发高远球。站位比发平高球稍后些(防对方很快回球到本方后场),充分利用前臂带动手腕向前的爆发力,球直接从对方的肩稍上高度越过,直攻对方后场。发平快球关键是出手的动作要小而快,但前期动作应和发高远球一致。发平快球时还应注意不要过手、过腰犯规。

这种球比平高球的弧线还要低、速度还要快。适合用于对付反应较慢、站位较前、动作幅度较大的对手或是初学者。

4) 正手发网前球

发球动作要领、准备姿势同发高远球。击球时,握拍要放松,大臂动作要小,主要靠小臂带动手腕向前切送,用力要轻。发网前球时应注意手腕不能有上挑动作,另外,落点要在前发球线附近,发出的球要贴网而过,这可免遭对方扑杀。

发网前球是在双打中主要采用的发球技术。单打比赛时,如发高球,怕遭到对方球速较快地直接攻击时或为了主动改变发球方式借以调动对方时也可采用发网前球。

2. 反手发球

反手发球动作小、出球快、对方不易判断,是双打比赛中经常采用的一种发球技术。

正手击高远球

反手发球时站在前发球区内前发球线及中线的附近。准备时面向球网,两脚前后站立上体稍前倾,身体重心在前脚上。右手反手握拍,左手拇指、食指和中指捏住羽毛球,球托明显朝下置于腹前腰下,球体与拍面平行或球托对准拍面放在拍面前方。发球时主要靠小臂带动手腕朝前横切推送,动作小,力量也较小,但速度快。发平快球时,发力要突然,击球时拍面要有"反压"动作。

(三)接发球

1. 接发球站位

左脚在前,侧身向网,重心在前脚掌,双膝微屈,收腹含胸。球拍置于身前右方,密切注视对方。站位在离发球线 1.5 m 处。

2. 接发球技术

接发球时要根据对方发球的路线、弧度、速度或发球的质量以及对方的发球特点,采用有效的接发球进行反击,要把球路与球的落点及战术相结合,做到以己之长,攻彼之短。

当对方发高远球或平高球时,可以用平高球、吊球或扣杀球进行回击。一般来说,接高球是一次进攻机会,回击得好能掌握主动权。

当对方发网前球时,可用平高球、高远球、放网前球以及平推球进行反击;如果对方发球质量比较差,也可用扑球进行克制;若对方利用发球抢攻,自己的防守又较差时则用放网前球或平推球,使球落点远离对方位置,以免对方抢攻。当对方连续发球抢攻时,接发球时一定要冷静、沉着,保证回球质量,不让对方抢攻得手。

当对方发平快球时,可采用平推球、平高球以快制快。由于接发球回击的击球点高于发球方,因此,下压一定要狠以争取主动。也可用高远球回击以逸待劳,不能仓促回击给对方创造进攻机会。

(四)击球

1. 高远球

以较高的弧线将来球击到对方场区底线附近并使该球几乎垂直下落叫击高远球。击高远球是一切上手击球动作的基础。高远球的特点是球的弧线高、滞空时间长,它的作用是逼迫对方远离中心位置退到底线接球,一方面可减弱对方进攻威力,为我方进攻寻找机会;另一方面在己方被动情况下,有较多的时间来调整站位,摆脱被动局面。

上手击高远球分为正手击高远球、反手击高远球、头顶击高远球。

1)正手击高远球

正手击高远球是羽毛球上手击高远球技术中的基础。击球前先判断来球的方向和落点,侧身后退使球在自己右肩稍前上方的位置,左肩对网,左脚在前,右脚在后,重心在右脚上,左臂屈肘,左手自然高举,右手持拍,大小臂自然弯曲,将球拍举在右肩上方,两眼注视来球。击球时,由准备动作开始,大臂后引,随之肘关节上提明显高于肩部,将球拍后引至头后,自然伸腕,然后在后脚蹬地、转体和腰腹的协调用力下,以肩为轴,大臂带动小臂快速向前上方甩动手腕,在手臂伸直的最高点击球。击球后,持拍手臂顺惯性往前下方挥动并收拍至体前。与此同时,左脚后撤,右脚向前迈出,身体重心由后脚移到前脚。

2)反手击高远球

反手击高远球同正手击高远球一样,首先判断对方来球的方向和落点,迅速将身体转向左后方,移动到位后,右脚前交叉跨到左侧底线,背对网,身体重心在右脚上,使球在身体的右肩上方。击球前,由正手握拍迅速换为反手握拍,并持拍于胸前,拍面朝上。击球时,以大臂带动小臂,通过手腕的闪动、自上而下的甩臂将球击出。在最后用力时,要注意拇指的侧压力与甩腕的配合,同时还要利用两腿的蹬地、转体等协调全身用力。

3)头顶击高远球

头顶击高远球是在自己的左后场区,用正手在头顶中间部位或在左肩上方将来球击到对方底线去的高远球击球方法。击球前的准备姿势以及击球动作与正手击高远球基本一致,不同的是头顶击高远球的击球点在左肩上方。准备击球时,侧身(左肩对网)稍左后仰。击球时,大臂带动小臂使球绕过头顶,从左上方向前加速挥动,在用力击球时,注意发挥手腕的爆发力和充分利用蹬地以及收腹的力量。击球后,左脚在身后着地并立即回蹬,同时右脚前移,重心移至右脚。

2. 吊球

把对方击来的后场高远球还击到对方的网前区的击球方法称作吊球。它的作用是调动对方站位,以利于组织进攻。在后场,若将吊球与高球或杀球结合起来运用,就能给对方以很大的威胁。吊球可以用正手、反手或头顶击球技术来完成。

1)正手吊球

(1)劈吊。击球前期动作同正手击高远球动作。击球时,拍面正面向内倾斜,手腕作快速切削下压动作。若劈吊斜线球,则球拍切削球托的右侧,并向左下方发力。若劈吊直线,则拍面正对前方,向前下方切削。

(2)轻吊。击球前期动作同正手击高远球动作。击球时,可以使拍面变化同劈吊基本一致,但用力要更轻些,还可以使拍面正击球托或借助于来球的反弹力用球拍轻挡,使球过网后贴网而下。

2)反手吊球

反手吊球与反手击高远球相似,其不同在于挥拍速度较慢、力量较小、拍面角度较小。利用手腕的转动控制拍面角度,做明显的切击球动作。

3)头顶吊球

头顶吊球与头顶击高远球相似,只是在拍触球的瞬间要放松手腕,用拍切击球,拍面的仰角控制在90°左右。吊斜线球时,拍面偏斜右下方切击球托的左后侧,使球落在对方左边网前区;吊直线球时,拍面要正对前下方击球托的后部,使球落到对方的右边网前区。

3. 杀球

把对方击来的高球全力向下扣压叫杀球。其击球前的准备姿势和击球动作与击高远球基本一样,不同的是最后用力的方向朝下,而且要充分利用蹬地、转体、收腹以及手臂和手腕的爆发力全力地将球向下击出,击球的一刹那要紧握球拍。

4. 搓球

击球前准备姿势同上。击球时,拍面稍前倾,利用手腕和手指的力量向前"切削"球托底部或向后"提拉",使球击出后旋转或滚动过网。搓球一般在对方来球较靠近网上时运用。正反手搓球除握拍不同外,其他要领相同。

5. 放网前球

准备姿势同上。击球时,拍面稍朝前下方倾斜,前臂带动手腕和手指向前送击球托底部。正反手搓球除握拍不同外,其他要领相同。

6. 推球

在网上将来球用较平的弧线快速推到对方场区底线叫推球。准备姿势同上。击球时拍面前倾几乎与网平行,利用前臂带动手腕和手指的快速"闪动"将球击出。正手推球多用食指力量,反手推球多用拇指的力量。

7. 挑球

将对方击来的吊球或网前球回击到对方后场去的击球方法叫挑球。它是在被动情况下为了争取回位时间而采取的一种过渡性质的击球。它虽然不能给对方造成威胁,但如果能将球挑得高,挑得远,就能为自己回到场地中心位置赢得时间。

不论是正手挑球还是反手挑球,最后一步都应是右脚在前。正手挑球时,以肘关节为轴,伸拍向前并以前臂带动手腕由下向上挥动;反手挑球时,以反手握拍法握拍,击球时,肘关节稍抬高,并以肘关节为轴,前臂带动手腕由下向上挥动。挑球时应注意,如来球离网较远时,拍面可稍前倾向前上方用力击球;如来球较近网,拍面应接近向上,击球时要有向上的"提拉",以免挑球不过网。

8. 接杀球

将对方杀过来的球还击到对方场区去叫接杀球。接杀球看起来很被动,但当对方杀球质量不高而接杀球处理得当,就会为本方创造转守为攻的机会或直接还击得分。

1)接杀近身球

所谓接杀近身球即对方杀球的落点离身体不远,不需移动脚步而在原地即可进行还击。击球时,主要依靠前臂、手腕的发力。用力大小和拍面变化要根据对方杀球的力量大小和己方回击的不同落点而变化。一般来说,回击网前球时,用力要轻,主要依靠对方来球的反弹力,拍面正对网稍后仰,球拍触球时可做"切削"或"提拉"缓冲来球力量;回击后场时,前臂和手腕用力要大些,要有抽击动作;当对方杀球质量较差时,可用推后场还击,其用力以手腕为主向前稍上方"甩"腕。

2)接杀远身球

接杀远身球即对方杀球的落点离身体较远,需移动脚步进行还击。击球时,两脚急速蹬伸同时转髋,采用两侧移动步法至击球位置,上体侧向击球点,同时右手侧伸,以前臂、手腕的闪动发力击球。接杀远身球回击网前或后场球时的用力及拍面变化与接杀近身球相似。

二、步法

步法是指参与者从中心位置起动到接球位置,再从接球位置回到中心位置所采用的快速、合理、准确的移动方法。基本步法有垫步、交叉步、小碎步、并步、蹬跨步和腾跳步等。练习者需要根据自己的步长、接球位置的远近、主动与被动合理地将步法进行组合就形成了组合步法。

(一) 基本步法

1. 垫步

垫步是指当一只脚向前(后)迈出一步后,紧接着另一只脚向同一方向再迈一步。垫步一般作为调整步法。

2. 交叉步

左右脚交替向前、向侧或向后移动为交叉步。经另一脚前面超越的为前交叉步,经另一脚后面超越的为后交叉步。交叉步一般在后退打后场球时用得较多。

3. 小碎步

小的交叉步就称为小碎步。由于步幅小、步频快,小碎步一般在启动和回动起始时用。

4. 并步

右脚向前(或向后)移动一步时,左脚即刻向右脚并一步,紧接着右脚再向前(或向后)移动一步,称为并步。

5. 蹬转步

以一脚为轴,另一脚做向后或向前蹬转步。蹬转时两条腿会分开在地上撑一下,身体向哪个方向去,反向的腿就用更大力量蹬地,来启动重心位移;由于蹬转的目的是选择某一条步法线路位移,所以两条腿的两点会在那条路线的直线上。

6. 蹬跨步

在移动的最后一步,一脚用力向后蹬的同时,另一脚向来球的方向跨出一大步,称为蹬跨步。它多用于上网击球,在后场底线两角抽球时也常用。

7. 腾跳步

起跳腾空击球的步法称为腾跳步。它分为两种:一种是以上网扑球或向两侧移动突击杀球时,以领先的脚(或双脚)起跳,做扑球或突击杀球;另一种是对方击来高远球时,用右脚(或双脚)双脚起跳到最高点时杀球。

(二) 组合步法

1. 基本站位法

发完球后,右脚在前,左脚在后,两双脚之间大约是一脚半的距离,同时两脚的脚后跟要向上提起,不要着地,人呈半蹲姿势,同时稍向前倾斜。

2. 后场正手起跳交叉步法

右脚先向右后方迈出一小步,左脚跟着右脚并一步,右脚单脚起跳,重心在右脚上。当击球的一刹那时,右脚与左脚交叉,交叉之后上网。击球以后,左脚先落地,右脚前进一点,然后回到中间。

3. 后场正手起跳突击步法

要领大致同后场起跳交叉步法,只是在击球一刹那,脚落地时不一样。右脚先往后退一步,左脚跟着并一步,起跳以后,两只脚同时落地,然后回到原位。

4. 后场正手低球被动步法

被动步法和准备动作一样,出脚也是一样,先出右脚,身体不是往上而是往下,右脚先出一步,左脚交叉到右脚后面之后,右脚再跨一大步。在球很低的时候击球,击球之后回到原位(退一步、垫一步、跨一步),这是后场正手被动步法。

5. 后场头顶球步法

1)起跳交叉步法

右脚先动,往后退一步,左脚跟着右脚垫一步,之后右脚再踏一步,侧身,然后用右脚单脚起跳,左脚落地,右脚跟一步,回到场地中间。

2)突击起跳步法

这种步法不同于起跳交叉步法,因为来球球路比较平,因此要求步法很快。左脚先踏出一小步,右脚紧跟垫一步,左脚踏出同时起跳,双脚同时落地,回到场地中央。

3)头顶被动步法

当来球的球路很低时,要求人的重心也要低,降低重心的同时左脚先出一步,然后转体,右脚跨出一大步,右脚落地同时将球击出。

6. 正手上网步法

1)主动上网

左脚往前踏一小步,同时右脚蹬起一大步,称为上网的主动步法。

2)被动步法

重心要低,右脚先踏一小步,左脚垫一步,右脚再踏一大步,把球打起来。这里,膝关节不能超过脚尖,髋关节往下,同时后脚稍微往下带一点。手臂在击球时置于右腿外侧,以便于回到中心位置。

7. 反手上网步法

反手的网前,准备时重心降低一些,左脚先跨一步,右脚蹬跨一步,被动的时候重心更低一点。

8. 正手接杀步法

根据来球远近,一般采用平步法,即右脚向右横跨一大步。如来球稍远,可采用左脚垫步,再接右脚横跨步到达击球区。

9. 反手接杀步法

根据来球远近,一般采用右脚向左横跨一大步。如来球稍远,可采用左脚先向左迈一小步,然后右脚再向左横跨一步,到达击球区。

(三)步法取位

为更好掌握击球步法,我们将羽毛球场地分成不同的区域以便合理选择步法和位置。一般来讲,可把场地分为前场网前区域(右侧为1号位;左侧为2号位)、中场区域(右侧为3号位;左侧为4号位)和后场区域(右侧为5位;左侧为6号位)(见图11-3)。

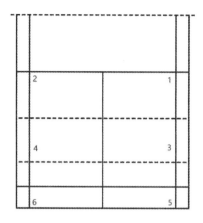

图 11-3 步法取位图

在击球时应根据不同的来球采用相应的移动步法。前场网前正手上网步法一般在 1 号位；前场网前反手上网一般在 2 号位；中场正手接杀球在 3 号位，4 号位多用在中场反手接杀球；5 号位和 6 号位则通常用于后场正手后退步法、后场头顶后退步法和后场反手后退步法等。

场上移动则要根据来球距离的远近，采用一步或多步移动步法移动到位。

第三节　羽毛球基本战术

羽毛球战术是指运动员在比赛中采取的计谋和行动。在羽毛球比赛中，双方都想控制对方，力争主动，为此能够根据不同对手的特点，采取相应变化的技术手段战胜对方。羽毛球战术分为单打战术和双打战术。

一、单打战术

(一) 发球抢攻战术

发球不受对方干扰，发球者可以根据规则，随心所欲地以任何方式将球发到对方接球区的任意一点。善于利用多变的发球术，能先发制人，取得主动。以发平快球和网前球配合，争取创造第三拍的主动进攻机会，组成了发球抢攻战术。

(二) 攻后场战术

采用重复打高远球或平高球的技术，压对方后场两角，迫使对方处于被动状态，一旦其回球质量不高，便伺机杀、吊对方的空档。

(三) 逼反手战术

一般说来，后场反手击球的进攻性不强，球路也较简单。对于后场反手较差的对手要毫不放松地加以攻击。先拉开对方位置，使对方反手区露出空当，然后把球打到反手区，迫使对方使用反拍击球。例如,先吊对方正手网前,对方挑高球,我方便以平高球攻击对方反手区。在重复攻击对方反手区迫使其远离中心位置时,突然吊对角网前。

(四)打四点球突击战术

以快速的平高球、吊球准确地打到对方场区的四个角落,迫使对方前后左右奔跑,当对方来不及回中心位置或失去重心时,抓住空当和弱点进行突击。

(五)吊、杀上网战术

先在后场以轻杀配合吊球把球下压,落点要选择在场地两边,使对方被动回球。若对方还击网前球时,便迅速上网搓球、勾对角或快速平推球;若对方在网前挑高球,可在其后退途中把球直接杀到他身上。

(六)先守后攻战术

这一战术可用来对付那种盲目进攻而体力又差的对手。比赛开始,先以高球诱使对方进攻,在对方只顾进攻疏于防守时,即可突击进攻。或者在对方体力下降、速度减慢时再发动进攻。这是以逸待劳,后发制人的战术。

二、双打战术

(一)攻人战术

这是一种经常运用的行之有效的战术。当发现对方有一个人的防守能力或心理素质较差,失误率比较高或防守时球路单调,就可采用这种战术,把球进攻到这个较弱者的一边。这种战术可集中优势兵力以多打少,以优势打劣势,造成主动或得分。这样有利于让对方站位上出现空当,有利于我方突击另一线而成功,有利于造成对方思想上的矛盾而互相埋怨,影响其士气。

(二)攻中路战术

不论对方把球打到什么地方,我方攻球的落点都应集中在对方两人之间的结合部,并靠近防守能力较差者一侧,或在中线上。攻中路战术,可以造成对方抢球或漏球;可以限制对方挑出大角度的球路,这样有利于我方网前的封网。

(三)攻直线战术

即杀球路线和落点均为直线,没有固定的目标和对象,只依靠杀球的力量和落点来取得得分。当对方的来球靠边线时,攻球的落点在边线上;当对方的来球在中间区时,就朝中路进攻。杀直线球虽然难度高一些,但效果不错,便于网前同伴的封网。

(四)攻后场战术

遇到对方后场扣杀能力差的对手,可采用高球、推平球、接杀挑高球等,迫使对方一人在底线两角移动。一旦对方还击被动时,便大力扑杀。如另一对手后退支援时,即可攻网前空当。

(五)后攻前封战术

当本方取得主动攻势时,后场队员逢高必杀,前场队员积极移动封网扑打。

(六)守中反攻战术

防守时,对方攻直线球,我方挑对角平高球;对方攻对角球,我方挑直线平高球。这样可以达到调动对方移动的目的。然后可采用挡或勾网前对角进攻的战术,这在对付网前扑、推、左右转体不灵活的对手,可以很快获得由守转攻的主动权。

第四节　羽毛球基本规则

一、场地与器材

(一)场地

1.球场

球场长为13.4 m,单打场地宽5.18 m,双打场地宽6.1 m,场地线宽均为0.04 m。室内球场区域的最低高度不得少于12 m,一般比赛最少也应达到9 m。羽毛球场地四周2 m内,不得有任何障碍物(包括相邻的两个球场之间),网柱高1.55 m(见图11-4)。

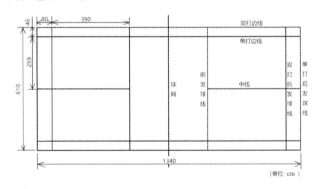

图11-4　羽毛球场地平面图

2.球网

球网应是深色优质的细绳织成。网孔为长方形,各边长均在1.5~2.0 cm之间。网全长最少为6.1 m,网上下宽0.76 m。球场中央网高1.524 m,双打边线处网高1.55 m。

(二)器材

1.羽毛球

羽毛球应有16根羽毛固定在球托部。羽毛长6.4~7.0 cm,每一个球的羽毛从托面到羽毛尖的长度应一致。羽毛顶端围成圆形,直径为5.8~6.8 cm,羽毛应用线或其他适宜材料扎牢。球托直径2.5~2.8 cm,底部为圆形,羽毛球重4.74~5.50 g。

2.球拍

球拍由拍柄、拍弦面、拍头、拍杆、连接喉组成整个框架。球拍总长度不超过68 cm,宽不超过23 cm,拍弦面长不超过28 cm,宽不超过22 cm,球拍不允许有附加物和突出部,除非是为了防止磨损、断裂、振动,或调整重心的附加物,或预防球拍脱手而将拍柄系在手上的绳索,但尺寸和位置应合理(见图11-5)。

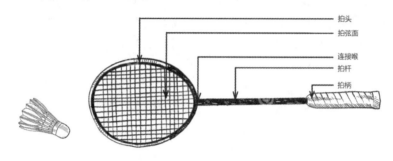

图 11-5　羽毛球拍组成框架

二、比赛规则

(一)站位规则

1. 单打

(1)发球员的分数为 0 或双数时,双方运动员均应在各自的右发球区发球或接发球。

(2)发球员的分数为单数时,双方运动员均应在各自的左发球区发球或接发球。

(3)如"再赛",发球员应以该局双方总得分数来确定站位。若总分为单数,双方运动员均应在各自的左发球区发球或接发球;若总分为双数,双方运动员均应在各自的右发球区发球或接发球。

(4)球发出后,双方运动员击球就不再受发球区的限制,运动员的站位也可以在自己这方场区的界内或界外。

2. 双打

(1)一局比赛开始,应从右发球区开始发球。

(2)只有接发球员才能接发球;如果他的同伴接球或被球触及,发球方得一分。

①在发球方得分为 0 或双数时,应该由发球方站在右侧的运动员发球,接发球方站在右侧的运动员接发球;发球方得分为单数时,则应站在左发球区的运动员发球或接发球。

②每局开始首先接发球的运动员,在该局本方得分为 0 或双数时,都必须在右发球区接发球或发球;得分为单数时,则应在左发球区接发球或发球。

③发球方的非发球运动员和接发球方的非接发球运动员站在另一发球区内。

(3)任何一局的接发球方得一分时,接着由接发球方运动员之一发球,如此交换发球权。注意,交换发球权时双方 4 位运动员都不需要变换站位。

(4)运动员不得有发球错误和接发球的错误,或在同一局比赛中有两次发球。

(5)一局胜方的任一运动员可在下一局先发球,负方中任一运动员可先接发球。

(6)球发出后,双方运动员击球就不再受发球区的限制,运动员的站位也可以在自己这方场区的界内或界外。

(二)合法发球

(1)发球时任何一方都不允许延误发球。

(2)发球员和接发球员都必须站在各自发球区内发球和接发球,脚不能触及发球区的界限;两脚必须都有一部分与地面接触,不得移动,直至将球发出。

(3)发球员的球拍必须先击中球托,与此同时整个拍框必须低于发球员的腰部。

(4)击球瞬间拍杆应指向下方,从而使整个拍框明显低于发球员的整个握拍手部。

(5)发球开始后,发球员的球拍必须连续向前挥动,直至将球发出。

(6)发出的球必须向上飞行过网,如果不受拦截,应落入接发球员的发球区。

(三)计分规则

(1)每场比赛采取三局两胜制;

(2)率先得到21分且领先至少2分的一方赢得当局比赛;

(3)如果双方比分打成29比29,则率先得到第30分的一方取胜;

(4)首局获胜一方在接下来的一局比赛中率先发球;

(5)当一方在比赛中得到11分后,双方队员将休息1 min;

(6)两局比赛之间的休息时间为2 min。

(四)违例

1. 发球违例

(1)过腰:发球时(在球和球拍接触的瞬间),球的任何部分高过发球员的腰部。

(2)过手:发球时(在球和球拍接触的瞬间),球拍顶端未向下,整个拍框没有明显低于握拍手的整个手部。

(3)踩线:发球时,脚踩在发球区四周的线上或线外的地面。

(4)移动:发球时(从球拍第一次向前挥动开始,如抛球在先,挥拍在后,则从抛球开始到球从拍面弹出瞬间为止),发球员的两脚或任何一脚离开地面或移动。

(5)假动作:在发球员和接球员均做好准备姿势后,发球员在发球过程中有任何破坏发球连续性的动作。

(6)不过网:球未发过网,或从网下穿过。

(7)错区:发过去的球落在非规定的一个发球区内。

(8)短球:发过去的球落在网前发球线之间的区域内。

(9)长球:双打比赛,发过去的球落在双打发球线之后与端线之前的区域内。

(10)界外:发过去的球落在边线、端线以外的地区。

2. 接发球违例

(1)移动:接发球时(从发球员球拍第一次向前挥动开始——如抛球在先,挥拍在后,则从抛球开始到球从拍面弹出瞬间为止),接发球的两脚或任何一脚离开地面或移动。

(2)踩线:接发球时,接发球员踩在发球区四周的任何线上或踏出线外。

3. 击球违例

(1)连击:挥拍连续击球两次,或同队两名运动员各击一次。

(2)持球:击球时,球停滞在球拍上,紧接着又有拖带动作。

(3)界外:球的整体落在对方边线后端线以外(球的任何部分压线为界内球)。

(4)触网:比赛进行中,球拍或运动员身体、衣服触及球网或球网的支撑物。

(5)过网:击球时,球拍或球的接触点在对方场区上空(如果击球点在本方上空,球拍可随球过网)。

(6)碰障碍:击出的球碰到障碍物。

(7)妨碍:比赛进行中,运动员有妨碍对方的行为,如阻挡对方紧靠球网的合法击球;球拍扔进对方场区等。

(8)不过网:击出的球落在本方场区外,或从网下击入对方场区。

第十二章 乒 乓 球

本章资源列表

乒乓球运动是在规定的球台两端,由两名或两对选手用球拍击球过网,以造成对方失误、本方得分的隔网对抗性运动项目。以得分多少决定胜负,每场比赛采用七局四胜制,以一方先胜(得)11分为一局。具有球小、速度快、变化多、趣味性强的特点,因其设备比较简单,室内外均可进行,是我国开展最广泛、群众基础最好的运动项目之一。

第一节 乒乓球运动概述

一、乒乓球运动的起源与发展

乒乓球运动起源于19世纪英国,流行于欧洲,称为table tennis。最早记载始于1880年,当时作为一种游戏在英国上层社会流行。1890年,英国人詹姆斯·吉布从美国带回赛璐珞球代替当时的软木和橡胶球,由于羊皮纸拍与球撞击时发出"乒"而落台时发出"乓"的声音,因此,以击球声命名的乒乓球一直沿传至今。1902年,英国人库特发明了颗粒胶皮拍,但乒乓球在1904—1918年间尚停留在游戏阶段,直到20世纪20年代举行了多次乒乓球邀请赛和各国锦标赛后才引起人们的重视。

1918年,各国乒联先后成立,促进了乒乓球运动在世界各地的开展。1926年12月第一次欧洲锦标赛在伦敦举行。乒乓球运动于1988年列入奥运会竞赛项目。

第一次世界乒乓球锦标赛在英国伦敦举行,有9个国家的64名男女运动员参加了比赛,比赛举行了5个项目(男团、男单、男双、女单、混双),第2届增加了女双,第11届才增加女团的表演赛。现今正式比赛项目有男团、女团、男单、女单、男双、女双和混双共7个项目。早期是欧洲乒乓球的全盛时期,在18届世乒赛中,欧洲选手包揽了117项冠军中的109项。匈牙利最为突出,占57项半(有三项双打,与奥地利、苏格兰合作)。20世纪50年代之后,日本在世界乒坛中崛起,从第19届—25届共获得24项冠军。

1959年中国队崛起,打破了日本在世界乒坛的霸主地位,容国团在第25届世乒赛上为中国赢得了第一个世界男子单打冠军。中国队在第25届—30届世乒赛上共获得12项冠军。同一时期,日本创造了"弧圈球"技术,欧洲队再次复兴,中国、日本、朝鲜齐头并进。在第31—35届世乒赛中共产生了35项冠军,其中中国16项,日本4项,韩国、朝鲜4项,欧洲11项,出现了欧、亚两大洲抗衡的新格局。尔后,中国队再度崛起,在第36届世乒赛上囊括7项冠军,第37、38、39届各获4项冠军,第43届获7项冠军,第44届获6项冠军。

现在,中国成为名副其实的乒乓王国,乒乓球成为中国的国球。

二、乒乓球运动的特点和锻炼价值

(一)运动特点

(1)乒乓球运动的器材设备简单,室内室外都可以进行,运动量可大可小,不同年龄、性别和身体条件的人都可以参加,是大众喜爱的运动项目。

(2)乒乓球速度快、变化多,要求练习者在短时间内对瞬息万变的击球有较强的反应能力和应变能力,因而能提高人体神经系统的灵敏性、协调性与均衡性。

(3)乒乓球项目分单项、双打和团体项目。团体项目一般可通过个体来实现,所以乒乓球项目可以培养独立思考、单独作战及团队精神。

(二)锻炼价值

1. 提高身体素质

长期参加乒乓球运动的人,随着水平的不断提高、活动范围的加大、运动量的加大,不仅相应地提高了速度素质、力量素质和身体的灵敏性、协调性,而且使肌肉发达、结实、健美,关节更加灵活稳固。

2. 提高神经系统灵活性

打乒乓球时,球在空中飞行的速度很快,正手攻球只需 0.15 s 就可到达对方台面。在这样短暂的时间内,要求运动员对高速运动的来球方向、旋转、力量、落点等需要全面观察,迅速判断,并及时采取对策,快速移动步法,调整击球的位置与拍面角度,进行合理的还击,而这一切活动都是在大脑统一指挥下进行的,因而经常从事乒乓球练习,可增强中枢神经系统对其他系统与器官的调节能力,并大大提高神经系统的反应速度。

3. 改善心血管系统和呼吸系统的功能

经常参加乒乓球运动,能使心血管系统的结构和机能得到改善,心肌变得发达有力,心容量加大,每搏输出量增多。健康成年男子安静时心率一般为 65~75 次/min,成年女子为 75~85 次/min;而受过乒乓球训练的运动员,安静时,男子心率为 55~65 次/min,女子为 70 次/min 左右。参加乒乓球运动,不仅提高了心脏工作的效率,而且有利于身体的新陈代谢,从而提高整个身体机能水平。

4. 提高心理素质

乒乓球是一项竞技运动,竞争激烈,成功和失败的机会经常变换,因而参赛者需承受这些变幻莫测、胜负难料的激烈竞争的考验。同时,在比赛中还要对对方战术意图进行揣摩,把握自己的战术应用。因此,练习者的心理素质得到了很好的锻炼。

第二节 乒乓球基本技术

乒乓球运动是一项技巧性和对抗性很强的个人运动项目,由于不同运动员的风格特点各不相同,球拍的使用性能也因人而异,因而形成了目前世界上流派众多的打法和技术风格。乒乓球基本技术分为:基本握拍、基本站位与姿势、基本步法、发球与接发球、挡球和推挡球、攻球、弧圈球、搓球和削球。

一、基本握拍

世界上流行的握拍法有直握、横握两种。不同的握拍法各有不同的优缺点,从而产生各种不同的打法。初学者可以根据各自的习惯和爱好,选择适合自己的握拍方法。

(一)直拍握法

1. 近台快攻型握拍法

拍前,以食指第二关节和拇指第一指关节扣拍。拍后,三指弯曲贴于拍的三分之一上端(见图12-1)。

图12-1　直拍近台快攻型握法

2. 弧圈球型握拍法

拍前,拇指紧贴于拍柄的左侧,食指扣住拍柄,形成一个小环状,紧握拍柄。拍后,三指自然弯曲顶住球拍的中部(见图12-2)。

图12-2　直拍弧圈球握法

3. 直拍削球握拍法

大拇指弯曲,紧贴拍柄的左侧,用力下压,其余四指自然分开握住拍的后面。正手削球时,尽量使球拍后仰,减少来球的冲力。反手削球时,拍后四指灵活地把球拍转动兜起使拍面向下(见图12-3)。

图12-3　直拍削球握法

（二）横拍握法

虎口贴拍，食指在拍前，拇指在拍后。正手攻球时，食指稍向上移动，反手攻球时，拇指稍向上移动（见图12-4、图12-5）。

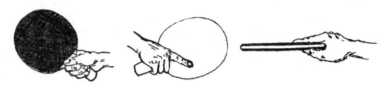

图 12-4　横拍正手握法

图 12-5　横拍反手握法

二、基本站位与姿势

（一）站位类型

(1)左推右攻打法：近台中间偏左。
(2)两面攻打法：近台中间偏左。
(3)弧圈球为主打法：中台偏左。
(4)横拍攻削结合打法：中台附近。
(5)削球为主的打法：中远台附近。

（二）准备姿势

准备的基本姿势是：两脚平行站立，提踵，前脚掌内侧用力着地，两脚间距略宽于肩，膝盖微曲，稍内扣，上体略前倾，重心在两脚中间。下颌稍向内收，两眼注视来球，持拍手臂、手腕自然放松，肘略外张，将球拍置于腹前。

三、基本步法

步法是乒乓球运动的"灵魂"，要求"每球必动"，以保证最佳击球位置。对于步法的要求是反应判断要快，脚步移动要灵活。

乒乓球基本步法有：单步、跨步（跟步）、跳步、交叉步等。

（一）单步

(1)移动方法：以一只脚为轴，另一只脚向前、后、左、右不同方向移动，身体重心随之落在移动脚上（见图12-6或图12-7）。

(2)实际运用：①接近网小球；②削追身球；③单步侧身攻：在来球落点位于中线稍偏左

或对推中侧身突袭直线或对搓中提拉球时常用。

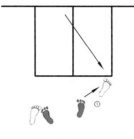

图 12-6 单步(1)

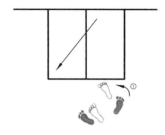

图 12-7 单步(2)

(二)跨步

(1)移动方法:一脚蹬地,另一脚向移动方向跨一大步,蹬地脚随后跟上半步或一小步,身体重心即移到跨步脚上(见图 12-8 或图 12-9)。

(2)实际运用:①近台快攻打法,用来对付离身体稍远的来球;②削球打法,左、右移动击球;③跨步侧身攻,当来球速度较慢,但离身体稍远时,左脚向左前上方跨一大步,右脚随即跟上一小步,同时配合腰部右转动作,完成侧身移动。

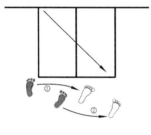

图 12-8 跨步(1)

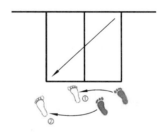

图 12-9 跨步(2)

(三)跳步

(1)移动方法:以来球异侧脚用力蹬地,两脚同时离地向来球方向跳动(见图 12-10 或图 12-11)。

(2)实际运用:①快攻选手左右移动击球,常与跨步结合起来使用;②弧圈类打法由中台向左、右移动时常用;③跳步侧身攻或拉,但在空中需完成转腰动作;④削球选手在接突击时常采用,但以小跳步来调整站位用得较多。

(四)交叉步

(1)移动方法:以靠近来球方向的脚作为支撑脚,该脚的脚尖调整指向移动方向,远离来球方向的脚在体前交叉,向来球方向跨出一大步,身体随之向来球方向转动,支撑脚跟着向来球方向再迈一步,这是前交叉步;后交叉步是在体后完成交叉动作(见图 12-12 或图 12-13)。

(2)实际运用:①快攻或弧圈打法在侧身攻、拉后扑打右角空档,或从右大角变反手击球;②在走动中拉削球;③削球打法接短球或削突出击。

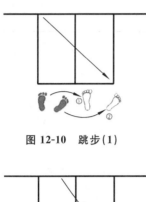
图 12-10 跳步(1)

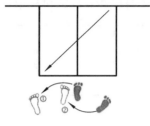
图 12-11 跳步(2)

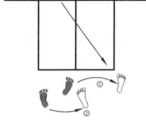
图 12-12 交叉步(1)

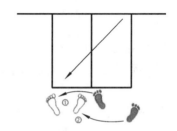
图 12-13 交叉步(2)

四、发球与接发球

(一)发球

1. 正手平击发球

(1)击球前:左脚稍前,身体略向右转。左手将球向上抛起,同时右臂内旋,使拍面角度稍前倾,向身体右后方引拍。

平击发球

(2)击球时:当球从高点下降至稍高于球网时,击球中上部向左前上方发力,球击出后第一落点在球台中央。击球后,手臂继续向左前方随势挥动,迅速还原。发力部位以前臂为主,身体重心随之从右脚移至左脚。

2. 正手发右侧上旋急球(奔球)

(1)击球前:左脚稍前,身体略向右偏斜,左手将球向上抛起,同时右臂内旋,拍面角度略前倾,手臂手腕自然下垂,肘关节高于前臂,向身体右后方引拍。

(2)击球时:当球从高点下降至近于网高时,击球右侧并向右侧上方摩擦,触球一瞬间拇指压拍,手腕从右后方向左上方抖动,球击出后第一落点接近己方端线。发力部位以前臂和手腕为主,在动作过程中,身体重心从右脚移至左脚。

3. 反手发急球

(1)击球前:右脚稍前或平站,身体略向左偏斜,左手将球向上抛起,同时右臂外旋,拍面角度稍前倾,上臂自然靠近身体左侧,右臂以肘关节为轴心,前臂向左前方横摆。

(2)击球时:球从高点下降至低于网高时,击球左侧中上部,触球一瞬间前臂加速向右前上方横摆,手腕发力摩擦球,腰部配合向右转动,击球后第一落点接近本方端线。发力部位以前臂为主,动作过程中身体重心从左脚移至右脚。

4. 正手发下旋加转与不转球

(1)击球前:左脚稍前,身体略右倾斜,左手向上将球抛起,同时右臂直握拍手腕后伸,横握拍手腕作外展和伸。右臂从身体右后上方向左前下方挥动。

下旋球

(2)击球时:当球从高点下降至稍高于或平于网高时,前臂加速向左前下方发力,同时直握拍手腕作屈同时内收,球拍击球中下部向底部摩擦,球击出后第一落点接近于球网。

不转发球动作方法大致与下旋加转发球相同,区别在于:手臂外旋幅度小,减少拍面后仰角度,击球中部或中下部,减小向下摩擦球的力量,稍加向前推球的力量,使作用力线接近球心,从而形成不转球。

5. 反手发下旋加转与不转球

(1)击球前:右脚稍前或平站,身体略向左偏斜,左手掌心托球置于身体左前方,左手将球上抛时,同时右臂内旋从身体左后上方向右前下方挥动。

(2)击球时:当球从高点下降至稍高于或平于网高时,前臂加速向右前下方发力,同时直握拍手腕作伸,横握拍手腕作内收,击球中下部向底部摩擦。球击出后第一落点接近球网。击球后,手臂继续向右下方随势挥动,迅速还原。

6. 正手发左侧上(下)旋球

(1)击球前:站位左半台,左脚稍前,身体略向左偏斜,左手将球向上抛起,同时右臂外旋,直握拍手腕作伸,横握拍手腕作外展,使拍面角度略偏向左侧,向右上方迎拍,腰部略向右转动。

(2)击球时:当球从高点下降至接近网高时,前臂加速向左方挥摆,直握拍手腕作屈,横握拍手腕作内收,腰部配合向左转,击球中部向左侧上方摩擦,根据发球长短调整球的第一落点远近,发出左侧上旋球。左侧下旋发球动作方法大致与左侧上旋发球动作相同,区别在于:引拍向右后上方,手臂向左前下方挥摆,击球中下部向左侧下方摩擦,触球高度略高于网。横握拍发球左侧上(下)旋球,最好将握拍柄的三个手指松开,以增加手腕的灵活性。

7. 反手发右侧上(下)旋

(1)击球前:站位左半台,右脚稍前或平站,身体略向左偏斜,左手掌心托球置于身体左前方;左手将球向上抛起,同时右臂稍内旋,使拍面角度几乎垂直。向左后方引拍,腰略向左移动,右臂从左后向右上方挥动。

(2)击球时:当球从高点下降至近网高时,前臂加速向右上方挥摆,直握拍手腕作伸,横握拍作内收,腰部配合向右转,击球中部向右侧上方摩擦。

(二)接发球

比赛中双方接发球机会与发球相同。如果接发球效果好,不仅有机会直接得分,而且能破坏对方的抢攻,从而为自己的进攻创造条件。

要接好发球,首先要选择站好位,应根据对方发球的站位来决定自己的站位。既要考虑对方来球落点的变化,又要保证在对打阶段个人技术特长的发挥。此时,还要判断来球性能。由于发球者可主动改变发球的旋转、力量、速度、落点,因此,提高对来球性能的判断是十分重要的。来球的飞行弧线较高,球速快,落台后有一定冲力,称为上旋球;反之,为下旋球。球落台向接发球者左侧拐是左侧旋,回接应向对方右方多用力;反之,应抽向对方左方。接发球和发球练习可以结合在一起进行,开始要从单一发固定旋转、落点的球开始练习,然后再进行综合性的发球和接发球练习。

五、挡球和推挡球

推挡球是左推右攻型运动员使用的主要技术之一,推挡技术特点是站位近、动作小、变化多。

挡球与推挡

(一)挡球

挡球的特点是球速慢、力量轻,落点适中、不旋转或轻微旋转,是初学者的入门技术。两脚开立,身体离台 40~50 cm,手臂自然弯曲并做外旋,拍面接近垂直,前臂与台面几乎平行。当来球跳至上升期,前臂和手腕稍向前迎击,拍面接近垂直,击球中部。此技术主要是借助对方来球的反弹力将球挡回,发力部位以前臂为主,动作过程中身体重心放至两脚。

(二)快推

快推的特点是回球速度快,落点变化好,借力回击,力量较轻。身体离台约 50 cm,推来球的上升后期或高点期,击球左侧中上部,拍面稍前倾,前臂推,手腕外旋,向前下方推球。发力部位以前臂和手腕为主,动作过程中身体重心放至两脚。

(三)加力推

加力推的特点是回球力量重,球速快,击球点较高。身体离台约 50 cm,击来球的上升期,击球左侧中部,拍触球时有一个前臂稍后收的缓冲动作。发力部位以前臂为主,上臂、前臂、手腕同时发力,腰髋配合。

(四)减力挡

减力挡的特点是回球弧线低,落点近,力量轻。身体离台约 50 cm,击来球的上升期,拍面前倾击球中上部,拍触球一瞬间手臂和手腕稍向后收,以缓冲球撞击拍的力量。

六、攻球

(一)正手攻球

正手攻球是乒乓球攻球技术中的重要组成部分。具有快速有力的特点,能体现积极主动、快速进攻的指导思想。比赛时,正手攻球运用得好,能使自己争取到主动,使对方陷于被动。

攻球

1. 正手快攻

正手快攻是对攻中最常用的技术,站位近、动作小、速度快,能借力打力,与落点变化搭配,还能调动对手,为扣杀创造条件。身体离台约 50 cm,上升期击球,击球中上部,拍面前倾,在上臂带动下以前臂发力为主,配合手腕内旋,向前上方挥拍。

2. 正手中远台攻

站位稍远,照顾范围大,主动发力击球,力量重、动作大。身体离台约 1 m,在来球的下降前期,上臂带动前臂同时加速向左前上方挥动,腰、髋向左转动配合发力,拍面接近垂直击球中部并向上摩擦。

3. 正手拉攻

站位稍远,主动发力摩擦回击来球,是还击下旋球的有效方法,也可以作为过渡技术为扣杀创造条件。身体离台约 60 cm,在来球的下降前期击球中下部,触球瞬间,前臂加速提拉,向前上方挥拍。

4. 正手扣杀

正手扣杀动作较大,力量重,球速快,攻击性强。站位近台,手臂自然弯曲并作内旋,拍面前倾,随着腰髋转动,手臂向后移动将球拍引至身体右后方。当球跳至高点期,上臂带动前臂加速向左前下方发力挥动,腰、髋向左转动配合发力,拍面前倾击球中上部。

(二)反手攻球

反手攻球是进攻运动员不可缺少的一门技术,具有出手快、突然性强的特点。比赛中运用反手攻球,常会出现两面出击压制对方的局面。

1. 反手快攻

右脚稍前几乎成开立平站,身体离台约 50 cm,手臂自然弯曲并外旋使拍面稍前倾,上臂、肘关节自然靠近身体,手腕作屈和内收,将球拍引至腹前偏左位置,前臂向左前方迎球。当来球跳至上升期时,肘关节内收,前臂加速向右前上方发力并外旋,手腕同时配合作伸和外旋,拍面稍前倾击球中上部。

2. 反手中远台攻

右脚稍前几乎成开立平站,身体离台 70～100 cm,当来球跳至下降前期,肘关节内收,在上臂带动下前臂加速横摆,手腕作伸和外展,腰、髋向右移动,向右前上方发力,拍面接近垂直击球中部。

3. 反手拉攻

右脚稍前几乎成开立平站,身体离台约 60 cm。当来球跳至高点初降时,腰、髋向右转动,上臂向前迎击,肘关节内收,前臂加速向右上方提拉,手腕作伸和外旋,拍面稍后仰击球中部。

4. 反手扣杀

右脚稍前,身体离台 50～70 cm,手臂自然弯曲并外旋,使拍面稍前倾,腰、髋向左转动,手臂向左后方移动,将拍引至身体左侧后方,离台面较高。腰、髋向右转动,同时手臂向前迎球,当来球跳至高点期,腰、髋向右转动,肘关节内收,上臂带动前臂,同时向右前下方挥动,拍面稍前倾击球中上部。

(三)直拍横打

直拍横打是中国乒乓球运动员近年独创的一项反手击球技术,它利用拍形的前倾,能充分发挥前臂伸的力量。它不仅比反手正面攻球的力量大,而且可以打出用正面难以完成的技术。

1. 反面攻球

站位左脚稍后,右脚稍前,离台约 1 m;上臂和前臂先向后引拍至左肩处,再协同腰、髋、腹的力量,向右前方挥拍击球,身体重心随之从左脚移到右脚,击球时间为高点期或下降前期。击球时主要是拇指和中指用力,食指自然放松。

2. 反面弧圈球

左脚稍前,右脚稍后,两脚间距比肩略宽,离台约 50 cm,引拍时球拍在腰、髋动作的带动下有一向左后下方的弧形转动,膝微屈,腹稍收,身体重心略下降,利用脚蹬地、伸膝、挺腹和转腰的力量,前臂、手腕先向前迎球,触球瞬间迅速转为向上摩擦,身体重心从左脚移至右脚。击球时间为下降前期,触球中部或中上部,食指放松,主要用拇指和中指发力。

七、弧圈球

弧圈球是一种上旋非常强的进攻技术,能够制造适当的弧线,回击低而强烈的下旋球,与攻球相比有更多的发力击球时机。

(一)加转弧圈球

球速慢、弧线高、曲度大、上旋特别强,着台后向下滑落快,击出的球第一弧线高,第二弧线较低,对方回击不当容易出高球或出界。正手拉加转弧圈球方法:左脚稍前,身体离台约 60 cm,手臂稍内旋,使拍面角度前倾,腰、髋向右转动,前臂自然下垂,同时直握拍手腕作屈,横握拍手腕作内收,当来球跳至下降前期,提踵,脚蹬地,腰、髋向左上方转动带动上臂和前臂,同时直握拍手腕作伸,横握拍手腕作外展,加速向前上方发力,拍面前倾,击球中部偏上。

(二)前冲弧圈球

弧线长、上旋强、速度快、有一定的力量,着台后前冲力大,向下滑落。正手拉前冲弧圈球方法:左脚稍前,根据来球选择站位的远近,手臂内旋使拍面角度前倾大些,腰、髋向右转动,手臂几乎垂直,直握拍手腕作屈,横握拍手腕作内收,将球拍引至身体右后下方。当来球跳至高点期或下降前期,腰、髋向左转,在上臂带动下前臂加速向前为主,略向上发力,同时直握拍手腕作伸,横握拍手腕作外展,拍面前倾击球中上部。

(三)侧旋弧圈球

带有上旋及侧旋,飞行弧线向侧偏拐,对方拍触球向侧反弹,落台后急速向侧下滑。正手拉侧旋弧圈球方法:左脚稍前,根据来球远近选择站位,手臂略屈自然下沉,拍头下垂并内旋使拍面方向略偏左,手臂向右侧后方移动,将球拍引至身体右侧后方。身体向右转动,手臂向侧前方迎球。当来球跳至下降期,腰、髋向左转动带动手臂向右侧挥动,再向内侧抖动,同时直握拍手腕作伸,横握拍手腕外展,拍头下垂拍面偏左,击球右侧中部或中下部。

八、搓球

搓球

搓球是近台还击下旋球的一种基本技术,它与攻球结合成为搓攻战术,搓球可以用于接发球,比赛时用它作为过渡技术。

搓球技术动作,包括慢搓、快搓、搓转与不转三部分。

（一）慢搓

动作较大，球速较慢，主动发力还击，有一定的旋转强度。身体离台约 50 cm，击来球的下降期、左中下部，拍面后仰，手腕配合前臂向前下方作前送动作。

（二）快搓

动作较小，速度较快，回球旋转强度一般，主要是借助对方来球用力进行还击。身体离台约 40 cm，击来球的上升期、左中下部，拍面稍后仰，前臂向前下方用力，手腕不转动。

（三）搓转与不转

这种搓球有旋转变化，为进攻创造机会。快慢搓都能搓加转与不转球。搓加转时，前臂和手腕加速向前下方用力，用球拍的中下部擦击球的左中下部；搓不转球时，前臂和手腕多向前上方用力，用球拍的中上部撞击球，形成相对不转。

九、削球

削球是乒乓球传统手法之一，也是乒乓球防守技术之一，削球技术正在向转、稳、低、攻方向发展，具有球速慢、弧线长、球下旋等特点。削球是一种防守技术，以其旋转和落点变化威胁对方。有近削、远削、加转削、不转削、削逼角球和削弧圈球等。利用球拍的摩擦力切削击球，击球时，球拍后仰，由体侧上方向前下方挥拍，挥拍呈圆弧路线，在球的下降期触球的中下部。

第三节　乒乓球基本战术

运动员在比赛时，应根据自己和对手的基本情况，正确而有目的有预见地运用所掌握的各项技术，充分发挥自己的优势，限制对方的长处，盯对方的弱点，为战胜对手而采取有效的方法。战术是以基本技术为基础的，技术掌握越全面、越熟练、越实用，越能更好地完成比赛中的战术实施。在运用战术过程中，要体现以我为主、积极主动、扬长避短、机动灵活的思想，打出风格，打出水平。

一、战术制定的基本原则

在制定战术时，应遵循以下基本原则：

（1）知己知彼，有的放矢；
（2）机动灵活，随机应变；
（3）以己之长，制彼之短；
（4）善于观察，善于分析；
（5）勇猛顽强，敢打敢拼。

以上各个原则是有机联系、互为条件、辩证统一的。制定和运用战术的前提是必须了解对手的技术特点和打法情况。

二、快攻型打法的基本战术

快攻打法战术的指导思想就是充分利用快速多变的特点来调动和控制对方,并利用发球、拉球、搓球等手段为攻球创造条件。对付削球打法时,主要是运用拉球技术,突击和扣杀对方,并利用发球、搓球、推挡等手段为攻球创造条件。

快攻型打法的基本战术大致可分为发球抢攻、对攻、拉攻、搓攻、接发球五种。

(一)发球抢攻战术

发球抢攻是利用发球力争主动、先发制人的一种战术。将急球与轻球结合落点变化进行强攻;上旋和下旋结合落点变化进行强攻;侧上、下旋结合落点变化进行强攻;发转与不转球抢攻;急球与侧上、下旋球抢攻。

(二)对攻战术

对攻战术是进攻打法相互对抗时常用的一种重要战术。双方利用推挡、正反手攻球,以及弧圈的速度、旋转、落点的变化和力量的轻重来控制对方,力争主动。常用的有以下几种方法:

(1)紧压反手,结合变线,伺机抢攻;压中路,再侧身攻左右两角。
(2)调右压左。
(3)攻追身杀两角;攻两角杀追身;攻追身杀追身。
(4)连压中路或正手,伺机抢攻。

(三)拉攻战术

拉攻战术是以攻为主对付削球打法的主要战术,也就是利用拉球的旋转、速度、力量和落点变化创造机会进行突击和扣杀,迫使对方后退防守,从而达到控制对方、赢得主动的目的。常用的有以下几种方法:

(1)拉反手后侧身突击斜线,然后扣杀中路或两大角。
(2)拉对方中路,伺机突击两大角再杀空档。
(3)长短球和拉搓结合。
(4)转与不转或轻重结合。

(四)搓攻战术

搓攻战术是快攻类打法对常用攻球和削球打法的辅助战术,也就是利用搓球的旋转、落点、速度变化为进攻创造机会的战术。常用的有以下几种方法:

(1)搓不同落点进行突击。
(2)搓转与不转结合落点变化进行突击。
(3)搓拉结合落点变化伺机突击。
(4)搓削结合落点变化进行反击。

(五)接发球战术

积极利用快速多变的各种手段去接发球,并尽可能与个人的打法特点密切配合,以便充分发挥自己的特长,接发球战术对整个战局能否获得主动起着重要作用。快攻型接发球战术有以下几种方法：

(1)用拉攻或推挡控制对方反手,伺机抢攻。

(2)用搓短球为主结合搓底线长球,力争主动抢攻。

(3)若自己站位较好,又能正确判断对方发球时,可用快点快攻或中等力量的突击进行接发球抢攻。

第四节 乒乓球基本规则

一、场地与设备器材

(一)国际乒乓球比赛场地

国际乒乓球比赛场地为长方形,长 14 m,宽 7 m,空间高度为 4 m,照明光源距地面不得少于 4 m,灯光在台面的照明不得低于 1000 lux,场地四周一般应为暗色,不能有明亮光源或未加遮挡的日光,地面应呈暗色且无反光。

(二)球台

球台的上层表面是一个与水平面平行的长方形,长 2.74 m,宽 1.525 m,高 0.76 m(包括台面的上边缘),台面如图 12-14 所示。

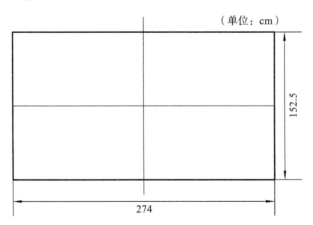

图 12-14　乒乓球台平面图

(三)球拍

目前乒乓球规则规定使用的球拍有三种:胶皮拍,海绵正贴胶皮拍,海绵反贴胶皮拍。

1. 海绵正贴胶皮拍

这种球拍是在木板与胶皮之间夹有一层海绵,海绵连同胶皮的总厚度不超过 4 mm,它分成三个种类。

1)普通海绵正贴胶皮拍

这种球拍反弹力较强,回球速度也较快,能制造一定的旋转。胶粒上刻有花纹,击球时能吃住球。在发球、搓球和拉球时能产生一定的旋转,但其控制球的稳定性不好。

2)海绵正贴生胶拍

这种球拍是将一种生胶皮正贴在海绵上,其颗粒比一般胶皮上的颗粒要大一些,且胶粒和胶皮较硬,使得球的反弹力增强,回球速度加快。在攻或者回击弧圈球时,球着台后有迅速下沉的现象。这种球拍制造旋转的能力较差。

3)海绵正贴长胶拍

这种球拍是将长胶胶皮贴在海绵上,它与长胶胶皮拍相比,弹性更大,旋转变化更强。发球时,如果能快速集中力量摩擦球,还可以发出旋转球。

2. 海绵反贴胶皮拍

1)反胶海绵拍

将胶皮上有胶粒的一面反贴在海绵上,平的一面向外。这样的球拍表面平整,有较大的黏性,对球的摩擦很大。如果附在硬型海绵上,能打出强烈的旋转球。但由于胶粒向内,同海绵之间留有一定的空隙,因此,反弹力稍差,回球速度稍慢。

2)防弧圈球海绵拍

将一种黏性小的胶皮反贴在结构松软、弹性差的海绵上。这种球拍可以减弱来球的旋转和来球的力量,对付弧圈球非常有效,但这样的球拍回击球的旋转强度和速度也同时遭到了减弱。

(四)乒乓球

乒乓球采用塑料或类似的材料制成,呈白色、黄色或橙色,且无光泽,直径 40＋(40.0～40.6 mm),重 2.7 g。

二、用语定义

(1)回合:球处于比赛状态的一段时间。

(2)球处比赛状态:从有意识发球前,球静止在不执拍手掌中的最后瞬间,到该回合被判得分或重发球。

(3)重发球:不予判分的回合。

(4)不执拍手:未握着球拍的手。

(5)击球:用握在手中的球拍或执拍手手腕以下部分触球。

(6)阻挡:对方击球后,处于比赛状态的球尚未触及本方台区也未超过比赛台面或其端线,即触及本方运动员或其穿戴的任何物品。

(7)越过或绕过球网装置:除从球网和比赛台面之间通过以及从球网和网架之间通过的情况外,球均应视作已"越过或绕过"球网装置。

(8)一局比赛:在一局比赛中,先得 11 分的一方为胜方;比分出现 10 平后,先多得 2 分的一方为胜方。

(9)一场比赛:一场比赛应采用三局两胜制或五局三胜制或七局四胜制;一场比赛应连

续进行,但在局与局之间,任何一名运动员都有权要求不超过两分钟的休息时间。

三、合法发球

(1)发球开始时,球置于不持拍手的手掌上,手掌张开,保持静止。

(2)球员须用手将球几乎垂直地向上抛起,不得使球旋转,并使球在离开不执拍手的手掌之后上升不少于16 cm,球下降到被击出前不能碰到任何物体。

(3)当球从抛起的最高点下降时,发球员方可击球,使球首先触及本方台区,然后越过或绕过球网装置,再触及接发球员的台区。在双打中,球应先后触及发球员和接发球员的右半区。

(4)从发球开始,到球被击出,球要始终在台面以上和发球员的端线以外,而且不能被发球员或其双打同伴的身体或衣服的任何部分挡住。

(5)运动员发球时,应让裁判员或助理裁判员看清他是否按照合法发球的规定发球。

如果没有助理裁判,裁判员对运动员发球合法化有怀疑,在一场比赛中第一次出现时将进行警告,不罚分。

四、合法还击

对方发球或还击后,本方运动员必须击球,使球直接越过或绕过球网装置,或触及球网装置后,再触及对方台区。

五、发球、接发球和方位的选择

(1)选择发球、接发球的权力应由抽签来决定。中签者可以选择先发球或先接发球,或选择先在球台某一方。

(2)当一方运动员选择了先发球或先接发球,或选择先在某一方位后,另一方运动员必须有另一个选择。

(3)在每两分之后,接发球方即成为发球方,依此类推,直至该局比赛结束,或者直至双方比分都达到10分或实行轮换发球法,这时,发球和接发次序仍然不变,但每人只轮发一分球。

(4)在双打的第一局比赛中,先发球方确定第一发球员,再由接发球方确定第一接发球员。在以后的各局比赛中,第一发球员确定后,第一接发球员应是前一局发球给他的运动员。

(5)在双打中,每次换发球时,前面的接发球员应成为发球员,前面的发球员的同伴应成为接发球员。

(6)一局中首先发球的一方,在该场下一局应首先接发球。在双打决胜局中,当一方先得5分时,接发球方应交换接发球次序。

(7)一局中,在某一方位比赛的一方,在该场下一局应换到另一方位。在决胜局中,一方先得5分时,双方应交换方位。

六、轮换发球法

如果一局比赛进行到 10 min 仍未结束(双方都已获得至少 9 分时除外),或者在此之前任何时间应双方运动员要求,应实行轮换发球法。

(1)时限到时,球仍处于比赛状态,裁判员应立即暂停比赛。由被暂停回合的发球员发球,继续比赛。

(2)当时限到时,球未处于比赛状态,应由前一回合的接发球员发球,继续比赛。

此后,每个运动员都轮发一分球,直至该局结束。如果接发球方进行了 13 次合法还击,则判发球方失一分。

轮换发球法一经实行,或一局比赛进行了 10 min,该场比赛剩余的各局必须继续实行轮换发球法,直至该场比赛结束。

第十三章 柔 力 球

本章资源列表

柔力球运动是以太极原理为理论基础,以迎、引、抛为技术环节,以柔、圆、退、整为技术特征,以套路演练和隔网对抗为运动形式,注重内外兼修的民族体育项目。

第一节 柔力球运动概述

一、柔力球运动的起源与发展

柔力球运动创始于1991年,由山西省晋中卫校白榕老师发明。它是由太极拳的动作与网球、羽毛球技术相结合而形成的一种太极式的球类运动。1995年,柔力球运动通过了国家教委评审小组的评审和肯定,认为该项运动适合在各级各类学校中开展。1996年,全国总工会和国家体委批准,将柔力球列为第三届全国工人运动会的正式比赛项目,共设立了男女团体、男女单双打等7个项目,有36个省市的行业体协的代表队参加了比赛。1999年柔力球运动开始在社会上得到深入推广和普及。

经过二十多年的不断改进,柔力球运动已经形成一套较完备的运动体系,且随着柔力球运动的不断发展而日臻完善,现在已在亚洲、欧洲、美洲、大洋洲等地区多个国家开展了柔力球运动,并成立了相应的专业协会,其中以日本和欧洲的规模较大。

伴随着柔力球运动的普及与推广,它的弧形引化、变幻莫测的运动风格,在大学体育公共选修课中,已经成为深受大学生喜爱的运动项目。

二、柔力球的技术特点与锻炼价值

(一)技术特点

柔力球运动的技术特点是,从入球到出球是由迎、引、抛组成的一个连贯、自然流畅、一气呵成的弧形引化过程。柔力球不同于传统的硬性击球方法,它是顺着来球的方向、线路,主动伸拍迎球,使球从球拍的边框悄无声息地纳入球拍。球入球拍后,以两脚为支撑,双腿发力,通过腰的分配组合,使身体和手臂以及手臂所持的球拍和拍内的球,以身体的横轴、纵轴和矢状轴为中心进行旋转运动,在旋转中使球在球拍内产生强大离心力,再以离心力的惯性将球沿弧线的切线方向甩离球拍。

柔力球比赛与其他球类的比赛一样,都是非常激烈的,但是柔力球运动不同于其他持拍球类运动的技术。柔力球运动不是将球推打出去,而是用身体带动球拍挥旋,产生惯性离心力将球抛甩出去的一种运动技术。球在引化接抛过程中,具有声东击西、真假虚实难辨之势,其落点刁钻,路线变化无穷。柔力球运动使东方民族处理问题全面周详、含蓄、婉转、坚韧不拔、灵巧、细腻的特点得到充分的体现,使运动者和观赏者都能创造美、欣赏美。通过这项运动,参与者锻炼了身体,也陶冶了情操,愉悦了身心。

(二)锻炼价值

1. 注意全身的协调发展

柔力球运动吸取了太极拳劲力之精髓,在接抛球时,先顺来球的线路做弧形引化,顺势把球抛出。这一过程强调神经对肌肉的控制,并且在接抛球时积极移动身体做出多种动作,使身体得到全面锻炼。

2. 强调发展创造性的思维能力

柔力球在遵守接抛球规定的前提下,练习者可以任意地创新动作,使用多种隐避、转体等接抛球动作,在运动中可随机应变,随机联合各种动作,在复杂的情况下辨清势态,创意性地做出抉择,达到愉悦身心的效果。

3. 广泛的适应性

第一,柔力球运动设计有各种套路和游戏性花样打法,同时又有在规则约束下的隔网对抗,适应了不同爱好者对运动方式的选择;第二,练习者可根据自身体质,调节运动量和运动方式。

第二节 柔力球基本技术

一、柔力球竞技基本技术

(一)握拍

握拍方法是最基础和最简单的基本技术,也是最容易被忽略的基本技术。正确的握拍方法对于准确、全面、迅速地掌握柔力球基本技术意义重大。握拍方法包括正手握拍法和反手握拍法。

握拍

1. 正手握拍法

握拍前,左手拿拍,使拍面与地面平行。用右手拇指和食指第一指节的指腹部,相对捏住拍把与拍面平行的两个宽面处,其余手指顺势扣握,拍柄的尾部靠在手掌的小鱼际处,掌心空出。此握拍方法常用于右侧位和旋转时接抛球。

2. 反手握拍法

握拍前,左手拿拍,使拍面与地面垂直。用右手拇指和食指第一指节的指腹部,相对捏住拍把与拍面平行的两个窄面处,其余手指顺势扣握,并将拍柄的尾部靠在手掌的小鱼际处,掌心空出。

（二）基本站位

1. 正手基本站位

正手基本站位是指练习者正握球拍，接抛持拍手身体同侧来球的站位方法。要求面向对方，两脚自然开立，持拍手同侧脚在后，两脚间距离略宽于肩，两膝弯曲略内扣，重心在两脚之间，脚跟稍提起，以前脚掌着地，髋关节放松，含胸，收腹，上体略向前，目视前方，持拍手持拍自然置于身体的同侧前上方。

2. 反手基本站位

反手基本站位是指练习者反握球拍，接抛持拍手身体异侧来球的方法。要求面向对方，持拍手同侧脚在前，两脚自然开立，略宽于肩，两膝弯曲略内扣，重心在两脚之间，脚跟微微提起，以脚的前脚掌着地，髋关节放松，含胸，收腹，上体略向前，目视前方，持拍手持拍自然置于身体的异侧前上方。

（三）发球技术

发球是一场比赛中每一得分的开始，是比赛中唯一不受对方制约的技术。发球时，双脚自然开立，左手拿球，右手拿拍，左手将球由身体的前向后上方抛出至少 10 cm 后，右手持拍向前迎球，球入拍后，做完整的弧形引化动作，将球顺势抛出。发出的球按其在空中的飞行分为高远球、平快球和网前球三种。

（四）接抛球技术

1. 正手低接高抛

接抛球时先根据来球的方向速度及时地调整站位，将接球点置于身体右侧前上方，利用正手握拍，持拍臂向右前上方主动伸拍迎球，让球从球拍的侧框切入。当球触及球拍后，利用腿和腰的力量顺势向后、向下再向前做弧形引化，从右前下方将球沿拍框向前抛出。

正手低接高抛

2. 正手高接低抛

接球时正手握球拍，将接球点置于身体右侧前下方，持拍臂要以肩为轴向右前下方伸出主动迎球，让球从球拍的侧框切入。当球触及球拍后迅速顺势向右后 45°方向做弧形引化，经右前上方将球沿拍框抛出。

正手高接低抛

3. 反手低接高抛

接球时正手握球拍，将接球点置于身体左侧前上方，持拍臂要以肩为轴，手臂外旋，向左前上方伸出迎球，球拍的边框要对向来球方向，让球从球拍的侧框切入。当球触及球拍后，迅速顺势向左侧后下方做弧形引化，将球由左前下方沿拍框向前抛出。

反手低接高抛

4. 反手高接低抛

接球时正手握球拍，根据来球的方向、速度，及时地调整站位，持拍臂要以肩为轴，手臂内旋，持拍手的拇指在上，四指在下，将接球点置于身体的左侧前下方，让球从球拍的侧框切入。当球触及球拍后迅速顺势向左后上方做弧形引化，将球从左前上沿拍框方向前抛出。

反手高接低抛

5. 右平拉

接球时正握球拍,将接球点置于体前偏左侧,小臂外旋,向左前下方伸拍主动迎球,拍面要与地面垂直,拍头侧对地面。当球入球拍后迅速在体前向右侧做水平弧形引化,并将球在身体的右侧择向抛出。出拍时,拍面要与地面垂直。

右平拉

6. 左平拉

接抛球时正握球拍,将接球点置于体前偏右侧,小臂内旋,向右前下方主动伸拍迎球,拍面要与地面垂直,拍头侧对地面。当球入球拍后迅速在体前向左侧做弧形引化,并将球在身体的左侧择向抛出。

左平拉

7. 右平旋

正手基本站位,当球向身体右侧上方飞来时,右手持拍向右前侧上方伸拍迎球,同时以右脚为支撑,左脚迅速蹬地,以身体的纵轴为中心向右水平旋转。在旋转至身体的左侧时将球抛出,在球出球拍的瞬间,出球点的拍框外缘要与出球方向保持一致。

右平旋

8. 左平旋

反手基本站位,当球向身体的左侧上方飞来时,右手持拍向左前上方伸拍迎球,同时以左脚为支撑,右脚迅速蹬地,使身体围绕纵轴水平旋转,在旋转至身体右侧时将球抛出。在旋转过程中头部要稍领先于身体的旋转,出球点的拍框外缘要与出球方向保持一致。

左平旋

9. 右侧旋

正手基本站位,当球向身体的右侧下方飞来时,右手持拍向右前下方伸拍迎球,同时右脚后撤,脚前掌外展为支撑,左脚迅速蹬地。在身体合力的带动下,持拍臂由右下方侧旋至身体的左上方将球沿旋转圆弧的切线方向甩出球拍。

右侧旋

10. 左侧旋

反手基本站位,当球向身体的左侧下方飞来时,右手持拍向左前下方伸拍迎球,同时左脚后撤,脚前掌外转成支撑,右脚迅速蹬地,在身体合力的带动下,持拍臂从身体的左前下方侧旋至右侧上方,将球沿旋转圆弧的切线方向甩出球拍。

左侧旋

11. 身后球

接球时将接球点置于身体右前下方,接球时拍头向下,球入球拍后,腿、腰整体蹬转,带动持拍臂围绕身体的纵轴转动,使球拍经体后至身体左侧将球抛出。

身后球

12. 肩后球

接球时正握球拍,将接球点置于头部右侧位,两腿和腰同时蹬转,带动球拍围绕头部转动,在球拍转到头部左侧时将拍内的球向前抛出。

肩后球

二、柔力球套路——飞龙二套

第一节——左右摆动：四个八拍

1. 动作步骤

预备姿势：身体直立，两臂自然下垂，右手正握球拍，左手持球。

1）第一个八拍

第1、2拍，左手持球由左侧经头前上方将球抛至右前上方，持拍臂向上迎球将球引入球拍，同时左脚向左横跨一步，重心由右脚沉移至左脚，持拍臂挥拍由身体右侧位经体前向左弧形摆动至左侧位，拍尖向前，球拍摆动的轨迹要圆满对称、像一个开口向上的半圆，球拍两侧摆动的高度为稍高于肩。第3、4拍，重心由左脚沉移至右脚，同时持拍臂由身体左侧位经体前向右弧形摆动至右侧位，拍尖向前，摆动圆满对称，稍高于肩。第5、6拍，重心由右脚沉移至左脚，同时持拍臂由身体右侧位经体前向左弧形摆动至左侧位。第7、8拍，重心由左脚沉移至右脚，同时持拍臂由身体左侧位经体前向右弧形摆动至右侧位。

2）第二个八拍

除没有起始的抛球动作外，与第一个八拍的动作相同。

3）第三、四个八拍

第三和第四个八拍上肢动作相同，下肢改为左右并步。在完成第四个八拍的第7、8拍时向右转体90°，准备与下一段动作衔接。

2. 动作要求

（1）要以腰带动持拍臂在体前左、右弧形摆动。

（2）摆动时身体中正，重心平稳，左右对称，先沉后移。

（3）左臂与持拍臂协同挥摆，整个动作要自然放松。

第二节——四方摆动：四个八拍

摆动动作与第一段的左右摆动要求相同，接上一段的右转步，身体向右、后、左、前四个方向各完成一个八拍的左右摆动动作，在每个八拍的第7第8拍时以右脚为中心向右转90°，完成四个八拍动作后，身体回到正面。

第三节——八字绕环：四个八拍

1. 动作步骤

1）第一个八拍

第1、2拍，左脚向左前45°上步，身体顺势向左转体，同时持拍臂由右侧位向身体左侧绕环至左侧位，左臂自然摆动。第3、4拍，右脚经左脚内侧向右前45°上步，身体顺势向右转体，同时持拍臂由左侧位向身体右侧绕环至右侧位，左臂自然摆动。第5、6拍，同第1、2拍。第7、8拍，同第3、4拍，脚下为Z字形向前上四步。

2）第二个八拍

第二个八拍上肢动作与第一个八拍相同，持拍臂在身体两侧"∞"形绕环，脚下以Z字形向后退四步。

3）第三、四个八拍

第三个八拍与第一个八拍相同；第四个八拍与第二个八拍相同。

2. 动作要求

左右"∞"形绕环时，持拍臂应自然弯曲，并用腰带动身体左、右转动，绕环对称。整个动作圆润流畅，重心应先沉后移。

第四节——正面绕环：四个八拍

1. 动作步骤

1）第一个八拍

1、2、3、4 拍两脚开立，体前"∞"形绕环。5、6 拍体前顺时针正绕环的同时左脚活步，右脚向左脚内侧并步。7、8 拍向左侧绕环的同时左脚向左横跨步成开立步。

2）第二个八拍

1、2、3、4 拍两脚开立，体前"∞"形绕环。5、6 拍体前逆时针反绕环的同时右脚活步左脚向右脚内侧并步。7、8 拍向右侧绕环的同时右脚向右横跨步成开立步。

3）第三、四个八拍

第三个八拍重复第一个八拍的动作；第四个八拍重复第二个八拍的动作。

2. 动作要求

在完成动作时同样要以腰为核心，两臂自然舒展，划出的圆端正圆满。

第五节——平旋转体：四个八拍

1. 动作步骤

1）第一个八拍

1、2、3、4 拍体前"∞"形绕环。5、6 拍向左转体两臂打开向上成上抱圆，同时左脚外摆右脚向左侧180°处上步扣脚。7、8 拍继续上抱圆完成180°水平旋转，同时左脚向左横跨步成开立步。

2）第二个八拍

1、2、3、4 拍"∞"形绕环。5、6 拍向右转体两臂打开向上成上抱圆，同时右脚外摆左脚向右侧180°处上步扣脚。7、8 拍继续上抱圆完成180°水平旋转，同时右脚向右横跨步成开立步。

3）第三、四个八拍

第三个八拍动作与第一个八拍动作相同；第四个八拍与第二个八拍动作相同。

2. 动作要求

水平旋转时要以身体的纵轴为中心，脚步稳健，动作舒展。在完成每个八拍的动作时，身体旋转都为360°。

第六节——立旋转体：四个八拍

1. 动作步骤

1）第一个八拍

第1、2、3、4 拍两脚开立，持拍臂在体前左右"∞"形绕环。第5、6 拍左脚外摆右脚向左侧180°处上步扣脚转体，持拍臂由身体右侧向后上转体划圆至身体左侧。第7、8 拍持拍臂由身体左侧向身体右侧划圆。

2）第二个八拍

第二个八拍重复第一个八拍的动作,使身体转回正面。

3）第三、四个八拍

第三个八拍第1、2拍由右向左划圆。第3、4拍右脚外摆左脚向右侧180°处上步扣脚转体,持拍臂由身体左侧向后上转体划圆至身体右侧。第5、6、7、8拍两脚开立,持拍臂在体前左右"∞"形绕环。第四个八拍重复第三个八拍动作,使身体转回正面。

2. 动作要求

在蹬转时力要发自于腿而主宰于腰,全身协调用力,以腰带臂。动作圆润流畅,舒展大方,旋转时双臂要打开,保持身体平衡,重心平稳。

第七节——左右抛接：四个八拍

1）第一个八拍

开立步,1、2、3、4拍体前"∞"形绕环。5、6拍持拍臂顺势将球向左侧上方抛出。7、8拍接球后绕环至右侧。

2）第二个八拍

开立步,1、2拍向左侧绕环。3、4拍顺势将球向右侧位抛出。5、6、7、8拍接球后体前"∞"形绕环。

3）第三、四个八拍

第三个八拍重复第一个八拍动作；第四个八拍重复第二个八拍动作。

第八节——正反抛接：四个八拍

1）第一个八拍

第1、2、3、4拍,在身体左右"∞"形绕环。第5、6拍,左脚活步,右脚向左脚内侧并步,由右向左弧形摆动至左侧位稍高于肩,球拍的左边框对向右上方时,将球沿所划弧线的切线方向抛出,球出拍框的高度稍高于头。第7、8拍,持拍臂迅速至身体右上方迎球,球入球拍后顺势向左侧划圆同时左脚向左横跨步成开立步。

2）第二个八拍

第1、2、3、4拍,在身体右左"∞"形绕环。第5、6拍,右脚活步,左脚向右脚内侧并步,由左向右弧形摆动至右侧位稍高于肩,球拍的右边框对向左上方时,将球沿所划弧线的切线方向抛出,球出拍框的高度稍高于头。第7、8拍,持拍臂迅速至身体左上方迎球,球入球拍后顺势向右侧划圆同时右脚向右横跨步成开立步。

3）第三、四个八拍

第三个八拍动作与第一个八拍动作相同；第四个八拍动作与第二个八拍动作相同。

第九节——垫步绕环：两个八拍

1. 动作步骤

1）第一个八拍

第1拍至第8拍,持拍臂体前左右"∞"形绕环,同时左脚以右脚为中心前后垫步,在最后第8拍时左脚向右脚内侧并步。

2) 第二个八拍

第 1 拍至第 8 拍,持拍臂体前左右"∞"形绕环,同时右脚以左脚为中心前后垫步,在最后第 8 拍时右脚向左脚内侧并步。

2. 动作要求

上下相随,连贯自然,步法准确到位,身法中正平舒,进退自如。

第十节——腿下抛接:四个八拍

1. 动作步骤

1) 第一个八拍

第 1、2、3、4 拍,体前左右"∞"形绕环。第 5、6 拍时向前踢左腿,同时由右向左弧形摆动经左腿下将球沿所划弧线的切线方向抛至左前上方。第 7、8 拍左腿自然落回原位,同时持拍臂主动迎球,将球由球拍左边框迎引入拍顺势向右绕环。

2) 第二个八拍

第 1、2、3、4 拍,体前左右"∞"形绕环。第 5、6 拍时向前踢右腿,同时由右向左弧形摆动经右腿下将球沿所划弧线的切线方向抛至左前上方。第 7、8 拍右腿自然落回原位,同时持拍臂主动迎球,将球由球拍左边框迎引入拍顺势向右绕环。

3) 第三、四个八拍

第三个八拍重复第一个八拍动作;第四个八拍重复第二个八拍动作。

2. 动作要求

(1)向前踢腿的角度要高于 90°,支撑腿要伸直,身体要中正。

(2)抛球时球应沿所划弧线的切线方向抛出,不能拨、挑。

(3)接球时主动迎球,将球悄无声息地迎引入拍。

第十一节——绕环收势:两个八拍加两拍动作

1. 动作步骤

1) 第一个八拍

持拍臂在体前左右"∞"形绕环,脚下以 Z 字形向前上四步。

2) 第二个八拍

第 1、2、3、4、5、6 拍上肢左右"∞"形绕环,脚下 Z 字形向后退步。第 7 拍抛球。第 8 拍左手接球,左脚向右脚并回,手臂缓缓落下,结束全套动作。

2. 动作要求

左右"∞"形绕环时,持拍臂应自然弯屈,并用腰带动身体左、右转动,左右脚的 Z 字形前后移步都以 45°方向出步。绕环的圆要对称,整个动作圆润流畅,幅度逐渐减小。

第三节　柔力球基本战术

柔力球战术是柔力球运动中一个重要的组成部分,能在竞技比赛充分发挥自己的主观能动性和创造性,降低对方的技术和战术质量,为战胜对方创造条件。柔力球战术是克敌制胜的指导原则和根本方法。

一、追身球战术

追身球即中路直线球,在实际比赛中依站位而定。因为人的中盘到头部之间的部分是正反手接抛都最感困难的区域,是防守中的弱点,用追身球直指对方中路,可使对方接抛困难,或直接造成失误。

二、空档球战术

将球抛到距对手最远的位置,让对方接抛球时要做长距离移动或根本接不到球。如直线对攻时,斜线是空档,打斜线球时容易得分。但对于水平高一些的对手,或者对于跑动非常快的对手来说,当出现上述的情况时,打回头直线球更容易得分。

三、攻中间战术

攻中间战术是双打中采用的一种战术。将球抛到二人结合部,或稍微靠近防守能力较差者。这种战术可以造成守方两人抢接一球或同时让球,彼此难以协调,造成对方失误。

四、攻四方球战术

将球攻到球场近网区两角、底线区两角的战术称为攻四方球战术,此战术加大对方奔跑距离,让对方被动接球,既增加其接抛球的困难,又造成其体力的大量消耗。

五、假动作

假动作是运用柔力球运动弧形引化过程中速度的变化以及身体肢体和眼神的变化迷惑对方,造成其判断不了自己的企图,在其迷惑瞬间攻其不备的战术。此战术有如下几种情况。

(一)示前吊后

一般在站位靠前时使用。引化前一段动作小而慢,让对方以为要吊近网球,但在后一段引化逐渐加速,加上弧形的合理变化,顺势将球抛向端线。

(二)示后吊前

一般站位在中后场时使用此战术,在引化前期用力要大,让对方以为要攻后场,而后期引化逐渐减力,且球拍用力与球逐步分离,使球吊于网前。

(三)示左攻右

接抛球时,头随拍动,目视攻击目标点。在前场做近于横向引化时,将球抛向目光所视相反方向,以迷惑对方。

六、二打一战术

这是一种双打中经常运用的行之有效的战术。当发现对方有一个人的防守能力或心理素质较差,失误率比较高或防守时球路单调,就可以用这种战术,把球进攻到这个较弱者的一边。这种战术可集中优势兵力以多打少,以优势打劣势,形成主动或得分。

七、拉开掩护

双打中己方一人接抛球时,另一人积极跑位,拉开掩护,用准备接球进攻的行动,吸引对方防守队员,为接球手进攻创造机会。

第四节 柔力球基本规则

一、柔力球竞技比赛基本规则

(一)场地与器材

1. 场地

场地是一个线宽 4 cm 的长方形。单打场地宽 518 cm,双打场地宽 610 cm。球网高 1.75 m。球网上下宽 76～80 cm,全长至少 610 cm。球网应由深色优质的细绳编织成,网孔为均匀分布的方形,边长不超过 4 cm(见图 13-1)。

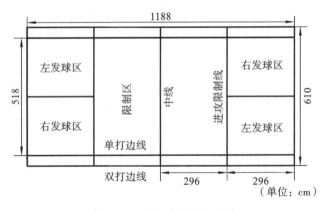

图 13-1 柔力球场地平面图

在网下连接两条边线中点的连线为中线。除中线外,场区所有线都是它所界定区域的组成部分。两边场区距中线 296 cm 处各有一条与中线平行的线为限制线,限制线到中线之间的区域为限制区。限制线在比赛时可以无限延长,称为进攻限制线。进攻限制线属于前场限制区域。两边场地限制线后 296 cm 到端线之间的区域为发球区。单打场地限制线后到端线之间的区域为单打发球区,双打场地限制线后到端线之间的区域为双打发球区。进攻限制线中点和端线中点的连线,将进攻限制线以后区域分为左、右发球区。

2. 柔力球拍

球拍长不超过 540 mm,宽不超过 230 mm,由拍框、拍面、拍颈、拍柄四部分组成。拍框是圆形,厚度不超过 10 mm,内缘内低外高有两条对称的斜面,斜面角度在 30°～45°。拍面是用于抛接球的部分,由软质有弹性的材料制成,厚度不超过 1 mm,应平整。拍柄是持拍者握拍的部分,拍颈连接拍柄与拍头。球拍水平放置时,拍面的中心应为下垂的最低点。球拍上不允许附加任何可能从本质上改变球拍形式的装置(见图 13-2)。

3. 柔力球

球体直径为 65～68 mm,球的总重量不高于 60 克,球体内装有 30 克的沙砾。球皮可由橡胶或其他软质有弹性的合成材料制成。球面可以是光面、花纹面或有凸起点。花纹或凸起点高度不超过 0.04 cm。

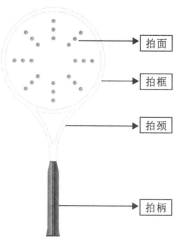

图 13-2 柔力球拍

(二)发球与合法接抛球

1. 合法发球

(1)主裁判示意开局或报分后,双方队员迅速做好发球和接发球准备。主裁判鸣哨或口令并做允许发球手势后可以发球。

(2)发球员必须在发球区内完成发球。从发球开始,至发球结束前,发球员至少有一只脚与场地的地面接触,不得移动。

(3)发球员发球时应将球明显地抛离手掌不少于 10 cm。

(4)迎球入拍后,必须采用正(反)手高球弧形引化技术将球飞行过网,抛向对方比赛场区。

(5)一旦运动员站好位置准备发球,发球员用手将球向后上方抛起,即为发球开始。

(6)一旦发球开始,发球员将球抛出或挥拍后球未能入拍,均为发球结束。

(7)双打比赛发球时,发球员的同伴站位不限,但不得阻挡接发球员的视线。

2. 合法接抛球

"弧形引化"是网式柔力球的核心技术。一个完整的弧形引化动作是由迎球、引球、抛球三个部分组成。

迎球:球飞来时,伸拍对着来球,与来球做相向运动。

引球:顺着来球方向挥拍,当拍的速度与球的速度接近时,将球顺势切入球拍并引入抛球圆弧。

抛球:球被引入抛球圆弧,当球拍减速到一定程度时,即球拍的线速度小于球运动的线速度,球因惯性顺着所划圆弧切线方向飞出。

弧形引化过程中,球的运动轨迹是一条连贯、圆滑、没有拐点的弧线。

(1)运动员以弧形引化技术将球经球网上方抛向对方有效场区内的球为合法接抛球。

(2)单打的一个回合中,双方队员各只有一次合法的接抛球动作使球过网。

(3)双打的一个回合中,一方可采用一次或两次合法接抛球动作使球过网,但场上每个队员只限接抛球一次。

3. 发球与交换发球权

第一局由抽签决定取得发球权一方首先发球,第二局胜方发球。每局比赛开始后,每发满2个球双方即交换发球权,打满14∶14后开始轮流发球。双打比赛,比赛双方应确定每局比赛场地右边的队员为第一发球员(A1)。整局的发球秩序应 A1、B1、A2、B2,以此类推,直至每局比赛结束。

(三)比赛结果的判定

比赛双方利用发球与接发球或在任一回合中利用合法还击使对方出现失误或其他违例则胜一球得1分。在比赛中某方领先对方二球以上,满15分为胜一局。如出现14∶14平,必须赢2球本局比赛才能结束,或打满20分者为胜。

(四)违例

1. 发球违例

(1)发球员未站在发球区内或脚踩在发球区限制线上发球。

(2)发球员发球时未将球明显地抛离手掌10 cm。

(3)发球员发球时,双脚移位,地面没有支撑脚,双脚腾空跳起。

(4)发球员接球入拍后,弧形引化出现中断,拍弧对应关系发生错误,出现推、挑、抖和折向发力等现象。

(5)发球后,球触及除球网以外的场内固定物,以及双打比赛中触及本方队员的身体、衣物和球拍。

2. 接抛球违例

接抛球(含发球)过程中球与球拍间出现硬性撞击、弧形引化中断、连击球等现象为接抛球违例。

(1)硬性撞击:球拍表面触及球的瞬间无完整缓冲"引化"过程与球相对发生的碰撞为硬性撞击。(如有不明显的撞碰现象但做出了完整的"引化"动作,球拍与球是相向运动,这样有接触响声可不判犯规。)

(2)引化间断:在弧形引化轨迹任意一点上,球拍引化运行出现短暂的间歇后,又继续引化抛球为引化间断(也称二次发力)。

(3)引化持球:在引化过程中任何阶段出现引化停止、球在球拍上的离心力消失、持拍托球,为引化持球。

(4)引化逆转:顺时针接球引化转为逆时针引化抛球,或逆时针接球引化转为顺时针抛球,为引化逆转。

(5)折向发力:突然改变球的引化路线,拍弧关系出现错误,将球推、压、扣、挑出拍为折向发力。

(6)连击球:球在球拍上发生一次以上的触及为连击球。

(7)接抛球时,在球已引入球拍后脚步移动超过两步。

二、柔力球套路比赛基本规则

(一)比赛内容

比赛项目分为规定套路和自选套路。自选套路中又分为单人、双人和集体自选套路。具体内容应依据比赛规模和各地区的实际情况,由主办单位制定的规程确定。

(二)动作时间

集体自选套路动作时间:3′45″～4′15″。

双人自选套路动作时间:2′45″～3′15″。

个人自选套路动作时间:2′00″～2′30″。

(三)参赛人数

除单人和双人自选套路外,集体规定和自选套路一般为8～12人。主办单位可根据实际情况在规程中确定。

(四)比赛场地

场地为 28 m×15 m 的长方形,四周的白色标志带边线属于场地的一部分。比赛场地平坦,不涩不滑。

(五)评分办法

评分实行满分 10 分制规则。裁判员评分精确到 0.05 分,最后得分精确到 0.001 分。

(六)规定动作

在自选套路比赛中摆动类、绕环类、旋转类、抛接类(集体套路还应包含对抛动作)、翻拍类五类技术动作为规定动作。

第十四章 毽 球

本章资源列表

毽球运动指双方队员运用各种技战术,用身体任何部位(手和手臂除外)触、踢,击球于对方场区的隔网运动项目。毽球场地器材简单,技术、规则容易掌握,对增强体质、发展灵敏性和弹跳力等身体素质,有较好的作用,深受广大群众欢迎。

第一节 毽球运动概述

毽球运动是由我国古代踢毽子游戏演变而来的。毽子起源于汉代,盛行于六朝隋唐。现代毽球运动兴起于我国广州。早在20世纪30年代末,广州火车站周边的三轮车工人就喜欢踢毽子,常在闲暇时以绳代网,进行网毽游戏。这项活动不受场地限制,用鹅毛制作的毽子轻便耐用。比赛时,2~3人对踢,相互配合,有掩护,有进攻,集对抗性、竞技性和趣味性于一体,深受一些工人的喜爱,这是现代竞技毽球运动的雏形。

1984年3月,国家体委颁布了《关于把毽球列为正式比赛项目的决定》的文件,至此毽球正式步入我国竞技体育的殿堂。全国大型毽球比赛有:全国毽球锦标赛,全国民运会毽球比赛,全国农运会毽球比赛,全国学生毽球比赛等。开展毽球运动的国家有德国、爱尔兰、匈牙利、荷兰、美国、加拿大、日本、韩国、马来西亚、新加坡等。目前就世界范围来看,德国的毽球普及得较好,中国、越南的毽球竞技水平为世界一流。

中国毽球协会成立于1987年9月,使得毽球运动在中国得到了更加蓬勃的发展。1999年,由中国、越南、德国、匈牙利、老挝以及中国台北、中国香港发起成立了世界毽球联合会。2000年,第一届世界毽球锦标赛在匈牙利举行。

第二节 毽球基本技术

毽球基本技术主要包括准备姿势、移动、踢球、触球、发球、传球、攻球等。

一、准备姿势

在踢球或触球前,根据来球方向的变化,使身体处于准备移动的状态,并做出合理动作。准备姿势按两脚开立的方向可分为左右开立式和前后开立式两种。

(一)左右开立式

两脚左右开立,略比肩宽,两膝弯曲,上体稍前倾,微提踵,重心移至前脚掌,两臂自然弯曲放在体侧,两眼注视来球方向。常用于预判移动后,防守对方攻球落在中、前场时。

(二)前后开立式

两脚前后开立,与肩同宽,两脚尖正对前方,后脚跟稍提起,膝关节保持一定的弯曲。上体稍前倾,重心靠前,两臂自然弯曲放在体侧,两眼注视来球方向。常用于接发球和后排防守预判移动中。

在比赛中,尤其是在接发球时,2号位、3号位队员通常采用前后开立准备姿势,而1号位队员采用左右开立准备姿势。

二、移动

队员从起动到制动之间的人体位移,即为移动。

(一)前上步移动

队员前上步或斜前上步时,摆动腿蹬地、支撑脚向前或斜前方迈一步,踢球脚跟进成踢球准备姿势。

(二)后撤步移动

移动时,身体保持稍低的姿势,重心落在两脚之间,两脚间距比肩窄,用两脚的前脚掌交替蹬地,向后跑动。后退时,应注意提起脚跟,抬头注视来球,上体不要后仰,保持身体平衡。

(三)并步移动

当队员向右侧移动时,左脚内侧蹬地,重心向右移动,右脚向右侧平滑一步,左脚跟进并步,做好完成下一个动作的准备姿势。如向左侧移动时,则动作相同方向相反。

(四)滑步移动

连续并步移动。

(五)交叉步移动

若向右侧交叉步移动时,上体稍向右移,左脚内侧蹬地从右脚前面向右交叉迈出一步,然后右脚再向右跨出一步,同时身体转向来球方向,保持击球前姿势。

(六)跨步移动

支撑腿用力向前或斜前方蹬地,重心降低前移,击球脚沿地面跨出,插入球下成救球姿势。

三、踢球

脚的任何部位可以击球,一般分为脚内侧踢球、脚外侧踢球、正脚背踢球和脚尖勾踢等。

(一)脚内侧踢球

面向来球,支撑腿微屈,摆动腿小腿由内向上摆,脚内侧朝上将球踢起传出。由于其传球到位率较高,在战术组织和传球时一般用此技术。

脚内侧踢球

(二)脚外侧踢球

当来球处在体侧或体后的空中时,重心迅速移至支撑腿,摆动腿屈膝,小腿由下向外上摆,勾脚尖,用脚外侧部位将球踢起或传出。此方法踢球可尽量减少不必要的身体转动,多用在球速较快而来不及转身用其他部位踢球时。

脚外侧踢球

(三)正脚背踢球

屈膝抬大腿,脚尖微勾,脚掌与地面平行,用脚背部位向上踢球。击球时膝部弯曲,击球后脚迅速着地保持身体平衡,做好第二次击球准备。此方法常用于防守和推踢技术,有时也用于组织进攻。

(四)脚尖勾踢

两脚前后开立,上体稍后仰,支撑腿微屈膝。击球瞬间,摆动腿抬腿伸膝勾脚尖,以脚趾背部将球勾起。完成击球后脚跟着地,支撑腿跟进,上体迅速前移,做好第二次击球的准备。常用于对方发网前球或突然采用轻吊球时,距身体较远,抢救即将着地的球。

脚尖勾踢

四、触球

小腿以上(手臂除外)身体任何部位完成击球动作。

(一)膝触球

判断来球,身体重心迅速移动,屈膝,大腿前端膝关节上部触击球。它是调整球的一种有效手段,也可以用来传球。

膝触球

(二)胸部触球

触球前,膝部微屈,上体伸展稍后仰,触球瞬间两脚蹬地,身体向上,挺胸触击球,下肢做好踢球准备。它是一种调整球的方法,是防守的主要手段之一,常与下肢踢球技术配合使用。

胸部触球

(三)头触球

两脚开立,目视来球,两脚蹬地、仰头、身体向上,用头的前额部位向前上方触击球。它是调整球的方法之一,一般用来调整和救险球。

五、发球

发球是指手持球抛起用脚将球踢入对方场区的击球方法。常见的发球有正脚背发球、脚内侧发球、侧身平扫发球等,其中正脚背发球是最基本的发球方法。

(一)正脚背发球

身体正对球网,两脚前后站立,手持球上抛,待球下落时以髋关节为轴大腿带动小腿向正前方摆动,脚尖下压绷直,用脚背正面部位,将球击入对方场区。此发球方法到位率较高,并且有一定的攻击性。

正脚背发球

(二)脚内侧发球

正面两脚前后站立,支撑腿在前,摆动腿在后,手持毽上抛,球下落时以髋关节为轴,膝微屈,脚尖上勾同时外展,用脚内侧部位将球击入对方场区。

(三)侧身平扫发球

侧对球网,两脚前后站立,支撑腿在前,摆动腿在后,手持球上抛,球下落时以支撑腿为轴,摆动腿由体侧向前方弧形摆动,脚背绷直,用脚背部位将球击入对方场区,上体同时转动。

六、传球

传球是指用各种踢或触球等技术将球传给同伴,给同伴创造进攻机会。它是防守反击的主要手段。

传球的练习方法:可以将球一次性传给同伴,也可以调整一次,第二次将球传出。比赛中常用的是脚内侧、脚外侧传球。力量要适中,尽量传到同伴易攻击且对方防守较弱的位置。传球常见的练习方法如下。

脚内侧传球

(1)抛踢练习:两人一组,一人抛球,一人踢球练习。熟练后做两次击球后传回,距离由近到远。

(2)两人对传:两人一组,相距 4 m,用脚内侧部位互相传球。

(3)隔网对传:两人一组,隔网站在 2 m 线处,用脚内侧部位互相传过网球。

(4)移动传球:两人一组,一人抛球,一人前、后、左、右移动传球。

(5)迎面往返跑触、踢球练习:两队面对面站立,每队 3~4 人,相距 3~5 m。练习者采用一次或两次击球传给对方,然后迅速跑到对方队伍后面,连续往返进行。

(6)三角传球:三人成三角形站立,依次传给相邻的人,一次或几次击球均可。

七、攻球

当球处在本方前场网上高度时,有目的地用脚或头击球,将球攻入对方场区的击球方法,称为攻球。基本动作由判断、击球方式部位选择、起摆动作和击球四个部分组成。攻球身体站立姿势有背向、面向和侧向三种。一般技术有脚攻(如倒勾、前踏、里合、外摆)、头攻(如正磕、侧摆)两大类六种方法。它们是比赛中夺取发球权以及得分的重要手段。

(一)倒勾

身体背向球网站立,当来球在体前或侧上方位置时,屈膝上抬大腿,迅速摆动小腿,在击球瞬间勾脚尖,用脚趾背部将球攻入对方场区。其特点是:攻球凶猛,速度快,运用较为广泛。

（二）前踏

处于体前较高的球，大腿带动小腿上抬，勾脚尖，击球时，小腿向前上方摆起，随即下压，以脚前掌部位攻击球。其特点是站位有利，攻球时能观察对方防守站位情况，随机改变攻球路线，破坏对方拦网，有利于本方的保护，比赛中运用较广。

前踏攻球

（三）里合

身体侧对球网站立，腿由外向里摆，以膝关节为轴，腿由直到屈，小腿快速向内下压，以脚前掌部位击球。其特点是突然性强、杀伤力大且隐蔽性好。运用时，传球不宜过高，起脚要快。

（四）外摆

大腿前抬，膝部弯曲，脚内旋，击球时随即向外摆动小腿，用脚背或脚背外侧弹击球。其特点是球路变化大，杀伤力强，对方不易拦网，有利于本方保护。

（五）头攻

头攻一般由助跑、起跳、展体、摆头击球和落地五个部分组成。首先判断球路及高度，然后助跑，单脚或双脚在限制线后起跳，空中展体，击球时收腹摆头，用前额或头部位击球，随后落地缓冲。头攻球的特点是击球点高、威力大，对方不易拦网。

八、拦网

拦网亦称"封堵"，用躯干部位在球网上空拦截对方攻击过来的球。基本动作由判断、移动、起跳、空中拦击和落地五个部分组成。当对方击球后，起跳、夹臂、挺胸、压肩将对方的攻球拦死。封堵时，应有良好的判断力，准确选择封堵地点、时间和空间。当今毽球运动攻球技术发展迅速，凶猛刁钻，球的路线变化多端，球速快，比赛中攻防矛盾的焦点往往集中于网上。因此，网上封堵极为重要，拦网可直接得分，或削弱对方的进攻，减轻本方后排防守的压力。封堵有单人封和双人封两种，根据场上情况灵活选择。

第三节　毽球基本战术

毽球比赛的战术，根据双方的情况，在规则允许的范围内，通过个人技术的巧妙运用和2～3人的有效配合，充分发挥本队的长处，攻击对方的短处，或限制对方的长处，以争取比赛的主动。

一、阵容配备

阵容配备是将全队力量有效地组织起来，最大限度地发挥每个队员的特长和作用的一种组织形式。根据各队的具体情况，阵容配备归纳起来有五种形式。

(一)"主攻型"配备

一个队上场队员的进攻能力有时悬殊较大,二传队员和另一队员攻击力较差时,采用"主攻型"配备。优点是能充分发挥主攻队员的进攻威力,场上队员分工明确、配备简单。弱点是一点进攻,战术变化少,易被对方适应并有效地组织封堵和防守。

(二)"二传助攻型"配备

场上阵容为一名主攻队员,一名二传助攻队员和一名防守队员。一般在二传队员脚攻能力较强时采用。特点是二传队员脚攻突然,隐蔽性强,进攻效果较为理想,同时可以牵制对方的拦网队员,为主攻队员减轻压力。

(三)"头脚并用型"配备

场上阵容为一名脚攻队员,一名头攻队员和一名二传队员。一般在队中拥有出色的脚攻队员和头攻队员时采用。特点是将网前的近网脚攻与后排的远网头攻有机结合,形成立体进攻。

(四)"无二传"的配备

当队中缺少二传队员,或完全使用一次传和自传组织进攻时采用。特点是进攻节奏较快,配合简捷,但战术变化少,无法组织整体配合。

(五)"全攻全守"配备

上场的三名队员均具备全面的攻、防、传技术,基本功扎实,战术意识强时采用。这种配备兼顾了以上四种配备的特点,形成了三点进攻的全攻全守型打法。

二、进攻战术的组织形式

毽球比赛从发球开始,双方就不停地巧妙地运用和变换进攻战术,有力地攻击对方,争取比赛的主动权。进攻战术有以下四种组织形式。

(一)二传组织进攻形式

接起或防起到位后,由二传队员将球传给进攻队员的组织形式。配合方法主要有2号主攻队员倒勾的配合和倒勾与正面踏球进攻的整体配合两种。

(二)一次传组织进攻形式

某一起球队员充分利用两次击球的机会,第一次起球自我调整后,再将球直接传给进攻队员的组织形式。配合方法主要有二传队员突然助攻和二传队员直接一次传组织进攻两种。

(三)自传自攻组织形式

指接起和防起到位后,进攻队员合理运用二次击球机会,自己将球传到所需位置,自己将球攻入对方场区的组织形式。配合方法主要有二传队员自传自攻和倒勾队员自传调整后助攻两种。

(四)抢攻组织形式

当对方传起、防起或接起用力过大,球直接飞过球网时,网前运动员直接抢攻,将球反击回对方场区的进攻组织形式。

三、进攻战术的基础配合

基础配合是指在组织战术的过程中只考虑一个点进攻的简单配合,是整体配合的基础。进攻战术的基础配合主要有脚背倒勾、正面前踏、头攻三种。

(一)脚背倒勾配合

脚背倒勾配合有外摆倒勾、里合倒勾和凌空倒勾等进攻手段。进攻的共同特点是身体背向或侧向球网站立。配合方法主要有2号队员的外摆倒勾配合、1号队员的外摆倒勾配合、封网队员里合倒勾的配合、3号队员一次传的外摆倒勾配合和2号队员自传倒勾的配合等。

(二)正面前踏配合

正面前踏配合有面对球网的近网进攻手段。其特点是进攻队员容易观察对方的封堵和后排防守情况,封回的球一般落在进攻队员体前,便于自我保护起球。配合方法主要有2号队员前踏二传球的配合、封网队员担任二传、2号队员一次传组织进攻、封堵队员一次传组织进攻、3号队员自传前踏助攻和自传前踏挡攻等。

(三)头攻配合

头攻配合主要有1号队员侧面头攻二传球的配合、1号队员正面头攻二传球的配合和3号队员侧面头攻一次传球的配合。

四、进攻战术的整体配合

进攻战术整体配合是指全队在统一的战术思想指导下,将单一的基础配合进行优化,形成整体的多点进攻打法,增加全队的整体战斗力。根据队员担任的主要任务、进攻方式、助跑路线等,可将进攻战术的整体配合分为勾踏配合、双倒勾踏配合和立体配合三类。

(一)勾踏配合

在倒勾牵制对方封网的情况下,其他队员采用脚掌前踏攻球的战术配合。方法主要有拉开前踏的配合和二传前踏助攻的配合两种。

(二)双倒勾配合

两名队员移动到网前形成双倒勾站立的一种整体配合。

(三)立体配合

一名队员移动到网前准备倒勾牵制对方,另一名队员在限制线后助跑起跳头攻的战术配合。

五、防守进攻球的站位与配合

防守进攻球是由第一道防线封网和第二道防线后排防守所组成。选择防攻球站位阵形是根据对方攻球的方式、速度的快慢、线路和落点的变化等因素来确定的。主要包括不封堵的防守阵形、一封二防的防守阵形和二封一防的防守阵形。

第四节　毽球基本规则

一、场地与器材

（一）比赛场地

比赛场地为长方形，长 11.88 m，宽 6.1 m。场地上空 6 m 以内和场地四周 2 m 以内不得有障碍物（见图 14-1）。

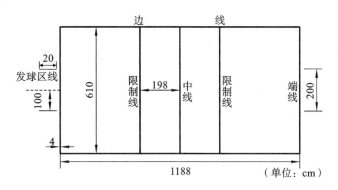

图 14-1　毽球场地

比赛场地线宽 4 cm 线的宽度包括在场地面积内。较长的两条界线叫边线，较短的两条界线叫端线。连接场地两边线的中点且与端线平行的线叫中线。在中线两侧各画一条与中线平行的线叫限制线（此线包括在限制区内），中线至限制线的距离为 1.98 m。

距两端线中点两侧各 1 m 处向场外各画一条长 20 cm 并且与端线垂直的短线叫发球区线（此线不包括在发球区内）。发球区线向后无限延长的区域叫发球区。

（二）球网和球柱

球网长 7 m，宽 0.76 m。球网的中部顶端距地面高度，男子为 1.6 m，女子为 1.5 m。网柱高 1.7 m。

（三）毽球

比赛用球的颜色为红色。毽球由毽毛、毽垫等构成。毽球高 13～15 cm，重 13～15 g。

二、比赛队员的组成

(1) 比赛队由 6 人组成，上场队员 3 人，其中队长 1 人。比赛前，各队应将参赛队员的姓名、号码登记在记分表上。未登记的队员不得参加比赛。

(2) 可因时、因地制宜，增加单人、双打比赛，规则与 3 人制大体相同。

(3) 双方队员必须站在本方场区内。站在靠近球网的两名队员从左至右分别为 3 号位和 2 号位队员，靠近端线的队员为 1 号位队员。场上队员的位置必须与登记的轮转顺序相符合(见图 14-2)。

(4)发球的一方,2、3 号位的队员在发球队员的前方,彼此间相距不得少于 2 m。某队取得发球权时,应先按顺时针方向轮转一个位置,然后由轮转到 1 号位的队员发球。新的一局开始前,可以变换本队队员的轮转顺序,并填好位置表交给记录员。球发出后,双方队员可以在本场区内任意交换位置(见图 14-3)。

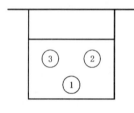
图 14-2 站位

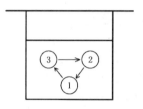
图 14-3 转轮方向

三、犯规的判罚

(一)发球犯规

1. 发球

发球队员必须站在本方发球区内,用手持球,将球抛起,用脚踢向对方场区。发球队员必须在发球区内发球,在球发出后才能进入场区。发球时 2、3 号位队员不得有任何掩护动作,否则,判失发球权并失一分。

2. 发球失误

发生下列情况之一时,即判为发球失误并失 1 分。

(1)队员发球时,踏及端线、发球区线或其延长线。

(2)球未过网、触网或触及标志杆。

(3)球从网下穿过。

(4)球从标志杆及其延长高度以外过网。

(5)球触及任何障碍物,或在进入对方场区前触及本队队员。

(6)球落在界外。

(7)发球延误时间超过 5 s。

(8)裁判员鸣哨后球坠落地上。

当球发出后,裁判员发现该队发球次序错误,则判该队失分,并恢复正确位置。如犯规队已得分,应取消该队因该次发球次序错误所得的分数。

(二)击球犯规

1. 五次击球

一个队连续击球五次为五次击球犯规。同队的两名队员同时击球,应计作两次击球。

2. 连击

同一队员连续击球两次以上。

3. 持球

球明显停留在身体某一部位。

4. 手球

队员用手、臂击球。

(三)球网附近的犯规

1. 进入对方场区和空间

过网击球为犯规。比赛进行中,身体任何部位不得进入对方场区的空间。队员若用头攻球时,必须在限制线以外起跳,落地时两脚可落在限制线以内。防守队员在限制区内,头部无意识触球过网不判违例。在比赛进行中,除脚以外,身体任何部位不得触及中线。脚不得完全超过中线。

2. 触网

比赛进行中身体任何部位触及两标志杆以内的球网,均为触网违例。

(四)头攻球犯规

进攻队员在限制区内主动用头进攻性击球并进入对方场区。

四、暂停和换人

(一)暂停

每局比赛每队有 2 次请求暂停机会,每次暂停时间不得超过 30 s。

(二)换人

每局比赛中,每队换人不得超过 3 人次,换人时间不得超过 15 s。换下场的队员允许再次被换上场。

五、比赛局数和场区选择

(1)比赛采用三局二胜每球得分制。团队赛每局 21 分,最高比分 29 分。其他单项赛每局 15 分,最高比分 21 分。

(2)比赛前选择场区或发球权。第一局结束后双方交换场地和发球权。

(3)决胜局开始前,正裁判员召集双方队长重新选择场区或发球权。决胜局比赛中,任何一队先得 10 分或 8 分时两队应交换场地。交换时,不得进行场外指导。交换场区后,双方队员的轮转位置不得变换。经记录员查对后,由原发球队员继续发球。如未及时交换场区,一旦裁判员或一方队长发现时,应立即交换,比分不变。

第十五章 武 术

本章资源列表

武术是以技击动作为主要内容，以套路和格斗为运动形式，注重内外兼修的中国传统体育项目。武术形式多样，内容丰富，历史悠久，源远流长，是集以强身健体为基础、兵学实用为依据、哲学思想为指导、中医理论为旁参、修身养性为境界的中华民族智慧的结晶和宝贵的文化遗产。

第一节 武术概述

一、武术的起源与发展

在"人民少而禽兽众"的远古时期，祖先以徒手搏斗和生产工具使用，逐渐积累了劈、砍、刺等的基本生存技能。私有制的萌发，氏族部落间的战争使大量原先的生产工具转化为作战武器，部分生存技能相应转化为军事战斗技能。为了在战争中取得胜利，战前的军事技能训练成了必须，形成了一种叫"武舞"的军事演练，也为中国古代武术的萌芽发展奠定了坚实的物质基础。

武术作为独立的社会文化现象，是同中华民族文明的产生而同步发展的。先秦时期，青铜冶炼技术的发达，戈、矛、戟、殳等大量兵器产生，军事技能训练形式逐渐成熟，并呈多样化发展，如"象舞""万舞""大武舞"的形成。社会阶级日益分化导致社会需求急剧增加，出现了一种"以武犯禁"被称之为"侠"的社会群体。如《韩非子·八奸》曰："为人臣者，聚带剑之客，并必死之士，以彰其威"，故而"侠"们在"技艺上狠下功夫，精益求精，同时又重视对传人的接续传授，从而开创了我国数千年来民间传授武技之风"。中国古代武术初现端倪。

秦汉盛行角抵、角力、击剑、导引等活动形式，是中国古代武术的成形时期。曹丕《典论·自序》中的"谈兵论技，以蔗代剑"，《史记·项羽本纪》中记载的助兴为由的"项庄舞剑"，还有"刀舞""双戟舞"等的一些手持兵器的舞练，已近似于今天的套路形式的演练。唐朝开始实行武举制，对中国古代武术的发展起到了良好的促进作用。

宋元时期，是中国古代武术的成熟期，出现了有关武术"套子"（中国武术最具意义的活动形式）的记载，它的出现表明了武术发展的成熟。还出现了冠以姓氏名称的枪法，以及各式各样的民间结社组织，如习枪弄棒的"英略社"、习射练刀的"弓箭社"、习武卖艺为生的"路歧人"。不仅有单练，而且有对练。

明清时期，是中国古代武术发展史上的繁荣期，表现为各色拳种大量涌现，门派林立，如三十二式长拳、太祖拳、少林拳、内家拳、八卦掌、形意拳、太极拳等等拳种体系。还出现了以太极、阴阳、五行、八卦学说等为基本框架的武术理论体系。

20世纪初,义和团运动的失败和武举制的废止,标志着中国古代武术历史的终结,同时也预示着中国武术进入了一个新的历史时期。

民国时期,社会上成立了各类民间武术团体,如上海的"精武体育会"、天津的"中华武士会"等,为中国近代武术的传播与发展起到了一定作用。辛亥革命以后,武术作为一种尚武强国的教育手段推向学校。1918年10月,在教育部召开的全国中学校长会议上通过"全国中学校一律添习武术"的决议。标志着旧时基本上衍传于乡村市井的武术活动正式进入学校,成为学校体育课程中的一项内容。1927年,张之江等在南京成立中央国术馆。1929年颁布了《中央国术馆组织大纲》,其中还明确提出了大纲的宗旨,即"中央国术馆以提倡中国武术,增进全民健康为宗旨"。1936年8月,中国武术队随同第十一届奥运会的中国代表团赴德柏林奥运会参加表演,赢得了各国观众的一致赞誉,扩大了中国武术在世界上的影响力。

中华人民共和国成立后,武术得到了蓬勃发展。1956年成立中国武术协会,形成了空前广泛的群众性武术活动,为现代武术的发展开拓了广阔的道路。1985年,在西安举行了首届国际武术邀请赛,并成立了国际武术联合会筹委会,这是武术发展的历史性突破。1987年在日本横滨举行了第一届亚洲武术锦标赛,标志着武术走进亚运会。1990年武术首次被列入第十一届"亚运会"竞赛项目。1999年,国际武联被吸收为国际奥委会的正式国际体育单项联合会成员。2008年,武术在北京奥运会开幕式上的精彩亮相,以及在国际奥委会批准,北京奥组委、国际武术联合会主办,中国武术协会承办的国际性武术赛事——北京2008武术比赛中的震撼演练,都为武术在世界范围内的广泛的传播与推广提供了切实有效的路径。

二、武术的特点

1. 寓技击于体育之中

武术最初作为军事训练手段,其技击的特性是显而易见的。在实战中,是以杀伤、制服对方为目的。它常常以最有效的技击方法,迫使对方失去反抗能力。这些技击术至今仍在军队、公安中使用。武术作为体育运动,技术上仍不失攻防技击的特性,将技击寓于搏斗运动与套路运动之中。搏斗运动集中体现了武术攻防格斗的特点,在技术上与实用技击基本上是一致的,但是从体育的观念出发,它受到竞赛规则的制约,以不伤害对方为原则。如在散手中对武术中有些传统的实用技击方法做了限制,而且严格规定了击打部位和保护用具,短兵中使用的器具也作了相应的改进,而推手则是在特殊的技术规定下进行竞技对抗的。因此,可以说武术的搏斗运动具有很能强的攻防技击性,但又与实用技击有所区别。

2. 内外合一,形神兼备的民族风格及广泛的适应性

既讲究形体规范,又追求精神传意、内外合一的整体性,是中国武术的一大特色。所谓内,指心、神、意等心志活动和气息的运行;所谓外,即手眼身法步等形体活动。内与外、形与神是相互联系统一的整体。武术"内外合一,形神兼备"的特点主要通过武术功法和技法来体现。"内练精气神,外练筋骨皮"是各家各派练功的准则,武术的练习形式、内容丰富多样,有

竞技对抗性的散手、推手、短兵、长兵,有适合演练的各种拳术、器械和对练,还有与其相适应的各种练功方法。不同的拳种和器械有不同的动作结构、技术要求和运动风格,它对场地、器材的要求较低,俗称"拳打卧牛之地",不受时间、季节限制,具有更为广泛的适应性。

三、武术的内容与分类

武术内容丰富多彩,形式多种多样。《中国武术史》记载"源流有序、拳理明晰、风格独特、自成体系"的拳种有129种。按运动形式分类,武术分为套路运动和搏斗运动。

(一)套路运动

套路运动是武术动作以攻守进退、动静疾徐、刚柔虚实等矛盾运动的变化规律编成的整套练习形式。它包括拳术、器械、对练、集体演练等形式。

1. 拳术

拳术是徒手练习的套路运动。它的种类很多,主要有长拳、太极拳、形意拳、八卦掌、洪拳、南拳、通背拳、象形拳、劈挂拳等。

2. 器械

套路运动中的器械有长兵械、短兵械、软兵械等分类。长兵械有棍、枪、戈、矛等器械,短兵械有刀、剑、铜、锤等器械,软兵械包括双节棍、九节鞭、拂尘等器械。

3. 对练

对练是在单练基础上,两人或两人以上在预定条件下进行的攻防的假设性实战练习。包括徒手对练、器械对练、徒手与器械对练等。

4. 集体演练

集体演练是指多人徒手、器械或徒手与器械同时进行的演练的套路形式。可变换队形与图案和采用音乐伴奏,要求队形整齐,动作协调一致。

(二)搏斗运动

搏斗运动是两人在一定条件下按照一定的规则进行斗智较力的对抗练习形式。它包括散手、推手等。

1. 散手

散手又称"散打",是两人按照一定的规则使用踢、打、摔、拿等方法制胜对方的竞技项目。

2. 推手

推手是两人遵照一定的规则,使用掤、捋、挤、按、采、挒、肘、靠等手法,双方粘连黏随,通过肌肉的感觉来判断对方的用劲,然后借劲发劲将对方推出,以此决定胜负的竞技项目。

四、武术礼仪

武术自古讲究"学拳先习礼",武术礼仪是武术活动中礼节的一个重要标志,亦是习武者共同遵守的最基本的道德行为和规范,更是习武者品德修养和武功素养的重要体现,是武德的彰显。看似简单的抱拳礼,其中蕴涵的是深刻的武术精神,起着规范行为举止的作用。

（一）抱拳礼步骤

(1)并步站立。

(2)左手四指并拢伸直成掌,拇指屈拢;右手成拳,左掌心掩贴右拳面,左指尖与下颏平齐。

(3)右拳眼斜对胸窝,置于胸前屈臂成圆,肘尖略下垂,拳掌与胸相距20～30 cm。头正、身直,目视受礼者,面容举止自然大方。武术散手在戴拳套练习和比赛时,行抱拳礼,两拳套合抱于胸前即可。

（二）抱拳礼几种含义

(1)左掌表示德、智、体、美"四育"齐备,象征高尚情操。屈指表示不自大,不骄傲,不以老大自居。右拳表示勇猛习武。左掌掩右拳相抱,表示"勇不滋乱""武不犯禁""止戈为武",以此来约束、节制勇武的意思。

(2)左掌右拳拢屈,两臂屈圆,表示五湖四海,天下武林是一家,谦虚团结,以武会友。

(3)左掌为文,右拳为武,文武兼学,虚心求教。

第二节　武术基本动作

武术的基本知识与技术是学习各种拳术和器械套路的基础,要想学好武术的一招一式,须先从基础入手。

一、基本动作

（一）手型

(1)拳:四指并拢卷握,拇指紧扣食指等二指节,腕直、拳面平(见图15-1)。

(2)掌:四指并拢伸直,拇指紧扣虎口,沉腕、稍内斜翘掌(见图15-2)。

(3)勾:五指捏紧,用力屈腕,肘部要直(见图15-3)。

（二）手法

1. 拳法

(1)冲拳:拳从腰间旋臂向前快速击出,力达拳面;侧冲、上冲要求同此。

(2)劈拳:拳自上向下快速劈击,臂伸直,力达拳轮;抡劈时臂要抡成立圆劈击。

(3)砸拳:臂上举,而后屈臂下砸,拳心向上,力达拳背。

2. 掌法

(1)推掌:掌由腰间旋臂向前立掌推击,速度要快,臂要直,力达掌外沿。

(2)挑掌:臂由下向上翘腕立掌上挑,力达四指。

(3)穿掌:手心向上,臂由屈到伸,沿身体某一部位穿出,力达指尖。

(4)劈掌:由上向下侧掌劈击,直臂,力达掌外沿。

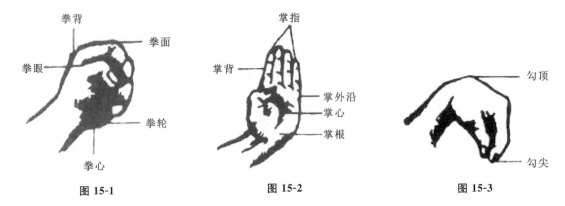

图 15-1　　　　　　　图 15-2　　　　　　　图 15-3

(5)砍掌：仰掌向左、俯掌向右击打，力达掌外沿。

(6)按掌：自上向下按，手心向下，力达掌心。

(7)亮掌：臂微屈，抖腕翻掌，举于体侧或头上。

(三)步型

(1)弓步：两脚前后开立，前腿半蹲，膝与脚尖垂直。后腿伸直，脚尖内扣，两脚全掌着地。挺胸、塌腰、抱拳正对前方。弓左腿为左弓步，弓右腿为右弓步。

(2)马步：两脚平行开立(约为本人脚长的三倍)，半蹲，膝与脚尖垂直，两脚跟外蹬。身体重心居中，挺胸、直腰抱拳。

(3)仆步：右腿全蹲，膝向外展45°，左腿伸直平仆，脚尖内扣。两脚合掌着地，塌腰、开胯、挺胸抱拳。仆右腿为右仆步，仆左腿为左仆步。

(4)虚步：后脚外展45°，重心落在后腿，前脚绷直稍内扣，脚尖虚点地面。两膝半蹲、直腰、挺胸抱拳。左脚在前为左虚步，右脚在前为右虚步。

(5)歇步：两腿交叉全蹲。前脚全掌着地，脚尖外展，后脚前掌着地，膝部贴近前腿外侧，臀部贴于后脚跟，拧腰、挺胸抱拳。左脚在前为左歇步，右腿在前为右歇步。

(6)丁步：并步站立，两腿屈膝半蹲，右脚全脚着地，左脚脚跟掀起，脚尖里扣并虚点地面，脚面绷直，贴于右脚脚弓处，重心落于右腿上。两手叉腰，眼向前平视。左脚尖点地为左丁步，右脚尖点地为右丁步。

(7)坐盘：两腿交叉，右腿屈膝，大小腿均着地，脚跟接近臀部，左腿在身前横跨于右腿上方。左大腿贴近胸部。两手抱拳于腰间。眼向左前方平视。左腿在前为左坐盘，右腿在前为右坐盘。

(四)腿法

(1)正踢腿：两脚并立，两手立掌或握拳，两臂侧平举。左脚向前上半步，左腿支撑，右脚脚尖勾起向前额处猛踢。两眼向前平视。练习时左右交替进行。

(2)侧踢腿：两脚并立，两手立掌或握拳，两臂侧平举。右腿向前上半步，脚尖外展，左脚脚跟稍提起，身体略右转，左臂前伸，右臂后举。随即，左脚脚尖勾紧向左耳侧踢起，同时右臂屈肘上举亮掌，左臂屈肘立掌于右肩前或垂于裆前。眼向前平视。踢左腿为左侧踢，踢右腿为右侧踢。

(3)弹踢腿：右腿屈膝提起接近水平时，提膝猛力前踢，脚面绷直，力达脚尖与腰齐平。收髋、直腰、挺胸。

(4)侧踹腿：两腿交叉微屈，前腿蹬直支撑，后腿屈膝提起，勾脚内扣，向侧上猛力踹出，力达脚跟及外侧。

(五)平衡与跳跃

(1)提膝平衡：右腿伸直支撑，左腿屈膝提起过腰，脚面绷直，小腿斜垂内扣于右腿前侧。

(2)燕式平衡：右腿屈膝提起，两掌在身前交叉，掌心向内。然后，两掌向外侧直臂分开平举，上体前俯，右脚向后蹬，成燕式平衡。

(3)腾空飞脚：右脚上步起跳腾空右弹腿，左腿上摆提膝收控。同时，两臂向上摆起，空中左手拍右手背、右手拍右脚背成连击二响，左勾侧拳。

(六)肩臂绕环

(1)单臂绕环：成弓步站立，左手按于左膝上(也可两脚开立，左手叉腰)，右臂由上向后、向下、向前绕环，为向后绕环。右臂由上向前、向下、向后绕环，为向前绕环。左右臂交替进行。

(2)双臂绕环：有以下三种形式。

①前后绕环：两脚开立，与肩同宽，左右两臂依次做环绕。左臂由下向前、向上、向后做向前绕环；右臂由上向后、向下、向前做向后绕环。然后再做反方向的绕环。

②左右绕环：左右两臂同时向左、向上、向左、向下划立圆绕环，然后再反方向划立圆绕环。

③交叉绕环：两臂直臂上举，左臂向前、向下、向后，右臂向后、向下、向前，同时于身侧划立圆绕环。

二、基本组合

(一)手法组合练习(见表 15-1)

表 15-1　武术基本手法组合

预备	第一节(拳)	第二节(拳)	第三节(掌)	第四节(勾)	结束
并步抱拳	1.前冲双立拳	1.右架拳	1.前双推掌	1.侧双勾手	立正姿势
	2.并步抱拳	2.右劈拳	2.并步抱拳	2.后双勾手	
	3.前冲双平拳	3.右架拳	3.右架掌	3.右挑掌左后勾手	
	4.并步抱拳	4.并步抱拳	4.右劈掌	4.左挑掌右后勾手	
	5.侧冲双立拳	5.左架拳	5.并步抱拳	5.后双勾手	
	6.并步抱拳	6.左劈拳	6.左架掌	6.右挑掌左后勾手	
	7.侧冲双平拳	7.左架拳	7.左劈掌	7.左挑掌右后勾手	
	8.并步抱拳	8.并步抱拳	8.并步抱拳	8.并步抱拳	

(二)五步拳

预备:并步抱拳→第一式:弓步冲拳→第二式:弹踢冲拳→第三式:马步架打→第四式:歇步冲拳→第五式:提膝穿掌→第六式:仆步穿掌→第七式:虚步挑掌→结束势:并步抱拳。

五步拳

第三节 武术初级套路

一、初级长拳(三路)

(一)长拳特点

长拳讲究动如涛、静如岳、起如猿、落如鹊、立如鸡、站如松、转如轮、折如弓、轻如叶、重如铁、缓如鹰、快如风的运动风格。

其动作特点主要表现为舒展大方、动静相合、松弛有度、快速有力,其技法主张"寸长寸强",主动出击,以快制慢。

(二)初级长拳套路组成

初级长拳是长拳中的基础套路,有开始部分(预备势)、基本部分和结束部分(结束势)三部分构成。基本部分动作分为四段,每段 8 个动作,合计 32 个动作。套路内容充实,包括了拳、掌、勾三种手型;弓、马、虚、仆、歇五种步型;手法有冲、劈、抡、砸、栽等拳法,推、挑、穿、摆、亮等掌法,盘、顶等肘法;腿法有弹、踹、踢等;还有跳跃和平衡等动作。套路编排,由简而繁,由易到难,有利于循序渐进地进行练习;套路布局和路线变化前后呼应,左右兼顾,在强调动作规格化、注重功力的同时,还体现了攻防意识,增强了学习的情趣。

(三)初级长拳套路演练路线

(1)起势与收势:起势与收势动作的演练方向一致,站位点基本在同一位置。演练整套动作时,开始就应定好起势方向。如果出现打不回来的现象,则说明某个动作转动角度或方向出现错误。

(2)演练路线图(见图 15-4):初级长拳基本部分动作共四段。第一段行进路线从右至左;第二段行进路线从左至右;第三段同第一段;第四段同第二段。运动方向以练习者的躯干在该动作开始前所处的方位为基准,以此来分前后左右。

(四)初级长拳动作名称

初级长拳动作名称如表 15-2 所示。

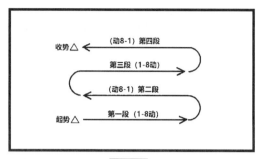

图 15-4 初级长拳套路演示线路图

表 15-2 初级长拳(三路)动作名称

预备势动作	第一段动作	第二段动作	第三段动作	第四段动作	结束势动作
1.虚步亮掌	1.弓步冲拳	1.虚步栽拳	1.歇步抡砸拳	1.弓步顶肘	1.虚步亮掌
2.并步对拳	2.弹腿冲拳	2.提膝穿掌	2.仆步亮掌	2.转身左拍脚	2.并步对拳
	3.马步冲拳	3.仆步穿掌	3.弓步劈拳	3.右拍脚	3.还原
	4.弓步冲拳	4.虚步挑掌	4.跳换步弓步冲拳	4.腾空飞脚	
	5.弹腿冲拳	5.马步击掌	5.马步冲拳	5.歇步下冲拳	
	6.大跃步前穿	6.叉步双摆掌	6.弓步下冲拳	6.仆步抡劈拳	
	7.弓步击掌	7.弓步击掌	7.叉步亮掌侧踹腿	7.提膝挑掌	
	8.马步架掌	8.转身踢腿马步盘肘	8.虚步挑拳	8.提膝劈掌弓步冲拳	

(五)初级长拳动作要点解析

【预备势】

1.并步抱拳

两腿并步站立,两手抱拳于腰间,头向左平摆,眼向前平视。

2.虚步亮掌

(1)右脚向右后方撤步成左弓步;右掌向右、向上、向前划弧,掌心向上;左臂屈肘,左掌提到腰侧,掌心向上;目视右掌。

(2)右腿微屈,重心后移;左掌经胸前从右臂上向前伸直;右臂屈肘,右掌收至腰侧,掌心向上;目视左掌。

(3)重心继续后移,左脚稍向右移,脚尖点地,成左虚步;左臂内旋向左、向后划弧成勾手,勾尖向上;右手继续向后、向右、向前上划弧,屈肘抖腕,在头前上方成亮掌(即横掌),掌心向前,掌指向左;目视左方。

3. 并步对拳

(1)右腿蹬直,左腿提膝,脚尖里扣;身体直立,上身姿势不变。

(2)左脚向前落步,重心前移;左臂屈肘,左勾手变掌经左肋前伸;右臂外旋向前下落于左掌右侧,两掌同高,掌心均向上;头转正,目视前方。

(3)右脚向前上一步,两臂下垂后摆。

(4)左脚向右脚并步,两臂向外、向上经胸前屈肘下按,两掌变拳,拳心向下,停于小腹前;目视左侧。

【第一段】

1. 弓步冲拳

(1)左脚向左上一步,脚尖向斜前方,右腿微屈,成半马步;左臂向上向左格打,拳眼向后,拳与肩同高,右拳收至腰侧,拳心向上;目视左拳。

第一段

(2)右腿蹬直成左弓步;右拳向前冲出,高与肩平,拳眼向上;左拳收至腰侧,拳心向上;目视右拳。

2. 弹腿冲拳

(1)重心前移至左腿,右腿屈膝提起,脚面绷直,猛力向前弹出伸直,高与腰平。

(2)右拳收至腰侧;左拳向前冲出;目视前方。

3. 马步冲拳

右脚向前落步,脚尖里扣,上体左转,两腿下蹲成马步;右拳向前冲出,高与肩平;左拳收至腰侧;目视右拳。

4. 弓步冲拳

(1)上体右转90°,右脚尖外撇向斜前方,成半马步;右臂屈肘向右格打,拳眼向后;目视右拳。

(2)左腿蹬直成右弓步;左拳向前冲出,右拳收至腰侧;目视左拳。

5. 弹腿冲拳

重心前移至右脚,左腿屈膝提起,脚面绷直,猛力向前伸直弹出,高与腰平;右拳向前冲出,左拳收至腰侧;目视前方。

6. 大跃步前穿

(1)左腿屈膝,右拳变掌内旋,以手背向下挂至左膝外侧,上体前倾;目视右手。

(2)左脚向前落步,两腿微屈,右掌继续向后挂,左拳变掌,向后向、下伸直;目视右掌。

(3)右腿屈膝向前提起,左腿立即猛力蹬地向前跃出;两掌向前向上划弧摆起;目视左掌。

(4)右腿落地全蹲,左腿随即落地向前铲出成仆步;右掌变拳抱于腰侧,左掌由上向右、向下划弧成立掌,停于右胸前;目视左脚。

7. 弓步击掌

右腿猛力蹬地,上体左转,重心移向左脚成左弓步;左掌经左脚面向后划弧至身后成勾手,左臂伸直,勾尖向上;右拳由腰侧变掌向前推出,掌指向上,掌外侧向前;目视右掌。

8. 马步架掌

(1)重心移至两腿中间,左脚脚尖里扣成马步,上体右转;右臂向左侧平摆,稍屈肘;同时左勾手变掌由后经左腰侧从右臂内向前上穿出,掌心均朝上;目视左手。

(2)右掌立于左胸前,左臂向左上屈肘抖腕亮掌于头部左上方,掌心向前;目视右方。

【第二段】

1. 虚步栽拳

第二段

(1)右脚蹬地,屈膝提起,左腿伸直,以前脚掌为轴向右后转体180°;右掌由左胸前向下经右腿外侧向后划弧成勾手,勾尖向后,左臂随体转动并外旋,使掌心朝右;目视右手。

(2)右脚向右落地,重心移至右腿上,下蹲成左虚步;左掌变拳下落于左膝上,拳眼向里,拳心向后;右勾手变拳,屈肘向上架于头右上方,拳心向前;目视左方。

2. 提膝穿掌

(1)右腿稍伸直,右拳变掌收至腰侧,掌心向上;左拳变掌由下向左向上划弧盖压于头上方,掌心向前;头转向右方。

(2)右腿蹬直,左腿屈膝提起,脚尖内扣;右掌从腰侧经左臂内向右前上方穿出,掌心向上;左掌收至右胸前成立掌;目视右掌。

3. 仆步穿掌

右腿全蹲,左腿向左后方铲出成左仆步脚尖内扣;右臂不动,左掌由右胸前向下经腿内侧,向左脚面穿出;目随左掌转视。

4. 虚步挑掌

(1)右腿蹬直,重心前移至左腿,成左弓步;左掌随重心前移继续向前上方穿掌,右掌稍下降;目随左掌转视。

(2)右脚向左前方上步,右腿半蹲,成右虚步,身体上步左转180°;在右脚上步的同时,右掌由后向下、向前挑起成立掌,指尖与眼平,左掌由前向上、向后划弧成立掌;目视右掌。

5. 马步击掌

(1)右脚落实,脚尖外撇,重心稍升高并右移;右掌俯掌向外捋手;左掌变拳收至腰侧。

(2)左脚向前上一步,以右为轴向右后转体180°,两腿下蹲成马步;左拳变掌从右臂上成立掌向左侧击出;右掌变拳收至腰侧,目视左掌。

6. 叉步双摆掌

(1)重心稍右移,右拳变掌,同时两掌由下向右摆,掌指均向上;目视右掌。

(2)右脚向左腿后插步,前脚掌着地;两臂继续由右向上、向左摆,停于身体左侧,均成立掌,右掌停于左肘窝处;目随双掌转视。

7. 弓步击掌

(1)两腿不动,身体右转;右掌向上、向右划弧,掌心向下;左掌收至腰侧,掌心向上;头转向右方。

(2)左腿后撤一步,成右弓步。右掌向下向后伸直摆动,成勾手,勾尖向上,左掌成立掌向前推出;目视左掌。

8. 转身踢腿马步盘肘

(1)两脚以前脚掌为轴向左后转体180°,重心移向左脚;在转体的同时,左臂向上、向前划半立圆,右手变掌,右臂向下、向后划半圆;目随左手转视。

（2）上动不停，两脚不动，右臂由后向上、向前划半立圆，左臂由前向下、向后划半立圆；目视前方。

（3）上动不停，右臂向下成反臂勾手，勾尖向上；左臂向上成亮掌，掌心向前上方；右腿伸直，脚尖勾起，向额前踢。

（4）右脚向前落地，脚尖里扣，右手不动，左臂屈肘下落至胸前，左掌心向下；目视左掌。

（5）上体左转 90°，两腿下蹲成马步；同时左掌向前、向左平搂，变拳收至腰侧，右勾手变拳，右臂伸直，由体后向右、向前平摆，至体前时屈肘，肘尖向前，高与肩平，拳心向下；目视肘尖。

【第三段】

1. 歇步抡砸拳

第三段

（1）重心稍升高，右脚尖外撇；右臂由胸前向上、向右抡直；左拳向下、向左，使臂抡直；目视右拳。

（2）上动不停，两脚以前脚掌为轴，向右后转体 180°；右臂向下、向后抡摆，左臂向上、向前随身体转动。

（3）紧接上动，两腿全蹲成歇步；左臂随身体下蹲向下平砸，拳心向上，臀部微屈，右臂伸直向上举起；目视左拳。

2. 仆步亮拳

（1）左脚由右腿后抽出前上一步，左腿蹬直，右腿半蹲，成右弓步；上体微向右转；左拳收至腰侧，右拳变掌向下经胸前向右横击掌；目视右掌。

（2）右脚蹬地屈膝提起，上体右转；左拳变掌从右掌上向前穿出，掌心向上；右掌平收至左肘下。

（3）右脚向右落步，屈膝全蹲，左腿伸直，成仆步；左掌向下、向后划弧成勾手，勾尖向上；右掌向右、向上划弧微屈，抖腕成亮掌，掌心向前；头随右手转动，至亮掌时，目视左方。

3. 弓步劈拳

（1）右腿蹬地立起，左腿收回并向左前方上步；右掌变拳收至腰侧，左勾手变掌由下向前上经胸前向左做搂手；目视左手。

（2）右腿经左腿前方向左绕上一步，左腿蹬直成右弓步；左手向左平搂后再向前挥摆，虎口朝前。

（3）在左手平搂的同时，右掌向后平摆，然后再向前向上做抡劈拳，拳高与耳平，拳心向上，左掌处旋接扶右前臂；目视右拳。

4. 换跳步弓步冲拳

（1）重心后移，右脚稍向后移动；右拳变掌，右臂内旋以掌背向下划弧挂至右膝内侧；左掌背贴靠右肘外侧，掌指向前；目视右掌。

（2）右腿自然上抬，上体稍向左扭转；右掌挂至体左侧，左掌伸向右腋下；目随右掌转视。

（3）右脚以全脚掌用力向下震踩，与此同时，左脚急速离地抬起；右手由左向上、向前搂盖，而后变拳收至腰侧；左掌伸直向下、向上、向前屈肘下按，掌心向下；上体右转，目视左掌。

(4)左脚向前落步,右腿蹬直成左弓步;右拳向前冲出,拳高与肩平;左掌藏于右腋下,掌背贴靠腋窝;目视右拳。

5. 马步冲拳

上体右转90°,重心移至两腿中间,成马步;左掌变拳向左冲出,拳眼向上,右拳收至腰侧,拳心向上;目视左拳。

6. 弓步下冲拳

右腿蹬直,左腿弯曲,上体稍向左转,成左弓步;左拳变掌向下经体前向上架于头左上方,掌心向上,右拳自腰侧向左前斜下方冲出;目视右拳。

7. 叉步亮掌侧蹬腿

(1)上体稍右转;左掌由头上下落于右手腕上,右拳变掌,两手交叉成十字;目视双手。

(2)右脚蹬地并向左腿后插步,以前脚掌着地;左掌由体前向下、向后划弧成勾手,勾尖向上;右掌由前向右、向上划弧抖腕亮掌,掌心向前;目视左侧。

(3)重心移至右腿,左腿屈膝提起,向左上方猛力蹬出;上体姿势不变;目视左侧。

8. 虚步挑拳

(1)左脚在左侧落地;左勾手变拳由体后向左上挑,拳背向上右掌变拳稍后移,掌心向后。

(2)上体左转180°,微含胸前俯;左拳继续向前、向上划弧上挑,右拳向下、向前划弧挂至右膝外侧,同时右膝提起;目视右拳。

(3)右脚向左前上步,脚尖点地,重心落于左脚,左腿下蹲成右虚步;左拳向后划弧收至腰侧,拳心向上;右拳向前屈臂挑出,拳眼斜向上,拳与肩同高;目视右拳。

【第四段】

1. 弓步顶肘

(1)重心升高,右脚踏实;右臂内旋向下直臂划弧以拳背下挂至右膝内侧,左拳不变;目视前下方。

第四段

(2)左腿蹬直,右腿屈膝上抬;左拳变掌,右拳不变,两臂向前向上划弧摆起;目随右拳转视。

(3)左脚蹬地起跳,身体腾空;两臂继续划弧至头上方。

(4)右脚先落地,右腿屈膝,左脚向前落步,以前脚掌着地;同时两臂向右、向下屈肘停于右胸前,右拳变掌,左掌变拳,右掌心贴靠左拳面,目视右方。

(5)左脚向左上一步,右腿蹬直,左腿屈膝成左弓步;右掌推左拳,以左肘尖向左顶出,高与肩平;头随顶肘动作转向左方;目视前方。

2. 转身左拍脚

(1)以两脚前脚掌为轴向右后转体180°;随着转体,右臂向上、向右、向下划弧抡摆,同时左拳变掌向下、向后、向前上抡摆。

(2)左腿伸直向前上迅速踢起,脚面绷平;左掌变拳收至腰侧,右掌由体后向上经头上向前拍击左脚面;目视右手。

3. 右拍脚

(1)左脚向前落地,左拳变掌向下、向后摆,右掌变拳收至腰侧,掌心向上。

255

(2)右腿伸直向前上迅速踢起,脚面绷平;左拳由后向上经头上向前拍击右脚面;目视左手。

4. 腾空飞脚

(1)右脚落地,身体重心迅速移至右腿;上肢姿势保持不变。

(2)左脚向前摆起,右脚猛力蹬地跳起,左腿屈膝继续前上摆;同时右拳变掌向前、向上摆起,左掌先上摆而后下降拍击右掌背。

(3)右腿继续上摆,脚面绷平;右手拍击右脚面,左掌由体前向后上举;目视右手。

5. 歇步下冲拳

(1)左腿先落地,右腿随后向前落地成半马步;右掌下落前伸,掌心向下,左掌变拳收至腰侧,拳心向上;目视右手。

(2)身体右转90°,两腿全蹲成歇步;右掌抓握、外旋变拳收至腰侧;左拳由腰侧向前下方冲出,拳心向下;目视左拳。

6. 仆步抡劈拳

(1)重心升高,右臂由腰侧向体后伸直,左臂随身体重心升高向上摆起;目随左拳。

(2)以右脚前脚掌为轴,左腿屈膝提起,上体左转270°;左拳由前向后下划立圆一周;右拳由后向下、向前上划立圆一周。

(3)左腿向后落一步,屈膝全蹲,右腿伸直,脚尖里扣成右仆步;右拳由上向下抡劈,拳眼向上;左拳后上举,拳眼向上;目视右拳。

7. 提膝挑掌

(1)重心前移成右弓步;同时右拳变掌由下向上抡摆,左拳变掌稍下落,右掌心向左,左掌心向右。

(2)左、右臂在垂直面上由前向后各划立圆一周,右臂伸直停于头上,掌心向左,掌指向上;左臂伸直停于身后成反勾手;同时右腿屈膝提起,左腿挺膝伸直独立。目视前方。

8. 提膝劈掌弓步冲拳

(1)下肢不动;右掌由上向下猛劈伸直,停于右小腿内侧,用力点在小指一侧;左勾手变掌,屈臂向前停于右上臂内侧,掌心向左;目视右掌。

(2)右脚向右后落地;身体右转90°;同时左掌变拳收至腰侧,右臂内旋向右划弧做搂手。

(3)上动不停,左腿蹬直成右弓步;右手抓握变拳收至腰侧,左拳由腰侧向左前方冲出,拳眼向上;目视左拳。

【结束势】

1. 虚步亮掌

(1)右脚扣于左膝后,两拳变掌,两臂右上左下屈肘交叉于体前;目视右掌。

(2)右脚向右后落步,重心后移,右腿半蹲,上体稍右转;同时右掌向上、向右、向下划弧停于左腋下;左掌向左、向上划弧停于右臂上与左胸前,两掌心左下右上;目视左掌。

(3)左脚尖稍向右移,右腿下蹲成左虚步;左臂伸直向左、向后划弧成反勾手;右臂伸直向下、向右、向上划弧抖腕亮掌,掌心向前;目视左方。

2. 并步对拳

(1)左腿后撤一步,同时两掌从两腰侧向前穿出伸直,掌心向上;目视前方。

(2)右腿后撤一步,同时两臂分别向体后下摆。

(3)左脚后退半步向右脚并拢;两臂由后向上经体前屈臂下按,两掌变拳,停于腹前,拳心向下,拳面相对;目视左方。

3. 还原

两拳变掌,两臂自然下垂;头转向正前方,目视正前方。

二、初级剑术

(一)剑术特点

剑素有"百兵之君"的美称,其运动风格轻快敏捷、潇洒飘逸,有"剑走轻灵""剑如飞凤"之说,剑术运动讲究身剑合一。

(二)剑的组成

剑由五部分组成,包括剑身(剑尖、剑脊、剑刃、剑锋)、剑柄(又称把手、把柄)、剑盘(护手盘)、剑穗(装饰品)、剑鞘(护剑器)。

(三)基本剑法

(1)刺剑:以剑尖指向正前方,手臂由屈到伸,与剑成一条直线,力达剑尖。持剑手心向上、向前平刺出为平刺剑;持剑虎口向上,剑成立剑为立刺剑。

(2)劈剑:立剑由上向下用力,力点作用于剑身,手臂与剑成一直线,抡剑时剑沿着身体左右两侧划绕一立圆,然后再向下劈。

(3)抹剑:平剑由左向右或由右向左平带,弧形抽回,高度在胸腹之间,力达剑刃。

(4)撩剑:立剑由后向前上方撩出,力达剑的前部。正撩剑,前臂外旋,手心朝上,剑贴身向前上弧线撩出;反撩剑,前臂内旋,其他均与正撩剑要求相同。

(5)挂剑:剑成立剑,手腕要扣,剑尖从前向下、向后,经过身体两侧成立圆挂出,力达剑身的前部平面,用来格开对方的进攻。剑紧贴身体。

(6)点剑:立剑用剑尖向前下捉腕点啄,手臂自然伸直,力达剑尖。

(7)崩剑:立剑用剑尖自下向前上、手腕下沉点啄,力达剑尖。

(8)斩剑:平剑,剑向右或左横出,在头肩之间,力达剑身。

(9)截剑:立剑或平剑切断和阻截对方的进攻,力在剑刃。

(10)挑剑:立剑使剑尖由下向上挑起,力点在剑刃前端。

(11)云剑:平剑在头前上方或头顶做平圆绕环,用来拨开对方的进攻,力点在剑刃上。

(12)架剑:立剑向上托举,高过头部,用来格挡对方劈击进攻,力点在剑刃上。

(13)扫剑:平剑由左向右挥摆手臂与剑成一条直线,力点在剑刃。

(四)初级剑术套路组成

初级剑术是剑术学习的基础,有开始部分(预备势)、基本部分和结束部分(结束势)三部分构成,基本部分动作分为四段,每段 8 个动作,合计 32 个动作。套路编排匀称合理,由易渐难,由简到繁;套路内容丰富,包括了各种剑法、步型、步法、身法、平衡等动作;剑法充实,有点、崩、刺、撩、挂、劈、斩、抹、截、挑、穿、绞、扫、架、压、抱、云等;动作朴实,攻防含义明确。

(五)初级剑术套路演练路线

1. 起势与收势

起势与收势动作的演练方向一致,站位点基本在同一位置。演练整套动作时,开始就应定好起势方向。如果出现打不回来的现象,则说明某个动作转动角度或方向出现错误。

2. 演练路线图(见图 15-5)

初级剑术基本部分动作共四段:第一段行进路线从右至左;第二段行进路线从左至右;第三段同第一段;第四段同第二段。运动方向以练习者的躯干在该动作开始前所处的方位为基准,以此来分前后左右。

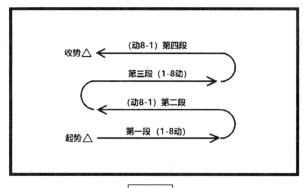

图 15-5　初级剑术套路演示线路图

(六)初级剑术动作名称(见表 15-3)

表 15-3　初级剑术动作名称

预备势动作	第一段动作	第二段动作	第三段动作	第四段动作	结束势动作
	1.弓步直刺	1.虚步平劈	1.并步直刺	1.弓步平劈	
	2.回身后劈	2.弓步下劈	2.弓步上挑	2.回身后撩	
	3.弓步平抹	3.带剑前点	3.歇步下劈	3.歇步上崩	
	4.弓步左撩	4.提膝下截	4.右截腕	4.弓步斜削	
	5.提膝平斩	5.提膝直刺	5.左截腕	5.进步左撩	
	6.回身下刺	6.回身平崩	6.跃步上挑	6.进步右撩	
	7.挂剑直刺	7.歇步下劈	7.仆步下压	7.坐盘反撩	
	8.虚步架剑	8.提膝下点	8.提膝直刺	8.转身云剑	

第十五章 武术

(七)初级剑术动作要点解析

【预备势】

1. 并步持剑

身体正直,并步站立。左手持剑,右手握成剑指,目向左平视。

2. 虚步持剑

1)并步剑指右平伸

(1)上身半面向右转,右脚向右上一步、屈膝,左脚前脚掌碾地,脚跟外展,膝盖挺直,成右弓步。

(2)上身右转。左手持剑由左侧直臂上举,经头部前上方向右侧划弧,至身前时,拇指一侧朝下作反臂平举;同时,右手剑指屈肘收于右腰侧,手心朝上。

(3)左脚向右脚并步。左手持剑随之下落,垂于身体左侧;同时,右手剑指向右侧平指出,拇指一侧在上。目视剑指。

2)并步剑指左前平伸

(1)左脚向左上一步,屈膝;右脚前脚掌碾地使脚跟外展,膝部挺直,成左弓步。上身随之向左转。在左脚上步的同时左手持剑屈肘经胸前向上、向前弧形绕环,平举于身体左侧,拇指一侧在下。

(2)左腿伸直站立,右脚向前并步。左手持剑随之从身前下落,垂于身体左侧;同时,右手剑指屈肘沿右耳侧向前平伸指出,拇指一侧在上。目视剑指。

3)右弓步穿剑

(1)左手持剑从右手剑指上面向前平仆穿出,拇指一侧在下;右手剑指顺左臂下面屈肘收于左肩前,并且屈腕使手指朝上。上身右转;右脚向右侧跨步、屈膝,脚尖随之里扣膝盖挺直,成右弓步。目向左平视。

(2)上身右转,右手剑指经身前向右侧平伸指出,拇指一侧在上。目视剑指。

4)左虚步接剑

右脚的前脚掌里扣,上身左转,重心落于右腿;左脚随之移回半步。屈膝,并以前脚掌虚着地面,成左虚步。在左脚移步的同时,左手持剑向胸前屈肘,手心朝外;右手剑指也向胸前屈肘,手心朝里,准备接握左手之剑。目视剑尖。

【第一段】

1. 弓步直刺

右手接握左手之剑,左手握成剑指。左脚向前上半步、屈膝;右脚前脚掌碾地,脚跟外展,膝部挺直,成左弓步。同时,上身左转,右手持剑向身前平伸直刺,拇指一侧在上;左手剑指随之向身后平举,拇指一侧在上。目视剑尖。

第一段

2. 回身后劈

左脚不动,膝部伸直;右脚向前上一步,膝略屈,上身右转。同时,右手持剑经上向后劈,剑高与肩平,拇指一侧在上;左手剑指随之由下向前上弧形绕环,在头顶上方屈肘侧举,拇指一侧在下。目视剑尖。

3. 弓步平抹

左脚向左前方上一步、屈膝；右腿在后，膝部挺直，脚尖里扣，成左弓步。同时，左手剑指由胸前下降，经左下向上弧形绕环，在头顶上方屈肘侧举，拇指一侧在下；右手持剑（手心转向上）随之向前平抹，剑尖稍向右斜。目视前方。

4. 弓步左撩

(1)上身左转，右腿屈膝在身前提起，脚尖下垂，脚背绷直。同时，右手持剑臂外旋使剑由前向上、向后划弧，至后方时，屈肘使手腕、前臂贴靠腹部，手心朝里；左手剑指随之由头顶上方下落，附于右手腕部（手心朝下）。目视剑身。

(2)右腿继续向右前方落步、屈膝；左腿向后蹬直，脚尖里扣，成右弓步。同时，右手持剑由后向下向前反手撩起，小指一侧在上；左手剑指随右手运动，仍附于右手腕处。目视剑尖。

5. 提膝平斩

左脚向前上一步，右手手腕向左上翻转、屈肘，使剑向左平绕至头部前上方，右脚随之由后向身前屈膝提起。右手继续翻转手腕。使剑向右平绕至右后方（手心朝上），再用力向前平斩；左手剑指由下向左、向上弧形绕环，屈肘横举于头部左上方。目视前方。

6. 回身下刺

右脚向前落步，脚尖外撇，膝略屈，上身右转。同时，右手持剑手腕反屈，使剑尖下垂，随之向后下方直刺，剑尖低于膝，拇指一侧在上；左手剑指先向身前的右手靠拢，然后在刺剑的同时，向前上方伸直，拇指一侧在上。目视剑尖。

7. 挂剑直刺

(1)左脚向前上一步，屈膝略蹲，右臂内旋先使拇指一侧朝下成反手，然后翘腕、摆臂，使剑尖向左、向上抄挂，当持剑手抄至左肩时，再屈肘使剑平落于胸前，手心朝里；此时左腿伸直站立，右腿随之在身前屈膝提起，左手剑指屈肘附于右手腕处。

(2)接着，以左脚前脚掌碾地，上身右转，右手持剑使剑向下插，左手剑指仍附于右手腕处。目视剑尖。

(3)上动不停，仍以左脚前脚掌为轴碾地，右脚向身后跨一大步、屈膝，上身从右向后转；左腿在后蹬直，脚尖里扣，成右弓步。同时，右手持剑向前直刺，尖与肩同高，拇指一侧在上；左手剑指随之向后平伸，拇指一侧在上。

8. 虚步架剑

(1)右手持剑先将剑尖由左向右搅一小圈，臂内旋使持剑手的拇指一侧朝下。同时，以右脚跟和左脚前脚掌为轴碾地，右脚尖外撇，上身从右向后转，左脚向前收拢半步，两膝均略屈成交叉步。在转身的同时，右手持剑反手向后上方屈肘上架；左手剑指屈肘经左肩前附于右手腕处。目向左平视。

(2)右腿屈膝不动，左脚向前进一步，膝盖稍屈，前脚掌虚着地面，重心落于右腿，成左虚步。在右手持剑略向后牵引的同时，左手剑指向前平伸指出，手心朝下。目视剑指。

【第二段】

1. 虚步平劈

左脚脚跟外展，上身右转，重心移于左腿，右脚跟随之离地，成为前脚掌虚着地面的右虚步。在转身的同时,右手持剑向下平劈,拇指一侧在上;左手剑指即向上屈肘,手心向左上方。目视剑尖。

第二段

2. 弓步下劈

右脚踏实,身体重心前移,左手剑指伸向右腋下,右手持剑臂内旋使手心朝下。左脚随即向左前方上步、屈膝成左弓步;右腿在后蹬直,脚尖里扣。在左脚上步的同时,右手持剑屈腕向左平绕,划一小圈后向前下方劈剑,剑尖高与膝平;左手剑指随之由右腋下面向左、向上绕环,在头顶上方屈肘侧举,上身略前俯。目视剑尖。

3. 带剑前点

(1)右脚向左脚靠拢,以前脚掌虚着地面,两腿均屈膝略蹲;右手持剑向上屈腕,使剑向右耳际带回,肘微屈;左手剑指随之由前下落,附于右手腕处。目向右前方平视。

(2)上动不停,右脚向右前方跃一步,落地后即屈膝半蹲,全脚着地;左脚随之跟进,向右脚并步屈膝,以脚尖点地,成丁步。同时,右手持剑向前点击,拇指一侧在上;左手剑指即屈肘向头顶上方侧举,手心朝上。目视剑尖。

4. 提膝下截

(1)右腿伸直,左腿退步后屈膝,上身后仰。右臂外旋,手心朝上,使剑向右、向后上方弧形绕环,左手剑指不动。

(2)上动不停,右臂内旋使手心朝下,继续使剑向左、向前下方划弧下截,同时上身向前探倾,左腿屈膝提起。目视剑尖。

5. 提膝直刺

(1)右腿略屈膝,左脚向前落步,脚尖外撇。右臂外旋使手心朝上,并在左脚落步的同时向上屈肘,将剑柄收抱于胸前,手心朝里,剑尖高与肩平;左手剑指随之下落,屈肘按于剑柄上。此时两腿成为交叉步,目视剑尖。

(2)右腿向身前屈膝提起,左腿伸直站立。右手持剑向前平直刺出,拇指一侧在上;同时左手剑指向后平伸指出,手心朝下。目视剑尖。

6. 回身平崩

(1)右脚向前落步,脚尖外撇;左脚前脚掌碾地使脚跟外转,屈膝略蹲,同时上身向右后转成交叉步。右手持剑臂外旋使手心朝上,屈肘向胸前收回,剑身与右前臂成水平直线;左手剑指随之直臂上举,经左耳侧屈肘前落,附于右手心上面。目视剑尖。

(2)上身稍向右转,左腿挺膝伸直,右腿略屈膝。同时,右手持剑使剑的前端用力向右平崩,手心仍朝上;左手剑指屈肘向额部左上方侧举。目视剑尖。

7. 歇步下劈

右脚蹬地起跳,左脚向左跃步横跨一步,落地后,右腿即向左腿后侧插步,继而两腿屈膝全蹲,成歇步。在跃步的同时,右手持剑向上举起,并在形成歇步时向左下劈,拇指一侧在上,剑尖与踝关节同高;左手剑指随着下劈动作,下按于右手腕上面。目视剑身。

8. 提膝下点

(1)右手持剑先使手心朝下成平剑,然后以两脚的前脚掌碾地,上身经右、向后转动,两腿边转边站立起来,右手持剑平绕一周。当剑绕至上身右侧时,上身稍向左后仰,同时剑身继续向外、向上弧形绕环,剑尖接近右耳侧;此时左手剑指离开右手腕向上屈肘侧举。目视前下方。

(2)上动不停,右腿伸直站立,左腿屈膝提起,上身向右侧下探俯,同时右手持剑向前下点击,拇指一侧在上。目视剑尖。

【第三段】

1. 并步直刺

第三段

(1)以右脚前脚掌为轴碾地,使上身向左后转。在转身的同时,右臂内旋并向拇指一侧屈腕,使剑尖指向转身后的身前;左手剑指随之由上经右肩前、腹前绕环,向正前方指出,手心朝下。目视剑指。

(2)左脚向前落步,右脚随之跟进并步,两腿均屈膝半蹲。同时,右手持剑向前平伸直刺,拇指一侧在上;左手剑指顺势附于右手腕处。目视剑尖。

2. 弓步上挑

右脚上步屈膝成右弓步,同时左脚脚跟稍内转,左腿挺膝伸直。右手持剑直臂向上挑举,剑尖向上,手心朝左;左手剑指仍向前平伸指出,手心朝下。上身稍微前倾。目视剑指。

3. 歇步下劈

右腿伸直,左脚向前上步,脚尖外撇,随之两腿交叉屈膝全蹲成歇步。同时,右手持剑向前下劈,拇指一侧在上,剑尖与踝关节同高;左手剑指屈肘附于右手腕里侧。上身稍前俯。目视剑身。

4. 右截腕

两脚以前脚掌碾地,并且两腿稍伸直立起,使上身右转,右腿屈膝半蹲,左腿稍屈膝,左脚前脚掌虚着地面,成左虚步。右臂内旋使拇指一侧朝下,用剑的前端下刃向前上方划弧翻转,随着上身起立成虚步,右手持剑向右后上方托起,左手剑指仍附于右手腕,两肘均微屈。目视剑的前端。

5. 左截腕

左脚向前上半步,并以前脚掌碾地使上身向左后转,右脚随之向前上一步,前脚掌着地,两腿均屈膝,成左实右虚之右虚步。在右脚进步的同时,右臂外旋,使剑身的前端向左前上方划弧翻转,手心朝上,剑身与地面平行;左手剑指随之离开右手腕,屈肘向上侧举。目视剑的前端。

6. 跃步上挑

(1)左脚经身前向前上一步,右脚随之在身后离地,小腿后弯。同时,右臂外旋手心朝里,使剑由右向上、向左屈肘划弧,剑至上身左侧时,右手靠近左胯旁,拇指一侧在上并向上屈腕;左手剑指在右手向左下落时附于右手腕上,目视剑尖。

(2)左脚蹬地,右脚向右侧跃步,落地后屈膝略蹲,左脚随之离地屈膝从身后伸向右侧方,形成望月式平衡。上身向左侧倾俯。在右脚跃步的同时,右手持剑由左胯旁向下、向右划弧,当剑到达右侧方时,臂外旋并向拇指一侧屈腕,使剑向上挑击;左手剑指即向左上方屈肘横举,拇指一侧在下。目视右侧方。

7. 仆步下压

(1)右手持剑使剑尖从头上经过,继而向身后、向右弧形平绕,当剑绕到右侧时,即屈肘将剑柄收抱于胸部前下方,手心朝上。同时,右膝伸直,上身立起,左腿屈膝提于身前,左手剑指仍横举于左额前上方。

(2)上动不停,左手剑指经身前下落,按在右手腕上。左脚随之向左侧落步,屈膝全蹲;右腿在右侧平铺伸直,脚尖里扣,成右仆步。同时,右手持剑用剑身面向下带压,剑尖斜向右上方。上身前探。眼向右平视。

8. 提膝直刺

两腿直立站起,左腿屈膝提于身前,右腿挺直站立。同时,右手持剑向身前平伸直刺,拇指一侧在上;左手剑指屈肘在左侧上举,拇指一侧在下。目视剑尖。

【第四段】

1. 弓步平劈

右臂外旋,先使手心朝向背后,剑的下刃转翻向上,继而上身左转,同时左脚向左后侧落一大步、屈膝,成左弓步;右脚以前脚掌为轴碾地,脚跟稍外转,右腿挺膝伸直。左手剑指随着持剑臂的运行而向右、向下,向左、向上圆形绕环,仍屈肘举于头部左侧上方;同时,右手持剑向身前平劈,拇指一侧在上,臂要伸直,剑尖略高于肩。目视剑尖。

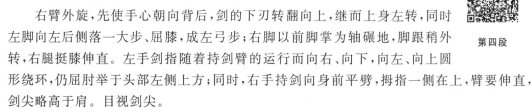

第四段

2. 回身后撩

右脚向前上一步,膝微屈;左脚随之离地,小腿向上弯屈;上身前俯,腰向右拧转。右手持剑随右脚上步而向后反撩,剑尖斜向下方,拇指一侧在下;左手剑指前伸成侧上举,拇指一侧在下。目视剑尖。

3. 歇步上崩

(1)右脚蹬地,左脚向前跃步,上身随之向右后转;左脚落地,脚尖稍外撇,右腿摆向身后,在上身转动的同时,右臂外旋,使拇指一侧朝上;左手剑指在身后平伸,手心朝下。目视剑尖。

(2)上动不停,右脚在身后落步,两腿均屈膝全蹲,左大腿盖压在右大腿上,臀部坐在右小腿上,成歇步。同时,右手持剑直臂下压,手腕向拇指一侧上屈,使剑尖上崩;左手剑指随之屈肘在头部左上方侧举,拇指一侧在下。目视剑身。

4. 弓步斜削

(1)左脚脚尖里扣,上身右转,右脚随之向前上步、屈膝成右弓步,左腿在身后挺膝伸直。右手持剑臂外旋使手心朝上,在转身的同时,屈肘向左胁前收回;左手剑指随之从身前下落,按在剑柄上。上身向右前倾,目视前方。

(2)上动不停,右手持剑由后向前上方斜面弧形上削,手心斜向上方,手腕稍向掌心一侧弯屈;同时,左手剑指伸向后方,拇指一侧在上。目视剑尖。

5. 进步左撩

(1)右腿伸直,上身向左转,左腿稍屈膝。同时,右手持剑使手心朝里经脸前边转身向左划弧,剑至体前时,左手剑指附于右手腕里侧。目视剑尖。

(2)以右脚跟为轴碾地,脚尖外撇,上身向右后转;左脚随之向前上步,以前脚掌虚着地面。同时,右手持剑反手向下、向前、向上继续划弧撩起,剑至前上方时,肘部略屈,拇指一侧在下,剑尖高与肩平;左手剑指随右手动作,仍附于右手腕上。目视剑尖。

6. 进步右撩

(1) 右手持剑直臂向上、向右后方划弧，左手剑指随势收于右肩前，手心朝左。目视剑尖。

(2) 左脚踏实后以脚跟为轴碾地，脚尖外撇，右脚随之向左脚前上一步，前脚掌虚着地面。同时，右手持剑由右向下、向前划弧抢臂撩起，剑至前方时，肘微屈，手心朝上，剑尖高与头平；左手剑指随之由右肩前向下、向前、向后上方绕环，屈肘侧举于头部左上方。目视剑尖。

7. 坐盘反撩

右脚踏实后向前上一小步，随即左脚从右腿后向右侧插一步，两腿屈膝下坐，成坐盘式。在左脚插步的同时，右手持剑向上、向左、向下，再向右上方反手绕环斜上撩，剑尖高过头顶；左手剑指随之经体前向下、向后上方划弧，屈肘横举于左耳侧；拇指一侧在下。上身向左前倾俯。目视剑尖。

8. 转身云剑

(1) 右脚蹬地，两腿伸直站起，并以两脚的前脚掌碾地使上身向左后转；转身之后，右腿屈膝略蹲，右脚踏实，左膝微屈，前脚掌虚着地面，身体重心落于右腿。同时，右手持剑随身体转动一周后屈肘使剑平举，拇指一侧在下；此时左手剑指附于右手腕处。目视剑尖。

(2) 上动不停，上身后仰，右手持剑向左、向后、向右、向前圆形云绕一周，剑至身前时，右手手心朝上、松把，使剑尖下垂；左手剑指放开，拇指一侧朝上，准备接握右手之剑。此时重心前移，左脚踏实，右腿伸直，上身前倾。目视左手。

【结束势】

右手将剑柄交于左手后即握成剑指，左手接剑后反握住剑柄向身体左侧下垂。此时右脚向右前方上步，脚尖里扣，屈膝略蹲，上身随之左转；左脚随之向前移步，以前脚掌虚着地面，膝微屈。在上身左转的同时，右手剑指随之由身后向上屈肘侧举于头部右上方，手心朝上。目向左平视。

三、简化太极拳

(一) 太极拳特点与门派简述

太极拳是以中国传统儒、道哲学中的太极、阴阳辩证理论为核心思想，集颐养性情、强身健体、技击对抗等多种功能为一体，结合易学的阴阳五行之变化、中医经络学、古代的导引术和吐纳术形成的一种内外兼修、轻松柔和、圆活自然、上下相随、连绵不断、虚实分明、刚柔相济的中国传统拳术。

太极拳动作讲究"虚领顶劲，气沉丹田""含胸拔背，沉肩坠肘""松腰圆裆，开胯屈膝""神聚气敛，身手放长"。

传统太极拳门派众多，常见的太极拳流派有陈式、杨式、武式、吴式、孙式、和式等派别，各派既有传承关系，相互借鉴，也各有自己的特点，呈百花齐放之态。

(二)简化太极拳套路组成

简化太极拳又称二十四式太极拳,是以流传面和适应性最广泛的杨式太极拳大架为基础,保留了传统太极拳的主要技术内容及基本规格要领,去其繁难和重复动作,按照由简到繁、由易到难的原则进行改编、整理而成的。整套动作充分体现了太极拳柔和、缓慢、圆活、连贯的特点。整套动作分为8组,包括"起势""收势"共24个动作,简练明确、易学易练。

(三)简化太极拳套路演练路线

(1)起势与收势:起势与收势动作的演练方向一致,站位点基本在同一位置。演练整套动作时,开始就应定好起势方向。如果出现打不回来的现象,则说明某个动作转动角度或方向出现错误。

(2)演练路线图(见图15-6):简化太极拳动作共八组,二十四式。第一式至第五式行进路线从右至左;第六式至第九式行进路线从左至右;第十式至第十五式行进路线从右至左;第十六式至第二十四式行进路线从左至右。运动方向以练习者的躯干在该动作开始前所处的方位为基准,以此来分前后左右。

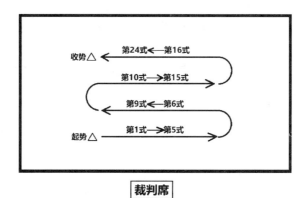

图15-6 简化太极拳套路演示线路图

(四)简化太极拳动作名称(见表15-4)

表15-4 (24式)简化太极拳动作名称

第一组	第二组	第三组	第四组
1.起势	4.左右搂膝拗步	7.左揽雀尾	9.单鞭
2.左右野马分鬃	5.手挥琵琶	8.右揽雀尾	10.云手
3.白鹤亮翅	6.左右倒卷肱		11.单鞭
第五组	第六组	第七组	第八组
12.高探马	17.左下势独立	18.左右穿梭	21.转身搬拦捶
13.右蹬脚	18.右下势独立	19.海底针	22.如封似闭
14.双峰贯耳		20.闪通臂	23.十字手
15.转身左蹬脚			24.收势

(五)简化太极拳动作要点解析

【第一组】

1. 起势

①身体自然直立,两脚开立,与肩同宽,脚尖向前;两臂自然下垂,两手放在大腿外侧;眼向前平视。②两臂慢慢向前平举,两手高与肩平,与肩同宽,手心向下。③上体保持正直,两腿屈膝下蹲;同时两掌轻轻下按,两肘下垂与两膝相对;眼平视前方。

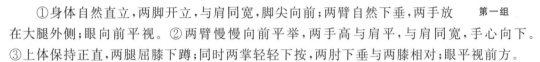
第一组

2. 左右野马分鬃

①上体微向右转,身体重心移至右腿上;同时右臂收在胸前平屈,手心向下,左手经体前向右下划弧放在右手下,手心向上,两手心相对成抱球状;左脚随即收到右脚内侧,脚尖点地;眼看右手。②上体微向左转,左脚向左前方迈出,右脚跟后蹬,右腿自然伸直,成左弓步;同时上体继续向左转,左右手随转体慢慢分别向左上右下分开,左手高与眼平(手心斜向上),肘微屈;右手落在右胯旁,肘微屈,手心向下,指尖向前;眼看左手。③上体慢慢后坐,身体重心移至右腿,左脚尖翘起,微向外撇(40°~60°),随后脚掌慢慢踏实,左腿慢慢前弓,身体左转,身体重心再移至左腿;同时左手翻转向下,左臂收在胸前平屈,右手向左上划弧放在左手下,两手心相对抱成球状;右脚随即收到左脚内侧,脚尖点地;眼看左手。④右腿向前方迈出,左腿自然伸直,成右弓步;同时上体右转,左右手随转体分别慢慢向左下右上分开,右手高与眼平(手心斜向上),肘微屈;左手落在左胯旁,肘也微屈,手心向下,指尖向前;眼看右手。⑤与③解同,只是左右相反。⑥与④解同,只是左右相反。

3. 白鹤亮翅

①上体微向左转,左手翻掌向下,左臂平屈胸前,右手向左上划弧,手心转向上,与左手成抱球状;眼看左手。②右脚跟进半步,上体后坐,身体重心移至右腿,上体先向右转,面向右前方,眼看右手;然后左脚稍向前移,脚尖点地,成左虚步,同时上体再微向左转,面向前方,两手随转体慢慢向右上左下分开,右手上提停于右额前,手心向左后方,左手落于左胯前,手心向下,指尖向前;眼平看前方。

【第二组】

4. 左右搂膝拗步

①右手从体前下落,由下向后上方划弧至右肩外侧,肘微屈,手与耳同高,手心斜向上;左手由左下向上、向右下方划弧至右胸前,手心斜向下;同时上体先微向左再向右转;左脚收至右脚内侧,脚尖点地,眼看右手。②上体左转,左脚向前(偏左)迈出成左弓步;同时右手屈回由耳侧向前推出,高与鼻尖平,左手向下由左膝前搂过落于左胯旁,指尖向前;眼看右手手指。③右腿慢慢屈膝、上体后坐,身体重心移至右腿,左脚尖翘起微向外撇,随后脚掌慢慢踏实,左腿前弓,身体左转,身体重心移至左腿,右脚收到左脚内侧,脚尖点地;同时左手向外翻掌由左后划弧至左肩外侧,肘微屈,手与耳同高,手心斜向上;右手随转体向上,向左划弧落于左胸前,手心斜向上;眼看左手。④与②解同,只是左右相反。⑤与③解同,只是左右相反。⑥与②解同。

第二组

5. 手挥琵琶

右脚跟进半步,上体后坐,身体重心转至右腿上,上体半面向右转,左脚略提起稍向前移,变成左虚步,脚跟着地,脚尖翘起,膝部微屈,同时左手由左下向上挑举,高与鼻尖平,掌心向右,臂微屈;右手收回放在左肘部里侧,掌心向左;眼看左手食指。

6. 左右倒卷肱

①上体右转,右手翻掌(手心向上)经腹前由下向后上方划弧平举,臂微屈,左手随即翻掌向上;眼的视线随着向右转体先向右看,再转向前方看左手。②右臂屈肘折向前,右手由耳侧向前推出,手心向前,左臂屈肘后撤,手心向上,撤至左肋外侧;同时左腿轻轻提起向后(偏左)退一步,脚掌先着地,然后全脚慢慢踏实,身体重心移到左腿上,成右虚步,右脚随转以脚掌为轴扭正;眼看右手。③上体微向左转,同时左手随转体向后上方划弧平举,手心向上,右手随即翻掌,掌心向上;眼随转体先向左看,再转向前方看右手。④与②解同,只是左右相反。⑤与③解同,只是左右相反。⑥与②解同。⑦与③解同。⑧与②解同,只是左右相反。

【第三组】

7. 左揽雀尾

第三组

①上体微向右转,同时右手随转体向后上方划弧平举,手心向上,左手放松,手心向下;眼看左手。②身体继续向右转,左手自然下落逐渐翻掌经腹前划弧至右肋前,手心向上;右臂屈肘,手心转向下,收至右胸前,两手相对成抱球状;同时身体重心落在右腿上,左脚收到右脚内侧,脚尖点地;眼看右手。③上体微向左转,左脚向左前方迈出,上体继续向左转,右腿自然蹬直,左腿屈膝,成左弓步;同时左臂向左前方出(即左臂平屈成弓形,用前臂外侧和手背向前方推出),高与肩平,手心向后;右手向右下落放于右胯旁,手心向下,指尖向前;眼看左前臂。④身体微向左转,左手随即前伸翻掌向下,右手翻掌向上,经腹前向上、向前伸至左前臂下方;然后两手下捋,即上体向右转,两手经腹前向右后上方划弧,直至右手手心向上,高与肩齐,左臂平屈于胸前,手心向后;同时身体重心移至右腿;眼看右手。⑤上体微向左转,右臂屈肘折回,右手附于左手腕里侧(相距约5 cm)。上体继续向左转,双手同时向前慢慢挤出,左手心向后,右手心向前,左前臂要保持半圆,同时身体重心逐渐前移变成左弓步,眼看左手腕部。⑥左手翻掌,手心向下,右手经左腕上方向前、向右伸出,高与左手齐,手心向下,两手左右分开,宽与肩同;然后右腿屈膝,上体慢慢后坐,身体重心移至右腿上,左脚尖翘起;同时两手屈肘回收至腹前,手心均向前下方;眼向前平视。⑦上式不停,身体重心慢慢前移,同时两手向前、向上按出,掌心向前,左腿前弓成左弓步;眼平视前方。

8. 右揽雀尾

①上体后坐并向右转,身体重心移至右腿,左脚尖扣;右手向右平行划弧至右侧,然后由右下经腹前向左上划弧至左肋前,手心向上;左臂平屈胸前,左手掌向下与右手成抱球状;同时身体重心再移至左腿上,右脚收至左脚内侧,脚尖点地;眼看左手。②同"左揽雀尾"③解,只是左右相反。③同"左揽雀尾"④解,只是左右相反。④同"左揽雀尾"⑤解,只是左右相反。⑤同"左揽雀尾"⑥解,只是左右相反。⑥同"左揽雀尾"⑦解,只是左右相反。

【第四组】

9. 单鞭

①上体后坐,身体重心逐渐移至左脚上,右脚尖里扣;同时上体左转,两手(左高右低)

向左弧形运转,直至左臂平举,伸于身体左侧,手心向左,右手经腹前运至左肋前,手心向后上方;眼看左手。②身体重心再渐渐移至右腿上,上体右转,左脚向右脚靠拢,脚尖点地,同时右手向右上方划弧(手心由里转向外),至右侧方时变勾手,臂与肩平;左手向下经腹前向右上划弧停于右肩前,手心向里;眼看左手。③上体微向左转,左脚向左前侧方迈出,右脚跟后蹬,成左弓步;在身体重心移向左腿的同时,左掌随上体的继续左转慢慢翻转向前推出,手心向前,手指与眼齐平,臂微屈;眼看左手。

第四组

10. 云手

①身体重心移至右腿上,身体渐向右转,左脚尖里扣;左手经腹前向右上划弧至右肩前,手心斜向后,同时右手变掌,手心向右前;眼看左手。②上体慢慢左转,身体重心随之逐渐左移;左手由脸前向左侧运转,手心渐渐转向左方;右手由右下经腹前向左上划弧,至左肩前,手心斜向后;同时右脚靠近左脚,成小开立步(两脚距离 10~20 cm);眼看右手。③上体再向右转,同时左手经腹前向右上划弧至右肩前,手心斜向后;右手向右侧运转,手心翻转向右;随之左腿向左横跨一步;眼看左手。

11. 单鞭

①上体向右转,右手随之向右运转,至右侧方时变成勾手;左手经腹前向右上划弧至右肩前,手心向内,身体重心落在右腿上,左脚尖点地;眼看左手。②上体微向左转,左脚向左前侧方迈出,右脚跟后蹬,成左弓步;在身体重心移向左腿的同时,上体继续左转,左掌慢慢翻转向前推出,成"单鞭"式。

【第五组】

12. 高探马

①右脚跟进半步,身体重心逐渐后移至右腿上;右勾手变成掌,两手心翻转向上,两肘微屈轴时身体微向右转,左脚跟渐渐离地;眼看左前方。②上体微向左转,面向前方;右掌经右耳旁向前推出,手心向前,手指与眼同高;左手收至左侧腰前,手心向上;同时左脚微向前移,脚尖点地,成左虚步;眼看右手。

第五组

13. 右蹬脚

①左手手心向上,前伸至右手腕背面。两手相互交叉,随即向两侧分开并向下划弧,手心斜向下;同时左脚提起向左前侧方进步(脚尖略外撇);身体重心前移,右腿自然蹬直,成左弓步;眼看前方。②两手由外圈向里圈划弧,两手交叉合抱于胸前,右手在外,手心均向后;同时右脚向左脚靠拢,脚尖点地;眼平视右前方。③两臂左右划弧分开平举,肘部微屈,手心均向外;同时右腿屈膝提起,右脚向右前方慢慢蹬出,眼看右手。

14. 双峰贯耳

①右腿收回,屈膝平举,左手由后经左、向前下落至体前,两手心均翻转向上,两手同时向下划弧分落于右膝盖两侧;眼看前方。②右脚向右前方落下,身体重心渐渐前移,成右弓步,面向右前方;同时两手下落,慢慢变拳回抽,分别从体侧向上,向前划弧至面部前方,成钳形状,两拳相对,高与耳齐,拳眼都斜向内下(两拳中间距离 10~20 cm);眼看右拳。

15. 转身左蹬脚

①左腿屈膝后坐,身体重心移于左腿,上体左转,右脚尖里扣,同时两拳变掌,由上向左

右划弧分开平举,手心向前;眼看左手。②身体重心再移至右腿,左脚下收到右脚内侧,脚尖点地;同时两手由外圈向里圈划弧合抱于胸前,左手在外,手心均向后,眼平看左方。③两臂左右划弧分开平举,肘部微屈,手掌均向外推时左腿屈膝提起,左脚向左前方慢慢蹬出,眼看左手。

【第六组】

16. 左下势独立

①左腿收回平屈,上体右转;右掌变成勾手,左掌向上、向右划弧下落,立于右肩前,掌心斜向后;眼看右手。②右腿慢慢屈膝下,左腿由内向左侧(偏后)伸出,成左仆步,左手下落(掌心向外)向左下顺左腿内侧向前穿出,眼看左手。③身体重心前移,左脚跟为轴,脚尖尽量向外撇,左腿前弓,右腿后蹬,右脚尖里扣,上体微向左转并向前起身,同时左臂继续向前伸出(立掌),掌心向右,右勾手下落,勾尖向后;眼看左手。④右腿慢慢提起平屈,成左独立式;同时右勾手变掌,并由后下方顺右腿外侧向前弧形摆出,屈臂立于右腿上方,肘与膝相对,手心向左,左手落于左胯旁,手心向下,指尖向前;眼看右手。

第六组

17. 右下势独立

右脚下落于左脚前,脚掌着地,然后左脚前掌为轴脚跟转动,身体随之左转,同时左手向后平举变成勾手,右掌随着转体向左侧划弧,立于左肩前,掌心斜向后;眼看左手。

【第七组】

18. 左右穿梭

①身体微向左转,左脚向前落地,脚尖外撇,右脚跟离地,两腿屈膝成半坐盘式;同时两手在左胸前成抱球状(左上右下);然后右脚收到左脚的内侧,脚尖点地;眼看左前臂。②身体右转,右脚向右前方迈出,屈膝弓腿,成右弓步;同时右手由脸前向上举并翻掌停在右额前,手心斜向上;左手先向左下再经体前向前推出,高与鼻尖平,手心向前;眼看左手。③身体重心略向后移,右脚尖稍向外撇,随即身体重心再移至右腿,左脚跟进,停于右脚内侧,脚尖点地;同时两手在右胸前成抱球状(右上左下);眼看右前臂。完成姿势面向斜前方(如面向南起势,左右穿梭方向分别为正西偏北和正西偏南,均约30°)。手推出后,上体不可前俯。手向上举时,防止引肩上耸。一手上举一手前推要与弓腿松腰上下协调一致。做弓步时,两脚跟的横向距离同搂膝拗步式,保持在30 cm左右。

第七组

19. 海底针

右脚向前跟进半步,身体重心移至右腿,左脚稍向前移,脚尖点地,成左虚步;同时身体稍向右转,右手下落经体前向后、向上提抽至耳旁,再随身体左转,由右耳旁斜向前下方插出,掌心向左,指尖斜向下;与此同时,左手向前、向下划弧落于左胯旁,手心向下,指尖向前;眼看前下方。

20. 闪通臂

上体稍向右转,左脚向前迈出,屈膝弓腿成左弓步;同时右手由体前上提,屈臂上举,停于右额前上方,掌心翻转斜向上,拇指朝下;左手上起经胸前向前推出,高与鼻尖平,手心向前;眼看左手。

【第八组】

21. 转身搬拦捶

①上体后坐,身体重心移至右腿上,左脚尖里扣,向右后转,然后身体重心再移至左腿上;与此同时,右手随着转体向右、向下(变拳)经腹前划弧至左肋旁,掌心向下;左掌上举于头前,拳心斜向上;眼看前方。②向右转体,右拳经胸前向前翻转撇出,拳心向上;左手落于左胯旁,掌心向下,指尖向前;同时右脚收回后(不要停顿或脚尖点地)即向前迈出,脚尖外撇;眼看右拳。③身体重心移至右腿上,左脚向前迈一步;左手上起经左侧向前上划弧拦出,掌心向前下方,同时右拳向右划弧收到右腰旁,拳心向上;眼看左手。④左腿前弓成左弓步,同时右拳向前打出,拳眼向上,高与胸平,左手附于右前臂里侧;眼看右拳。

第八组

22. 如封似闭

①左手由右腕下向前伸出,右拳变掌,两手手心逐渐翻转向上并慢慢分开回收;同时身体后坐,左脚尖翘起,身体重心移至右腿;眼看前方。②两手在胸前翻掌,向下经腹前向上、向前推出,腕与肩平,手心向前,同时左腿屈膝成弓步;眼看前方。

23. 十字手

①屈膝后坐,身体重心移向右腿,左脚尖里扣,向右转体;右手随着转体动作向右平摆划弧,与左手成两臂侧平举,掌心向前,肘部微屈;同时右脚尖随着转体稍向外撇,成侧弓步;眼看右手。②身体重心慢慢移至左腿,右脚尖里扣,随即向左收回,两脚距离与肩同宽,两腿逐渐蹬直,成开立步,同时两手向下经腹前向上划弧交叉合抱于胸前,两臂撑圆,腕高与肩平,右手在外,成十字手,手心均向后;眼看前方。

24. 收势

两手向外翻掌,手心向下,两臂慢慢下落,停于身体两侧,同时收回左脚成并步;眼看前方。

第四节　陈式太极拳

太极拳是东方文化的瑰宝,是中华武苑的古老奇葩,陈式太极拳创始者是明末清初的著名拳师陈王廷。从陈王廷起,陈家沟世代传习太极拳,不断对原有的拳套进行加工提炼,逐步形成近代所流传的一、二路拳套。这两套拳式的连贯动作,都是经过精心编排的,动作的速度和强度不同,身法、运动量和难度也不相同,但都是符合循序渐进和刚柔相济的原则的。

第一路拳的动作较简单,柔多刚少,用力方法以缠丝劲为主,发劲为辅;动作力求柔顺,以化劲为基础,用柔迎刚和化刚,在外形上具有缓、柔、稳的特点。初练时,动作力求徐缓,并着重缠丝劲的锻炼。动作起来以身法领导手法,要求达到动分(离心力)、静合(向心力)不断变化的效果。由于动作速度较慢,拳架分高、中、低,运动量可以调节,因此既适于身体较好的人用来增强体质,也适于体弱和某些慢性病患者的疗病保健。

第二路(炮捶)动作较复杂,要求疾速、紧凑,刚多柔少,动作力求坚刚、迅速,着重弹性劲的锻炼。套路中有"蹿蹦跳跃,腾挪闪战"的动作,具有快、刚、猛的特色。从外形来看,它的快、刚、猛虽与其他拳种似无区别,但在本质上仍具特色:它在运动时不断旋腰转脊、悬腕转膀和旋踝转膝,形成一动全动、贯串整体的一系列螺旋动作,从而可收到开与放、合与收和开中寓合、合中寓开的统一功用。这路拳由于速度快、爆发力强,比较适于青壮年或体力较好的人练习。

一、基本功

陈式太极拳的基本功有很多,归纳起来主要有手型与步型、基础桩功、基础单势和缠丝功四类。

(一)手型与步型

1. 手型

1)掌

陈式太极拳的掌俗称"瓦垄掌",成掌时要求拇指与小指相合,其余三指微向后仰,掌心要虚、要空。

2)拳

陈式太极拳的拳与大多数拳种基本一样,握拳时要求四指并拢弯曲卷向手心,拇指向内弯曲,贴于食指、中指第二关节上,握拳时不要过分用力,拳心要有空的感觉。

3)勾手

做勾手时要求拇指、食指和中指三指并拢,无名指和小指向中指靠拢,五指轻轻捏住,指尖向下曲腕,手腕背部向上隆起,但要注意放松,不要过分用力,否则成僵腕,影响血液循环。

4)刁手

做刁手时要求食指、中指、无名指和小指四指以小指领劲,依次曲卷向手心,拇指自然伸直轻压于食指上。做刁手时不要过分用力,应让手指和手腕自然卷曲和隆起。

2. 步型

1)弓步

弓步分左弓步和右弓步。左弓步又分左正弓步和左侧弓步,反之亦然。以左弓步为例:如做左正弓步,要求左腿向前弓起,大腿与小腿成90°~100°,左脚尖指向左前方,微向里合,右腿自然伸直,但要求膝要屈、胯要松,同时右脚尖向里合,成约45°角,身体面向左侧;做左侧弓步时,要求左腿向前弓起,大腿与小腿成90°~100°,左脚尖指向正前方,右腿自然向右侧伸直,但要求膝要屈、胯要松,同时右脚尖向里合90°,与左脚平行,面向正前方。

2)仆步

仆步分左仆步和右仆步,是基本步法中较低的一个步法。做仆步时,要求一腿屈膝下蹲,臀部距地面约5 cm,另一腿向侧面伸直仆于地上,约平行于地面,脚尖里合90°,与另一脚平行。

3)虚步

虚步分左虚步和右虚步。左脚虚为左虚步,反之为右虚步。做虚步时要求一腿屈膝下蹲,幅度应根据动作要求控制在 90°～150°,支撑身体约 90%的重量,另一腿向侧前方跨半步,脚尖或前脚掌虚点地,支撑身体约 10%的重量。

4)马步

马步是练习武术最基本的桩步,要求两腿向左右两侧分开,宽约三脚长或 80 cm 左右,两腿同时屈膝下坐,大腿与小腿成 90°～120°,两脚平行或略向外摆。做马步时要注意上半身要垂直于地面,不要翘臀前倾。

5)独立步

与仆步相对应,独立步是一个高步法。独立步就是一腿伸直站立,支撑全身重量,另一腿向上提起,膝部略高于胯,脚部与另一腿膝部高度相对。右腿支撑为右独立步,反之为左独立步。

6)坐盘步

就像人单腿盘坐在凳子上,坐盘步就是一腿在前,另一腿在后与前腿交叉,两腿同时屈膝下坐,大腿与小腿弯度在 90°～120°,前腿和后腿支撑重心比例为 7∶3。右腿在前为左盘步,反之为右盘步。

(二)基础桩功

桩功在陈式太极拳中是非常重要的,一般来说它会伴随练拳者一生,因为站桩有助于培元养气,增加内功。初学者一般先练习的基本桩功是混元桩、无极桩。以后,随着功力的增加,再练太极桩(开合桩、三体式等)。

混元桩:两脚开立与肩宽,屈膝松胯,含胸拔背,立身中正,身体放松。头正微上顶,舌抵上腭。两臂弧形环抱于胸前,手心向里,指尖相对,松肩沉肘,圆裆松胯,五指抓地,重心落于两腿之间。

(三)基础单势

陈式太极拳单势很多,现简单列出太极拳基本功常见 5 种单势。

进步:凡是进步,前脚都向左前方或右前方成约 45°角向前蹬地铲出,同时脚尖上翘里合,脚跟内侧先着地,然后根据需要踏实。

退步:凡是退步,后脚都向左后方或右后方成约 45°角向后铲地滑出,脚前掌内侧先着地,然后根据需要再踏实。

云手:分左右单云手和双云手。做单云手时,一手叉腰,另一手做顺逆缠丝。做双云手时,双手同时做顺逆缠丝。其运动特点是:双手向一个方向运行,始终不交叉,且双手做的缠丝也相反,右逆则左顺,右顺则左逆。

冲拳:主要是左右冲拳(掩手肱拳),练发力。

打肘:主要是左右打肘劲或肩靠。

(四)缠丝功

缠丝功是陈式太极拳独有的一种功法,也叫"螺旋缠丝劲"。在整个套路当中随时都能体现出缠丝劲,而这种缠丝劲也是体现高技击水平的重要因素。缠丝劲非常深奥,不会短时间内练成,要日积月累,循序渐进。但缠丝功

陈式太极拳
缠丝功

也有基础功法,初学者必须按要求一步一步地学习,随着功力的增加,再进一步体会其奥妙。

缠丝功的训练是在单势训练基础上进行的,其实每个单势里都有缠丝劲,而缠丝劲又是通过单式和套路进行联系的,所以单式练习和缠丝功练习,二者是相辅相成的。缠丝劲有"顺缠"和"逆缠"之分,拇指领劲为"逆缠",小指领劲为"顺缠"。缠丝劲练习方法有定步缠丝(如单云手、双云手)、活步缠丝(如进步、退步、并步等)。

单手缠丝:两脚顺朝同方向,眼盯住右(左)前方一固定目标。身体中正,头虚领顶劲。一手卡腰,另一手划圈。①右小臂自然置肋骨处。②身向左转,手心向肚脐,食指侧向前方。③身继续左转至 45°,立掌掌心侧向左后方(划右手,手心向左后方;划左手,手心向右后方)。沿中线升至下颌。④身右转,右手自下颌处向上,向右侧随身外旋转出。

二、陈式太极拳精要 18 式

第一式:太极起势

身体自然直立,屈膝松胯,提左脚开步略比肩宽;两手缓缓抬升与肩平,松肩沉肘,屈膝下蹲,两手随身体下沉按至腹前,掌心向下,两眼平视。

陈式太极拳18式

第二式:金刚捣碓

身体左转重心右移,两手左逆右顺缠向左上方掤;身体向右转重心左移,同时两手掌左手变顺缠右手变逆缠向外掤,右脚尖外摆;右脚踏实,重心移到右腿,两手向前按;左脚提到右脚旁,两手继续前按;提左腿向左前方开步,脚尖上翘,脚跟铲地滑出,两手向右后上方掤;身体下沉,向前移重心,同时两手前掤划弧,左手掤于胸前,右手掤在右膝上方,两手心相互照应;左手向前划弧,右手上撩领着右腿上步,左右手相合,右脚虚脚点地;右手变拳,折臂下沉,左手反掌,右手落于左掌心;提右腿,抬右手,右脚尖由竖着变成平勾,砸拳震脚。

第三式:懒扎衣

右手由拳变掌,向上穿掌外翻,左手逆缠下按,身向左转;左逆缠向左上方划弧后变顺缠于身体左上前方,右手逆缠向右上方后逆缠划弧至右胯旁,两手手心遥遥相应;提右腿向右开一大步,两手合于胸前,身体向右转,重心由左腿移向右腿,两手分开,左手叉腰,右手逆缠向右掤。

第四式:六封四闭

右手向左下方捋,捋至左手旁,身体稍微左转,重心左移;两手左顺右逆向右上方掤,重心右移;身体左转,两手向下捋,然后左手合于左耳下右手在左锁骨上;重心右移,收左腿,虚脚点地,双手下按于右腿两旁。

第五式:单鞭

两手左逆右顺后变左顺右逆翻转,如翻转一个球一样;左手向前,右手向后收,两手相合,右手由掌变钩,用手腕领劲向上掤,左手向外拉;提左腿向左开步,重心向左移动再向右移,左手向右手手腕穿掌,向左前划弧拉开,坐腕。

第六式:白鹅亮翅

右手穿掌外翻上掤,左手逆缠下按,重心移在右腿,然后倒左步,用脚尖着地,然后重心移在左腿,两手交叉合于胸前,再倒右步,用脚尖先着地,然后重心再向右腿移,两手分开,左手下按,右手上掤,把左脚收回来,虚脚点地,两臂要撑圆饱满,松肩沉肘。

第七式:斜行

身体左转,右手顺缠上领,再变身体向右转,右手逆缠下按,左手顺缠向上,身体向右转,身体下坐;重心上升,提左腿向左前方跨一大步,同时左手先逆后顺,右手先逆后顺向右后捋;重心左移,左手从左膝下转过去,变钩手后提起与肩平,右手从右耳向前推;腰微微左转,逆缠向左手穿去;身体向右转拉开,右手反掌向右方掤,坐掌同时身体再放松下沉。

第八式:搂膝

勾变掌,两手逆缠合于胸前,同两膝盖里合;两手、两膝盖逆缠向外打开;身体下沉,两手放松下沉于两胯下,顺着左腿向前推,重心前移;重心右移,两手逆缠收于小腹前,再折腕,两手立掌于胸前,同时收左腿,虚脚点地。

第九式:拗步

身体微右转,两手右逆缠左顺缠后下捋,左腿屈膝提起,重心在右腿;身体微左转,右腿向前上步,脚跟着地,脚尖上翘,重心在右腿;同时两手左逆右顺缠,向上向前掤;身体微左转,右脚向前上步,脚跟着地,脚尖上翘,重心在右腿;同时两手左逆右顺缠,向上向前掤;右脚向前上步,脚跟着地,脚尖上翘,重心在左腿,身体微左转,左手下沉,右手前推;右脚尖外摆,重心移至右腿,提左脚向左前方上一步;身体随上步自左向右转体90°;右手逆缠下沉,左手顺缠上翻划弧经左耳变逆缠,与右手交叉相合于胸前,重心偏右腿。

第十式:掩手肱拳

身体略右转,重心左移,两手逆缠自下向左右分开;重心右移,身体略左转,右手顺缠上翻变拳合于右腰间,拳心向上;左手由逆缠变顺缠,立掌合于胸前;右腿蹬地里合,身体左转,松左胯,右拳逆缠螺旋前冲,左肘向后发劲,目视右拳前方。

第十一式:高探马

重心不变,身体右转,两拳变掌,左手逆缠前掤,右手逆缠下分;身体左转,重心右移,右脚尖内扣;右手顺缠外翻至身体右侧与肩平,再变逆缠合于右肩前,左手顺缠里合。目随右手旋转,再视左前方;身体左转,重心在右脚,左脚向左后划弧,收于右脚内侧,脚尖点地;同时右臂松肩沉肘,顺缠向右侧推;左手顺缠收至腹前与脐平,手心向上,目视右前方。

第十二式:左蹬一跟

左手逆缠外掤,右手先顺缠略里合再逆缠与左手同时外掤,两手心均朝外;同时,重心移到左腿,提右腿向右横开一步;两手轻握拳,顺缠里合于腹前,拳心向里;同时,左腿屈膝提起,脚尖放松,悬于裆内,目视左前方;右腿支撑重心,身体略右倾,左脚用腰裆弹力向左侧平蹬与腰平。两拳分别向左右冲击,力贯拳面。

第十三式:玉女穿梭

左脚落地,两拳变掌顺缠合于腹前;重心左移,身体右转,两手随之后转掤于胸前,立掌,右手在前,左手在后,同时右脚以脚尖为轴右膝外摆,左脚尖内扣随身右转;屈膝松胯,身体下沉,两手双逆缠下合;两手顺缠迅速向上领起,双脚随之上纵离地;双震脚落地,双逆缠随之下按;两手逆缠上掤,右腿随之屈膝提起;重心在左腿,身体迅速左转,右腿里合外蹬,右掌逆缠前推,左手逆缠,向左后发肘劲;右脚跨步落地,重心移至右腿,身体微右转,左掌略下沉;右脚蹬地,弹起前纵,身体在空中向右旋转180°,左手逆缠向左猛推,右掌向右开;左脚先落地,右脚从左脚后插过,脚尖着地,目视左侧;身体右转180°,重心移至右腿,左腿随转身里合;同时,两手随转体左顺右逆由左向右后转捋,目视左前方。

第十四式:云手

右手顺缠里合于腹前,掌心向左,左手逆缠里合外掤于左肩前,掌心向外;同时,左脚向又后插步,脚尖点地;身体微右转,重心移至右腿,右脚踏实,提左腿向左前方横开一步,脚跟着地,脚尖上翘;同时,右手逆缠外翻上掤,左手顺缠走下弧,里合于腹前;身体微右转,左手由顺缠变逆缠,划弧外翻上掤,右手变顺缠里合于腹前;同时,重心移至左腿,右脚插步于左脚左右后方。

第十五式:转身双摆莲

两手左顺右逆缠向右后方捋;身体先以左脚跟为轴,再以右脚跟为轴向右后旋转180°。右手位于胸前中线,掌心朝右上方,左手拉于左肩前,掌心向上;重心右移,身体微右转,左腿屈膝提起,向左前方开步;两手向右后方掤;身体向右转,重心左移,两手由后捋转为走下弧向前合劲,合于右腰侧;重心在左腿,提右腿向左走下弧向上,再向右摆击,两手掌向前与右脚外侧击拍相合。

第十六式:当头炮

拍脚后,右腿向右后撤一步,两手逆缠向左上掤,重心在左腿;接上势,身体微右转,重心移至右腿;同时,两手左顺右逆缠随重心后移下捋再变拳合于右胸侧,目视左前方;右脚蹬地,重心迅速由右腿移至左腿,身体随之左转;同时两拳合力向前发劲,拳眼向上,拳心相对,目视前方。

第十七式:金刚捣碓

拳变掌左顺右逆向右后上方捋带,同时重心由左向右移,目视左前方;重心由右腿移至左腿,左脚尖外摆踏实,身体随重心移动向左转45°;两手左逆右顺缠走下弧向前掤。左手掤至胸前,手心朝下,右手下沉至右膝内上方,手心朝外,指尖朝后,目视前方;左手向前撩掌,向上再向内环绕合于胸前右小臂内侧;同时,右手领左脚弧线向前上托掌于右胸前与左手相合。右手心朝上,左手心朝上;右脚经左脚内侧向前上步,脚尖点地,重心在左腿;左手顺缠外翻下沉于腹前,手心朝上;右手握拳下沉落于左掌心内,拳心朝上;右拳逆缠向上提起与肩平,右腿屈膝松胯提起,右脚悬于裆内,脚尖自然下垂;右脚震脚落地,脚掌踏平,两脚间距同肩宽;右拳顺缠下沉落于左掌心内,两臂撑圆。

第十八式:收势

右拳变掌,两手向左右下分,身微下沉,屈膝松胯,目视前方;两手同时向左右划外弧合于两肩前,目视前方;两手顺身体两侧缓缓下按于两大腿外侧,目视前方;身体慢慢立起,恢复到自然站立姿势,目视前方。

第五节　武术基本规则

一、竞赛场地

(1)个人项目的场地为长为 14 m、宽 8 m 的地毯上进行比赛的,其周围至少有 2 m 宽的安全区。

(2)集体项目的场地为长为 16 m、宽 14 m 的地毯上进行比赛的,其周围至少有 1 m 宽的安全区。

(3)场地四周内沿,应标明 5 cm 宽的白色边线。

(4)场地的地面空间高度不少于 8 m。

(5)场地灯光垂直照度和水平照度在规定范围之内。

二、着装要求

(1)比赛时,必须穿规定的服装。

(2)服装上不得有多余的附带物。

(3)鞋子为武术鞋或运动鞋。

(4)比赛服装上的广告标志或队标只允许印在左袖外侧一处,大小不得超过 8 cm×5 cm。

三、比赛顺序、起势与收势、配乐与套路计时

(1)运动员的比赛顺序应在竞赛委员会的监督下,由编排组用电脑抽签决定,或赛前由各队派代表抽签决定。临场由运动员自己抽签决定。

(2)运动员应在同侧场内完成同方向的起势和收势。集体项目必须在场内完成起势和收势,方向、位置不限。

(3)运动员身体的任何部位开始动作时即为起势,开始计时。对练和集体项目在行进间开始动作者,须事先向裁判长申明。运动员完成整套动作后,须并步收势(计时结束),再转向裁判长行注目礼,然后退场。

(4)运动员听到上场比赛的点名和赛后示分时,应向裁判长行抱拳礼或持械礼。

(5)除集体项目外,任何项目在比赛时均不得配乐。

四、名次评定

1. 个人单项名次

得分最多者为该项第 1 名,次多者为第 2 名,以此类推。如在一次比赛中有预、决赛,则以预、决赛得分总和最多者为该项第 1 名,次多者为第 2 名,以此类推。如果个人单项(含对练)得分相等时,按下列顺序决定名次。

(1)套路中有创新难度动作者,名次列前。
(2)动作完成分与演练水平分的低无效分之和高者列前。
(3)动作完成分与演练水平分的高无效分之和低者列前。
(4)演练水平分中有效分的平均值高者列前。如仍相等,名次并列。

2. 个人全能名次

按各单项得分总和的多少进行评定,得分多者为全能第 1 名,次多者为第 2 名,以此类推。如果个人全能得分相等时,以比赛获单项第 1 名多者列前;如仍相等,则以获得第 2 名多者列前,以此类推;如获得所有名次均相等,则并列。

3. 集体项目名次

得分最多者为该项的第 1 名,次多者为第 2 名,以此类推。集体项目得分相等时,名次并列。

4. 团体名次

根据竞赛规程关于团体名次的确定办法进行评定。团体总分相等时,以全队获得单项第 1 名多者列前;如仍相等,则以获得第 2 名多者列前,以此类推;如获得单项名次均相等,则并列。

五、比赛通则及评分标准

(1)运动员身体的任何部位开始动作,即开始计时;运动员结束全套动作,计时结束。
(2)运动员应在同侧场地完成相同方向的起势和收势。
(3)运动员因客观原因造成比赛中断者,可重做一次,不扣分。如自身原因造成的重做,须扣 1 分。
(4)运动员的应得分数,只取小数点后两位数,第三位数不能做四舍五入。
(5)在比赛中,运动员的器械或服装违反规定,应取消该项成绩。
(6)当运动员行抱拳礼时,拳、掌与胸之间的距离为 20~30 cm。
(7)运动员上场比赛时,不允许佩戴耳环、项链、手镯等装饰品及手表。如违反上述规定者,一经发现将取消比赛成绩。
(8)套路运动的含义:以技击动作作为素材,以攻守进退、动静疾徐、刚柔虚实等矛盾运动的变化规律编成的整套练习形式。
(9)武术比赛中参加评分的裁判员由评判动作质量分的裁判员 3~5 名(A 组)和评判演练水平分的裁判员 3~5 名(B 组)及由评判难度分的裁判员 2 名(C 组)组成。
(10)出界:身体的某一部位接触线外地面,均为出界。
(11)倒地:由于失去平衡,使两肩、臀部、膝部、躯干着地,都称为倒地。
(12)裁判员评分:各项比赛的满分为 10 分。其中动作质量的分值为 5 分;演练水平的分值为 2 分;难度的分值为 3 分。
(13)裁判员在大会领导下应严肃、认真、公正、准确地进行裁判工作。
(14)其他错误的扣分:在一个动作中,同时发生两种以上其他错误,应累计扣分。

六、武术竞赛器械规格要求

(1)刀、剑的规格按运动员的身高确定使用的型号。
(2)刀的硬度:刀身直立,自重下垂不得出现明显弯曲,应有一定弹性。
(3)剑的硬度:剑身直立,自重下垂,剑身不得弯曲。
(4)刀彩:不得超过刀的长度,彩绸上不得带有其他附加饰物。
(5)刀剑在外力作用下弯至90°,弯曲3 min不变形。
(6)枪的长度不得短于本人直立举手时从脚底到指端的长度。
(7)棍的长度最短必须等于本人身高。

七、武术套路的完成时间

(1)长拳、南拳和刀、剑、枪、棍的自选套路,不得少于80 s。
(2)太极拳自选套路3~4 min(到3 min时,裁判长鸣哨示意)。
(3)太极拳竞选套路5~6 min(到5 min时,裁判长鸣哨示意)。
(4)太极剑、集体项目3~4 min(到3 min时,裁判长鸣哨示意)。
(5)其他项目:单练不得少于80 s,对练不得少于50 s。

第十六章 跆拳道

本章资源列表

跆拳道起源于古代朝鲜,古称跆跟、花郎道。在跆拳道漫长的发展过程中,融合了中华武术、日本空手道等武术的精髓,经过几代人的努力与摸索,才逐步形成了当今集力学、兵学、哲学、医学、伦理为一体的跆拳道运动。它不但能强身健体,而且还能修身养性。

跆拳道(Taekwondo)的本意:跆(tae)是指脚的蹬踢、腾跃、踢击;拳(kwon)是指拳掌的打击、攻击及防御;道(do)是指一种思想、道德、精神,一种方法。

跆拳道的段位分为初级和高级。初级分为白、白黄、黄、黄绿、绿、绿蓝、蓝、蓝红、红、红黑十级。高级分为一段至九段,九段为最高级别。通过级别考试可获得象征不同级别的腰带。

第一节 跆拳道概述

一、跆拳道起源与发展

跆拳道起源于古代朝鲜的民间武艺。早在公元688年,新罗王国统一了朝鲜后,建立了一种"花郎制度"。真兴王时代创立的"花郎道"是跆拳道的前身。公元935年高句丽王朝的忠惠王曾专门邀请武功超众的士兵金振都到宫廷表演手搏技艺,使跆拳道声望大震,并日渐被广大民众所接受。1392年,高丽王朝被李朝取代,武功及跆拳道没有得到足够的重视,但在民间,这一活动却始终没有停止。1790年汇编成书的《武艺图谱通志》中收录了"手搏""跆跟"等武艺的技术与方法,以及动作图解和一些器械的使用方法,并将很多技击性很强的武术技艺融会到跆拳道的技法之中。

1910年日本侵占朝鲜后,曾下令禁止所有的文化活动,跆拳道也在劫难逃,几乎在朝鲜境内销声匿迹。一些朝鲜人到中国或日本谋生,同时把跆拳道延续下来。更为重要的是,他们将其与中国武术和日本武道交融与结合,孕育了新的技术体系。第二次世界大战后,自卫术再度兴起,从异国回归故土的朝鲜人也将各国的武道技艺带回本国,逐渐与跆拳道融为一体,形成了现在的跆拳道体系。1955年正式称朝鲜的自卫术为"跆拳道"。1961年9月韩国成立了唐手道协会,后更名为跆拳道协会,并成为全国运动会正式竞赛项目。1966年国际跆拳道联盟成立。1973年5月世界跆拳道联合会在汉城(即首尔)成立。美国、日本、朝鲜、澳大利亚、英国、法国、中国香港、中国台湾等20多个国家和地区加入。1975年"世界跆拳道联合会"(简称世界跆联)被国际体育联合会接纳为正式会员。1980年国际奥委会正式承认世界跆联。迄今为止,世界跆联会员国已超过150个,有6500多万爱好者参加练习。1988年跆拳道在韩国汉城奥运会首次亮相后,为适应国际比赛,跆拳道的技术在不断地变革和发展。

1992年10月7日,中国跆拳道协会筹备小组成立,标志着中国跆拳道运动的正式开始。1994年5月,在河北正定举办了首届全国跆拳道教练员和裁判员学习班。1995年5月,共有22个单位250名运动员参加了在北京体育大学举行的第一届跆拳道锦标赛,从此跆拳道在中国迅速发展起来。1995年8月正式成立了中国跆拳道协会,魏纪中当选为第一任协会主席。同年11月,中国跆拳道协会被世界跆联接纳为正式会员。1999年6月7日,在加拿大埃特蒙多举行的世界跆拳道锦标赛上,中国女运动员王朔获得了女子55公斤级的冠军,是中国运动员获得的第一个世界跆拳道冠军。到目前为止中国跆拳道共获得了3枚奥运会金牌,在其他国际重大赛事中也屡创佳绩,成为世界跆拳道界不可忽视的力量。

跆拳道的主要赛事有世界跆拳道锦标赛(1973年第一届)、亚洲跆拳道锦标赛(1974年第一届);泛美国际跆拳道锦标公开赛;欧洲跆拳道锦标赛;非洲跆拳道锦标赛等。现在跆拳道已是亚运会正式比赛项目,并已于2000年悉尼奥运会列为正式比赛项目。

二、跆拳道的特点

(一)以腿为主,手足并用

跆拳道技术方法中占主导地位的是腿法,腿法技术在整体运用中约占75%,因为腿是人体中最长、力量最大的。腿的技法有很多种形式,可高可低,可近可远,可左可右,可转可旋,威胁力极大,是比赛时得分和实用制敌的有效方法。其次是手法,手臂的灵活性很好,可以自如地控制完成防守和进攻动作,同时也可以变化为拳、掌、肩的多种用法,进行实战。人体的一些主要关节部位也可以用来进攻或防守,如人体的手、肘、膝、脚等关节部位,在实战中也经常使用。

(二)方法简练,刚直硬打

不论是在比赛时还是在实战中,跆拳道的进攻方法都是十分简捷而实效的。对抗时双方都是直接接触,用简练硬朗的方式直接击打对方,或拳或腿,强调速度与变化。防守的动作也是以直接的格挡为主,随即是连续的反击动作,有时也会以进攻替代防守,防守时很少使用躲闪防守法,追求动作简练,硬拼硬打,尽可能保持或缩短双方的距离,以增加击打的有效性,在近距离拼斗中争取比赛或实战的胜利。

(三)内外兼修,功法独特

跆拳道理论认为,经过专门训练,人的关节部位能产生不可思议的威力,特别是拳、肘、膝和脚四个部位,尤以脚和手为甚。一般通过对木板、砖瓦等物体的击打来测量验定练习者的功力水平。功力测验是跆拳道训练水平,晋级考试、表演和比赛的一个重要内容,以此显示出跆拳道独特的功法和特点。

(四)强调气势,发声扬威

无论是品势还是竞技,跆拳道都要求在气势上给人以震慑,常以发出洪亮并带有威慑力的声音来显示自己的功力。所以,跆拳道练习者都要进行专门的发声练习。

(五)礼始礼终,培养良好道德品质

跆拳道强调对道德品质的培养,通过行礼等手段来养成恭敬谦虚、友好忍让的态度和互助互学的作风,并逐步形成其坚韧不拔的意志品质。

三、跆拳道的礼节

跆拳道礼仪是跆拳道的重要组成部分,练习活动都要以礼开始,以礼结束,体现其拳道特色。跆拳道练习虽然彼此之间存在激烈的竞争,但由于双方都是以提高技艺和磨炼意志品质为目的,所以在双方各自内心里都必须持有向对方表示敬意和学习的心理。因此,在练习或比赛前后都必须要向对方敬礼。

(一)练习时的礼节

练习者进入场地时,首先向老师敬礼(上体前倾30°,头部下倾45°)。

练习前双方应相互敬礼,练习结束后也应互相敬礼。

(二)比赛前后的礼节

比赛开始前,运动员依照主裁判"立正"、"敬礼"口令,立正向裁判席行标准礼,标准礼为鞠躬的自然姿势,上体前倾30°,头部下倾45°,两手握拳贴于双腿两侧。然后运动员依主裁判"向左向右转"的口令,内转相对,立正站好,再依"敬礼"的口令,相互敬礼。

比赛结束时,运动员在各自的位置相对站立,运动员依主裁判"立正"、"敬礼"的口令,相互敬礼,然后依主裁判"向左向右转"及"敬礼"的口令转向监督官,向监督官行标准礼。

第二节　跆拳道基本技术

一、实战姿势

(一)标准实战姿势

两脚前后开立,与肩同宽,前脚脚尖内扣45°,双膝关节微曲,两腿放松,重心在两腿之间,上体自然直立45°角朝向右前方(左脚在前时),双手握拳,两臂弯曲于胸前,头部向前,目视前方,此姿势便于从前方进攻。注意所有站姿中,双脚脚后跟都要微微抬起。

(二)侧向实战姿势

该站姿基本上同标准实战姿势,不同处是前后脚在同一直线,上体侧向。该姿势有利于转身进攻和由后进攻。

(三)低位实战姿势

要求同标准实战姿势,不同的是要求腿弯曲度大,便于起跳进攻。

(四)与对手的相关站位

开势:像两手掌打开一样,(手掌朝向一个方向),即左势对右势,右势对左势。

闭势:与开势相反,左对左,右对右。

二、基本步法

(一)前进步

标准实战姿势站立,前进时后脚蹬地向前迈步,可连续进行。前进时,后脚蹬地,前脚向前滑行,称为前滑步;后脚蹬地,前脚向前跳跃,称为前跃步。前滑步和前跃步都属于前进步,是主动进攻时采用的步法。也可用于假动作,配合手臂的动作进行,便于快速接近对方。

(二)后退步

标准实战姿势站立,前脚掌用力蹬地,后腿先退后一步,前脚随即后退,两脚以及身体仍保持原来姿势。若前脚掌蹬地后,后脚向后滑行一步,前脚随即同样向后滑行一步,两脚以及身体仍保持原来姿势,称为后滑步退。这种步法移动距离大,有利于拉开和对手的距离,避开对方的进攻,准备做反击动作。

(三)上步

标准实战姿势站立,以前脚的前脚掌为轴,后脚抬起向前经前脚内侧向前进一步,形成和原来相反的实战姿势。

(四)后撤步

标准实战姿势站立,以后脚的前脚掌为轴,前脚抬起向后经后脚内侧向后撤一步,形成和原来相反的实战姿势。后撤步可根据实战需要左右变化,调整与对方的相对距离,准备进行攻击或反击。

(五)左滑步

标准实战姿势站立,前脚先向左滑一步(20～30 cm),后脚迅速蹬地跟进,两腿腿间距同实战时。

(六)右滑步

标准实战姿势站立,后脚先向右滑一步(20～30 cm),前脚迅速蹬地跟进,两腿腿间距同实战时。

(七)前后垫步

标准实战姿势站立,后(前)脚向前(后)脚移动并拢的同时,前(后)脚蹬地向前(后)进(退)步,仍成原来的实战姿势。垫步动作的要点是后(前)脚向前(后)要迅速,不等后(前)脚落定,前(后)脚就应蹬地前(后)移动,且前(后)脚移动的距离要适当,既要考虑与对方的位置,又要便于自己后面的连接动作。垫步动作要迅速、连贯,要快速接近或远离对方。后面的连接动作也要连贯迅速,可以在垫步的同时做动作。

（八）组合步

组合步是指各种步法之间的不同组合。运用步法组合目的是调整自己的空间位置，使自己的动作快速准确灵活，最终达到进退自如、控制节奏、有效攻击与防守的目的。步法的组合应根据实际情况的变化而改变，把攻击和反击的技术与步法紧密结合起来，做到在移动中进攻，在移动中防守，在移动中反击，使步法同其他技术融为一体，成为进攻、防守、反击的有机连接点，从而达到实战的目的要求。

三、基本腿法

跆拳道实战中，脚踢进攻时一般使用的部位包括脚前掌、脚趾、脚背、足刀、脚后跟、脚后掌（脚跟底部）。利用这些部位可以进行站立踢、跳动踢、转身踢和飞踢等不同形式的踢法进攻，而且每种踢法踢击的部位各有不同。实战过程中，运用脚踢时要根据具体情况，如对方所处位置、暴露的部位、防守的姿势以及双方的距离，选择不同的踢法。脚踢时要利用步法保持身体的平衡，有效接近对方并做出踢击动作。两臂要注意防守。踢击完成后腿要快速回位，马上恢复成实战姿势，准备下一次的进攻和防守。

（一）前踢

以标准实战姿势（左脚在前，下同）开始。右脚蹬地的同时髋关节微向左旋转，一手置于胸前，另一手置于体侧；同时，右腿以髋关节为轴屈膝上提。当大腿抬至水平或稍高时，膝关节向前上方顶，小腿以膝关节为轴快速向前上方踢出，力达脚尖，腿踢直。踢击后放松，沿原路快速收回，还原成实战姿势。

前踢

动作要领：膝关节夹紧，拉伸大腿前侧肌肉，小腿放松，要有弹性；往前送，高踢时往上送；小腿进攻与收回的速度一样快。

主要攻击部位：面部、下颌、腹部、裆部。前踢也可用于防守。

（二）横踢

标准实战姿势开始。右脚蹬地，重心前移至左脚，右脚屈膝上提，一拳置于胸前，一拳置于体侧，左脚前脚掌碾地内旋。髋关节左转，左膝内扣，随即左脚掌继续内旋至180°，右腿膝关节向前抬至水平状态。小腿快速向左前横向踢出，绷脚面，击打目标后放松，迅速收回小腿。右腿前落或落回原地成标准实战姿势。

横踢

动作要领：注意力集中在靶上，膝关节夹紧，向前提膝，擦裤缝尽量走直线。支撑脚外旋180°。髋关节向前顺，击打的着力点在正脚背，踝关节触靶瞬间绷紧。

主要攻击部位：头部、胸部、腹部和两肋。

（三）推踢

标准实战姿势开始。右脚蹬地，重心前移，右脚以髋关节为轴提膝，用右脚脚掌向前快速蹬推，力点在前脚掌，向正前方直线推出。

推踢

动作要领：提膝后尽量收大腿，重心往前移，利用身体的重量和力量。推的时候腿往前伸展，送髋，推的路线水平向前。

主要攻击部位：腹部、头部。

(四)侧踢

标准实战姿势开始。侧踢也叫侧路。右脚蹬地,右腿以髋关节为轴屈膝提起,两手自然置于身体两侧。随即左脚以前脚掌为轴外旋180°,髋关节向左旋转,右腿以膝关节为轴向前蹬伸,右脚快速向右前上方直线踢出,力达脚跟。发力后沿原路线快速收腿,放松,重心落下(原处或向前均可),再次回到标准实战姿势。

侧踢

动作要领:起腿时大小腿与膝关节夹紧,踢出发力后,头、肩、腰、髋、膝、腿和踝成一直线。重心不要太靠后。

主要攻击部位:膝部、腹部、肋部、胸部和头面部。

(五)后踢

标准实战姿势开始。转身后背对对方。重心移至左脚,右脚蹬地后屈膝提起、团身,两手握拳置于胸前。右腿贴着支撑腿,随即左脚蹬地伸直,右脚自左大腿内侧向后方直线踢出,力达脚跟。踢击后右脚沿原路线快速收回,还原成标准实战姿势。

后踢

动作要领:起腿后上体和大小腿折叠收紧、团身,膝盖要夹住,后踢时动作延伸要长,用力延伸,转身、提腿、出脚动作要连续完成,不能停顿。击打目标在正后偏右。

主要攻击部位:腹部、裆部、胸部和头面部。

(六)摆踢

标准实战姿势开始。右脚蹬地重心前移,右腿以髋关节为轴屈膝上提,一拳置于胸前,一拳置放在体侧。左脚以前脚掌为轴外旋180°,右腿以膝关节为轴继续向前侧上方45°角迅速蹬伸成直线。脚在这个过程要放松,右脚掌用力顺势向右侧屈膝发力鞭打。顺鞭打之势上体右转,右腿屈膝回收,右脚落回原处成标准实战姿势。

摆踢

动作要领:右侧屈膝鞭打动作要连贯,不要停顿。击打点在体前偏右侧,以脚掌为击打点。左脚旋转支撑保持平衡,踢击后迅速将腿收回。

主要攻击部位:头面部和腹胸部。

(七)后旋踢

标准实战姿势开始,两脚以两脚掌为轴内旋约180°,身体随之右转约90°,两拳置于胸前。上体右转,与双腿拧成一定角度。右脚蹬地将蹬地的力量与上体拧转的力量合在一起,右腿继续向右后侧45°迅速蹬出后,大腿带动小腿旋摆发力鞭打,同时上体向右转,带动右腿弧形摆至身体右侧,右腿屈膝回收,右脚落到右后成标准实战姿势。

后旋踢

动作要领:转身旋转,踢腿连贯进行,中间没有停顿,在击打前腿要放松,击打点应在正前方,呈水平弧线;屈膝起腿的旋转速度要快,重心在原地旋转360°。

主要攻击部位:面额和胸部。

第十六章 跆拳道

(八)下劈

标准实战姿势开始。右脚蹬地,重心前移至左脚。同时,右腿以髋关节为轴屈膝上提,一拳置于胸前,一拳置放在体侧。随即充分送髋,上提膝关节至胸部,右小腿以膝关节为轴向上伸直,将右腿伸直举于体前,右脚过头。然后放松,向下快收小腿,以右脚后跟(或脚掌)为力点劈击,一直到地面,还原成标准实战姿势。

下劈

动作要领:腿尽量往高,往头后举,要向上送髋,重心往高抬。脚放松往前落,落地要有控制。起腿要快速、果断,踝关节要放松。

主要攻击部位:头顶、脸部和锁骨。

(九)双飞

标准实战姿势开始,先用右横踢攻击对方左肋部,同时,左脚蹬地起跳,身体腾空右转(腾空高度在膝关节左右,但不宜过高),左脚起跳后在空中用左横踢迅速踢击对方胸部或腹部。左右脚交换,右脚落地支撑,左脚横踢目标后迅速前落,成左势实战姿势。

双飞

动作要领:右腿横踢目标的同时,左脚蹬地跳。左脚起跳后迅速随身体右转横踢目标。两腿在空中交换,右脚先落地。

主要攻击部位:肋部、胸部、腹部、头部。

(十)旋风踢

标准实战姿势开始,左脚迅速内扣,右腿提起随身体向右侧转动360°。左脚蹬地起跳,顺势在空中用左横踢,击打对方腹部或头部,右脚先落地支撑。

旋风踢

动作要领:转体动作要迅速,右脚随身体后右侧摆起时不要太高,以能带动身体旋转起跳为宜。身体腾空不能太高,目的是快速旋转出腿。右腿向下落地,要快落站稳,最好是左脚踢中目标的同时右脚落地。

主要攻击部位:胸腹、头部及两肋。

四、基本拳法

(一)左直拳

保持实战姿势,出拳时,左手握拳由屈到伸。当肘臂还未完全伸直时,拳头向右方旋转,拳背向上,同时向右拧腰顺肩,减少阻力,力达拳面,迅速收回成实战姿势。

(二)右直拳

保持实战姿势,右脚蹬地,髋部向左旋转,右手握拳由屈到伸。当肘臂还未完全伸直时,拳头向左方旋转,拳背向上,转体,顺肩,向前快速出击,力达拳面,迅速收回。

拳击打时,要充分利用蹬地、转髋、拧腰、顺肩的合力,握紧拳头,迅猛有力,力达拳面。另一只手臂自然落下成防守格挡的姿势。直拳的击打部位是胸部和两肋。

五、防守技术

在跆拳道技术体系中,防守技术是相当重要的内容,它与进攻技术同样重要。在比赛中,如果在得分的同时又能很好地防守对方的进攻并能抓住机会反击,获胜的把握自然会更大一些,因此在进行跆拳道技术训练时,防守技术练习必不可少。跆拳道主要防守技术有以下三种。

(一)利用闪躲、贴近等方法进行防守

闪躲是当对方进攻时通过脚步,向有利的方位移动,使对方的进攻落空。贴近是当对方进攻时快速上步与对方靠贴在一起,使对方由于距离过近而无法达到进攻的目的。如当一方使用推踢技术进攻另一方时,另一方可以左侧或右侧移动身体,避开对方的直线进攻;再如当一方用旋踢进攻时,另一方可快速后撤一步或是立即上前一步,贴近对方,使其不能用规则规定的有效击打部位击打得分。采用向后撤的技术较容易使对方的进攻落空,在后撤的同时应当使用后踢等技术反击对方;采用向两侧移动的方法,目的是在化解掉对方进攻的同时,使自己能够在合适的位置上快速有效地击打对方而得分;贴近防守主要是在双方距离较近时采用。

(二)利用进攻动作进行防守

这种防守的方法在当前跆拳道比赛中被广泛使用。它的形式是在对方进攻的同时,防守者也使用进攻的技术动作,以攻代守。它被经常使用的原因在于:当对方进攻时,身体重心发生了移动,对方必然要调整身体重心,防守者抓住此时机使用进攻动作,会使进攻者因无法快速回撤身体而陷于被动或者失分。此时防守者的进攻动作属于后发制人的动作,与平常使用的进攻动作在移动方向或身体姿势上有一定的差别。如双方闭式站位,对方使用前横踢进攻,自己使用后踢反击,因对方占先机,而且对方身体是向前移动的,所以必须向后撤,拉开有效攻击距离的同时做出后踢动作。

(三)利用格挡的方法进行防守

按照防守方向来划分,格挡的方法基本上有向上、向(左右)斜下、向(左右)斜上防守三种。一般来说,格挡的方法是在以下的原因下使用的:一是对方进攻速度较快,自己来不及闪躲或双方贴近等情况下,下意识地用格挡进行防守;二是已预测到对方使用的技术,使用针对性的格挡是为了迅速做出反击动作,使格挡成为转化攻防的连接技术,为进攻创造条件。

应当注意的是,有的防守者把手臂贴放在自身的得分部位上。这样做的后果是:一旦对方击打力量很大,由于没有缓冲的余地,即使不能得分,也容易造成自己手臂甚至身体内部的受伤,而且这样不利于自己迅速做出反击动作。

1. 向上格挡

以实战姿势开始(左脚在前,以下均同)。左手握拳由下至上,用左前臂上架格挡,或是右手握拳,用前臂上架格挡,此时手臂上架的同时肘部向内侧移动,即应有一个向上并向外横拨的动作。一般来说,以左站姿立时,用左前臂格挡,则有利于后腿(右腿)的进攻;若用右前臂格挡,则有利于前腿(左腿)的进攻。格挡的同时,手臂应向上并向外横拨。

动作要领：快速弯曲抬臂上架，头部要后仰，不要与臂在一个垂直面上，手臂不要只是上架，避免对方借力，格挡的同时应准备实施反击。

技术用法：防守对方的下劈进攻。

2. 向斜下格挡

以实战姿势开始（左脚在前以下均同）。左手握拳由上至下，用左前臂向左斜下方格挡，或是右手握拳，用右前臂向右斜下方格挡。一般来说，用左前臂格挡，则有利于后腿（右腿）的进攻；若用右前臂格挡，则有利于前腿（左腿）的进攻。

动作要领：格挡时要短促有力、幅度小，格挡后手臂不要向外撩；前臂格挡的同时，上体要向格挡的反方向移动。格挡同时应当做出反击动作，且要防止对方借格挡力反击。

技术用法：防守对方击打腹部等身体中下部的进攻。

3. 向斜上格挡

以实战姿势开始，左手握拳由下至上，用左前臂向左斜上方格挡，或是右手握拳，用右前臂向右斜上方格挡。一般来说，用左前臂格挡，则有利于后腿（右腿）的进攻；若用右前臂格挡，则有利于前腿（左腿）的进攻。

动作要领：格挡时动作要短促有力、幅度小，手臂不要外撩。在格挡的同时，身体（尤其头部）应当向格挡的反方向或向后移动，与对方进攻腿保持距离。格挡的同时应迅速做出反击动作，且要防止对方借力反击。

技术用法：防守对方击打胸部、头部及身体上部的进攻，如旋踢、后旋踢等。

第三节　跆拳道基本战术

（一）直接进攻方式

充分发挥自己的技术特长，使用确有把握的特长技术直接进攻对方。运用这种战术的较好时机是：对方的各项速度没自己的快时；对方动作不够熟练时；对方体力不足时；对方防守姿势出现空隙时；与对方的距离适合攻击时。

（二）压迫式进攻

此战术也称为猛攻，是一种先发制人的主动进攻，是有计划、有准备的战术行动。这种战术的优点是直接掌握主动权，迫使对方没有反攻的机会，在短时间内取得绝对胜利。缺点是自己的体力消耗较快。一般在自己的力量、速度、耐力要强于对手、对方近战能力差时，以及对方耐力或心理素质差时使用此种战术。

（三）引诱式进攻

这种战术是较常用的基本战术之一，要求充分发挥假动作与真动作结合的实战效能。当对手动作反应快、防守能力强时，直接进攻很容易被对手反击。经验丰富的选手常常使用假动作，"声东击西"、"指上打下"，有时也会故意露出破绽，引诱对方进攻。使用假动作的目的是促使对方对自己的虚假动作产生某种反应，而改变正确的防守姿势或使其失去平衡，然后加以利用并进行攻击。当自己的动作要快于对手时常使用引诱式进攻，否则不易成功。

(四)反击战术

当对方正面猛烈进攻时，适当地移动步法，避其锋芒，制造战机，可乘对手进攻时，在防守的过程中反击对方。

(五)克长战术

一般来说，每个运动员都有自己擅长的技术，在比赛中要能及时发现对方擅长使用的方法，然后及时调整自己的战术，采用相应的方法，克制对方的技术专长，使其不能正常发挥。

(六)打短战术

一般每个运动员都有自己的弱点和短处。在比赛中可进行观察，对对手的弱点迅速做出判断，及时调整自己的战术，集中精力专门攻击对方的弱点。同时，自己也要不断地变换方法，以免被对手察觉自己的战术意图后故意引诱自己进攻，使对方反击成功。

(七)针对习惯性动作的抢攻战术

许多运动员在比赛中都存在着一些无意识的习惯性动作，针对对手自然产生的习惯动作，应当善于观察和及时捕捉这些战机，准备好一旦对方出现习惯动作，则立刻发动进攻。

(八)边线进攻

边线进攻是指利用竞赛规则，逼迫对手出界的战术手段。一种方法是利用主动进攻，有目的地将对方逼迫出界；另一种方法是自己被对手逼迫到边线，及时用贴身转动，使对手来不及调整而被迫出界；还有一种方法是自己将对方引诱至边线，运用贴身转动，将对手逼迫出界。

(九)体力战术

采用体力战术，就是合理分配体力。每一局用多少体力要根据对手而定。如果对方技术较弱，那就保持体力以技术获胜；如果对方技术好，可以采用消耗其体力的打法取胜；如果对方实力相当，还应有打持久战的准备；如果对方耐力差，应连续进攻，不给对手喘息之机，迫使对方体力迅速下降，以此取胜。

(十)技术战术

利用技术全面、熟练、有效果的特点，变化运用各种技术，发挥自己的得意技术，掌握比赛的主动权，抑制对手，达到取胜对手的目的。

(十一)心理战术

比赛开始前，利用情绪、动作和表情等震慑对手，比赛中用气势压倒对手，或在规则允许的情况下用各种手段，干扰对方情绪，给对方造成心理负担，使对手技能战术发挥失常，挫伤对方的锐气，发挥自己的优势，在气势上战胜对方。

(十二)先得分战术

比赛时利用对方立足未稳或未适应比赛的机会，主动先得分。然后，立刻转入防守，以静制动,利用防守反击战术与对方对抗,既节省体力,又保住得分。

(十三)抢分战术

比赛中得分落后时,利用各种手段有效地组织进攻,力争得分。这种情况下,要主动出击,不能与对方静耗或纠缠,要打破对方的保分意图,以动制静。

(十四)击倒战术

利用自己的得意技术或对方失误的机会,重击对手头部,使对方被击倒不能继续比赛,自己获得比赛的胜利。

(十五)乱打战术

在得分落后而且比赛时间不多的情况下,靠乱打偶然得分。但一定要注意利用技术和战术,注意防守。在乱打中偶然有机会击倒对手,利用这种偶然性得分或取胜。

(十六)优势战术

在比赛平分的情况下,利用规则上允许的技术,靠主动进攻次数或使用高难度技术而取胜。

第四节 跆拳道练习方法

一、慢速、快速重复练习

学习新动作时,不要立即进行快速练习,而要采用慢速度的模仿练习。对复杂动作还应进行分解练习。此时不应追求动作的击打力量、速度,应该仔细揣摩动作的发力点、路线和动作要领,其主要目的是规范技术动作。一个动作在一次练习中要少次数、多组数,以避免重复做错误动作,同时也可以避免感到枯燥。在练习的过程中,应让老师和同伴进行纠正,也可以面对镜子,边练边检查,不断提高技术动作的正确性。

快速重复练习则适用于练习绝招技术。在技战术已达到熟练的程度时,一般要根据自身特点,选择几种常用的绝招技术并反复进行强化,此时需要以最快速度进行重复练习。

二、身法和步法结合练习

在基本学会了技术动作后,可以根据实战的需要结合相应的身法和步法进行练习,使技术与实战紧密联系。如练习横踢技术时,可以向前上一步后再进行横踢的练习,或是要求先用身体晃动引动对方。这样可以避免单纯练习的枯燥,在练习步法的同时也提高了实战能力。

三、想象实战练习

在掌握了一些基本的技战术后,自己单独练习时,可假设有对手在与自己对抗,对手采用各种战术和技术进攻自己或防守自己的各种进攻技术,自己则选择几组进攻和防守反击的方法,做想象中的个人练习。这种练习,可在准备活动的后半部分或实战前以及提高训练强度时采用。

四、互不接触的实战练习

由于练习的需要,为减少不必要的伤害事故,在训练中可两人一组,一方主动进攻,另一方防守反击,或是两人按照比赛的要求进行互不接触的实战。这种练习的好处是可以消除初学者的害怕心理,在预防运动损伤的同时提高了技术。在进行时应要求:练习者要保持在适当的距离,在运动中做出动作;由于不是真正击打,练习者往往会只顾进攻,而忽视实际的攻防转换,因此要防止胡乱踢打;练习时要仔细揣摩步法和抓住击打时机。

五、固定靶的练习

利用沙袋、大脚靶、多层护具等器材作为击打目标的练习。练习目的不同,方法也不同。如要求提高动作速度和击打力度,练习者要快速完成一定时间内某一动作;若只要求提高练习者的动作频率和耐力,则应规定时间和组、次数的要求。另外,按照比赛中常用的组合技术,布置几组固定组合靶的练习,如多名同伴手持不同高度、不同放置角度的脚靶站立在一条直线上或不同方向上,由练习者依次踢靶。

不同技术动作的练习时应当采用不同的拿靶方法,下面介绍一下主要技术的脚靶训练方法:

(1)前踢:握靶柄的前端部位,靶面分别在水平位置的上下,靶柄后端与靶前边缘在持靶人的体前右、左方,前踢时用正脚背踢击靶心位置。

(2)横踢:握靶柄的前端,靶面与水平面成15°~45°的夹角,靶面向左斜下(踢另一侧时相反),靶的前边缘在前斜上方,整个靶位在人体前方。横踢分中部和上部两个高度,中部在腹胸之间,上部一般为头的高度。踢击时用正脚背击打靶心。

(3)劈踢:靶位在持靶人的体侧,握靶柄的前端,握法是靶柄指向上方,靶前边缘在下方,靶面与地面成45°角。劈踢靶的高度与头同高,用脚掌击打脚靶。

(4)侧踢和推踢:侧踢和推踢练习时的握靶方法,用单手握住靶柄的中间,靶柄、靶前边缘水平面垂直,靶放在体侧,靶面面对踢靶人。

(5)后踢:后踢靶有两种握靶,一种是单手靶,与侧踢和推踢靶的握法相同。另一种方法是双手靶,握靶人双手各一个,两个靶面贴紧,靶位在握靶人的胸部以下和髋关节以上的位置。靶在握靶人的身体侧面。后踢时,分中部和上部两个高度。中部后踢时用双靶,上部后踢时用单靶,都是击打靶心的位置。

(6)后旋踢:后旋踢靶有两种握靶方法,一种是单手靶,另一种是双手靶。单手握靶时,握靶柄的前端,靶柄与水平面垂直,靶面微向外侧倾斜,靶放在握靶人的正前方与头同高。双手握靶时,握靶柄的前端,两靶柄与水平面成垂直方向,两靶面向左、右方向,两靶间隔15 cm左右,与踢靶人的头部同高,用脚掌击打靶心位置。

(7)冲拳:握靶柄的前端,靶柄、靶前边缘与水平面成垂直方向,靶面微向内侧斜。用拳面击打靶心位置。

打踢脚靶的注意事项：拿靶时拿靶柄的中间稍前端的部位，踢打靶的中心位置；力量要穿透靶面向后延伸，握靶时手不应过于放松，脚背、脚跟、脚掌和拳面要与靶面完全接触；踢靶前全身要放松，踢靶时快速突然发力。

六、配合"喂招"的练习

这种训练方式是运用脚靶、护具来练习。要求配合者手持脚靶，配合练习者进行技术练习，如将脚靶放置与头部齐平，让练习者练习高横踢击头动作。护具"喂招"则是配合者身穿护具，用身体的移动配合练习者的进攻和防守，如配合者上步要用横踢进攻，练习者则向后踢反击。这种练习不但能够有效地提高练习者进攻和防守反击的动作质量，还可以提高练习者击打的准确性、步法的灵活性和良好的距离感等。练习中，还可要求配合者变换"喂招"的方式，如快速出靶或连续出靶。这样既可以提高练习者的反应速度，又可以使练习者逐步熟习动作，从而与实战较快地结合起来。

七、条件实战练习

条件实战练习，即对实战提出要求，限制一些因素进行实战的一种练习。这种练习方法在跆拳道训练中经常被采用。如要求双方队员在一个回合中只能用横踢进攻和用横踢反攻。一方只能用前横踢和下劈进攻，而另一方只能用下劈和后踢反击，不准主动进攻等等。这种方法针对性强，能有效地训练和提高运动员的单一技术运用的能力，一般用在实战的初级阶段和战术训练中。

八、实战练习

练习者掌握并熟习了跆拳道的战术后，要按照规则不断进行实战，逐步提高技战术的应用能力。要在对抗中（在与比赛要求一致的情况下）应用技战术，这样才能在实际比赛中达到利用技战术和其他方面的优势战胜对手，获取比赛的胜利。

第五节　跆拳道基本规则

一、比赛场地

（一）比赛场地的划分

(1) 8 m×8 m方形去掉4个角后形成的八边形的区域称为比赛场地。
(2) 比赛场地最外边的线称为边界线。
(3) 比赛场地边界线以外要铺设软垫，保护运动员的安全；尺寸大小可根据比赛地点的实际情况确定。

(二)运动员位置

由比赛区中心点面向第一边裁判员左、右各 1 m 处,右侧为青方位置,左侧为红方位置。

二、比赛服装

(1)参赛运动员须穿中国跆协认可的道服和护具。

(2)参赛运动员应戴好护身、头盔、护裆、护臂、护腿、护齿后进入比赛区,其中护裆、护臂、护腿应戴在道服里面。运动员可携带经中国跆协认可的护具以备自用。除了头盔,运动员头上不许佩戴其他物品。

三、中国大学生竞技竞赛分组及设项

1. 竞赛分组

(1)甲组:高考未享受加分和降分录取的普通高校全日制在校生。

(2)乙组:专业体育院校、综合性大学体育学院、师范大学体育学院和体育职业技术学院,经教育部批准的跆拳道高水平运动队所在院校中未参加过全国跆拳道锦标赛和冠军赛的在校生。

(3)丙组:高职院校全日制在校生。

(4)丁组:参加过国家体育总局拳击跆拳道运动管理中心主办的全国锦标赛、全国冠军赛且具有研究生、本科、专科学籍的在校生;丁组运动员只参加竞技个人赛,不设竞技团体赛,不计算团体总分;竞技个人赛级别根据全国运动会跆拳道项目级别设置,所有竞技运动员不得跨组别参赛。

2. 竞赛项目(根据世界大学生运动会跆拳道项目设置)

1)甲组、乙组、丙组、竞技个人赛

男子	54 kg	58 kg	63 kg	68 kg	74 kg	80 kg	87 kg	+87 kg
女子	46 kg	49 kg	53 kg	57 kg	62 kg	67 kg	73 kg	+73 kg

2)丁组竞技个人赛

男子	58 kg	68 kg	80 kg	+80 kg
女子	49 kg	57 kg	67 kg	+67 kg

3. 参赛资格

(1)全国各普通高校及职业技术学院(包括香港、澳门特别行政区)。

(2)参赛单位必须是中国大学生体育协会跆拳道分会团体会员单位,未缴纳会费单位不得参赛。

(3) 参赛运动员必须是按照教育部有关全国高等院校统一招生考试录取的有关规定，经考生所在地高校招生委员会审核录取的有正式学籍的在校生（含本、专科生，硕博研究生），留学生不得参赛。

(4) 进修班、专修班、短训班、培训班和电视大学、函授大学、职工大学、自修大学均不得参赛。

(5) 参赛队伍必须赛前为运动员办理人身意外保险并开具体检（心、脑电图）证明，报到时必须出具县级以上医院的相关证明。

4. 比赛方式

(1) 单败淘汰赛。

(2) 循环赛。

四、比赛时间

每场比赛为 3 局，每局比赛 3 min，局间休息 1 min。青年锦标赛每场比赛为 3 局，每局比赛 2 min，局间休息 1 min。中国大学生跆拳道锦标赛每场比赛为 3 局，每局比赛 2 min，局间休息 1 min。

五、称量体重

称重时间由比赛组委会决定，包括比赛前一天全部级别一次性称重完毕和各级别在比赛当日的前一天称重两种方式。

六、比赛程序

1. 开始和结束

每局比赛由主裁判员发出"开始"(Shi-jak)口令即开始，主裁判员发出"停"(Keu-man)口令即结束。即使主裁判员没有发出"停"(Keu-man)口令，比赛仍将按照比赛规定的时间结束。

2. 比赛开始前及结束后的程序

(1) 双方运动员相向站立，听到主裁判员发出"立正"(Cha-ryeot)和"敬礼"(Kyeong-rye)的口令时互相敬礼。敬礼时自然立正，双手握拳置于身体两侧，腰部前屈不小于 30°，头部前屈不少于 45°。

(2) 主裁判员发出"准备"(Joon-bi)、"开始"(Shi-jak)口令开始比赛。

(3) 最后一局结束后，运动员相向站在各自指定位置，主裁判员发出"立正"(Cha-ryeot)和"敬礼"(Kyeong-rye)的口令时互相敬礼，之后等待主裁判员宣布判定。

(4) 主裁判员举起自己的一侧手臂，宣布同侧方运动员获胜。

(5) 运动员退场。

七、允许的技术和攻击的部位

1. 允许的技术

(1) 拳的技术：使用直拳技术攻击。

(2)脚的技术：使用踝骨以下脚的部位攻击。

2. 允许被攻击的部位

(1)躯干：允许使用拳和脚的技术攻击躯干被护具包裹的部分，但禁止攻击后背脊柱。

(2)头部：从两耳向前的头颈的前部，只允许使用脚的技术攻击。

八、有效得分

1. 有效得分部位

(1)躯干中部：被护具包裹的躯干部位。

(2)头部：头部允许被攻击的部位。

2. 得分

得分是指使用允许的技术，准确、有力地击中有效得分部位。

3. 有效得分分值

(1)击中躯干中部得 2 分，旋转技术击中躯干得 4 分。

(2)击中头部得 3 分，旋转技术击中头部得 5 分。

(3)直拳有效击打躯干得 1 分。

4. 比分

比分为 3 局比赛得分的总和。

5. 得分无效

使用禁止的动作攻击，得分无效。

九、犯规行为

(1)局间休息时间到，若主裁判第一次发出口令后运动员未到位，第二次口令后运动员仍在休息区不向比赛区域移动，给予"扣分"。

(2)运动员单脚越出边界线的垂直界面，属于越出边界线犯规行为，判罚 1 次"扣分"。当运动员单脚越出边界线，则被判罚"扣分"。当运动员因对方犯规而越出边界线，则不被判罚。

注：边界线以内，进攻对方使用"推+踢"的技术动作，另一方出界时，根据出界和踢击技术接触身体的先后进行判断，若出界在先，判罚主动推人一方，若接触身体在先，判罚出界一方。

(3)除踝关节以下部位的其他任何身体部位接触地面属于倒地警告行为，判罚 1 次"扣分"。

(4)由于对方运动员的犯规行为造成的倒地不判罚，归于对方运动员 1 次"扣分"；当双方运动员因为偶尔的对撞而倒地的，都不给予"扣分"判罚；因对方正确技术击打到头部倒地读秒的，给予倒地一方"扣分"。

(5)消极比赛、伪装受伤、举手打断比赛或做出危险动作的，将给予"扣分"。

回避比赛的三种情况：

①后撤(包括转身加后撤)：

A. 后撤 3 步停下，双方均无技术动作，后撤选手被判罚；

B. 后撤 3 步接技术动作,不判罚;
C. 后撤 3 步时对方做技术动作,不判罚。
②背逃:
A. 背向选手,弯腰躲避,判罚;
B. 面向选手,弯腰躲避,不判罚。
③绕场撤步:
A. 主裁判员判断选手有消极躲避进攻的意图,判罚;
B. 主裁判员判断选手没有躲避进攻,而是积极防守,不判罚。

(6)伪装受伤倒地的,主裁判 3 次"Stand up"的指令未站起继续比赛的,直接判罚对方获胜。在第三次指令前站起的,判罚一次"扣分"。

(7)抓、推对方运动员的,将给予"扣分"。"抓"的行为包括抓、搂、夹、抱等犯规动作,双方运动员贴靠时单手或双手允许超过对方身体,但试图控制对方身体或有"抓""搂抱"的动作判罚一次"扣分";"推"的行为包括将对方运动员推出边界线(边界线以内,进攻对方使用"推＋踢"的技术动作,另一方出界时,根据出界和踢击技术接触身体的先后进行判断;"推"还指为了阻碍对方运动员技术而故意推对方运动员,或一手推、一手抓,判罚 1 次"扣分"。

(8)为阻碍对方运动员进攻而提腿阻挡,踢对方运动员腿部,或控腿超过 3 s,或有意图踢击对方腰部以下部位的行为,都将被判罚"扣分"。

判罚标准:
A. 提腿时腿的高度超过对方护具下沿,控退或空击 3 s 以内脚落地,不判罚。
B. 提腿时腿的高度超过对方护具下沿第 3 s 时,和对方腰部以上部位有接触,不判罚,无接触,判罚。
C. 提腿时膝关节超过腰部,且在落地前脚未超过对方护具下沿,将被判罚。但脚落地后有连续进攻或带有步法连接的组合技术动作(高度超过对方护具下沿),不判罚。
D. 与对方运动员的进攻行为没有关联的假动作或技术前导踢腿,且膝关节未达到腰部高度,不判罚。
E. 双方正常(一次发力)使用技术动作均超过对方护具下沿时造成腿部碰撞,不判罚,若因碰撞倒地,判罚倒地一方。
F. 一方先使用技术动作后另一方提腿阻挡,提腿阻挡被判罚;提腿阻挡后得分,判罚并抹分。

(9)有意踢击腰以下部位的行为,给予 1 次"扣分"。
A. 双方运动员均使用技术动作交手过程中踢到腰部以下,不判罚;若连续出现,可视为故意行为,判罚。
B. 使用双飞技术动作,第一腿技术接触到腰部以下,第二腿技术得分时,主裁判员根据第一腿轻重程度以及是否有蓄意犯规动机来判断是否给予判罚,若判罚应抹去犯规后相应得分。在对方使用技术时,踢或冲压对方的大腿、膝关节、小腿等腰以下部位的行为,判罚 1 次"扣分"。由于双方技术运用或无意碰撞或踢击到腰以下部位的行为,不给予"扣分"。

(10)"分开"口令后进攻对方运动员:
A. 每次比赛前的攻击对方运动员也适用于本条。

B. 根据运动员的动作的连续性进行判断,有蓄意攻击行为,判罚;明显的故意攻击行为即使未接触到对手,也应判罚。

(11)比赛中,因一方运动员自己跳起导致被踢到腰以下部分,第一次不判罚,第二次出现时判罚跳起的一方,不判踢击方。

(12)运动员及教练员不遵守裁判员的判罚和指令的,给予1次"扣分"。

(13)用手、拳、腕关节、手臂、肘关节攻击对方头部的,给予1次"扣分"。因对方运动员身体下潜位移而造成的击打头部,不判罚。

(14)故意攻击倒地运动员的,给予1次"扣分"。

(15)"暂停"口令后故意继续攻击对方运动员的,给予1次"扣分"。

(16)故意使用危险动作攻击对方运动员的,给予1次"扣分"。

(17)故意抱摔对方运动员的,给予1次"扣分"。

(18)为了回避正常的技术攻防而逃离比赛区域的行为,给予1次"扣分"。

(19)严重不服从裁判的判罚和指令的,给予1次"扣分"。

(20)未按照规定的程序申诉和批评裁判的判罚的,给予1次"扣分"。

(21)挑衅和侮辱裁判员、对手和观众等不良行为的,给予1次"扣分"。

十、优势判定

(1)因扣分出现平分时,3局比赛中得分者或得分多者获胜。

(2)3局比赛结束,双方出现绝对平分时,加赛一局,采取"突然死亡法"(先得分的一方获胜)。如果加赛局仍然打平,则进行优势判定。

(3)优势判定时,当场比赛所有裁判员根据比赛情况判定优胜者获胜。如果3名边裁判员的决定是2∶1,主裁判员将自行决定获胜方。

(4)优势的判定是依据比赛中表现出的主动性。

十一、获胜方式

(1)击倒胜(K.O胜)。

(2)主裁判员终止比赛胜(RSC胜)。

(3)比分或优势胜。

(4)弃权胜。

(5)失去资格胜。

(6)主裁判员判罚犯规胜。

十二、击倒

运动员在比赛中受到合法攻击后,出现以下两种情况之一,将被判"击倒":

(1)除双脚以外的身体任何部位着地,身体摇晃,丧失继续比赛的意识和能力;

(2)主裁判员判定运动员受到强烈击打而不能继续比赛。

第十七章 健美操

本章资源列表

健美操(aerobics)是我国体育运动的一个新兴项目。它源于生活,是一项以有氧运动为基础,以健、力、美为特征,融体操、舞蹈、音乐为一体的身体练习。它既是健身美体、陶冶情操的大众健身方式,又是竞技运动的一个项目。健身健美操是在音乐的伴奏下,以身体练习为手段,以有氧运动为基础,达到增进健康、塑造形体和娱乐身心的一项体育运动。竞技健美操则是在健身健美操的基础上发展而来的,根据特定的竞技健美操规则,在音乐的伴奏下,完成连续复杂的和高强度的成套动作。健美操的动作不仅突出"健、力、美"的特点,而且其强烈的节奏性可以通过音乐充分地表现出来。

第一节　健美操概述

一、健美操的起源与发展

现代健美操始于 20 世纪 60 年代,最初是美国太空总署为太空人所设计的体能训练内容。健美操作为体育运动项目兴起于 20 世纪 70 年代末。现代健美操运动的发起人之一——简·方达(美国好莱坞影星)于 1981 年在美国出版的《简·方达健美操》一书及录像带,被译成 20 多种文字,畅销于世界 30 多个国家,这对健美操运动在世界范围内的流行和发展起到了很大的推动作用,她本人也因此成为 20 世纪 80 年代风靡世界的健美操杰出代表人物之一。在她的感召和影响下,健美操在世界各地迅速兴起,各种健身俱乐部、健美操中心和健美操培训班迅猛发展。

我国现代健美操兴起于 20 世纪 70 年代末。中央电视台在 1984 年相继播放了孙玉昆创编的"女子健美操"、马华"健美五分钟"、"美国健身术"和"动感"等专题片,为健美操在我国的宣传与普及起到了积极的推动作用。

1987 年,由原国家体委主办,中央电视台等单位参与联合举办了全国首届"长城杯"健美操邀请赛。随后又分别组织过儿童、青年和中老年健美操比赛。最初的几年,每年举行一届全国健美操邀请赛。从 1992 年至今,我国每年举办一届"全国健美操锦标赛",并不定期地举办"全国健美操冠军赛"。近年来,又在全国比赛中增加了健身健美操比赛以及中老年组和少儿组的比赛。1992 年 2 月成立的中国大学生体协健美操艺术体操协会,推动了健美操在全国高校的兴起,健美操已成为我国大学体育课程的主要内容之一。

目前世界上存在着许多健身性国际组织,其中较有影响力的健身组织有:

(1)国际健身协会(IDEA):是世界最大的国际性健身组织,成立于1982年,总部设在美国。

(2)国际健美操与健身联合会(FISAF):成立于20世纪80年代中期,总部设在澳大利亚。

(3)亚洲健身协会(Asiafit):成立于1991年,总部设在香港,是亚洲地区最有影响力的健身性国际组织。

竞技健美操国际组织较有影响的有:

(1)国际体操联合会健美操委员会(FIG):1994年将健美操列为正式比赛项目。从2000年起,每逢双数年举办一次世界锦标赛。

(2)国际健美操冠军联合会(ANAC):成立于1990年,总部设在美国,每年举办ANAC世界健美操冠军赛。

(3)国际健美操联合会(IAF):成立于1983年,总部设在日本,目前有近30个会员国。它每年举办一次IAF健美操世界杯赛。

音乐是健美操的灵魂,音乐使健美操成为有声有色、有情有形的艺术体育项目。健美操与舞蹈、艺术体操相比更强调动作的力度,因此,它的音乐更趋于节奏鲜明强劲,旋律悦耳动听,热情奔放。健美操音乐多取材于迪斯科、爵士、摇滚等现代音乐和具有上述特点的民族乐曲,具有鲜明的韵律感。

健美操音乐主要是用以烘托健美操的气氛,表现健美操的特点,增强健美操的感染力。健美操动作的力度、激情、表现力等都是在音乐的刺激之下产生的。旋律优美、节奏感强的音乐,有助于练习者掌握动作;而欢快、热烈、富有节奏的音乐,能有效地激发练习者的积极性和热情,使练习者在音乐声中且舞且蹈,自娱自乐。音乐使健美操动作充满活力,人们在欢乐的气氛中进行锻炼,心情愉快,不易疲劳,还可以排除精神紧张。

二、健美操运动特点与锻炼价值

(一)运动特点

1. 鲜明的时代性

健美操把基本体操、现代舞蹈、节奏音乐巧妙地融合在一起。节奏强烈的流行音乐、富有时代感的时尚动作以及自娱自乐的心情宣泄,都迎合了当代青年的精神需求。

2. 高度的艺术性

健美操从表现形式看,充分展示了健美的体魄、表现高超的技术、舞动流畅的韵律、显露充沛的体力、宣泄满腔的激情。这种健与美结合的崭新的体育艺术形式,在西方体坛被誉为"运动场上的舞蹈"。它的操化艺术性备受青少年的青睐。

3. 简易的推广性

健美操运动不受时间、地点、场地、天气的影响,也不受性别、年龄、体质状况和健康水平的限制,更不受参与人员的技术水平、运动能力的制约。其练习形式纷繁多样,运动量可大可小,动作有难有易,时间亦长亦短。不同的锻炼人群均可以找到适合自己的锻炼内容、方式、方法与手段。

4. 锻炼的时效性

健美操属于有氧运动,练习强度适中,长期坚持练习能有效提高人体心血管系统、呼吸系统以及神经系统的功能,达到增进生理健康的目的。由于练习者在欢快的音乐伴奏下轻松、安全、有效地锻炼,也有利于消除疲劳,提高心理健康水平。系统的健美操锻炼还是塑造形体的能工巧匠,它不仅消除体内多余脂肪,重塑健美体型,而且通过一定强度的力量练习,使瘦弱的人骨骼强壮,肌肉力量增加,体形匀称健美。

(二)锻炼价值

1. 增进人体健康美

长期坚持健美操锻炼,能增进人体健康美。"健康美"是一种积极的健康观念和现代意识,一个具有"健康美"的人会自我感觉良好,可轻松应付日常工作与生活,具有充沛的精力参加各种社交、娱乐及闲暇活动,充满青春活力。

2. 塑造形体美

健美操不仅改善不良的姿态,还可以塑造健美的体型。形体分为姿态和体型。姿态是人们一举一动表现出来的行为习惯,受后天与环境的影响。而体型则是身体的外形,虽然体型受遗传因素的作用,但体育锻炼可适当改善体型外貌。通过健美操练习尤其是力量练习,可使骨骼粗壮、肌肉围度增大,从而弥补先天的体型缺陷,使人变得匀称健美。其次,健美操练习还可以消除体内和体表多余的脂肪。人体内脂肪的消耗是由很多因素造成的,最重要的一点就是新陈代谢的快慢,而高低冲击力组合的有氧操具有中等的练习,经过一定的练习能消耗体内多余的脂肪,维持人体吸收与消耗的平衡,降低体重,保持健美的体型。

3. 缓解精神压力,扩大社会交往

健美操以其动作优美、协调、全面锻炼身体,同时有节奏强烈的音乐伴奏而著称,是缓解精神压力的一剂良方。在轻松优美的健美操锻炼中,练习者尽情享受健美操运动所带来的欢乐,得到内心的安宁,从而缓解精神压力,使人具有更强的活力和最佳的心态。另外,健美操锻炼可增加人们的社会交往。目前国内外人们参加健美操锻炼的主要方式是去健身房,在健美操教练的带领和指导下集体练习,而参与健美操锻炼的人来自社会的各阶层,因此,这种形式有利于扩大人们的社会交往。

4. 健康促进功能

健美操作为一项有氧运动,其特点是强度低、密度大、运动量可大可小,容易控制,因此,除对健康人具有良好的健身效果外,也是一些病人、残疾人和老年人的一种医疗康复保健的手段。如对下肢瘫痪的病人来说,可做陆上健美操和水中健美操,以发展上体,并促进下肢功能的恢复。只要控制好运动范围和运动量,健美操练习就能在预防损伤的基础上,达到医疗保健的目的。

通过参加健美操锻炼,大学生自身的形体和气质可以得到升华,并更具有青春活力和自信。若把这种自信带到学习、生活和工作之中,会增加自己的生活激情,从而不断完善自己,使自己更快、更好地适应千变万化的社会。

第二节 健美操基本动作

健美操的基本动作是健美操运动的基础,千姿百态的健美操组合动作都是在基本动作的基础上变化和发展起来的。健美操基本动作主要由下肢动作、上肢动作及躯干动作组成。

一、健美操基本动作

（一）健美操下肢动作

1. 动作分类

健美操常用基本动作

根据人体运动时对地面的冲击力大小,健美操基本步法分为低冲击力步法、高冲击力步法和无冲击力步法。根据完成形式的不同,又可将基本步法分为五类：交替类、迈步类、点地类、抬起类和双腿类(见表17-1)。

表 17-1　健美操常用基本动作体系

类别	原始动作形式	低冲击力形式	高冲击力形式	无冲击力形式
交替类	踏步	踏步 走步 一字步 V字步 漫步	跑步	
迈步类	侧并步	并步 迈步吸腿 迈步后屈腿 侧交叉步 迈步点地	并步跳 小马跳 迈步吸腿跳 迈步后屈腿跳 侧交叉步跳	
点地类	点地	脚尖点地 脚跟点地		
抬起类	抬腿	吸腿 摆腿 踢腿	吸腿跳 摆腿跳 踢腿跳 弹踢腿跳 后屈腿跳	

续表

类别	原始动作形式	低冲击力形式	高冲击力形式	无冲击力形式
双腿类			并腿跳 分腿跳 开合跳 弓步跳	弓步 半蹲 提踵

2. 动作演示

动作演示视频见本章二维码。

(二)健美操上肢动作

上肢动作是由手臂的自然摆动、力量练习以及基本体操的徒手动作和舞蹈动作组成,其目的是丰富健美操动作内容。

1. 上肢动作

(1)自然摆动:屈肘前后摆动,同时或依次。

(2)屈臂提拉:臂由下举提至胸前平屈,胸大肌和三角肌前束收缩。

(3)直臂提拉:臂由下举提至前平举或侧平举。

(4)屈臂伸:上臂固定,肘屈伸。臂屈时肱二头肌收缩,臂伸时肱三头肌收缩。

(5)冲拳:屈臂握拳,由腰间冲至某一位置。

(6)推:手掌由肩侧推至某一位置。

2. 手型

(1)掌:包括并掌(五指伸直并拢)、分掌(五指用力伸直张开)、花掌和立掌。

(2)拳型:握拳,拇指在外。

(三)健美操躯干动作

在健美操中躯干主要起连接、保护和固定作用。

(1)胸部:含胸、顶胸、移胸。

(2)肩部:提肩、沉肩、伸肩。

(3)腰部:转、绕和绕环、屈。

(4)髋部:顶髋、摆髋。

二、健美操的基本技术

健美操的基本技术主要有落地技术、弹动技术、半蹲技术和身体控制技术。这些技术要求都是从保证练习安全性的角度出发,其中落地技术、弹动技术和半蹲技术是紧密联系在一起的。

(一)落地技术

健身健美操的落地技术为:落地时,由脚跟过渡到全脚掌或由前脚掌过渡到全脚掌,然后迅速屈膝、屈髋缓冲。所有动作在瞬间依次完成,用以分解地面对人体的冲击力。同时要求躯干与手臂保持良好的姿态,肌肉用力以保持动作的稳定与控制。

落地缓冲时应尽可能地保持身体稳定,同时减少地面对关节、肌肉的冲击力,以避免造成运动损伤。

(二)弹动技术

健美操的弹动技术是健美操最重要的基本技术之一,是体现健美操的最基本特征,用以区别其他运动项目的重要因素之一。

健美操的弹动主要依靠踝关节、膝关节、髋关节的屈伸缓冲而产生,它的主要作用是减少运动对关节的冲击力,从而减少运动对人体造成的损伤。值得注意的是在屈伸的过程之中,腿部的肌肉要协调用力才能有效地防止损伤,参与运动的肌群在整个运动过程之中要有控制,使动作变得流畅。

(三)半蹲技术

在健美操练习的过程中,每一个动作都需要半蹲的出现,因为无论是落地和缓冲技术,还是弹动技术,实际上都是和半蹲动作联系在一起的。一些常用的力量练习动作,如分腿半蹲、弓步等,也和半蹲动作有很大的关系。因此,半蹲技术的掌握对健美操练习的完成质量具有重大影响。

半蹲时,身体重心下降,臀部向后下45°方向用力,膝关节不应超过脚尖,腰腹、臀部和大腿肌肉收缩,上体保持正直,重心在两腿之间,起落要有控制。分腿半蹲时,脚尖自然向外分开,应特别注意膝关节弯曲的方向要与脚尖的方向一致,保持关节的正常位置,避免脚尖或膝关节内扣或过度向外分开,以及膝关节角度小于90°的深蹲。

在有氧操练习中,分腿半蹲一般采取"宽蹲"的姿势,即两腿分开大于肩宽。而在持轻器械练习时,尤其是在负重的情况下,一般都采用"窄蹲"的姿势,即两腿分开同肩宽。

(四)身体控制技术

健美操练习过程中的身体姿态取决于肌肉用力的感觉和程度,动作感觉应是有控制但不僵硬、松弛而不松懈,身体应该保持自然挺拔、头部稍稍昂起的姿态,颈椎、胸椎、腰椎处于正常生理曲线的位置,并始终保持腰腹和背部肌肉收缩。四肢的位置根据具体的动作要求和练习者的个体情况而定。

第三节 徒手健身操成套动作

一、全民健身操——踩踩踩

(一)动作步骤

第一节 预备节

第一个八拍

(1)下肢步伐:原地提踵。

(2)上肢动作:放在身体两侧,五指并拢。

第二个八拍

(1)下肢步伐:同第一个八拍。

(2)上肢动作:由身体两侧向上向下摆臂。

第三个八拍

(1)下肢步伐:左右脚交替向前的漫步。

(2)上肢动作:前后摆臂。

第四个八拍

(1)下肢步伐:同第三个八拍。

(2)上肢动作:同第三个八拍。

第五个四拍

(1)下肢步伐:原地站立。

(2)上肢动作:额前击掌三次后收回。

第二节

第一个八拍

(1)下肢步伐:上步点地两次,接左右脚踏步。

(2)上肢动作:两手握拳交叉于胸前,向斜上和斜下开掌,后屈于胸前。

第二个八拍

(1)下肢步伐:踏步后退,左右脚分别向两边脚跟点地一次。

(2)上肢动作:双手握拳摆臂,后成左右拉弓手势。

第三个八拍

(1)下肢步伐:右脚交叉步加迈步点地。

(2)上肢动作:胸前屈伸后平举。

第四个八拍

(1)下肢步伐:左右脚各一个向前的漫步。

(2)上肢动作:手臂伸直做花掌转动,握拳屈于胸前。

第三节

第一个八拍

(1)下肢步伐:前并步左右脚各一次。

(2)上肢动作:两手交替平举于胸前,另一手与之成90°。

第二个八拍

(1)下肢步伐:后并步四拍加弓步。

(2)上肢动作:双手握拳,交替屈于胸前,另一手伸直朝斜方向。

第三个八拍

(1)下肢步伐:后背腿四拍加并步四拍。

(2)上肢动作:五指并拢,握拳交叉于胸前,向斜上斜下打开。

第四个八拍

(1)下肢步伐:开合跳加弓步。

(2)上肢动作:双手握拳,出拳后成侧平举。

第四节

第一个八拍

(1)下肢步伐:左右脚分别向两边踩后开合一次。

(2)上肢动作:两手握拳左右屈伸。

第二个八拍

(1)下肢步伐:迈步前进四拍后转身踢腿并步。

(2)上肢动作:自然摆臂四拍后叉腰。

第三个八拍

(1)下肢步伐:同第一个八拍,方向相反。

(2)上肢动作:同第一个八拍,方向相反。

第四个八拍

(1)下肢步伐:左右腿交替小马跳一次后后背腿。

(2)上肢动作:双手握拳,左右分别上举一次后自然摆臂。

第五节

第一个八拍

(1)下肢步伐:右腿向右踩四拍后加向右交叉步。

(2)上肢动作:双手握拳,于胸前靠右方向屈伸,后从左往右胸前绕道右边还原。

第二个八拍

(1)下肢步伐:原地踏步四拍后右并步。

(2)上肢动作:左右手向上向下各一次,后左右摆动收回。

第三个八拍

(1)下肢步伐:同第一个八拍,开始方向相反。

(2)上肢动作:同第一个八拍,方向相反。

第四个八拍

(1)下肢步伐:同第二个八拍,方向相反。

(2)上肢动作:同第二个八拍,方向相反。

第六节

第一个八拍

(1)下肢步伐:原地踏步。

(2)上肢动作:两手交替前后摆臂。

第二个八拍

(1)下肢步伐:同第一个八拍。

(2)上肢动作:同第一个八拍。

第三个八拍

(1)下肢步伐:向右并步两次。

(2)上肢动作:双手五指张开屈于胸前两次。

第十七章 健美操

第四个八拍

(1)下肢步伐:向左并步两次后原地踏步转身。

(2)上肢动作:双手五指张开屈于胸前两次后从头穿手。

(二)《全民健身操——踩踩踩》教学视频演示

《全民健身操——踩踩踩》教学视频演示见本章二维码。

全民健身操
——踩踩踩

二、第三套大众健美操二级

(一)动作步骤

预备姿势:站立。

第一节

第一个八拍

第三套大众
健美操二级

(1)下肢步伐:1—4 右脚十字步,5—8 向后走 4 步。

(2)上肢动作:1 右臂侧举,2 左臂侧举,3 双臂上举,4 下举,5—8 曲臂自然摆动。

第二个八拍

动作同第一个八拍,但向前走 4 步。

第三个八拍

(1)下肢步伐:1—6 右脚开始 6 拍漫步,7—8 向后 1/2 后漫步。

(2)上肢动作:1—2 右手前举,3 双手叉腰,4—5 左手前举,6 双手胸前交叉,7—8 双臂侧后下举。

第四个八拍

(1)下肢步伐:1—2 右脚向右并步跳,3—8 左脚向右前方做前、侧、后 6 拍漫步。

(2)上肢动作:1—2 屈左臂自然摆动,3—4 前平举弹动 2 次,5—6 侧平举,7—8 后斜下举。

第五至第八个八拍,动作相同,但方向相反。

第二节

第一个八拍

(1)下肢步伐:1—2 右脚向右侧滑步,3—4 1/2 后漫步,5—6 左脚向左前方做并步,7—8 右脚向右后方并步。

(2)上肢动作:1—2 右臂侧上举,左臂侧平举,3—4 双臂屈臂后摆,5—6 击掌 3 次,7—8 双手叉腰。

第二个八拍

(1)下肢步伐:1—2 左脚向左后方做并步,3—4 右脚向右前方做并步,5—6 左脚向左侧滑步,7—8 1/2后漫步。

(2)上肢动作:1—2 击掌 3 次,3—4 双手叉腰,5—6 左臂侧上举右臂侧平举,7—8 1/2 后漫步。

第三个八拍

(1)下肢步伐:1—4 右转 90°,右脚上步吸腿 2 次,5—8 左脚 V 字步左转 90°。

(2)上肢动作:1—4 双臂向前冲拳、向后下冲拳 2 次。

第四个八拍

(1)下肢步伐:1—4 左腿吸腿(侧点地)2 次,5—8 同 1—4 动作,但方向相反。

(2)上肢动作:1 双臂胸前平屈,2 左臂上举,3 同 1 动作,4 还原,5—8 同 1—4 动作,但方向相反。

第五至第八个八拍,动作相同,但方向相反。

第三节

第一个八拍

(1)下肢步伐:1—4 右脚侧并步,5—8 左脚侧交叉。

(2)上肢动作:1—4 双臂上举、下拉,5—8 双臂屈臂前后摆动,8 拍时,上体向左扭转 90°,朝正前方,双臂侧下举。

第二个八拍

(1)下肢步伐:1—4 向右侧并步跳,4 拍时左转 90°,5—8 左脚开始侧并步 2 次。

(2)上肢动作:1—4 双臂上举、下拉,5—6 右臂前下举,7—8 左臂前下举。

第三个八拍

(1)下肢步伐:1—4 左脚向前一字步,5—8 左、右依次分并腿。

(2)上肢动作:1 双臂肩上屈,2 双臂下举,3—4 双臂肩前屈,5—6 双臂上举掌心朝前,7—8 双手放膝上。

第四个八拍

(1)下肢步伐:1—4 左脚向后一字步,5—8 左、右依次分并腿 2 次。

(2)上肢动作:1—2 手侧下举,3—4 胸前交叉。5—8 双臂经胸前交叉侧上举 1 次,侧下 1 次。

第五至第八个八拍,动作相同,但方向相反。

第四节

第一个八拍

(1)下肢步伐:1—8 右脚开始小马跳 4 次,向侧向前成梯形。

(2)上肢动作:1—2 右臂体侧向内绕环,3—4 换左臂,5—8 同 1—4 动作。

第二个八拍

(1)下肢步伐:1—4 右脚开始弧形跑 4 步,右转 270°,5—8 开合跳 1 次。

(2)上肢动作:1—4 屈臂自然摆动,5—6 双手放腿上,7 击掌,8 放于体侧。

第三个八拍

(1)下肢步伐:1—4 右脚向右前上步后屈腿,5—8 右转 90°,左脚向前上步后屈腿。

(2)上肢动作:1 双臂胸前交叉,2 右臂侧举、左臂上举,3 同 1 动作,4 双手叉腰,5—8 动作同 1—4,但方向相反。

第四个八拍

(1)下肢步伐:1—4 右、左侧点地各一次,5—8 右脚上步向前转脚跟,还原。

(2)上肢动作:1 右手左前下举,2 双手叉腰,3—4 动作相同,但方向相反,5 双臂胸前平屈,6 前推,7 同 5 动作,8 放于体侧。

第五至第八个八拍,动作相同,但方向相反。

(二)第三套大众健美操二级教学视频演示

第三套大众健美操二级教学视频演示见本章二维码。

第四节 健美操基本规则

一、比赛内容

规定动作(全国健美操大众锻炼标准)比赛;自选动作比赛。

二、年龄与分组

(1)儿童组(小学生)12 岁以下。
(2)少年组(中学生)13~17 岁。
(3)青年组 18~34 岁。
(4)中年组 35~49 岁。
(5)老年组 50 岁以上。

三、参赛人数

规定动作:每队 5 人,性别不限,或按比赛规程执行。
自选动作:可分为个人、双人和集体项目等,性别按规程执行。

四、场地与设备

赛台高 80~100 cm,比赛场地为 12 m×12 m 的地板或地毯,有背景遮挡。有专业的放音设备和舞台灯光。裁判席设在比赛场地的正前方。

五、出场顺序

比赛的出场顺序在赛前由组委会竞赛部指定中间人抽签确定。

六、成套动作时间

规定动作:成套动作时间按《全国健美操大众锻炼标准》规定时间执行。
自选动作:成套动作时间为 120~135 s,计时从动作开始到动作结束。

七、音乐伴奏

规定动作音乐由主办单位提供《全国健美操大众锻炼标准》规定动作音乐并统一播放。
自选动作音乐由参赛队自备,音乐必须录在磁带 A 面或光盘的开头,须备两份。自选动作音乐允许有 2×8 拍的前奏,音乐的速度不限,比赛音乐必须是高质量的。

八、比赛服装

穿健身服和运动鞋。服装上允许有亮片等装饰物。女选手可画淡妆。比赛时选手不得佩戴首饰。

九、评分方法

采取公开示分的方法,成套动作满分为 10 分,裁判员的评分精确到 0.1 分。裁判员的评分去掉最高分和最低分,中间分数的平均分即为得分,再减去裁判长的减分即为最后得分。

第十八章 体育舞蹈

本章资源列表

第一节 体育舞蹈概述

一、体育舞蹈的起源与发展

体育舞蹈起源于欧洲、拉丁美洲国家,由民间舞蹈演变发展而形成。摩登舞中的华尔兹舞,起源于12世纪的德国和奥地利民间舞,随后经过发展演变而进入宫廷舞之列;探戈舞的雏形是西班牙的一种民间舞蹈,后来在阿根廷得到发展并被广泛流传。拉丁舞中的伦巴舞和恰恰舞都是非洲黑人流传到拉丁美洲,在古巴得到发展而成熟。经过长期的演变发展,到了19世纪20年代初期,由英国首先把摩登舞中的华尔兹、探戈、狐步、快步规范化,并进行了比赛;1925年以后,这4种舞被推广到了世界各地;1950年在英国的黑池举行了第一次世界性的比赛,1950年以后世界舞蹈组织正式将拉丁舞的5个舞种列入比赛项目,并将维也纳华尔兹舞列入了摩登舞中。

体育舞蹈在19世纪就传入中国,20世纪30年代,交谊舞率先进入我国上海市。此后,交谊舞在天津、广州等大城市普及开来。1956年后,交谊舞陷入困境,由于历史原因,交谊舞被作为资产阶级的娱乐形式而受到批判。直到1972年2月,在人民大会堂春节联欢会后,交谊舞复出,从此交谊舞重新回到广大人民群众身边。20世纪80年代后,体育舞蹈在我国进入了一个新的发展时期。1987年5月,《中国舞协报》举办了首届"中国杯"国际标准交谊舞比赛,以后每年举办一次。1991年5月,中国体育舞蹈运动协会宣告成立,制定了我国第一个《体育舞蹈竞赛规则草案》,并举办了第一届体育舞蹈锦标赛。1996年5月,中国国际标准交谊舞协会首次派出考察团参加在英国黑池举办的第71届舞蹈节。从此,体育舞蹈在我国得到飞速发展。2004年5月,我国选手取得了英国第79届黑池舞蹈节大赛职业新星拉丁组冠军,这是中国体育舞蹈历史上第一个黑池冠军,实现了零的突破。

中国体育舞蹈联合会和中国学生体育舞蹈协会每年都举办大型的比赛,推动了体育舞蹈的发展。体育舞蹈在体育大会中开始展现自己的魅力。我国体育舞蹈水平是亚洲一流水平,而且少儿阶段的体育舞蹈整体水平已位居世界前列,但成人阶段的水平与世界体育舞蹈强国还有一定差距。相信随着祖国的强盛,人民生活水平的进一步提高,体育舞蹈也会在中国得到更大的发展。

二、体育舞蹈的分类

体育舞蹈分为两大类：竞技性体育舞蹈和大众性体育舞蹈。

(1)竞技性体育舞蹈即为国际标准交谊舞(International Style of Ballroom Dancing)，主要分为摩登舞、拉丁舞、团体队列舞。其中，摩登舞系列又分为5个舞种，分别为华尔兹、探戈、维也纳华尔兹、快步、狐步；拉丁舞系列也分为5个舞种，分别为伦巴、恰恰、桑巴、斗牛、牛仔。

(2)大众性体育舞蹈主要分为社交舞、健身舞。社交舞又分为三步舞(慢三、快三、中三)、四步舞(布鲁斯、快步、北京平四、伦巴、恰恰、吉特巴、水兵舞、探戈)；健身舞是吸纳了民族舞、爵士舞等多种舞蹈的一些基本元素和动作，来作为健身活动的舞蹈，形式丰富多彩。

第二节　体育舞蹈基本知识

一、舞程线

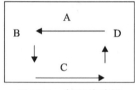

图 18-1　舞程线路图

舞程线是整套舞蹈行进的线路。摩登舞的特点之一是在行进中完成整套动作，为了避免舞者之间相互碰撞，特规定在舞场起舞时均按逆时针方向行进。在长方形的舞场中长边分别为 A 线和 C 线，宽边分别为 B 线和 D 线(见图18-1)。

二、角度和方位

在摩登舞中，以面对舞程线的方向为准，向左转 45°为斜中央，向左转 90°为中心，向左转 135°为逆斜中央，向后转为逆舞程线，向右转 45°为斜墙，向右转 90°为墙，向右转 135°为逆斜墙。

三、步型

指定步型的左右脚运动是有规定的，其中包括左右脚前进、后退及左右脚横移、斜进、斜退等，而并步、锁步、跳步、叉行步等步型，也是规定的。

四、步序

步序指舞步移动的程序、次第。凡是指定舞步、步型或步位，在运行过程中，脚步移动的程序是有限的。一个步型跳几步、前后次序以及左右足的准确位置等，都要按规定去做。如在跳华尔兹时，各种动作跳的步序都是不一样的；并脚换步是每小节跳 3 步。

五、脚部动作

准确地运用脚部动作,是保持身体重心移动的基础,是重心垂直的根基,是身体升和降的立点,是旋转动作的支撑。脚部动作是指脚的部位在运动中与地面接触的部位的动作。脚的部位与地面的接触是有规律的,如在摩登舞中的前进,通常是脚跟先与地面接触,而后退时通常是脚尖先着地。

六、拍子与节奏的表达形式

在音乐中,由一个强拍到另一个强拍之间的部分,称为小节。节奏为乐音时值的有组织的顺序,是节拍、重音、休止等时值各要素相互关系的结合。强弱、快慢、松紧为节奏的决定因素。节奏的作用在于把乐音组成一个统一的整体,以体现某种乐思。

每一个舞种的音乐都有自身的特定节奏,跳不同的舞种要按不同的节奏运动。如华尔兹是 3/4 节拍,每分钟为 28~30 小节,重音在第一拍上。探戈是 2/4 节拍,每分钟 33 小节,每拍都是重音,跳 1 拍时即 S,表示为 1 拍。狐步和快步都是 4/4 节拍,Q 代表 1 拍,而 S 则表示为 2 拍。狐步每分钟跳 30 小节,快步每分钟跳 50 小节。

七、旋转角度

旋转角度简称转度,是指步与步之间(脚与脚之间)的旋转度。一般情况下,身体与脚同转,但当脚的转动比身体多时,则要说明身体较少转。旋转时以每转 360° 为一周,旋转 45° 为 1/8 周,旋转 90° 为 1/4 周,依此类推。

八、社交舞的礼仪

在舞厅里最能表现一个人的道德品质、艺术素质及个人修养。我们在参加社交舞会时应注意如下事项。

1. 讲究仪表服饰

参加社交舞会的人,要做到衣冠整洁,服饰得体。男士穿戴要显得风度翩翩;女士衣着要艳丽,可穿晚礼服,衣着打扮要显端庄大方。

社交舞是男女双人舞,在衣着服饰方面有讲究。男子的最佳衣着是西装革履,西服颜色以深色为宜,参加隆重的舞会还要穿燕尾服。女子不宜穿旗袍、筒裙和西服裙等有碍舞蹈动作的服装,最佳的选择是穿连衣裙。要求连衣裙的上身、腰部和衣袖紧身合体,既便于手臂动作,又能充分展现女子的曲线美。裙摆舒展宽大,便于腿部的动作,使舞步更具飘逸感。

2. 邀请跳舞时的礼貌

舞曲响起,男士应主动有礼貌地邀请女士跳舞,女士一般不应拒绝。如果女士不会跳这种舞,或者身体不适宜跳过快节奏的舞蹈,或因疲劳而想休息,可以婉言说明原因,加上"对不起"、"请原谅"等礼貌语。女士不应该见到有人来邀请就扭头转身。如果被邀女士陪同丈夫或父母来跳舞,男士邀请时应该事先向其丈夫或父母示意。共舞结束后,男士送女士至原位并表示谢意。男士如察觉女士有固定舞伴或不愿接受邀请,则不要勉强。

3. 男导女随相协调

跳交谊舞时,男士要善于引导,而女士要善于跟随,二人才能配合协调。舞步信息的传递与接受主要靠手势的示意。在男导女随中,要注意以下几点:

(1)男士不要带女士跳她所不会的舞蹈动作。

(2)男士要控制好前推、后拉、左拧、右扭等引导动作的力度,通过力度的准确控制来掌握舞步幅度和转体角度的大小。

(3)女士要有强烈的跟随意识,善于敏捷地接受男士引导的信息并做出反应,不要事先臆断舞步的运行,更不要带领男士按照自己的意图来跳。

(4)双方都要注意观察应变。刚开始跳舞时,应按照舞曲的节奏速度与舞伴协调步伐,然后才可根据对方的实际舞蹈水平与舞技,选择她能够适应的花样舞步,切不可超越女方的实际水平。步幅的大小,要根据女方而定。舞步乱套时应该停下来,重新随节拍起步。当舞者之间相互碰撞时,或止步后行,或原地踌躇,或转变方向。这主要由男士来掌握。当碰撞来自男士身后时,女士要用左手急按男士肩臂,示意应变;当碰撞从女士身后来时,男士可用手进行急行挡隔。

规范、端庄、潇洒的舞姿,是跳好交谊舞的关键,它不仅反映了舞者的文化艺术修养和审美情趣,而且直接影响到舞伴的舞姿和舒适感。规范的舞姿娱人娱己,使人赏心悦目。

第三节　体育舞蹈基本技术

一、摩登舞

(一)男士基本的身体姿势

身体垂直地面站立,挺胸立腰,收腹微提臀,肩部自然放松,头部与身体方向保持一致,稍向左转,两脚并拢,右脚稍后移,膝关节放松,重心落于两脚内沿。

(二)女士基本的身体姿态

身体垂直地面站立,挺胸立腰,收腹微提臀,上体稍微向左向后倾斜,头向左稍转约45°,两脚并拢,膝关节放松,重心落于两脚内沿。

(三)男女舞伴架型中身体的接触点

(1)男伴左手轻握女伴的右手,男伴的左手拇指与中指稍用力,女伴用中指稍用力。

(2)男女双方身体的垂直中心线与身体右边线之间的垂直中间线的腰部部分相重叠接触。

(3)男伴右手掌轻托女伴的左肩胛骨下,手掌平伸。

(4)女伴左手虎口张开,放在男伴右上臂三角肌下部,拇指在内侧,其他四指在外侧,腕部和小臂放平,不得突起。

(四)摩登舞的几个常见的基本技术

1. 上升和下降

上升是指用脚踝关节上顶，脚后跟离地，将膝关节伸直，然后整个身体向上扩张；下降是支撑的那只脚从脚掌到脚跟的放低，而且在做下一步时膝盖会接着放松。从以上表述不难看出，完成升降技术不仅要涉及掌趾、踝和膝关节伸屈，同时还要求身体（躯干和颈部）向上伸展。除探戈外，各种舞步都有身体上升和下降的变化，只是升降程度和要求不一。一般来说，起步身体必稍降，并步身体必稍升。起步时屈膝，并步后提踵，这样才有明显的升降变化。良好的升降动作必须具备良好的力度和速度，能够在升降动作的转换中，把握身体的重心，从而跳好各种变型节奏的花样步，表现出最新最美的形体线条。

2. 摇、摆、转

要跳好有升降动作的舞种，使动作线条有流动感和保持重心移动的稳定性，就需要在升降动作的转换中，使身体摇摆起来。

1）摇

摇，是指在身体下降向前滑动时，像摇椅一样，上身重心前倾，与前进腿部的膝盖成一垂直线，使男女相接触的上腹部和胸下部这个点，与两膝成一垂直三角线，即一点两线；发力腿像滑冰一样，把身体送出去，保持发力腿的延伸，拉出线条。要展现出较好的线条，需要有腿根长在腋下的感觉。与此相反，探戈无须升降，前进时也不存在重心前倾似摇椅式的移动，而是身体的重心留在发力腿上，当前进时，只需迈出腿，而身体是拖在后面的。两者相比较，就可以区分出身体在移动时的重心的不同。

2）摆

摆，是指在身体上升做斜向或横向移动时，像钟摆似的把身体摆动起来。如做一个华尔兹右转的第二步，在第二步升起来的同时，发力腿将身体向横向用力送出，左面身体的线条拉起，在反身动作的作用下，优美的姿势就会展示出来。在摆动较好地完成之后，右倾斜的形态也会自然地形成。依此类推，凡有斜向或横向上升的动作，基本都有摆动。

3）转

转的动作很多，如左转、右转、旋转、撇转、轴转等。摩登舞的所有动作大都是在转动中完成的。转，可以表现身体的流动感及速度。为了转得好，转出质量来，必须把握一些要领。人体在转动中首先是掌握平衡和立点，尤其是做些有速度要求的转动，如旋转、撇转，经常是在一拍或半拍中完成它。如右旋转的第一步，要在一拍的节奏里做右旋转 1/2；左转并退最后的撇转只用半拍做完这个动作。由于速度快，在离心力的作用下，足部的支撑点和身体平衡作用得以显现。由此可以看出，上身的转动必须保持完整的一体感，就是要使胯、肩、头向着同一个方向转动，像一块板似的整体转动，这样才能收缩体积以减少阻力；而立点尽量集中，速度就有了。在男女动作的互相作用下，这种力产生的离心力将对方的阻力化为零，因此比自己单独转动更轻快。做轴转时，无论是以足跟为轴还是以足尖或足掌作轴，立足点、肩的引导和胯的转动要准确。

3. 反身动作

反身动作是一种身体的动作，以便于引导旋转。不论在前进或后退中，身体的另一侧，向移动足方向移动,此动作在左、右轴转步表现很强烈。反身动作指一脚前进或后退时,异侧肩或髋后让或前送,使身体与舞步形成反向配合的身体动作。摩登舞步始终都是在转动中前进或后退的,因此,肩的转动始终不停,就是在足部做直进和直退时,肩也是在转动着的。如跳华尔兹的右转第一步直进的同时,由左肩引导的向前的向右的转动也开始了,这就叫反身动作。跳第二步时,身体就要向右转动 1/4,只有在第一步做了反身动作,第二步的转动线条才能接上,第三步继续上升的线也会一气呵成。另外,反身动作还能够保持身体的平衡。当两足成为一条直线时,肩也要成为与足同样的一条直线。这样就能很好地保持重心的稳定和身体的平衡,同时这种姿势也是比较美的。

4. 倾斜

倾斜是指身体不弯曲地向某一特定的方向出现纵轴偏离垂直轴的状态。这是一种极富魅力的技术性手段,应用得当会使舞姿表现出优美的变化。人体大幅度向前流动旋转和造型动作,一般都离不开倾斜技术。

倾斜的形态是由身体的摆动,以及在升降动作、摇和转、反身动作的作用下自然形成的。当摆动的时候,由于以胯部为中心向斜上方摆动,以及一边身体线条的拉起,肩就拖在后面,倾斜就自然出现了。这种倾斜姿势在跳维也纳华尔兹右转前进步时较明显,跳华尔兹时也经常出现。

5. 并行位置

当男士的右侧与女士的左侧身体相接触时,身体另一侧略向外展开形成"V"字形站立或行进的身体位置,通常称"PP"位。

二、拉丁舞

(一)闭势舞姿

1. 男士

右脚全脚着地,支撑重心;左脚左横,两脚间距基本与肩同宽,伸直膝关节,屈趾,大脚趾的内侧着地成旁点步(或双脚并立);头正直,两肩放松,挺胸,立腰,收腹,横膈肌内收;身体有挺拔上立感。

2. 女士

左脚全脚着地,支撑重心;右脚右横,两脚间距基本与肩宽,伸直膝关节,屈趾,大脚趾的内侧着地成旁点步(或双脚并立);头正直,两肩放松,挺胸,立腰,收腹,横膈肌内收;身体有挺拔上立感。

3. 握持

两人身距约 15 cm,女士稍稍在男士右侧,重心可在任意一只脚上。

男士右手五指并拢,置于女伴背后左肩胛骨下缘(或男士右手虎口打开,置于女伴左上臂三角肌下端),手臂成柔和曲线,肘部大约在胸的水平位置;左手上半部手臂抬起,手腕伸直,大约在鼻子高度。

女士左手虎口打开,搭在男士右上臂三角肌下端;右臂上举,屈肘。小臂与大臂成 90°,手心朝前,虎口打开,四指并拢,置于男士左手大拇指和食指中间扣手握持。

（二）开势相对舞姿

开势相对舞姿是舞伴双方采取的单手握持，无扶抱的面对站位，它的派生舞姿是开势舞姿，其要求如下：

男、女士面对站立，两人间距约为两人小臂的长度之和；双方大臂自然下垂，小臂在腰前伸出，屈肘；手的相握可以是男士左手握女士右手、男士右手握女士左手、男士左手握女士左手，或者男士右手握女士右手；握的那只手向前握住，微微缩回，在胸骨以下的水平位置，空着的那只手向侧微微缩回，从肩部起成一条柔和的曲线。重心可在任意一脚上。

（三）扇位

这种姿态主要用在伦巴和恰恰中，女士在男士的左侧约一臂距离处，完成向后走步后，女士的左脚支撑着全部重心，男士的右脚向侧微向前，支撑着全部重心。男士的左手手心向上，女士的右手手心向下。男士左手的大拇指握在女士手背上，左手向侧在肩以下水平微微缩回；女士的右手在肩以下向前微微缩回，展示出一条柔和的曲线。

（四）拉丁交叉步

在拉丁舞中，当一腿交叉在另一条腿之前或之后，做成的姿态称为拉丁交叉步。

如当右脚交叉在左脚之后，双膝变曲，臀部拉平，左脚脚尖转向外，右膝弯曲在左膝后面，根据从膝到脚的长度和踝关节的伸张，右脚尖距左脚跟的距离大概为 15 cm。在拉丁交叉步中，右脚在左脚后面时，称为"右脚在左脚后交叉"，左脚在右脚后面交叉时，称为"左脚在右脚后交叉"。

（五）胯部的律动

拉丁舞中的胯部的律动都是靠腰部来带动的。胯部做律动时，腰部要放松，上体保持正直，两臂在体侧自然摆动。伦巴舞、恰恰舞胯部的动作要平稳；桑巴舞的胯部律动与其他舞区别较大，胯部的摆动是绕横轴环行绕摆，整个身体的律动也以胯部和腹部的环行前后绕动而摆动，律动中要求身体自然放松，膝关节、踝关节保持弹性以增强身体的协调性；牛仔舞在做胯部运动时，上体与胯部的摆动保持一致；斗牛舞的胯部律动幅度是拉丁舞中最小的，随着舞步的移动，胯部与上体同时摆动。

第四节 体育舞蹈基本规则

一、赛场地与服装

（1）比赛场地长 23 m，宽 15 m。选手按逆时针的方向运行，交换舞程线应过中心线。

（2）摩登舞男选手穿燕尾服，头发不得超过衣领；女选手穿不过脚踝的长裙。拉丁舞男选手不得佩戴头饰，不得穿带钉的鞋上场；女选手穿露背的短裙。

二、对选手的规定

(1)不许在同类舞场中更换舞伴。

(2)准时入场检录,违者按弃权论处。

(3)编组后不许更换组别,不可以跨组参赛。

三、评判标准

体育舞蹈比赛自始至终是在主持人的指挥下进行,预赛至半决赛均采用淘汰法,决赛中采用顺位法评判名次。

在比赛中,裁判着重评判选手以下几点:

(1)基本技术主要有 4 点,即脚步动作、姿态、手的稳定性和移动。

(2)对音乐的理解和表现。着重看选手对各种舞种的节奏控制和表现,需要他们对不同音乐的风格有很好的理解,并能很好地体现音乐的风格与情调。

(3)对体育舞蹈风格的体现。根据各个舞种的不同风格,通过身体的动作变化表现出各个舞种的风格。

(4)体育舞蹈的编排。体育舞蹈的编排既体现舞种的基本风韵,又含有一定的技术难度。主要看选手编排的动作是否流畅新颖、运用自如,并符合音乐的风格及结构。

(5)临场表现。优秀的选手比赛时能保持良好的竞技状态,专注、自信并有控制,临场发挥好,现场遇到意外情况有应变能力。

(6)现场效果。指舞者的气质、风度、仪表、仪态、出场、退场的总体形象。

在预赛和复赛中,以上六点所占比例依次是 40%、20%、15%、10%、10%、5%,半决赛和决赛将全面考察选手的各项要求。

附:(一)恰恰基本步组合

1. 原地律动
2. 横移步
3. 方形步
4. 前进后退步
5. 三连恰
6. 四分之一转
7. 古巴断步
8. 纽约步
9. 手对手
10. 定点转
11. 致谢
12. 组合

第十八章 体育舞蹈

原地律动	横移步	方形步	前进后退步
三连恰	四分之一转	古巴断步	纽约步
手对手	定点转	致谢	组合

附：(二)恰恰双人套路

恰恰双人套路

第十九章 形体训练

本章资源列表

形体训练是以人体科学理论为基础,通过徒手或各种轻器械,利用专门的运动方式与方法,以提高练习者柔韧性、协调性、表现力,塑造健美体形,培养高雅气质为目的的有计划的锻炼形式。

形体训练起源于芭蕾的基本功训练,主要通过上下肢和身体的基础训练,结合各种舞蹈进行综合训练,塑造各种舞种所需要的肌肉表现类型和舞蹈表现能力。

第一节 形体训练概述

一、形体的含义

形体是指人体结构的外在表现,它是人在先天遗传和后天获得的基础上所表现出的身体形态的相对稳定的特征,包括人的表情、姿态和体型在内的人的外在形象的总和。

二、形体美的评价标准

形体美主要是指人体的外形健美、身体匀称、比例协调。人的体形受遗传和环境等方面影响而不尽相同,但可塑性强,可以通过改善营养结构以及形体练习等方法来改变,所以,虽说先天生理条件是形体健美的基础,但后天长期、全面的训练在塑造健美的体形及培养个人气质上仍起着重要的作用。许多年来,国内外专家学者对形体美的评价标准做了大量的研究,将人体的形态美、姿态美和气质美三个方面作为形体美的评价标准。

(一)形态美

健康匀称的体魄是人体美的首要条件。人体在外部形态上是左右对称的,形体匀称的人,身高与体重应该相称,身体各部位的长度与围度也应相称,其理想的比例应该接近黄金分割规律。

(二)姿态美

俗语说,"站如松,坐如钟,卧如弓,行如风",这是对人体姿态美的一个精要概括。

1. 站姿

正确、优美的站姿应该是一种挺拔美,要求人体头、颈、躯干和脚的纵轴在一条垂直线上,挺胸、收腹、立腰,表现出脊柱的曲线美。

2. 坐姿

正确的坐姿应该保持挺胸、收腹，两腿自然并拢或微分，但不可分开太大，更不能翘起"二郎腿"，东倒西歪。

3. 卧姿

良好的卧姿能更好地帮助人体减轻疲劳。为了避免心脏受压，使睡眠安宁，一般采用右侧卧姿，也可仰卧。

4. 行姿

在保持站立姿态的基础上，行进中应保持躯干移动正直、平稳，动作协调、步态轻盈。

（三）气质美

男性的气质美主要突出阳刚之气，表现为刚毅、勇敢、顽强，胸襟开阔、豁达大度、敢于进取等；女性的气质美则表现在优雅、恬静、温顺、体贴、宽容、善良等特征上。

形体的外在表现是人体美的一种艺术表现形式，主要反映机体外部特征的优劣。从一定意义上说，先天遗传起着决定性作用，但与后天生活环境及专业的形体训练也有着密切关系。

三、形体练习的特点与锻炼价值

（一）形体练习的特点

1. 动作自然大方，适合于不同水平的练习者

形体练习是按照人体自然状态下的运动规律和人体运动的自然法则所进行的运动。练习动作简单易学，形式简便，可依据练习者的生理、心理特点来编排不同的动作。形体练习以摆动、波浪和弹性动作等作为基本动作，肌肉紧张与放松是体现形体动作节奏性的关键，形体练习可根据练习者不同的年龄、身体条件和训练水平安排不同幅度、难度的动作，因而，深受人们的喜爱。

2. 动作创编具有全面性和针对性，能有效地锻炼人体各个部位

形体练习内容丰富，动作变化多样，各类动作的编排都是严格地按照人体的解剖部位，为达到身体均衡、协调、健美的发展而有目的地进行的，它能把整体练习与分部位练习有效地结合起来。一方面，提高人体运动系统、内脏系统和神经系统的功能，使人体的正常发育和身体素质得到全面发展；另一方面，可以有重点地锻炼身体的某一部位或专门发展某项身体素质，针对个体的需求对身体薄弱部位或素质进行专门有效的练习，进一步促进身体的全面发展。

3. 动作具有一定的艺术性，能满足锻炼者健身、健心的双重需求

形体练习的动作要求准确、协调、幅度大、姿态优美，其内容符合人体的生理和心理特点，各类动作不仅体现出美的韵律、美的感觉，而且充分展现出人体动态和静态美的艺术性要求。这就将练习者对健身、健美、健心的需求完美地结合在一起，不仅能提高练习者的兴趣，而且能发展练习者的想象力和表现力，使练习者在训练中达到忘我的境界，从而满足练习者追求美的强烈愿望。

4. 练习在音乐伴奏下进行,能提高练习兴趣,激发创编灵感

形体练习是在优美动听、节奏舒缓、幽雅或节奏动感、富于激情的音乐伴奏下进行的身体练习。练习中,动作与音乐的完美结合使练习者陶醉其中,同时,练习者的大脑皮层持续处于兴奋状态,从而产生一种愉悦的心情,继而更加积极主动地参与练习,起到良性循环的作用。从另一方面来讲,音乐的节奏与旋律和与之相配合的动作可在大脑中形成一定的联系,反复练习会使动作成为自然反应,增强锻炼效果。通过对音乐的深入理解,能使练习者产生一定的联想,激发创编灵感。

(二)形体练习的锻炼价值

1. 锻炼身体,促进身心发展

健康美是指在健康身体的基础上所表现出来的良好的精神状态、气质和风度。它比一般意义上理解的身体健康有更高的目标和追求,是在发展身体,增进健康的同时,强调人的机体能力的提高和体质的增强,以及健康的体态与身体机能和心理品质的协调统一。形体练习通过它特有的内容,不仅能全面地锻炼身体,增进健康,促进骨骼肌肉、内脏器官及神经系统等方面的正常发育和身体机能的逐步发展,有助于形成正确的身体姿态,而且能提高柔韧、协调、灵敏、力量等身体素质,对培养良好的风度有重要作用。

2. 培养气质,塑造健美形体

形体美是指人体外形的匀称、和谐,是由人体的身高、体重和身体各部分的长度、围度及比例所决定的。通过形体练习,可以培养练习者健美的体态和优雅的气质,既能使练习者的身体得到匀称、和谐、健美的发展,也能使已经形成的不良身体姿态得到改善,使练习者动作协调、姿态优美,身体轮廓线条清晰,从而塑造出美的形体。

3. 陶冶情操,增进美育教育

形体练习由于其本身具有的特点,兼具了美育教育这一特殊的作用。在形体练习过程中以美的气质将美育寓于体育之中,使美育与体育得到完美的结合。通过形体练习,不仅有意识地美化人体,使练习者发育匀称,养成对姿态美、动作美、形体美的正确审美观念,而且通过对音乐的理解和运用,陶冶其情操,激发其对美的向往与追求,从而进一步提高对美的鉴赏能力。

第二节 形体训练基本姿态和方位

人体的基本姿态能反映一个人的精神面貌和体态特征,优美的姿态会给人以赏心悦目的感觉。芭蕾形体训练的基本姿态主要内容包括正确的站姿、手位和脚位。

一、基本站立姿态

芭蕾的站立姿态要求肩部下沉,从而突出胸部和颈部的美好线条,要求下颌微抬,颈部拉长,立腰、收腹、收臀,腿部收紧,身体重心放在两脚之上,使姿态挺拔,仪态端庄。

二、芭蕾手位

(一)手型

大拇指指尖轻轻地碰到中指指跟处,其他手指稍弯并拢,自然放松、伸展。

(二)手位

预备式(见图 19-1)

一位手:两臂弧形体前自然下垂,指尖相对掌心稍向内(见图 19-2)。

二位手:两臂弧形前平举略低于肩,掌心相对(见图 19-3)。

三位手:两臂弧形上举,掌心相对(见图 19-4)。

四位手:一臂弧形上举,一臂弧形前举(见图 19-5)。

五位手:一臂弧形上举,一臂弧形侧举(见图 19-6)。

六位手:一臂弧形侧举,一臂弧形前举(见图 19-7)。

七位手:两臂弧形侧举,掌心向前下方(见图 19-8)。

结束式(见图 19-9)

基本要求:肩放松,肘、腕自然微屈,手臂呈弧形;女子采用芭蕾手形,手指并拢,自然伸长,拇指与中指稍向里合;男子采用四指并拢伸直、大拇指向里合的手形。

图 19-1 预备式　　　　图 19-2 一位　　　　图 19-3 二位

三、脚位

一位脚:两脚跟靠拢,脚尖向两侧,两脚成一横线(见图 19-10)。

二位脚:脚尖向两侧,两脚跟左右距离约一脚,两脚成一横线(见图 19-11)。

三位脚:脚尖向两侧,一脚跟相叠在另一脚弓处,平行横立(见图 19-12)。

四位脚:两脚前后平行,脚尖向两侧,两脚间距离约一脚(见图 19-13)。

五位脚:两脚前后平行相靠,脚尖向两侧(见图 19-14)。

基本要求:髋、膝关节充分外开,身体重心平均在两脚上。站立平稳,姿态正确,两脚在一横线上或前后平行。

图 19-4 三位　　图 19-5 四位　　图 19-6 五位

图 19-7 六位　　图 19-8 七位　　图 19-9 结束式

图 19-10 一位脚　　图 19-11 二位脚　　图 19-12 三位脚

图 19-13 四位脚　　图 19-14 五位脚

四、基本方向与基本位置

(一)场地的基本方向

通常把开始确立的某一边(如裁判席、主席台)定为基本方位"1点",按顺时针方向,每45°为一个基本方位。

(二)基本动作方向

人体运动的基本方向一般是根据人体直立时的基本方向来确定的。

(1)向前:胸部所对的方向运动。

(2)向后:背所对的方向运动。

(3)向侧:肩侧所对的方向运动。

(4)向上:开始做动作时头所对的方向运动。

(5)向下:脚底所对的方向运动。

(6)前斜上:前上与侧上之间45°的方向。

(7)前斜下:前下与侧下之间45°的方向。

(8)后斜上:后上与侧上之间45°的方向。

(9)后斜下:后下与侧下之间45°的方向。

第三节 基本动作与成套动作练习

一、基本姿态练习

(一)头颈部的动作练习(见表19-1)

头部是人体中最引人注意、最富有表现力的部位,每一种头部姿态的变化都伴随着一种神态和体态美的展示。头部姿态不正确,对于整体姿态美的破坏性最大。因此,在人体活动中,头部姿态的细微变化对提高人体的艺术表现力起着重要的作用。

(1)组合练习:头部转动及屈伸练习。

(2)预备姿势:盘腿坐(或直立),两臂放于侧下举部位,五指并拢,中指指尖触地,后背挺直,眼平视。

(3)要点:表情自然,头颈的姿态应自然且有控制。

(二)躯干部位基本动作练习(见表19-2)

躯干是人体的主要部位,也是表现姿态美的关键所在。而躯干的姿态美又主要取决于脊柱的形态,躯干部位的练习主要是增强躯干后群肌肉的力量和脊柱的屈伸能力,从而使身体躯干部位更加灵活,更加舒展挺拔。

(1)组合练习:胸腰屈伸练习。

(2)预备姿势:跪撑,重心稍前移,双臂屈臂支撑,两手同肩宽,肘向外。

表19-1 头颈部基本动作练习

节	拍	动作说明
(1)	1—4	颈部保持直立,头颈向左转90°。
	5—8	头颈缓缓向右转动,还原成直立。

续表

节	拍	动作说明
(2)	1—4	颈部保持直立,头颈向右转 90°。
	5—8	头颈缓缓向左转动,还原成直立。
(3)	1—2	颈部肌肉放松,下颌抬起,头后仰,拉长颈部前侧肌肉。
	3—4	颈部两侧肌肉收紧,下颌慢慢收回至中间位置,头顶向上用力,肩背下沉,使颈部拉长。
	5—6	下颌在水平位上再回收至低头,颈后部肌肉放松拉长。
	7—8	头顶向上用力,抬下颌慢慢还原至中间位置,肩背下沉,使颈部肌肉拉长,眼平视。
(4)	1—8	同第一个八拍。
(5)	1—	颈部肌肉放松,抬下颌,头后仰。同第一个八拍的1—2拍。
	2—	颈部两侧肌肉收紧,头慢慢还原,头顶向上用力,下颌在水平位上收回,肩背下沉,使颈部拉长。同第一个八拍的3—4拍。
	3—	下颌在水平位上再回收至低头,颈后部肌肉放松。同第一个八拍的5—6拍。
	4—	头还原至正确位置,肩背下沉,眼平视。同第一个八拍的7—8拍。
	5—	头向左侧倒,拉长颈部右侧肌肉。
	6—	低头,拉长颈后部肌肉。
	7—	头向右侧倒,拉长颈部左侧肌肉。
	8—	还原成预备姿势。
(6)	1—4	同第三个八拍的1—4拍。
	5—8	同第三个八拍的5—8拍,方向相反。

(3)要点:

①由跪撑至俯卧支撑,应注意关节的依次屈伸,动作要柔和。

②俯卧时由屈臂到直臂,注意肩胛骨用力向一起合,胸椎、胸骨向前顶,髋、腿不能离地。

③跪立后屈时,从肩、胸、腰依次向后,头向臀部方向用力。起时腹肌用力,背部向上用力。

表 19-2 躯干部位基本动作练习

节	拍	动作说明
(1)	1—4	上体前移,按头、肩、胸、腰的顺序经过手支撑的位置,逐渐伸直髋和膝关节至抬头挺胸、腰部后屈的俯卧姿势,两臂成直臂支撑,髋和腿紧贴地面,两腿并拢。

第十九章 形体训练

续表

节	拍	动作说明
	5—8	保持支撑动作。
(2)	1—2	屈臂俯卧,以胸贴地面,抬头。
	3—4	直臂,上体抬起,胸腰后屈。
	5—8	同 1—4 拍。
(3)	1—6	屈膝提臀,逐渐弓背,向后移重心。
	7—8	成跪立,两臂下垂。
(4)	1—6	上体后屈,抬头,两臂由下向后扶住脚踝。
	7—8	上体还原直立,两臂下举。
(5)	1—4	跪立,两臂经侧至上举,掌心向前。
	5—8	跪坐,上体后屈,左臂保持上举姿势,掌心向前,右臂向后绕环至右手体后撑地,目视左手。
(6)	1—8	同第五个八拍,5—8 拍换左手做。
(7)	1—2	跪坐,左臂经前绕环上举。
	3—4	上体左侧屈,左臂侧上举,右手触左手,掌心相对。
	5—8	同 1—4 拍,方向相反。
(8)	1—2	两臂上举交叉。
	3—6	两臂交叉抱肘触地,含胸低头弓背。
	7—8	还原成跪撑。
		第九至第十六个八拍同第一至第八个八拍。

(三)上肢基本动作练习(见表 19-3)

表 19-3 上肢基本动作练习

节	拍	动作说明
(1)	1—4	左臂在左侧做小波浪一次。
	5—8	左臂在左侧做中波浪一次。
(2)	1—2	右臂在右侧做小波浪一次。
	5—8	右臂在右侧做中波浪一次。
(3)	1—4	双臂在两侧做小波浪一次。
	5—8	双臂在两侧做中波浪一次。
(4)	1—7	双臂在两侧做小波浪数次,同时双脚做小碎步向左转体 360°。
	8—	还原成直立。
(5)	1—4	双臂在两侧做小波浪数次,同时双脚做小碎步向右转体 360°。
	5—8	还原成直立。

续表

节	拍	动作说明
(6)	1—4	双臂在前下 45°做小波浪一次。
	5—8	双臂在前举部位做中波浪一次。
(7)	1—4	双臂在前上 45°做大波浪一次。
	5—8	双臂在上举部位做大波浪一次,落于体侧。
		第七至第十二个八拍同第一至第六个八拍。

上肢包括手臂、手腕和手指,是身体的延伸部分。柔美的手臂动作在人体姿态美中起着重要作用,手臂的动作幅度、手腕和手指的灵活程度将决定动作姿态的优美程度。

(1)组合练习:手臂波浪练习。
(2)预备姿势:小丁字步站立,头颈保持正直,两臂自然垂于体侧。
(3)要点:
①动作时各关节依次屈伸。
②注意肘关节的外展和里合。
③手臂动作柔和,力达指尖。

(四)下肢基本动作练习(见表 19-4)

表 19-4 下肢基本动作练习

节	拍	动作说明
(1)	1—2	以左脚趾带动慢慢勾起脚踝,脚跟离地远伸,膝盖用力伸直,小腿部紧贴地面。
	3—4	以左脚趾带动伸直脚踝,绷脚面,脚跟着地,脚尖用力远伸。
	5—8	同 1—2 拍动作。
(2)	1—8	第二个八拍同第一个八拍,换右脚做。
(3)	1—2	以左脚趾带动慢慢勾起脚踝,脚跟离地远伸,膝盖用力伸直,小腿部紧贴地面。
	3—4	以右脚趾带动慢慢勾起脚踝,脚跟离地远伸,膝盖用力伸直,小腿部紧贴地面。
	5—6	以左脚趾带动伸直脚踝,绷脚面,脚跟着地,脚尖用力远伸。
	7—8	以右脚趾带动伸直脚踝,绷脚面,脚跟着地脚尖用力远伸。
(4)	1—8	第四个八拍同第一个八拍,双脚做。
(5)	1—2	左脚尖带动大腿外展,大腿内侧夹紧(脚尖朝外)。
	3—4	还原成直膝伸脚趾。
	5—6	右脚尖带动大腿外展,大腿内侧夹紧(脚尖朝外)。
	7—8	还原成直膝伸脚趾。

续表

节	拍	动作说明
(6)	1—2	双脚尖带动大腿外展,大腿内侧夹紧(脚尖朝外)。
	3—4	还原成直膝伸脚趾。
	5—6	同1—2拍。
	7—8	同3—4拍。
(7)	1—2	用力勾起脚趾(脚尖朝上)。
	3—4	脚尖带动大腿外展,大腿内侧夹紧(脚尖朝外)。
	5—6	脚尖向斜前45°伸展绷脚,脚跟相对。
	7—8	大腿带动脚尖转回,绷脚,脚面朝上,大腿并拢。
(8)	1—2	脚尖带动大腿外展45°,绷脚,脚跟相对。
	3—4	勾脚,脚尖向外,大腿夹紧并外展。
	5—6	脚尖带动大腿转回,勾脚脚尖朝上。
	7—8	伸展踝关节绷脚。
(9)	1—2	左脚尖擦地屈膝收回至右脚膝关节处。
	3—4	左脚尖擦地前伸至直腿,脚尖、膝盖绷直。
	5—6	右脚尖擦地屈膝收回至左脚膝关节处。
	7—8	右脚尖擦地前伸至直腿,脚尖、膝盖绷直。
(10)	1—8	同第九个八拍。
(11)	1—4	双脚尖擦地屈膝收回至右脚膝关节处。
	5—8	双脚尖擦地前伸至直腿,脚尖、膝盖绷直。
(12)	1—8	同第十一个八拍。
(13)	1—2	左脚尖擦地屈膝收回至右脚膝关节处。
	3—4	大腿发力,左腿伸直慢慢上抬至25度,脚面绷直远伸,大腿外开。
	5—6	左腿膝关节弯曲,脚尖点至右腿关节处,脚面绷直。
	7—8	左脚尖擦地前伸至直腿,脚尖、膝盖绷直。
(14)	1—8	同第十三个八拍,换右脚做。
(15)	1—2	大腿发力,左腿伸直慢慢上抬至25°,脚面绷直远伸,大腿外开。
	3—4	左腿膝关节弯曲,脚尖点至右腿膝关节外侧,脚面绷直。
	5—6	大腿发力,左腿伸直慢慢上抬至25°,脚面绷直远伸,大腿外开。
	7—8	左脚还原。
(16)	1—8	同第十五个八拍,换右脚做。

下肢包括大腿、小腿和脚。下肢是人体的支柱,正确的直立感觉能使人更加挺拔。
(1)组合练习:脚的勾绷开合及腿部屈伸。

(2)预备姿势:并腿坐,立腰、挺胸、梗头、眼平视,两臂侧下举,中指及拇指指尖轻触地。
(3)要点:

①勾脚、绷脚动作应以脚趾带动并经过最远的路线,勾脚时脚跟离地并拉长下股后群肌肉,此时大腿前侧肌肉应收紧,使膝盖部位伸直。绷脚时保持大腿后群肌肉的用力,拉长下肢前侧肌肉。并腿坐时臀部肌肉收紧,保持躯干及头颈的正确部位。

②腿部外展时,脚尖、膝盖绷直,脚外侧尽量贴靠地面。

③踝关节做绕环动作时,脚尖应经过最远路线。

二、把杆练习

基本动作是形体练习内容的核心部分,它包括手臂基本动作、躯干基本动作、腿部基本动作等。通过各种基本动作练习,有效地改善关节的灵活性,培养身体动作的协调性、节奏感和表现力,从而增强肌肉的控制能力,促进人体的形态美。

1. 擦地

擦地是通过脚尖和脚掌与地面摩擦的动作,锻炼踝关节灵活性与腿部韧带柔韧性的练习。

(1)一位擦地:双手扶把,一位站立。

1—2 拍:右脚全脚掌贴地,直腿向侧滑动擦出,脚面绷直,脚跟离地上顶,滑至右脚尖正侧方点地。

3—4 拍:脚掌放松贴地,直腿擦地收回至一位。

(2)五位擦地:双手扶把,五位站立。

1—2 拍:左脚直腿向前滑动擦出,脚面绷直,脚跟离地上顶,右脚尖正前方点地。

3—4 拍:右脚放松贴地,直腿擦地收回至五位。

2. 下蹲

下蹲是通过腿的屈伸练习锻炼腿部肌肉的控制能力和柔韧性,一般分为半蹲和全蹲。

(1)半蹲:一位站立,上体保持正直,两膝缓慢下蹲,在全脚掌着地状态下蹲到最低限度,此时脚踝和脚背有挤压感,跟腱有较深的牵拉感后慢慢站起。

(2)全蹲:在半蹲基础上,继续下蹲,脚跟随之抬起,臀部不能坐在脚跟上,两膝保持外开,后背挺直,接着慢慢站起,脚跟先着地,再慢慢站起。

3. 踢腿练习

用以训练腿部肌肉的速度、力量和控制能力,练习时注意制动。

动作做法:单手扶把杆,五位站立。

1—拍:前后腿快速擦地,用力绷直向前(侧、后)踢出,急停在 25°位置上。

2—拍:摆动腿向下,经点地位置擦地收回。

4. 压腿练习

(1)向前压腿。面对(或斜对)把杆,右腿绷直旋外放在把杆上,手臂上举,立腰向前屈髋,以胸部贴靠大腿,接着还原成预备姿势。

(2)向侧压腿。侧对把杆,左脚伸直放在把杆上,脚面向上,两臂侧举,右臂上举向左侧屈髋,左肩后部贴左腿,接着还原成预备姿势。

(3)向后压腿。背对或右对把杆,左腿后举,将脚背放在把杆上,两腿正直,上体直立,臂上举,挺胸抬头后屈,同时支撑腿屈膝下蹲,使两腿开度加大。

5. 身体波浪练习

(1)向前波浪。侧对把杆,右手扶把,脚成小"八"字站立,左臂一位,接着挺胸抬头,上体前倾至 90°时低头含胸,同时左臂翻腕经后向前绕至上举,身体各关节依次挺伸成提踵立。

(2)向后波浪。侧对把杆,右手扶把,脚成小"八"字站立,左臂一位,接着挺胸抬头,上体后屈成"三道弯"姿态(即挺胸、屈髋、屈膝),同时左臂翻腕向后绕环,继而含胸低头,身体各关节依次挺伸成提踵立,同时双臂在体前经下提至上举。

(3)向侧波浪。面对把杆,双手扶把,左脚侧点地,接着向右移重心成右腿站立,左腿侧点地。

三、成套动作练习

(1)初级套路《隐形的翅膀》演示 3 分 44 秒,张韶涵演唱。
(2)中级套路《贝加尔湖畔》演示 3 分 57 秒,白晓演唱。

初级套路——
隐形的翅膀

中级套路——
贝加尔湖畔

第四节 基本素质练习

一、柔韧性练习

良好的柔韧性是完成形体动作和提高动作质量的基础,也是体现动作表现力和塑造优美造型的能力。

(一)肩部柔韧性练习

1. 练习一

(1)预备姿势:面对把杆两脚开立,两臂伸直,两手扶把,上体前屈,低头。
(2)动作做法:上体用力向下压,拉伸肩带。

2. 练习二

(1)预备姿势:两人面对面站立,两脚开立,比肩稍宽,两人双手互相搭肩,上体前屈。
(2)动作做法:上体上下振动,尽量下压,拉伸肩带。

3. 练习三

(1)预备姿势:两脚开立,两臂于体前,两手握棍或绳,两端与肩同宽。
(2)动作做法:两臂向后转肩至体后举,抬头、挺胸,接着两臂向前转肩至体前举。

(二)脊柱柔韧性练习

1. 练习一

(1)预备姿势:面对墙,两脚开立,两臂伸直上举扶墙。

(2)动作做法:上体向前下压,肩带拉开,抬头,塌腰,挺胸。

2. 练习二

(1)预备姿势:跪立,两臂上举。

(2)动作做法:上体向后下腰,两手碰地,稍停,然后还原。

3. 练习三

(1)预备姿势:跪撑。

(2)动作做法。

第一个八拍:

1—2 拍:重心后移,低头。

3—4 拍:屈臂从头至胸、腹贴地面,翘臀。

5—8 拍:抬头向前推移至腹部撑,挺胸,头后仰。

第二个八拍:

按原动作路线还原成预备姿势。

(三)腿部柔韧性练习

1. 练习一

(1)预备姿势:坐地,两腿向侧屈膝,脚心相对,两手扶住同侧的膝关节。

(2)动作做法:两手同时向下按住膝关节使髋打开至最大限度,然后还原。

2. 练习二

(1)预备姿态:仰卧,两腿伸直并拢,绷脚面,两臂侧举。

(2)动作做法:左腿伸直向上踢,然后还原。

3. 练习三

(1)预备姿势:左侧卧成一条直线,两腿伸直并拢绷脚面,两臂弯曲撑于地面。

(2)动作做法:左腿伸直侧上踢,然后还原。

4. 练习四

(1)预备姿势:右腿跪撑,左腿向后伸直,绷脚面点地,两臂伸直,前撑地。

(2)动作做法:左腿向后上方踢出,然后还原。

二、力量练习

(一)腰腹部力量练习

1. 练习一

(1)预备姿势:仰卧,双手置于体侧,双腿并拢伸直绷脚。

(2)动作做法:左右两脚交替上举或同时举起。

2. 练习二

(1)预备姿势:仰卧,双手置于体侧,双腿并拢伸直绷脚。

(2)动作做法:用力收腹使上体和双腿同时抬起成直角坐,双手触足尖后还原。

(二)背部力量练习

1. 练习一

(1)预备姿势:俯卧,双手扶于头后,双腿并拢伸直绷脚,同伴面对练习者,跪坐地上,双手压练习者双脚。

(2)动作做法:练习者抬头挺胸,上体用力后屈。

2. 练习二

(1)预备姿势:俯卧,双臂上举,双腿伸直略分开。

(2)动作做法:上体和双腿同时后抬后还原。

(三)腿部力量练习

1. 练习一

(1)预备姿势:上体直立,左手扶把杆,右手自然下垂,双脚跟并拢,脚尖向前。

(2)动作做法:双足提踵,迅速下蹲后,双腿匀速伸直至提踵,反复练习。

2. 练习二

(1)预备姿势:两脚开立,与肩同宽,两臂自然下垂。

(2)动作做法:屈膝下蹲至大腿与地面平行,控制数秒后,还原成直立,腿部放松。反复练习。

第二十章 瑜 伽

本章资源列表

　　瑜伽,原为梵文 Yoga 的中文音译,本意是"合一""连接""结合",即自我和原始动因的结合。瑜伽要求练习者在练习时达到天人合一的境地,使其达到身、心、灵三者的升华。

　　瑜伽是一种传统且时尚的健身运动。过去,瑜伽在人们脑海中只是古老、高深莫测的代名词,而现在却成为世界上流行的健身运动,它以其特有的魅力为越来越多的健身人士所喜爱。根据健身的理念,创新而成的各种不同形式的瑜伽,更大程度地满足了不同健身人群的需求,吸引了更多的人群从事瑜伽锻炼。

第一节 瑜伽概述

一、瑜伽的起源发展

　　瑜伽起源于印度北部的喜马拉雅山脉,距今已有五千多年的历史。它是古代印度人的一种调身、调息、调气的健身方法,是古代印度文化的一部分。瑜伽是印度哲学的六大正统体系之一。瑜伽派是古代印度哲学的一个派别,其着重说明调整气息与静坐等修行方法,南北朝时期传入中国,后来成为佛教界颇有影响的一派。瑜伽既诠释了哲学的思想,也是一种身心与精神结合的运动。所谓健身瑜伽,是指练功方法,用来增进人们的身体、心智和精神完善的练习方法。

　　健身瑜伽摒弃了传统瑜伽的一些特殊要求,如提升生命之气。健身瑜伽汲取了古老瑜伽精髓的东西,如道德修炼法、体位法、呼吸法、松弛法,让人注重伦理道德的修养,使人获得身心的放松,预防和缓解身心疾病。另一方面,健身瑜伽既融入了我国传统医学——经络学说,也注入了一些时尚健身的内涵,它将传统医学与古老瑜伽术融合一起,对促进人体健康、塑造体型有积极作用。

二、瑜伽的特点及分类

(一)瑜伽的特点

1. 所有的姿势都要配合呼吸

　　呼吸是生命的基础,正确的呼吸可以加强全身系统功能、增进健康、增强生命力,瑜伽所有的姿势、冥想都是呼吸贯穿始终。只有通过呼吸才能充分感受到身体的拉伸、挤压、扭转的过程。通过呼吸,可以清洁肺部及加速消除体内的毒素,同时能让练习者的心绪更平静、祥和。

2. 呼吸的紧张与松弛

在所有瑜伽姿势中,身体的紧张与松弛贯彻始终。通过呼吸使身体紧张有度,不会过度僵硬。慢慢地让心神沉浸在所做的动作中的时候,会感觉到肌肉和韧带在一点一点地伸展,感觉肌肉在放松。身体的放松使姿势完成的幅度、角度越来越大,从而加强身体的柔韧性,提高对肢体的控制能力。

运动后,身体会因乳酸堆积而出现肌肉酸痛和僵硬状态。通过瑜伽特有的呼吸和伸展可使肌肉、结缔组织以及其他组织得到伸展,改善机体血液循环,加速乳酸消除,增强肌肉和结缔组织的灵活性;缓解肌肉紧张,有利于更好地促进身体的恢复。

3. 讲究放松伸展的练习

瑜伽姿势要求动作做得很缓慢且步骤分明,每做一个练习都是放松而有控制的,在伸展再配上正确的呼吸和冥想而进行的练习下,任何姿势都能做到自己所能承受的角度,不超出自身的极限,没有强迫性,从而减少或不会伤害到身体。

4. 严格的饮食方式

瑜伽饮食法讲究简单、自然、易消化的食物来促进身体和精神上的健康。瑜伽是一种生活方式,除了呼吸和姿势之外,还需注重饮食。为了获取能量和保持身体健康,人必须进食。在练习瑜伽前,应先了解瑜伽的饮食。首先,吃得要适中,只要能不饿就行,不能吃得过饱。尽量吃一些比较清淡、有营养的食物,避免吃一些酸、辣、刺激性、烧焦、不新鲜、不干净、无味或味道过重的事物。瑜伽提倡素食。

5. 思考与冥想

积极的思考可以提炼练习者的才智,有意识地控制自己的本能直觉。冥想能让练习者感触到心灵深处的虚无境地。

(二)瑜伽的分类

1. 瑜伽的分类

瑜伽有许多派别与种类,各自进行不同的修炼,但都是为了实现同一目的而进行设计的。主要分为冥想和"哈塔瑜伽"两类,健身界接受的是后者,它更加注重身体健康和力量,通过集中意念,调整呼吸并做出各种身体姿势来加强和改善人体的各个部位,达到"联合整体"的目的,如活力瑜伽(Power Yoga)、接触式瑜伽、背椎瑜伽、Yoga Fit、Yo-Chi、身体平衡(Body Balance)。无论哪个种类,都包括了瑜伽的三个要素,即身体姿势、呼吸、意念集中,并在练习中始终贯穿,让锻炼者从中受益。

2. 瑜伽的基本要素

1)瑜伽静功

瑜伽静功包括休息术、调息功、静坐和意念等。

佛教称静坐为"禅定",而道教在古代则称之为"坐忘",意即忘掉一切有形之物,甚至忘掉肉身的存在。

意念就是从一个部位或穴位沿经络导引到另一个部位或穴位,起到通经活血、调整放松的状态。

2）瑜伽动功

瑜伽动功是在静功的基础上，配合肢体运动的练习方式。它以动求静，即肢体在动，而内心意念却静，意气相随，内外合一。动作一定要柔和缓慢，勿躁勿急，气随意动，力随气动。动功能提高人体的新陈代谢，改善全身血液循环，增强心血管系统、呼吸系统、消化系统、内分泌系统的功能。还可增加肌肉力量，增加骨关节、韧带的柔韧性，增强全身精力和体力，预防和缓解某些身心疾病。

每一个健身瑜伽姿势都能伸展身体的某些部位，使一些部位的肌肉收缩，又使另一些部位的肌肉放松。每完成一个姿势后，循经取穴进行按摩，能起到双向调节的作用，使该松弛的部位松弛，该收缩的部位收缩。同时还能缓解一些疾病，使身体机能恢复到正常状态。

三、瑜伽的锻炼价值

人们通过练习健身瑜伽，不仅能得到古老瑜伽的所有益处，而且使人有更优美的体态，更畅通的血液循环，更好的柔韧性，更强的免疫力，更好的神经功能，更强的力量和忍耐力。同时，对风度、气质及自信心的培养也大有裨益。

健身瑜伽在追求自然的同时，也追求着一种美感。就体位法而言，古老瑜伽可能更注重的是肢体的自然舒展，而时尚健身瑜伽则不光要求肢体得到伸展、心神合一，而且动作要做得更富有力度、富于美感，在练习的过程中，身体的每一块肌肉都能得到伸拉。例如，一个两手侧伸展的瑜伽姿势，古老瑜伽要求的是轻轻举起两手就可以了，它讲究的是自然；而健身瑜伽则不一样，它要求在举起两臂的时候，应尽可能向两侧伸展，并使两手臂的肌肉紧张起来，同时用心去体会肌肉伸展的这种感觉。这样，人们练习健身瑜伽时，不仅心灵得到了锻炼，而且肌肉也得到了锻炼，从而达到真正的身心合一。

一些健身瑜伽姿势能让少女保持苗条身段，尽快消除腰、腹、臀部过多的脂肪，不仅使女性从外观形体上更加柔美，而且使女性的内部生理结构也获得最佳改善。许多健身瑜伽姿势能消除妇女的经期疼痛，使人面色红润，消除皱纹，延缓衰老，使女性从身心两方面都获得健康。

健身瑜伽可以预防和治愈一些男性生理或心理疾病，如郁闷，紧张，心烦等。不仅使男士从内部生理结构上获得很大的改善，而且能使男士更健壮、更高大、更显男性魅力。

一些健身瑜伽姿势同样适合老年人，使他们身体的平衡得到很好的锻炼，保持心灵的警觉，身体的协调能力增强，柔韧性更好，似有返老还童的感觉，并能延年益寿。

健身瑜伽可以提高青少年集中注意力的能力，锻炼他们的心肺功能，促进身体的生长和发育。

长期不断地坚持健身瑜伽练习，练习者将会更健康，将拥有更强、更有力的心肺功能，更聪明、更敏捷的大脑，更有魅力的身材以及更满意的人际关系。

第二节　瑜伽基础练习

一、瑜伽的呼吸练习

正确的瑜伽呼吸练习能给精神和肉体带来益处,它能增强人的意志力、自我控制力、集中注意的能力,并能促进品德及精神的进化。

(一)呼吸运动的形成

呼吸法是在中枢神经系统支配下,许多与呼吸有关的部位协同活动,改变胸腔大小而产生的。在平和吸气时,由于肋间外肌收缩,上提肋骨,胸廓的前后径和横径增大。同时隔肌收缩,穹隆顶下降,胸腔的上下径增大。由于胸腔各径增大,容积增加,胸内压降低,空气便吸入肺内,完成吸气。在深吸气时,除肋间外肌外,胸锁乳突肌、斜方肌、胸大肌、胸小肌等与呼吸有关的肌肉也参与活动,使胸廓更为扩大,以完成深吸气。呼气的动作是由吸气肌舒张和胸廓本身的弹性而恢复到原来的位置,呼出肺内气体。深呼气时,肋间内肌和腹肌也收缩,使胸腔更为缩小。

(二)掌握正确的呼吸法

呼吸的练习非常重要,它同瑜伽姿势一样是一个循序渐进的过程,开始练习的时间不宜太长,慢慢再增加时间。特别是要量力而行,不要做过头,这是所有呼吸法的重要法则。

我们都应有所体验,在精神烦恼的时候,呼吸变得混乱而不规则,而思想平静时,呼吸则变得缓慢而流畅。呼吸平稳了,精神也平静了。

1. 腹式呼吸

仰卧,也可以站立或坐着,一手放于腹部,一手放于胸部。根据腹部的活动可以弄清横膈膜是否在正确活动。横膈膜收缩之后,其圆盖形的中央部位扁平,压迫腹部器脏,腹部扩张。此时肋骨和肋间肌是静止的。另一方面,在腹部自然收缩的时候,横膈膜不能降下,即吸气时,圆盖形的横膈膜变平,胸部向下方扩张,体积增大,腹部慢慢下降,所有气体排出腹腔。一句话概括就是胸部不动,腹部动。

2. 胸式呼吸

一手放于胸部,一手放于腹部,横膈膜静止,不要使腹部扩张。深深吸气,肋间肌扩张一部分肺,横膈膜处于平时的位置,因此,呼吸完全通过附着在肋骨上的肋间肌的运动进行。一句话概括就是腹部不动,胸部动。

3. 瑜伽呼吸法

瑜伽呼吸法的训练,首先慢慢吸气到腹部,腹部慢慢地鼓起,接着气体进入到下胸部、上胸部,然后从胸部慢慢呼出所有气体,收缩腹部,将腹部所有气体排出。也即将腹式呼吸和胸式呼吸结合起来进行,这样,呼吸器官全都活动起来,新鲜的空气充满肺部,这就是正确的瑜伽呼吸法。

经常练习瑜伽呼吸法,能预防和治疗感冒、哮喘等疾病,它给整个呼吸系统以良好的刺激。

(三)其他呼吸法

1. 交替呼吸法

(1)动作要领:①按简易坐或莲花坐的姿势坐好。右手轻轻握拳,伸出拇指、食指和中指。②将并拢的食指和中指放于眉心,先用无名指按住左鼻孔,使空气从右鼻孔进入。③用大拇指按住右鼻孔,屏息数十秒。④松开无名指,使空气完全从左鼻孔呼出。⑤从左鼻孔吸气,右鼻孔呼气,重做这个练习。⑥此姿势一般做 30～50 次。

(2)健身功效:这种交替呼吸法可以锻炼心、肺和整个神经系统,减少呼吸道疾病,促进血液循环,改善皮肤的血液供给。使人获得安静而自然的感觉和冷静的头脑。

2. 清凉调息功

(1)动作要领:①按简易坐或莲花坐姿势坐好,两手放于两膝上。②舌尖小卷放于两唇之间。③通过这个小卷深深吸气,感觉到一股清凉的空气吸入腹部。④收进舌尖,闭上嘴,低头,屏息一会儿。⑤抬头,通过鼻孔将所有空气尽可能完全排出。⑥这样,吸气、屏气、呼气,反复 20～30 次。

(2)健身功效:具有清凉、解渴之功效;使神经安宁、心态祥和,并放松全身肌肉;促进血液循环和内脏活动,提高消化功能。

3. 提肛契合法

(1)动作要领:①屈膝坐好,两手放于膝盖上,伸直脊柱,微微闭上双眼。②注意力集中在自己的肛门。③吸气,收缩肛门括约肌。④呼气,放松肛门括约肌。⑤这样反复地放松和收缩 20～30 次。

(2)健身功效:经常练习这种方法,可预防和缓解便秘及痔疮。

4. 会阴收束法

(1)动作要领:①屈膝坐好,两手放于膝盖上,伸直脊柱,微微闭上双眼。②注意力集中在自己的会阴部位。③吸气,收缩整个会阴部位肌肉。④呼气,放松整个会阴部位肌肉。⑤这样反复地放松和收缩 20～30 次。

(2)健身功效:经常做此练习,对性器官起到锻炼的作用。特别是产后妇女常做此练习,可使因生产而松弛的产道尽快恢复,同时也可以预防和缓解便秘和痔疮。对男性而言,这种锻炼法可提高性功能。

二、瑜伽的姿势练习

瑜伽姿势和大多数体育练习不同,瑜伽姿势做得很缓慢,步骤很分明。练习者在做每一项瑜伽练习时,都是放松而又警惕的,把注意力集中于这项练习在其体内所产生的感觉上。

虽然有些瑜伽姿势或练习可能看起来像体操,但这些瑜伽姿势并不是体操术;虽然一个瑜伽练习者有时可能像是柔体表演家的样子,其实他并不是。瑜伽练习是供修习者自己练习的,不是为了娱乐别人。其专门功用在于帮助修习者保持身体健康,并使他经常处于有利内心平和、善于创造、富于成果以及冥想深思的精神状态之中。

瑜伽基本动作的循环顺序是根据身体的屈肌伸肌,按一定的顺序设计的,从而使屈肌完全收缩的同时让相反的伸肌尽可能延伸。其基本技术为伸展拉长和收缩缩短,伸展拉长指肌肉被拉长以便自由活动身体,例如增延脊柱延伸功,股二头肌和背部肌肉被拉伸。收缩缩短指向前屈体收缩的肌肉群收缩作用,相反的肌肉群是伸展。所有这些动作顺序和技术是为了达到身体平衡,增长肌力,收紧全身的肌肉。

经典的瑜伽体位大约有 80 多种。瑜伽姿势的练习与大多数竞技运动不同,它不允许身体有快速的位移与发力,要求人为地控制好呼吸。瑜伽姿势做得很缓慢,步骤很分明。练习者在做每一种瑜伽姿势时,都是放松而又警醒的,他把注意力集中在这项练习在其体内所产生的感觉上。

由于人的身体习惯于旧有的生活规律和动作,许多练习者在刚开始练习时几乎无法承受体位法所带来的力量,身体出现强烈的抖动,此时应根据自身的身体状况适当地减缓练习的强度这样可以有效地完成练习,也有利于体会练习时的身体感觉,逐步进入一种新的状态。那时再练习体位法,健身瑜伽姿势就会练得平稳、自然、顺畅;同时,人体内部也会孕育滋长出一种较强的生命气息的力量。瑜伽大师往往能长久地保持一个固定的姿势,而长时间不显得呆滞、麻木和困倦,是因为在他的体内积蓄和增加了一种新的能量,使他越发精力充沛。

瑜伽姿势练习经过了几个世纪的锤炼,已得到净化。通过有规律的练习,可使人们获得灵活性、平衡、坚韧、巨大的生命力以及对疾病的抵抗力,还可以消除疲劳和安定神经。

三、瑜伽的练习注意事项

(一)练习前的注意事项

1. 对自己负责

并非每个人都适合练习所有瑜伽姿势。在选择练习瑜伽体位法前,应对自己过往的疾病或伤痛进行判断。如果有旧伤或宿疾,或有其他任何可能因运动而导致不良反应的健康问题,如颈背问题、高血压等,应该先咨询医生,再决定是否练习瑜伽体位法、呼吸法、清洁法等内容。

2. 练习时间的选择

瑜伽练习不应该仓促进行。应在充足的时间和空腹的状态下,什么时候练习都行。

3. 练习场地的选择

不要在冷硬的地面上直接练习,要在干净、平坦的地方练习,也可在地面铺上垫子或毛巾,以免损伤身体。周边尽量没有家具或其他遮挡物妨碍自己身体的自由舒展。若在室内练习,要求通风条件好;若在室外,注意不要在烈日下对着太阳练习。

4. 练习服装的准备

衣服应舒适宽大。有条件的话,尽量穿健身瑜伽专用服。这种服装不仅弹力强,能伸展自如,而且吸汗性能好,又非常美观、大方。夏天,赤足最好;冬季,可穿软底布鞋。

5. 练习前肠胃的准备

如果要进行大强度、较长时间的体位法练习,空腹状态练习是最好的选择,不会因为强烈的挤压、扭转、倒置等动作而导致身体感到不适（如恶心、头晕、呼吸不畅等）。若吃得较饱，适宜的时间是 4 h 后再选择练习；如吃得不多，2 h 后就可以练习。练习瑜伽前最好先排尿和排便，以便练习时更加集中注意力。同时要注意，练习之前的半小时内，不宜再饮水；练习结束之后，过半小时可进食、饮水。

(二)练习中的注意事项

1. 充分的热身准备

充分的热身准备是健康运动的前提，也是必备的条件。瑜伽体位法前的热身目的是让身体从肌肉、骨骼、韧带到心肺、循环系统以及神经系统都逐渐进入准备状态，以完成逐渐强烈和深入的锻炼。

2. 不攀比，对自己负责

瑜伽练习不是用来炫耀和攀比的。既不与别人比，也不与自己比。最熟悉了解你身体承受能力的人是自己，其他人永远无法感受到你的身体和内在，所以要学会正确地认识身体，学会理解身体和内在的真实感受，学会接受身体和内在发出的信息，温和不过度地扩展自身的极限。

3. 舒适的限度

练习瑜伽的任何时候都应该避免生拉硬拽，谨记做到不勉强、不过度拉伸身体。如果抱着竞争或攀比的心态展示动作，往往会使练习者不自觉地追求身体的过度伸展或扭转，容易导致受伤。因此，练习瑜伽时，在自我感觉舒适、稳定的限度范围内练习即可。

4. 舒适的速度

绝大多数的体位法动作都需要以缓慢、均匀的速度，按照 3～5 个呼吸的标准，以层次分明、清晰的节奏控制练习，包括每一个简单的起势和收势。谨记，练习时忌用蛮力、强迫身体快速地达到某个特定的位置。

5. 警惕关节或骨骼发出的声响

要学会判断关节或骨骼发出的声响是安全的还是危险的。练习中如果关节或骨骼偶尔发出响声，同时没有任何的疼痛或不适，说明响声处于较为安全的范围，不必紧张，这是关节逐渐灵活的现象。如果关节在某个角度或位置持续发出声响，预示这不是正常的现象，应降低活动幅度直至不再持续出现响声。如果练习中身体某处发生极端疼痛或痉挛，应立即停止练习，请指导老师按摩或自我按摩。有时由于身体僵硬不灵活的原因，在练习中也应该预料到会有些不太舒服的感觉，并且每个人承受疼痛的阈值不同，这时可以根据自己的忍耐限度来决定练习的强度。

6. 特殊时期特别对待

在女性每个月特殊的几天中，为了顺应血液流向，要避免练习骨盆位置高于心脏的体式；要避免任何一种强烈挤压或伸展到腹部的姿势。

(三)练习后的注意事项

瑜伽休息术是古老瑜伽中的一种颇具效果的放松艺术。在整个练习过程中，需要完全集中意识且放松身体而让其休息，但这种休息与一般意义上的睡眠有着本质的不同，因为在正确的练习中练习者可能用意识去控制它，并且从意识中醒来；同时，也有助于练习者在较短时间内迅速、全面、深入地释放肌肉、骨骼、心肺脏器以及神经系统等机体参与导致的身体不同部位、不同程度的紧张和疲劳感。因此,在瑜伽体位法结束后,要恰当、合理、准确地练习瑜伽休息术;同时,为了保证瑜伽练习的最佳效果,练习者在瑜伽练习结束后,切忌立即洗浴或饱食,应选择在 30 min 之后洗浴,并适当进食,以便促进练习者身心的全面健康。

第三节　瑜伽基本技术

一、瑜伽坐姿

瑜伽坐姿是练习瑜伽必须掌握的基本姿势,在练习呼吸和冥想时,一般采用简易坐和雷电坐的基本姿势。

1. 简易坐

简易坐是比较简单的瑜伽坐姿,也是一个舒服安全的坐姿,适合初学者。

(1)动作步骤:①坐于垫子上,双腿向前伸直并拢,挺直腰背,拨动左右臀肌,平坐压实于垫子。②先将右小腿弯曲收回,把右脚放在左大腿下。③再屈左膝,把左脚放在右小腿下。如果可以,双脚脚心尽量向上,双膝尽量贴向地面。④双手自然放在双膝上,掌心向下。脊柱向上伸展,保持双肩和手臂的放松,保持自然呼吸。

注意:头、颈、躯干保持在一条直线上。

(2)健身功效:促进两腿的柔韧性,增强髋部、膝盖和踝关节的灵活性;同时,有助于安宁脊柱神经,使人心灵平和、安静。

2. 雷电坐(金刚坐或钻石坐)

雷电坐是瑜伽跪坐体式的一种,也称为金刚坐或钻石坐。

(1)动作步骤:①双膝并拢或稍分开着地,脚背贴地(如有需要可将折叠整齐的毯子垫着脚背),跪在垫子上。②脚跟分开,大脚趾互相交叉,脚跟朝外状似马鞍形,坐在上面(或脚趾朝后,坐在脚跟上即可),也可在臀部和脚跟之间放个坐垫。③双手放在腿上。自然呼吸,放松手臂和肩膀。保持背部挺直。

(2)健身功效:有利于灵活脚趾、脚踝和膝盖;有助于骨盆肌肉伸展,可以帮助肠胃系统及消化系统顺畅排气;可以强健脊椎周围核心肌群。

二、瑜伽体式

1. 山式

(1)动作步骤:①站立,双脚并拢,脚跟和大脚趾相互贴靠,伸展所有脚趾平放于地面,足弓提起,将身体的重量均匀地分布在整个脚掌面。②大腿肌肉收紧,带动膝盖收紧上提,同时大腿向后推。③尾骨向下,展开前侧腹股沟。挺胸,上提胸骨,肩内收下沉。脊柱向上伸展,颈部直立,头于正中,视线平视正前方。④双臂于身侧,手肘伸直,手指并拢伸展。

⑤保持以上要领,进一步平衡身体的左右两侧、前后两侧,感觉像山一样挺拔、稳固。

(2)健身功效:基本的站立姿势,帮助恢复身体的活力和能量的姿势,可以增强身体的平衡稳定感,让人保持身体轻盈、精神敏捷和活跃。

2. 手臂上举山式

(1)动作步骤:①山式站立。②吸气,手臂经体前举至头顶上方,大臂双耳一条线。掌心相对。③延展脊柱向上,保持稳定的呼吸。④呼气,手臂还原体侧,回到山式。

(2)健身功效:强壮和刺激腹部、骨盆、躯干以及背部,缓解关节炎,减轻坐骨神经痛,强健膝关节,矫正扁平足。

3. 树式

(1)动作步骤:①山式站立。②左手扶髋,右手抓住右脚踝,把右脚脚跟放在大腿的根部,脚趾朝下。③以左腿保持平衡,膝盖收紧上提,腿有力且平稳,吸气,双手臂体侧平伸直,翻掌向上伸展,手臂相互平行,掌心相对。④保持这个体式,深长地呼吸,保持双髋水平,正直朝前。⑤呼气,放低手臂,分开双掌,伸直右腿,回到山式站立。⑥反向练习。

注意:刚开始练习时,有些人的脚不能贴近大腿内侧,放于小腿内侧也可。

(2)健身功效:增强腿部肌肉力量与平衡感,培养专注力。

4. 三角伸展式

(1)动作步骤:①山式站立。②吸气,屈膝、屈肘;呼气,跳(或者走)开双腿,两脚的距离约一腿长。脚趾朝前,脚外缘相互平行,双臂侧平举与肩齐,掌心向下,手臂与地面保持平行。③右脚向右转90°,左脚稍转向右,右脚脚跟对准左脚足弓成一条线。左腿从内侧保持伸展,膝盖上提。④呼气,向右侧弯曲身体躯干,右手抓住右脚脚踝,身体从侧面看在一个平面上。⑤向上伸展左臂,与右肩成一条直线,并伸展躯干。两眼注视向上伸展的左手拇指。提升右膝盖,右膝正对脚趾,始终保持右膝挺直。⑥保持该姿势,均匀深长地呼吸,然后吸气起身,回到第②步。反方向做左边。

(2)健身功效:增强腿部肌肉,去除腿部和臀部的僵硬,纠正腿部畸形,使腿部能够均匀地发展,同时还能缓解背部疼痛以及颈部扭伤,增强脚踝,强健胸部。

5. 战士二式

(1)动作步骤:①山式站立。②吸气,屈膝、屈肘;呼气,跳(或者走)开双腿,两脚的距离约超过一腿长。脚趾朝前,脚外缘相互平行,双臂侧平举与肩齐,掌心向下,手臂与地面保持平行。③右脚向右转90°,左脚稍转向右,右脚脚跟对准左脚足弓,成一条线。左腿从内侧保持伸展,膝盖上提。④呼气,弯曲右膝直到右大腿与地面分开平行,右小腿与地面垂直。⑤双手向两侧尽量延伸,感觉好像有两个人从不同方向把你朝两边拽。⑥脸转向右侧,眼睛注视右掌,完全拉伸左腿后部的肌肉。腿后部、脊背以及臀部在一条直线上。⑦保持该姿势。保持深长的呼吸。吸气,回到第②步。反侧练习。

(2)健身功效:通过练习这个体式,可以使腿部肌肉更为匀称、强健,同时它也缓解小腿和大腿肌肉痉挛,增强腿部和背部肌肉弹性,同时加强腹部器官。

6. 侧角伸展式

(1)动作步骤:①山式站立。②进入战士二式。③吸气,延展脊柱和侧腰,呼气,右手掌贴近这侧的地面,右腋窝紧贴右膝外侧。在左耳上方完全伸展左臂,保持头部在脊柱延长线上。④腰部伸展,腿部肌肉伸展。胸部、臀部和腿部在一条直线上,因此胸部要向上和向后伸展。⑤保持该体式,均匀深长地呼吸。⑥吸气,右手掌离开地面,回到战士二式,伸直右腿,反侧练习。

(2)健身功效:这个体式强健脚踝、膝盖和大腿。纠正小腿和大腿的缺陷,强健胸部,并减少腰部和臀部的脂肪。缓解坐骨神经痛以及关节的疼痛。增加肠蠕动,促进排泄。

7. 战士一式

(1)动作步骤:①山式站立。②吸气,屈膝、屈肘;呼气,跳(或者走)开双腿,两脚的距离超过一腿长。脚趾朝前,脚外缘相互平行,双臂举至头部上方,掌心相对。③吸气,右脚右转90°,左脚也转向右,转身向右侧。呼气,弯曲右膝直到右大腿与地面平行,右小腿与地面垂直。④完全伸展左腿,大腿小腿向上推,膝盖后侧展开。⑤脸、胸部和右膝保持与右脚朝向一致。头部向上,从尾骨开始伸展脊柱,眼睛注视正前方。⑥保持正常的呼吸3~5次。⑦吸气,伸直膝盖,转身练习反侧。

(2)健身功效:胸部得到完全的扩展,缓解颈部、肩部和背部的僵硬,缓解腰痛和坐骨神经痛;强健背部和腹部的肌肉,同时还能减少臀部的脂肪。

8. 加强侧伸展(脊柱延展)

(1)动作步骤:①山式站立。②吸气,屈膝、屈肘;呼气,跳(或者走)开双腿,两脚的距离小于一腿长。脚趾朝前,脚外缘相互平行。③双手扶髋,右脚右转90°,左脚也转向右,身体和髋部充分转向右侧。双髋水平。④手扶髋,肩胛骨内收下沉,手肘指向后,吸气,脊柱前侧延展,颈部前侧拉长,延展颈部向后,头上看。⑤呼气,保持双髋同高,身体延展向前向下,约与地面平行。手指尖点地,或者手掌撑于瑜伽砖上,脊柱进一步延展。⑥保持这个体式20~30 s,正常呼吸。左腿大小腿向后推,膝盖窝展开,脚跟下压。⑦吸气,立直脊柱,身体转向前侧。反侧练习。

(2)健身功效:这个体式缓解腿部和臀部肌肉的紧张和僵硬,使髋关节和脊柱骨更富有弹性;这个体式还可以矫正肩部下垂,肩部向后伸展,使得深度呼吸更为容易。

9. 双角式(脊柱延展)

(1)动作步骤:①山式站立。②吸气,屈膝、屈肘;呼气,跳(或者走)开双腿,两脚的距离约超过一腿长。脚趾朝前,脚外缘相互平行,双臂侧平举与肩齐,掌心向下,手臂与地面保持平行。③吸气,双手扶髋,膝盖上提,大腿向后推,耻骨上提,尾骨向下,延展脊柱向上。④呼气,脊柱延展向前向下,手掌贴地。⑤均匀呼吸,大腿向后推,双腿内侧伸展,臀部在脚跟正上方。⑥深长均匀地呼吸,保持这个体式30 s。⑦吸气,头部上抬,牵引脊柱保持平展,回到直立状态。⑧回到山式站立。

(2)健身功效:在这个体式中,腿部肌腱和外展肌得到完全的伸展;与此同时,血液也流到了躯干和头部;增加消化功能,有助于减轻体重。

10. 站立前屈(抱臂休息)

(1)动作步骤:①双腿分开,约与髋同宽。②脚趾朝前,脊柱延展,双臂互抱,双臂与双耳成一条线。③呼气时走最远路线,从髋部折叠,脊柱向前向下,保持脊柱延展。④吸气时向上挺起躯干,松开手臂,双脚并拢。

(2)健身功效:增加大脑供血,安抚大脑细胞和交感神经系统,调节血压,缓解头痛,强健腹部器官,增加髋关节的灵活性,强健膝关节及其周围的组织和肌肉。

11. 幻椅式

(1)动作步骤:①山式站立。②手臂上举至头顶上方,大臂与耳朵成一条线,手肘伸直。③吸气,延展脊柱向上,呼气,尾骨向下,大腿收紧,屈膝,尽量将大腿与地面平行,小腿用力向后推,重心移至脚跟方向。④保持躯干延展,挺胸。⑤吸气还原到山式。

(2)健身功效:这个体式缓解肩部僵硬,纠正腿部任何细微的畸形,踝骨日益强壮,腿部肌肉也得到均衡的发展。提升横膈膜,心脏也得到轻柔的按摩,扩展了胸部,增强腹部器官和背部。

12. 下犬式

(1)动作步骤:①俯卧于地面上,额头点地,双脚分开略与髋同宽。②双掌放于胸侧,手指伸直,指向正前方,吸气,脚趾点地,腿伸直,膝盖窝后侧展开。③呼气,身体从地面抬起,臀部尽量抬高,身体形成倒三角的形状。④手臂伸直,腿伸直,头部在脊柱延长线上,背部平展,脊柱延展。⑤腿部绷直,大小腿向后推,膝盖窝展开,脚后跟下压,脚趾朝前,双脚外缘平行,内侧足弓提起。⑥胸腔扩展,肩胛收进身体,手臂延展,手掌面、手指关节用力压地。⑦保持体式30 s,深长地呼吸。

(2)健身功效:缓解脚跟的僵硬和疼痛,帮助软化脚后跟骨刺;增强脚踝,使腿部更均匀;有助于缓解肩胛骨区域的僵硬。

13. 英雄体前屈式

(1)动作步骤:①跪坐,双腿并拢,脚掌内侧贴靠。脚趾放松。②保持两大脚趾相触,双膝分开略比肩宽。③呼气,躯干向前俯身向下。完全伸展双臂,双手分开与肩宽,放在地面上,延长颈部后侧,前额触地。大腿下压,臀部朝地面方向下沉。腹部保持放松。保持这个体式1 min。④吸气,抬头,手推地还原背部直立。双膝并拢。

(2)健身功效:减轻呼吸困难、头晕、疲劳和头痛;缓解高血压,伸展和强健脊柱,缓解背部和颈部的疼痛;减少胃酸和胀气。

14. 英雄式

(1)动作步骤:①跪立,膝盖并拢,小腿分开,脚趾笔直指向后方。②将小腿肌肉向后向外拨,臀部坐于双腿之间的地面(如果臀部不能接触地面,可以做在卷起的毯子或瑜伽砖上)。③尾骨向下,腹部稍贴向脊柱,躯干竖直向上,挺胸,头部竖直向上。④伸展手臂向前,放于膝盖处。

(2)健身功效:这个体式可以缓解膝关节风湿和痛风,对于平足也很有好处;由于脚踝和脚跟得到伸展,因此有助于形成正确的脚弓,改善脚部的血液循环,减轻背痛。

15. 手臂延展十指交扣英雄式

(1)动作步骤:①英雄坐坐好。②十指交叉,向外旋转手掌,伸直手臂,向上抬起至头部上方,大臂、双耳成一条线。③脊柱向上延展,手臂向上延展,保持手肘伸直。④放下双臂,交换十指交扣的位置,重复练习。

(2)健身功效:缓解痛风,减少肩关节、颈部、髋关节、膝部和腹股沟的僵硬,减轻背痛,矫正椎间盘突出,改善脚部的血液循环,缓解跟骨骨刺。

16. 手臂扭面英雄式

(1)动作步骤:①英雄坐坐好。②吸气,双臂经体侧延展向上至水平,躯干向上挺直。③呼气,弯曲右手肘于体后,放于肩胛之间。④吸气,左臂向上升起至头顶上方,呼气,弯曲肘部,左手落于颈背部,然后双手相交扣。⑤保持自然呼吸,胸腔展开,然后重复另外一侧。

(2)健身功效:这个体式可以治愈腿部抽筋,使腿部肌肉保持弹性;胸部得到完全的伸展,背部更为挺直;肩关节活动更为自如,背阔肌获得完全的伸展。

17. 眼镜蛇式

(1)动作步骤:①俯卧于地面上,伸直双腿,双脚并拢,额头点地。②手放胸部两侧,大腿贴地,膝盖、小腿绷直。吸气,手掌微推地,用脊柱和腹部力量,使胸腔向上,延展脊柱向前向上,呼气,脊柱延展后弯。③大腿内旋用力下压地面,臀围后侧舒展。④保持这个体式20 s,正常呼吸。⑤呼气,肘部弯曲,躯干重新放回到地面上。

(2)健身功效:这个体式对于那些脊椎曾受过伤的人几乎是万能药,脊椎得到增强,胸部也得到完全的扩展。

18. 蝗虫式

(1)动作步骤:①俯卧于地面上,伸直双腿,双脚并拢,额头点地。②呼气,头部、胸部和腿部同时抬离地面,整个躯干向两端拉长。③双腿完全伸展和挺直,双腿、双脚并拢。④尽量保持这个体式,自然呼吸。

(2)健身功效:这个体式可以帮助消化,并能够消除胃部疾患和肠胃胀气;由于脊椎得到向后的充分伸展,因此有助于增强脊椎的弹性。

19. 手杖式

(1)动作步骤:①坐在地面上,双腿笔直向前伸直。用手将臀部肌肉稍向两侧分开。重心落在坐骨上。②两大腿、双膝、脚踝和双脚并拢,脚趾指向天花板。双手置于臀部两侧的地面上,十指朝前。胸部上提。手肘伸直。③收紧股四头肌,并将它们向腹股沟提拉。两大腿下压地面,并且与此压力相抗,向上提腰部。保持横膈膜完全放松。胸腔上提,脊柱保持稳定。④保持头部、颈部以及臀部都在一条直线上。保持这个体式30 s,均匀地呼吸。

(2)健身功效:练习该体式有助于增强意志力,提高情绪的稳定性;缓解膝关节炎、踝关节炎。

20. 单腿英雄背部伸展式

(1)动作步骤:①手杖式起。②弯曲右膝,小腿肌肉向后、向外拨,摆放在右臀外侧,脚底朝上,脚趾朝后。③保持髋部正直朝前,两条大腿相互平行。④左腿笔直向前伸展,双手放于臀部两侧。⑤吸气,向上伸展手臂至头顶上方,呼气向前延展躯干,手抓住脚两侧。⑥吸气,延展脊柱,呼气,屈身向前,腹部、胸腔置于左腿上方。⑦吸气,抬起头和胸腔,放开右腿,回到手杖式。⑧反侧练习。

(2)健身功效:强健和刺激腹腔器官,有助于消化,减轻胀气和便秘;改善膝关节柔韧性;矫正扁平足。

21. 单腿头碰膝背部伸展式

(1)动作步骤:①手杖式起。②弯曲右膝,右脚大脚趾触碰左大腿内侧。③左腿笔直向前伸展,双手放于臀部两侧。④吸气,向上伸展手臂于头顶上方,呼气,向前延展躯干,手抓住脚两侧。⑤吸气,延展脊柱,呼气,屈身向前,腹部、胸腔置于左腿上方。⑥吸气,抬起头和胸腔,放开右腿,回到手杖式。⑦反侧练习。

(2)健身功效:缓解压力对心脏和大脑的影响,稳定血压,逐步矫正脊柱侧弯、肩膀前耸,强健腹部器官,缓解腿部僵硬,强健腿部肌肉。

22. 玛里琪一式(脊柱延展扭转)

(1)动作步骤:①手杖式起。②弯曲右膝,膝盖朝向天花板,右脚跟与右臀在一条直线,脚趾朝前。③吸气,延展双臂向上,呼气,沿着右大腿内侧向前延伸脊柱,躯干右侧与右大腿内侧相贴靠。④双手抓住左脚两侧。吸气,延展脊柱,使脊柱陷入身体。⑤呼气,扭转躯干,右臂环绕大小腿,放于体后,左臂于体后,右手抓住左臂。⑥再次延展脊柱向上,同时扭转躯干,眼睛看向左后方。⑦还原,练习反侧。

(2)健身功效:有效消除腰背部、颈部肌肉的僵紧,帮助按摩腹内脏器官,预防胀气。温和舒展坐骨神经,改善坐骨神经痛。

23. 巴拉瓦加一式(不扣手臂)

(1)动作步骤:①手杖式坐好。②折叠双腿,双脚置于身体的左侧,左脚踝在右脚的上方。右侧臀部下方应垫瑜伽砖或者毛毯,尽量保持双髋同高。③吸气,延展脊柱,挺起胸腔,呼气,向右扭转。④保持胸骨向上挺起,左侧肩胛尽量收进身体。⑤呼气还原,再进入反侧练习。

(2)健身功效:舒缓颈部、肩膀和背部的疼痛,有助于保持脊柱和肩部的柔韧性,消除腰椎的疼痛与僵硬,减轻背部区域的不适感,提高背部和髋部的灵活度。

24. 肩桥式

(1)动作步骤:①仰卧于地面上,双脚并拢。双手掌心向下放于体侧。背部下压贴实地面。②弯曲双腿膝盖,双脚靠近臀部,双脚与髋同宽,脚趾朝前,脚外缘平行。③吸气,抬起臀部、背部,直到肩膀贴地,大腿内旋,尾骨内收,臀部尽量抬高,伸展前侧腹股沟,胸骨上提。④手臂于臀部下方十指交扣,保持顺畅呼吸3~5次。⑤呼气,依次将背部、臀部落到地面,解开双手,双腿伸直,身体放松。

(2)健身功效:改善圆肩驼背不良体态,强健后腰背部的力量;滋养脊柱神经,使脊柱充满弹性;促进大脑血液循环,使思维清晰敏锐;强健髋部、双腿、臀部。

25. 简易坐前屈

(1)动作步骤:①手杖式准备。②双腿交叉,腹股沟放松下沉,吸气,脊柱延展。③呼气,双手扶住身体前侧地面,帮助脊柱缓慢向前延展,手掌贴地,额头点地,整个后背放松,颈部后侧舒展放松。④保持几个呼吸,吸气还原,换腿交叉的方向,完成反侧练习。

(2)健身功效:增强记忆力,减轻慢性头痛、偏头痛和眼疲劳,有助于血压恢复正常,缓解因压力引起的食欲不振。

26. 挺尸式

(1)动作步骤:①手杖式准备。②将臀部肌肉向两侧分开,以便让坐骨贴地。均匀呼吸。③弯曲双膝,手抓住膝盖前方,将坐骨压向地面。④将前臂和手掌置于地面,撑住躯干慢慢落回地面。不要移动双脚、膝部以及臀部。⑤背部由下至上放回到地面上,直到头部的后侧着地。⑥用手帮助延展颈部后侧。⑦缓慢互抱手肘,舒展上背部与双肩,屈手肘,慢慢将大臂、小臂落于地面,手指放松。⑧伸直右腿,再缓慢伸直左腿,不干扰其他的身体部位。⑨放松双腿,让他们轻柔地倒向两侧。整个身体放松下来。闭上眼睛,放松面部,关注呼吸,在此体式停留 5~7 min。⑩起身时,身体转向右侧,慢慢撑地起身,整个过程平静缓慢。

（2）健身功效:这个体式消除疲劳,镇静大脑。身体每一个部分各就各位,获得充分的放松。练习时,人的感官将从外部世界收回,身心融为一体,将会体验到内在的宁静。

三、瑜伽休息术

瑜伽休息术能在最短时间内消除疲劳,消除忧虑,消除郁闷和紧张,减轻工作和生活带来的各种压力。平缓呼吸,安宁整个神经系统,使人心态平和、安详,达到消除疲劳、放松的功效。

瑜伽休息术从仰卧开始,两手放于体侧,手心朝上,两脚按自己舒适的方式稍分开。有条件的话,用一块黑色布段或其他软布类（毛巾也可）轻轻遮盖住双眼,以便能得到更好更彻底的放松。排除一切杂念,将注意力全部集中在身体各个部位。

首先,从右脚开始:放松右脚趾、脚心、脚背、脚后跟、脚踝、右后侧、右小腿胫骨、右膝盖窝、膝盖、右大腿后侧、右大腿前侧、右腹股沟、右髋部、右臀部、右侧腰部、右侧腋窝、右肩膀、右上臂、肘部、前臂、右手腕、右手背、右手心、右手所有的手指。

接着,转到身体的左侧:放松左脚脚趾、脚心、脚背、脚后跟、脚踝、左后侧、左小腿胫骨、左膝盖窝、膝盖、左大腿后侧、左大腿前侧、左腹股沟、左髋部、左臀部、左侧腰部、左侧腋窝、左肩膀、左上臂、肘部、前臂、左手腕、左手背、左手心、左手所有的手指。

接着,转到上身躯干:放松胸部、整个胸腔、心脏、横膈膜、腹部、内脏器官、骨盆、性器官、肛门、腰骶椎、整个脊柱、整个背部。

接着,转到颈部和头部:颈部前侧、颈椎、后脑勺、头顶、头皮、前额、两个脸颊、两耳、两眉、眉心、眼皮、眼球、眼睑、鼻子、嘴唇、牙齿、舌头、下巴、整个头部。

之后,感觉身体每一个关节、每一个部位全都放松了,身体很轻很轻,轻得像一片羽毛飘浮在空中。想象自己躺在海边,躺在沙滩上,没有风,没有浪;蓝蓝的海水,蓝蓝的天空,海面平静极了……

一群海鸥在蓝天飞翔,起风了,渐渐有了浪花,浪花触及自己的双脚,触到了自己的全身,警醒了。静观自己的呼吸,呼吸自然而平稳地进行。吸气的时候,感觉自己正在吸气;呼气的时候,感觉到自己正在呼气。轻轻地活动自己的脚趾,轻轻转动脚踝,轻轻活动手指,轻轻转动手腕,将头轻轻转到右侧,慢慢转回到中间,再轻轻转到左侧,慢慢转回到正中。

接着,两手心在胸前相合,互相磨搓,待手心发热,让这发热的手心按在肚脐上,轻揉腹部,按摩腹部内脏器官。腹部内脏器官在温热的手心里受到温暖,内脏器官得以按摩。

再继续磨搓手心,待手心发热,让发热的手心轻轻拍打两个脸颊,就像母亲在爱抚婴儿,轻轻拍打头部,感觉所有的疲劳都消除了。大拇指轻轻按自己的太阳穴,感觉精力正在恢复。

继续磨搓手心,待手心发热,将发热的手心捂住闭着的双眼,眼睛感觉到温暖,眼球得到放松,眼睛在温暖的手心内慢慢睁开。十指分开,手指缓缓下滑,让眼睛慢慢适应这自然之光。

深深吸一口气,慢慢呼出,感觉全身心得到彻底放松。现在屈双膝,慢慢坐起。睁开眼睛,将头部轻轻摆动。再慢慢站起来,两脚并拢,两手放于体侧。

深深吸气,两手从旁分开,举至头顶,十指相交,转动手腕,手心朝天,感觉所有的紧张得以消除,全身充满了精力,充满了元气;呼气,两手臂从旁放下;再次吸气,两手上举,十指相交,转动手腕,伸直肘部,延伸脊柱,踮起脚跟,露出笑脸,感觉全身恢复了活力;呼气,放低脚跟,放下两手臂。健身瑜伽放松功结束。

四、推荐瑜伽练习套路

(一)拜日式

拜日式(太阳致敬式),瑜伽体位练习的初级入门方法,一般由12个姿势组成,可用于热身,有利于舒展身体,平和内心。完整套路视频请扫描二维码。

瑜伽-拜日式

(二)舞韵瑜伽

舞韵瑜伽是在金珠现代瑜伽体系——曼妙瑜伽的基础上,将更多的瑜伽体式和舞蹈元素进行了揉合,同时配合专业音乐疗法,功能与技能相结合后创编而成的瑜伽。《半壶纱》完整套路视频请扫描二维码。

舞韵瑜伽-半壶纱

第四节　瑜伽基本规则

瑜伽比赛以瑜伽交流会的形式出现,一般主要为瑜伽体位法展示。瑜伽比赛是以锻炼身体为目的,以让更多的人认识瑜伽为基础的大众性比赛。瑜伽的比赛形式比较单一,比赛的内容包括规定动作和自编动作。

下面以 NIKE 瑜伽大赛为例进行说明。

一、比赛规则

(1)以选手每10人一组,共6组为例。每组选手共同完成规定动作。规定动作完成后,每组前5位展示自选动作,其他同组选手原地等候,自选动作依次全部结束后共同退场。每组比赛规定动作,限 5 min 内完成。自选动作 6 个,限 8 min 内完成。

(2)每组比赛结束后评委亮分,记分员收取亮分牌,计算每人得分并做记录。

(3)下一组选手进行比赛,同时公布上一组选手个人得分。该组比赛结束后,评委亮分,记分员收取亮分牌并做记录。

(4)6组选手全部结束后,记分员统计总得分,前12名选手进入到最后一轮的决赛。

(5)进入决赛的选手分为 6 人一组,每人 3 个自选动作展示,动作可重复,限时 5 min

内完成。第1组动作结束后,第2组进行展示。2组共同完成后,由选手抽取理论问答题并在1 min 内作答。

(6)主持人宣布分数,评委亮分,记分员收取亮分牌,计算每人得分并记录。

(7)第2组选手进行比赛,结束后评委亮分、记分员记分,同时主持人公布第1组选手个人得分。

(8)全部结束后,评委综合给选手打分。

二、评分标准及评分细则

(一)第一部分:规定动作(3分)

1. 要求

完成太阳致敬式(又称拜日式)。要求选手体位完成准确到位、呼吸正确、整体连接流畅自然。

2. 评分细则

(1)体位完成分:1.5分。

①呼吸错误每处扣0.5分。

②体位细节错误每处0.5分。

③整体错误、失误或无法完成每个体位扣0.5分。

(2)整体连接分:1.5分。

根据选手整套动作的完成情况是否流畅自然,予以0.5分的加分。

(二)第二部分:自选动作(6分)

1. 要求

选手自行选择6个参赛体位,所选体位应能充分展示选手个人实力。要求体位完成准确到位,呼吸正确。

2. 评分细则(共6个体位,每个体位满分1分)

(1)体位规范分:1.2分。

①呼吸错误每处扣0.6分;

②体位细节错误每处扣0.6分;

③整体错误、失误或无法完成每个体位扣0.6分。

(2)体位难度分:1.2分。根据选手所选动作的难易程度予以评分。

(3)体位力度分:1.2分。根据选手的肌肉肢体控制和力度予以评分。

(4)体位节奏分:1.2分。根据选手的体位停留时间是否具有整体统一的节奏评分。

(5)选手表现分:1.2分。要求表演顺畅,充分表现出瑜伽之美以及选手的个人风采。

(三)第三部分:理论部分(1分)

1. 要求

该部分考核选手个人的瑜伽理论素养、对瑜伽历史的了解程度以及对瑜伽的认识与理解。

2. 评分细则

(1)要点阐述清晰 0.5 分。

(2)论述说明充分 0.5 分。

备注：

(1)按照动作的技巧、难度、平衡、柔软、协调、美观、力度，表演时的精神状态，呼吸与动作的配合，单个姿势的起势和收势，各个姿势连接的科学性和顺序节奏来综合打分。最高分为 10 分。评委打分后，去掉一个最高分，去掉一个最低分，然后取平均分，最后为个人得分。

(2)第 1 轮比赛为规定动作拜日式和 6 个自选动作，不设问答题，拜日式不要求一致，只做 1 遍。规定动作 5 min，自选动作 8 min，超出时间扣 0.5 分。

(3)第 2 轮比赛为 3 个自选动作和 1 道问答题，动作展示 5 min，问答题 1 min，超出时间扣 0.5 分。

第二十一章　健身气功·八段锦

本章资源列表

第一节　健身气功·八段锦概述

一、健身气功·八段锦概述

健身气功是以自身形体活动、呼吸吐纳、心理调节相结合为主要运动形式的民族传统体育项目,是中华悠久文化的重要组成部分。

目前流行的主要健身气功有健身气功·易筋经、健身气功·五禽戏、健身气功·六字诀、健身气功·八段锦、健身气功·十二段锦、健身气功·大舞、健身气功·导引养生功十二法、健身气功·马王堆导引术、健身气功·太极养生杖等功法。

八段锦,从宋代流传至今已有上千年的历史。八段锦的"八"字,不是单指段、节和八个动作,而是表示其功法有多种要素,相互制约,相互联系,循环运转。"锦"字,是由"金""帛"组成,表示精美华贵。因此,"锦"字还可理解为单个导引式的汇集,如丝锦般连绵不断。

八段锦在流传中出现过很多流派,具体何人、何时所创,尚无定论。湖南长沙马王堆三号墓出土的《导引图》(见图 21-1)中,至少可以看到 4 幅图势与八段锦的图势有关,诸如"调理脾胃须单举""双手攀足固肾腰""左右开弓似射雕""背后七颠百病消"。

"取其精华,去其糟粕",国家体育总局课题组在南宋至今的立势八段锦 64 个版本基础

图 21-1　《导引图》

上,以人体生命整体观为指导,以调身、调息、调心三调合一为基准原理,创编了今天的简单易学、锻炼效果明显的健身气功·八段锦。在"没有全民健康,就没有全面小康"的时代,健身气功不仅仅是一项独特的养生功法,更成为一项健康、时尚的大众型运动项目。

二、健身气功·八段锦锻炼价值

(一)从运动养生角度

健身气功运动风格柔和缓慢,既可避免大强度运动后给人体造成损伤,又可以在节能情况下提高人体的生理机能,且注重身心共养、内外兼修。

(二)从中医养生角度

健身气功养生机理是在调身、调息、调心的不同搭配下,通过阴阳平衡规律,协调脏腑阴阳、气血偏盛偏衰,促进人体朝着阴平阳秘的健康状态发展。

(三)从现代医学角度

健身气功锻炼能改善并增强神经体液系统的调节功能,激发人体的自愈能力,从而达到强身健体的效果。调身是通过启动运动中枢和外周感受器构成的复杂反馈活动,将身体保持在最佳的生理状态;调息是凭借主动呼吸干预影响植物性神经功能作用,从而间接对人体内脏功能产生影响;调心是通过前脑额叶的神经活动促使脑垂体增加 β-内啡肽分泌,进而通过遍布全身的受体改善人体的自我调节功能。

(四)从心理健康角度

健身气功锻炼通过主动的自我心理活动调整机体的生理功能平衡,进而改变生理状态。运动心理学研究发现,不同的锻炼方式对心理功能的影响效果也不同,健身气功等中国传统养生术对调节情绪状态效果更佳。

三、健身气功·八段锦习练原则

(一)顺其自然原则

所谓"顺其自然",实际是由不自然到自然、由守规矩到脱规矩的锻炼过程。

顺其自然原则就是要遵循八段锦固有规律,讲究方法,而不是随心所欲。比如,练习过程中动作的大小、高低、幅度、次数等可以根据个体状况灵活掌握,但不能改变动作的规格。呼吸自然,不等于放弃呼吸锻炼,而是不强吸硬呼,应在循序渐进过程中达到不调而自调的状态。关于意念,"不可用心守,不可无意求,用心招象,无意落空,似守非守,绵绵若存",过于用意会导致精神紧张、适得其反。

(二)循序渐进原则

锻炼过程中要掌握好练功的负荷、强度,合理安排运动量是健身关键,即所谓的"火候",欲速则不达。动作的高低,用力的大小,呼吸的频率、深浅,意念的轻重、强弱,练习的时间、次数都存在强度和量的问题。练功者对运动量的掌握应以本体感觉为准,最简便有效的检测方法是,运动后不觉疲劳,精神愉快,脉搏稳定,血压正常,食欲及睡眠良好,表明运动量是适宜的。反之,则表明运动量过大,应及时进行调整。

四、健身气功·八段锦习练步骤

习练健身气功·八段锦要做到调身、调息、调心三步走。

(一)调身

调身是指对人的基本身形和肢体动作的调控与修炼。调身分为静止状态调身和运动状态调身两个部分。

1. 静止状态调身

"形不正则气不顺,气不顺则意不宁,意不宁则神散乱",基本身形是基础,贯穿于运动始终。静止状态下的基本身形要做到:百会虚领、立项竖脊、沉肩坠肘、虚胸实腹、松腰敛臀、中正安舒。

在功法中的段落间和动作的分节处,都是以桩功中的自然势、捧势、扶按式、抱球式、叠掌式衔接转换的。因此基本身形的练习,可通过站桩方式进行,培养练习者势正招圆的身型和体态;站桩时可配合呼吸、意念按照循序渐进的原则逐步进行。

2. 运动状态调身

运动状态下的调身,主要是结合功法动作进行。目的是使练习者正确掌握动作规格、路线、方法、要领等,提高运动技术水平,增强健身效果。

学习掌握动作阶段要抓住点、线、形三个要素。"点"是指动作的起止点;"线"是指动作的运行路线;"形"是指身体形态,包括动态与静态时的身体形态。

在学习动作阶段,要做到步型、步法、手型、手法清晰准确,动作需要规范严谨,做到上体中正、下肢稳定;在动作熟练阶段,要注意身体重心的转换,掌握好平衡,处理好动作间的衔接,以腰脊带动四肢,使动作讲究柔和缓慢、圆活连贯、上下相随、节节贯穿;在动作巩固提高阶段,要求松静、分虚实、知内劲,动作要有张有弛、轻灵含蓄、松紧适度,逐渐体会动作的用劲顺序;手往上时,是梢节起、中节随、根节催;手下落时,是根节沉、中节坠,梢节松;向前迈步应是起于根、顺于中、达于梢;用劲的顺序就是动作的顺序。两者同行,劲由脊发,主宰于腰,其根在脚,达于手。整个肢体动作由最初的以外导内,转化为以内导外。

(二)调息

调息,是指运动中对呼吸的调控和锻炼。一吸一呼谓之息。调息是练习健身气功的重要环节,在调身与调心之间起纽带作用。调息不但直接对机体起着调和气血、按摩内脏等功效,而且有助于宁静心神,放松身体。

健身气功·八段锦调息练习时采用逆腹式呼吸,同时配合提肛呼吸,并在每段主体动作的松与紧、动与静的转换处采用闭气法。逆腹式呼吸的方法是,吸气时腹肌收缩,腹壁内凹;呼气时腹肌放松,腹壁隆起。提肛呼吸是在吸气时有意识地收提肛门及会阴部肌肉,呼气时则放松肛门及会阴部肌肉。

所谓闭气,就是不吸不呼屏住呼吸。闭气不同于憋气。在练习过程中每次闭气仅 2 s,其作用是加大动作对关节、肌肉、脏腑、神经、体液的刺激强度,有利于吸进清气,排出浊气,加强气体交换,畅通经络,促进血液循环,提高锻炼效果。

健身气功·八段锦对调息的总体把握是:在初级阶段应采取自然呼吸,要以学习掌握动作为主；中级阶段要结合动作的升降、开合，有意识地、循序渐进地练习调息，呼吸应柔和均匀，不可追求深长。细、匀、深长的腹式呼吸是经过长期练习获取的，单纯的追求反而会使心不静、神不安、气不顺，出现憋气现象。待呼吸与动作配合自如，进入不调而自调的状态就是练功的高级阶段，此时的调息已不再注重外在口鼻的呼与吸，而是在意念的引导下带动肢体运动。

(三)调心

调心是指运动中对意念的调控。健身气功·八段锦在练习时的意念活动不是守一，而是意想动作的过程。它包括动作的规格、要点、重点部位及呼吸。调心同调身、调息一样，是一个循序渐进的过程。

在学习动作阶段，主要是意念动作的规格要点。在熟练提高阶段，重点是意念动作的技术环节，注重风格特点、韵味，注意呼吸与动作的配合。高级阶段，动作趋于自动化，呼吸近于自调，这时的意念活动更加有序，自然会进入恬淡、似守非守的状态。

在调心环节中，放松与入静的协调配合是至关重要的。

松，主要是指形体的放松。

练习过程中对放松的要求是先紧后松。紧是开始练习动作时要横平竖直，把功架拉开，该用劲的要用劲。放松就是一个换劲的过程，待架子拉开后，动作熟练了身体形态自然就松下来了，但这时的松不是真正的松。在动作越练越沉稳，使全身各组织器官功能都处于最佳应力分布状态后，关节、肌肉在意识的引导下出现的松才是真正的松。

静，主要是指思想和情绪要平稳、安宁。

健身气功·八段锦是以肢体运动为主的导引术，因此动作要在意念引导下，体会呼吸与动作的配合，注意力集中，排除杂念。随着动作的熟练和技术水平的提高，意念随着动作会更加专一，入静的程度会逐渐加深。

第二节　健身气功·八段锦动作解析

健身气功·八段锦是在传统八段锦的基础上改编而成的健身气功新功法。它传承了传统八段锦的精髓：一是每一式功法名称都由 7 个汉字组成，其中包含了功法的动作要领与主要作用两个方面；二是每一式动作均紧扣一个中医理论，围绕对脏腑等的"调"与"衡"，完成对人体的健身作用。

健身气功·八段锦是以中医基础理论为指导，以"调"为手段、"衡"为目的，进而起到健身作用的一种有氧运动形式。

一、健身气功·八段锦功法特点

(1)柔和缓慢，圆活连贯。

(2)松紧结合，动静相兼。

(3)神与形合,气寓其中。

二、基本手型与步型

(一)手型

1. 拳

大拇指抵掐无名指根节内侧,其余四指屈拢收于掌心。

2. 掌

(1)掌一:五指微屈,稍微分开,掌心微含。

(2)掌二:拇指与食指竖直分开成八字状,其余三指的第一、第二指节屈收,掌心微含。

3. 爪

五指并拢,大拇指第一指节,其余四指第一、二指节,屈收扣紧,手腕伸直。

(二)步型

开步站立,两脚间距约为本人脚长的2~3倍,屈膝半蹲,大腿略高于水平。

三、健身气功·八段锦动作解析

预备势

【动作步骤】

动作一:两脚并步站立;两臂自然垂于体侧;身体中正,目视前方。

动作二:随着松腰沉髋,身体重心移至右腿;左脚向左侧开步,脚尖朝前,约与肩同宽;目视前方。

动作三:两臂内旋,两掌分别向两侧摆起,约与髋同高,掌心向后;目视前方。

动作四:上动不停。两腿膝关节稍屈;同时,两臂外旋,向前合抱于腹前成圆弧形,与脐同高,掌心向内,两掌指间距约10 cm,目视前方。

【动作要点】

(1)头向上顶,下颏微收,舌抵上颚,双唇轻闭,沉肩坠肘,腋下虚掩;胸部宽舒,腹部松沉;收髋敛臀,上体中正。

(2)呼吸徐缓,气沉丹田,调息6~9次。

【动作功理】

预备姿势可帮助调理呼吸、静心安神,使练习者从身体和心理上都做好练功前的准备。

第一式:两手托天理三焦

【动作步骤】

动作一:接上式。两臂外旋微下落,两掌五指分开在腹前交叉,掌心向上,目视前方。

第一式

动作二:上动不停。两腿徐缓挺膝伸直;同时,两掌上托至胸前,随之两臂内旋向上托起,掌心向上;抬头,目视两掌。

动作三:上动不停。两臂继续上托,肘关节伸直;同时,下颏内收,动作略停;目视前方。

动作四:身体重心缓缓下降;两腿膝关节微屈;同时,十指慢慢分开,两臂分别向身体两侧下落,两掌捧于腹前,掌心向上;目视前方。

本式托举、下落为一遍,共做六遍。

【动作要点】

(1)两掌上托要舒胸展体,略有停顿,保持伸拉。

(2)两掌下落,松腰沉髋,沉肩坠肘,松腕舒指,上体中正。

【动作功理】

(1)通过两手交叉上托,缓慢用力,保持抻拉,可使"三焦"通畅、气血调和。

(2)通过拉长躯干与上肢各关节周围的肌肉、韧带及关节软组织,对防治肩部疾患、预防颈椎病等具有良好的作用。

【中医解析】

两手托天理三焦:调全身,平衡阴阳。

"两手托天"是动作要领,"理三焦"是对其作用的概括,本式以中医三焦学说为指导。

第二式:左右开弓似射雕

【动作步骤】

动作一:接上式。身体重心右移;左脚向左侧开步站立,两腿膝关节自然伸直;同时,两掌向上交叉于胸前,左掌在外,两掌心向内;目视前方。

第二式

动作二:上动不停。两腿徐缓屈膝半蹲成马步;同时,右掌屈指成"爪",向右拉至肩前;左掌成八字掌,左臂内旋,向左侧推出,与肩同高,坐腕,掌心向左,犹如拉弓射箭之势;动作略停;目视左掌方向。

动作三:身体重心右移;同时,右手五指伸开成掌,向上、向右划弧,与肩同高,指尖朝上,掌心斜向前;左手指伸开成掌,掌心斜向后;目视右掌。

动作四:上动不停。重心继续右移;左脚回收成并步站立;同时,两掌分别由两侧下落,捧于腹前,指尖相对,掌心向上;目视前方。

动作五至八:同动作一至四,唯左右相反。

本式一左一右各做三遍。

最后一动时,身体重心继续左移;右脚回收成开步站立,与肩同宽,膝关节微屈;同时,两掌分别由两侧下落,捧于腹前,指尖相对,掌心相对;目视前方。

【动作要点】

(1)侧拉之手五指要并拢屈紧,肩臂放平。

(2)八字掌侧撑需沉肩坠肘,屈腕,竖指,掌心含空。

(3)年老或体弱者可自行调整马步的高度。

【动作功理】

(1)展肩扩胸,可刺激督脉和背部腧穴;同时刺激三阴三阳经等。可调节手太阴肺经等经脉之气。

(2)可有效发展下肢肌肉力量,提高平衡和协调的能力;同时,增加前臂和手部肌肉的力量,提高手腕关节及指关节的灵活性。

(3)有利于矫正不良姿势,如驼背及肩内收;很好地预防肩、颈疾病等。

【中医解析】

左右开弓似射雕:调左右,平衡金木。

"似射雕"是动作要领,"左肝右肺"是言其作用。本式以中医五脏生成说为指导。

第三式:调理脾胃须单举

【动作步骤】

第三式

动作一:接上式。两腿徐缓挺膝伸直;同时,左掌上托,左臂外旋上穿经面前,随之臂内旋上举至头左上方,肘关节微屈,力达掌根,掌心向上,掌指向右;同时,右掌微向上托,随之臂内旋下按至右髋旁,肘关节微屈,力达掌根,掌心向下,掌指向前,动作略停;目视前方。

动作二:松腰沉髋,身体重心缓缓下降;两腿膝关节微屈;同时,左臂屈肘外旋,左掌经面前下落于腹前,掌心向上;右臂外旋,右掌向上捧于腹前,两掌指尖相对,相距约 10 cm,掌心向上;目视前方。

动作三、四:同动作一、二,唯左右相反。

本式一左一右各做三遍。

最后一遍时,两腿膝关节微屈;同时,右臂屈肘,右掌下按于右髋旁,掌心向下,掌指向前;目视前方。

【动作要点】

力在掌根,上撑下按,舒胸展体,拔长腰脊。

【动作功理】

(1)通过左右上肢一松一紧的上下对拉(静力牵张),可以牵拉腹腔,对脾胃中焦肝胆起到按摩作用;同时可以刺激位于腹、胸部的相关经络以及背部腧穴等,达到调理脾胃(肝胆)和脏腑经络的作用。

(2)可使脊椎内各椎骨间的小关节及小肌肉得到锻炼,从而增强脊椎的灵活性与稳定性,有利于预防和治疗肩、颈疾病等。

【中医解析】

调理脾胃须单举:调中焦,平衡升降。

"调理脾胃"说的是作用,或者说锻炼目的;"须单举"是动作要点。本式以中医脾胃理论为指导。

第四式:五劳七伤往后瞧

【动作步骤】

第四式

动作一:接上式。两腿徐缓挺膝伸直;同时,两臂伸直,掌心向后,指尖向下,目视前方。然后上动不停,两臂充分外旋,掌心向外;头向左后转,动作略停;目视左斜后方。

动作二:松腰沉髋,身体重心缓缓下降;两腿膝关节微屈;同时,两臂内旋按于髋旁,掌心向下,指尖向前;目视前方。

动作三:同动作一,唯左右相反。

动作四:同动作二。

本式一左一右各做三遍。

最后一动时,两腿膝关节微屈;同时,两掌捧于腹前,指尖相对,掌心向上;目视前方。

【动作要点】

(1)头向上顶,肩向下沉。

(2)转头不转体,旋臂,两肩后张。

【动作功理】

(1)本式动作通过上肢伸直外旋扭转的静力牵张作用,以扩张牵拉胸腔、腹腔的脏腑。

(2)本式动作中往后瞧的转头动作,可刺激颈部大椎穴,达到防治"五劳七伤"的目的。"五劳"指心、肝、脾、肺、肾五脏劳损;"七伤"指喜、怒、悲、忧、恐、惊、思七情伤害。

(3)可增加颈部及肩关节周围与运动肌群的收缩力,增加颈部运动幅度,活动眼肌,预防眼肌疲劳以及肩、颈与背部等疾患。同时,改善颈部及脑部血液循环,有助于解除中枢神经系统疲劳。

【中医解析】

五劳七伤往后瞧:调劳伤,平衡标本。

本式功法是治疗性功法,"往后瞧"是动作要点;"五劳七伤"是指"五劳七伤者",暗含"往后瞧"能治疗"五劳七伤"类疾病,以中医病因病机学说为指导。

第五式:摇头摆尾去心火

【动作步骤】

动作一:接上式。身体重心左移;右脚向右开步站立,两腿膝关节自然伸直;同时,两掌上托与胸同高时,两臂内旋,两掌继续上托至头上方,肘关节微屈,掌心向上,指尖相对;目视前方。

第五式

动作二:上动不停。两腿徐缓屈膝半蹲成马步;同时,两臂向两侧下落,两掌扶于膝关节上方,肘关节微屈,小指侧向前;目视前方。

动作三:身体重心向上稍升起,而后右移;上体先向后倾,随之俯身;目视右脚。

动作四:上动不停。身体重心左移;同时,上体由右向前、向左旋转;目视右脚。

动作五:身体重心右移,成马步;同时,头向后摇,上体立起,随之下颏微收;目视前方。

动作六至八:同动作三至五,唯左右相反。

本式一左一右各做三遍。

最后一遍做完后,身体重心左移,右脚回收成开步站立,与肩同宽;同时,两掌向外经两侧上举,掌心相对;目视前方。随后松腰沉髋,身体重心缓缓下降,两腿膝关节微屈,同时屈肘,两掌经面前下按至腹前,掌心向下,指尖相对;目视前方。

【动作要点】

(1)马步下蹲要收髋敛臀,上体中正。

(2)摇转时,颈部与尾闾对拉伸长,好似两个轴在相对运转,速度应柔和缓慢,动作圆活连贯。

(3)年老或体弱者要注意动作幅度,不可强求。

【动作功理】

(1)心火。即心热火旺的病症,属阳热内盛的病机。通过两腿下蹲,摆动尾闾,可刺激脊椎、督脉等;通过摇头,可刺激大椎穴,从而达到疏通泄热作用,有助于去除心火。

(2)在摇头摆尾过程中,脊椎腰段、颈段大幅度侧屈、环转及回旋,可使整个脊椎的头颈段、腰腹及臀、腿部肌群参与收缩,既增加了颈、腰、髋的关节灵活性,也锻炼了这些部位的肌肉。

【中医解析】

摇头摆尾去心火:调上下,平衡水火。

本式功法与上式相似,也是治疗性功法,只是在操作要点与适应范围上有所不同。其中的"摇头摆尾"说的是操作,"去心火"是其作用。它以中医藏象学说为指导。

第六式:两手攀足固肾腰

【动作步骤】

动作一:接上式。两腿挺膝伸直站立;同时,两掌指尖向前,两臂向前、向上举起,肘关节伸直,掌心向前;目视前方。

第六式

动作二:两臂外旋至掌心相对,屈肘,两掌下按胸前,掌心向下,指尖相对;目视前方。

动作三:上动不停。两臂外旋,两掌心向上,随之两掌掌指顺腋下向后插;目视前方。

动作四:两掌心向内沿脊椎两侧向下摩运至臀部;随之上体前俯,两掌继续沿腿后向下摩运,经脚两侧置于脚面;抬头,动作略停;目视前下方。

动作五:两掌沿地面前伸,随之用手臂举动上体起立,两臂伸直上举,掌心向前;目视前方。

本式一上一下为一遍,共做六遍。

做完六遍后,松腰沉髋,重心缓缓下降;两腿膝关节微屈;同时,两掌向前下按至腹前,掌心向下,指尖向前;目视前方。

【动作要点】

(1)反穿摩运要适当用力,至足背时松腰沉肩,两膝挺直,向上起身时手臂主动上举,带动上体立起。

(2)年老或体弱者可根据身体状况自行调整动作幅度,不可强求。

【动作功理】

(1)通过前屈后伸可刺激脊椎、督脉以及命门、阳关、委中等穴,有助于防治生殖泌尿系统方面的慢性病,达到固肾壮腰的作用。

(2)通过脊椎大幅度前屈后伸,可有效发展躯干前、后伸屈,脊椎肌群的力量与伸展性,同时对腰部的肾、肾上腺、输尿管等器官有良好的牵拉、按摩作用,可以改善其功能,刺激其活动。

【中医解析】

两手攀足固肾腰:调命门,平衡任督。

本式功法通过大幅度俯仰的"两手攀足"锻炼,达到"固肾腰"的目的,它以中医经络学说为指导。

第七式:攒拳怒目增气力

【动作步骤】

接上式。身体重心右移,左脚向左开步;两腿徐缓屈膝半蹲成马步;同时,两掌握固,抱于腰侧,拳眼朝上;目视前方。

动作一:左拳缓慢用力向前冲出,与肩同高,拳眼朝上;瞪目,视左拳冲出方向。

动作二:左臂内旋,左拳变掌,虎口朝下;目视左掌。左臂外旋,肘关节微屈;同时,左掌向左缠绕,变掌心向上后握固;目视左拳。

动作三:屈肘,回收左拳至腰侧,拳眼朝上;目视前方。

动作四至六:同动作一至三,唯左右相反。

本式一左一右各做三遍。

做完最后一遍后,身体重心右移,左脚回收成并步站立;同时,两拳变掌,自然垂于体侧;目视前方。

第七式

【动作要点】

(1)马步的高低可根据自己的腿部力量灵活掌握。

(2)冲拳是要怒目瞪眼,注视冲出之拳,同时脚趾抓地,拧腰顺肩,力达拳面;拳回收时要旋腕,五指用力抓握。

【动作功理】

(1)中医认为,"肝主筋,开窍于目"。本式中的"怒目瞪眼"可刺激肝经,使肝血充盈,肝气疏泄,有强健筋骨的作用。

(2)两腿下蹲十趾抓地、双手攒拳、旋腕、手指逐节强力抓握等动作,可刺激手、足三阴三阳十二经脉的腧穴和督脉等;同时,使全身肌肉、经脉受到静力牵张刺激,长期锻炼可使全身筋肉结实,气力增加。

【中医解析】

攒拳怒目增力气:调肝血,平衡身心。

本式重在调摄肝血,旨在通过"攒拳怒目"的动作,达到"增气力"的目的。它以中医藏象学说为指导。

第八式:背后七颠百病消

第八式

【动作步骤】

动作一:接上式。两脚跟提起;头上顶,动作略停;目视前方。

动作二:两脚跟下落,轻震地面;目视前方。

本式一起一落为一遍,共做七遍。

【动作要点】

(1)上提时脚趾要抓地,脚跟尽力抬起,两腿并拢,百会穴上顶,略有停顿,要掌握好平衡。

(2)脚跟下落时,咬牙,轻震地面,动作不要过急。

(3)沉肩舒臂,周身放松。

【动作功理】

(1)脚趾为足三阴、足三阳经交会之处,脚十趾抓地,可刺激足部有关经脉,调节相应脏腑的功能;同时,颠足可刺激脊椎与督脉,使全身脏腑经络气血通畅,阴阳平衡。

(2)颠足而立可发展小腿后部肌群力量,拉长足底肌肉、韧带,提高人体平衡能力。

(3)落地震动可轻度刺激下肢及脊椎各关节内外结构,并使全身肌肉得到放松复位,有助于解除肌肉紧张。

【中医解析】

背后七颠百病消:调松紧,平衡张弛。

本式功法通过"背后七颠"的锻炼,试图使"百病消"除。实际是强调了"松"在疾病防治中的意义,同时暗喻精神紧张对人体健康的危害。它以中医七情致病说为指导。

收势

【动作步骤】

动作一:接上式。两臂内旋,向两侧摆起,与髋同高,掌心向后;目视前方。

收势

动作二:两臂屈肘,两掌相叠于丹田处(男性左手在内,女性右手在内);目视前方。

动作三:两臂自然下落,两掌轻贴于腿外侧;目视前方。

【动作要点】

体态安详,周身放松,呼吸自然,气沉丹田。

【动作功理】

气息归元,放松肢体肌肉,愉悦心情,进一步巩固效果,逐渐恢复到练功前安静时状态。

四、健身气功·八段锦分解教学视频演示

健身气功·八段锦分解教学视频演示见本章二维码。

第三节 健身气功·八段锦基本规则

一、参赛礼仪

参赛队员在比赛开始前和完成比赛项目及领分后,应向裁判长行礼。

二、名次确定

(一)个人单项或集体单项名次

(1)按比赛成绩由高到低排列名次。

(2)比赛成绩得分相同时,演示水平得分高者列前;如仍相同,以动作规格得分高者列前;如再相同,以动作规格分平均值计算前的最高分高者列前;如还是相同,名次并列。

(二)团体名次

(1)按比赛成绩由高到低排列名次。

(2)团体总分相同时,以集体项目总分高者列前;如仍相同,以单项赛名次高者列前;如

再相同,名次并列。

三、评分方法

(1)每个比赛项目满分为 10 分,其中动作规格分值为 5 分,演示水平分值为 5 分。
(2)采取裁判长、A 组裁判员扣分制和 B 组裁判员给分制相结合的评分方法。

四、评分标准

(1)动作规格扣分累计不超过 4 分(含 4 分),A 组裁判员根据下列错误类型每出现一次扣 0.1 分;同一错误在同一动作中出现多次、同一动作出现多种错误或多人次在同一动作中出现错误,累计扣分最高为 0.4 分。

①动作类:动作不符合功法规格标准,不规范的口型和发音。
②平衡类:不属于规范动作内的肢体移动、晃动。
③呼吸类:明显的气喘或憋气。
④神态类:意念不集中的分神、走神。
⑤其他类:遗忘动作,动作与背景音乐不合拍。

(2)演示水平分值为 3 个档次,每个档次分为 3 个级别,共分 9 个分数段。给分的方法是先确定给分的档次再确定给分的级别,而后在对应的分数段中以 0.05 为单位的倍数给分(小数点后第二位数或者是 0 或者是 5)。

①评分档次。

演示水平分值档次的划分、级别与分数段的设定,如表 21-1 所示。

表 21-1 健身气功·八段锦演示水平分值档次划分

档次	级别	分数段
优秀	1 级	5.00—4.80
优秀	2 级	4.75—4.50
优秀	3 级	4.45—4.10
良好	1 级	4.00—3.80
良好	2 级	3.75—3.50
良好	3 级	3.45—3.10
一般	1 级	3.00—2.80
一般	2 级	2.75—2.50
一般	3 级	2.45—2.10

②评判标准。

凡动作规范、呼吸顺畅、意念集中、演示神韵与项目规格标准及特点融合、动作与队形整齐、动作与背景音乐和谐一致者,视为优秀。

凡动作较规范、呼吸较顺畅、意念较集中、演示神韵与项目规格标准及特点较融合、动作与队形较整齐、动作与背景音乐配合较一致者,视为良好。

凡动作不规范、呼吸不顺畅、意念不集中、演示神韵与项目规格标准及特点不融合、动作与队形不整齐、动作与背景音乐配合不一致者,视为一般。

(3)裁判长扣分。

①比赛中因参赛队员个人因素造成的重做,扣1分。

②参赛队员演示结束时间每提前或滞后3 s扣0.1分,累计扣分不超过0.3分。

③集体赛每多或缺1名参赛队员,扣0.5分。

④着装不符合指定的式样,扣0.1~0.3分。

五、得分计算

(1)动作规格的平均分和演示水平的平均分以及参赛队(队员)的最后得分分别计算到小数点后第二位数,小数点后第三位数不作四舍五入。

(2)A组5名裁判员评分时,去掉一个最高分和一个最低分,取其平均值为参赛队(队员)动作规格得分;如3名裁判员评分,则取其平均值为参赛队(队员)动作规格得分。

(3)B组5名裁判员评分时,去掉一个最高分和一个最低分,取其平均值为参赛队(队员)演示水平得分;如3名裁判员评分,则取其平均值为参赛队(队员)演示水平得分。

(4)参赛队(队员)动作规格得分与演示水平得分之和减去裁判长扣分为其最后得分。

(5)参赛队(队员)未完成整套功法演示,则不予评分。

参 考 文 献

[1] 杨铁黎.体育概论[M].北京:人民体育出版社,2014.
[2] 夏征农,陈至立.辞海:第六版普及本[M].上海:上海辞书出版社,2010.
[3] 黄美好.体育学概论[M].北京:人民体育学出版社,2007.
[4] 杨文轩,陈琦.体育概论[M].2版.北京:高等教育出版社,2013.
[5] 杨文轩,陈琦.体育原理[M].北京:高等教育出版社,2004.
[6] 李林,等.中国学校体育热点问题研究报告[M].北京:化学工业出版社,2016.
[7] 周登嵩.学校体育学[M].北京:人民体育出版社,2004.
[8] (美)李卫东,等.体育课程教学模式[M].北京:高等教育出版社,2018.
[9] 李祥.学校体育学[M].北京:高等教育出版社,2001.
[10] 全国体育院校教材委员会.运动训练学[M].北京:人民体育出版社,2000.
[11] 刘星亮.体质健康概论[M].武汉:中国地质大学出版社,2010.
[12] 张艺宏,等.国民体质监测与评价[M].北京:科学出版社,2017.
[13] 尹军,袁守龙.身体运动功能训练[M].北京:高等教育出版社,2015.
[14] 季浏,殷恒婵,颜军.体育心理学[M].3版.北京:高等教育出版社,2016.
[15] 王瑞元,苏全生.运动生理学[M].北京:人民体育出版社,2011.
[16] 全国体育院校教材委员会.运动解剖学[M].北京:人民体育出版社,2000.
[17] 曲绵域,于长隆.实用运动医学[M].4版.北京:北京大学医学出版社,2003.
[18] 何梦乔,钟后德,毛忠仁.实用急救学[M].上海:复旦大学出版社,2005.
[19] 田野,运动生理学高级教程[M].北京:高等教育出版社,2003.
[20] 周秀华.急救护理学[M].北京:人民卫生出版社,2001.
[21] 高风华.保健体育教程[M].南京:南京大学出版社,2002.
[22] [美]美国运动医学学会.ACSM运动测试与运动处方指南[M].9版.王正珍,等译.北京:北京体育大学出版社,2014.
[23] 陈琦,麦全安.体质健康评价与运动处方[M].北京:高等教育出版社,2015.
[24] 关辉,刘炜.体育运动处方及应用[M].北京:北京师范大学出版社,2015.
[25] 体育院校成人教育协作组《身体素质训练法》教材编写组.身体素质训练法[M].北京:人民体育出版社,2004.
[26] 国家体育总局训练局国家队体能训练中心.身体功能训练动作手册[M].北京:人民体育出版社,2014.
[27] 杨世勇.体能训练[M].北京:人民体育出版社,2012.
[28] 美国体能协会.灵敏训练[M].周建梅,译.北京:北京大学体育出版社,2015.

[29] 张贵敏.田径运动教程[M].北京:人民体育出版社,2007.

[30] 李鸿江.田径[M].3版.北京:高等教育出版社,2014.

[31] 《球类运动》编写组.球类运动[M].北京:高等教育出版社,2004.

[32] 于振峰,李国岩.现代篮球教学[M].北京:人民体育出版社,2005.

[33] 全国体育院校教材委员会.排球运动[M].北京:人民体育出版社.1999.

[34] 中国排球协会.排球竞赛规则(2017—2020)[M].北京:人民体育出版社.2017.

[35] 全国体育院校教材委员会.现代足球[M].北京:人民体育出版社,2002.

[36] 杨一民.中国体育教练员岗位培训教材:足球[M].北京:人民体育出版社,1997.

[37] 中国足球协会.足球竞赛规则(2016—2017)[M].北京:人民体育出版社.2017.

[38] 朱建国.羽毛球运动教学与训练教程[M].北京:清华大学出版社.2015.

[39] 中国羽毛球协会.羽毛球竞赛规则(2017)[M].北京:北京体育大学出版社.2016.

[40] 张勇,张锐.羽毛球[M].北京:北京体育大学出版社,2003.

[41] 张瑛秋.现代乒乓球技术研究[M].北京:北京体育大学出版社,2008.

[42] 陈小华.乒乓球[M].北京:人民体育出版社,2015.

[43] 中国乒乓球协会.乒乓球竞赛规则(2016)[M].北京:人民体育出版社.2017.

[44] 王宏,石大玲.柔力球入门与提高[M].武汉:华中科技大学出版社,2010.

[45] 王宏.柔力球[M].武汉:华中科技大学出版社,2016.

[46] 郑超,张林泉,高章宁.怎样踢好毽球[M].武汉:中国地质大学出版社,1999.

[47] 刘秉果.中国古代体育简史[M].北京:中华书局,上海古籍出版社,2017.

[48] 全国体育学院教材委员会.武术[M].北京:人民体育出版社,1999.

[49] 全国体育院校教材委员会.中国武术教程上册[M].北京:人民体育出版社,2003.

[50] 温力.中国武术概论[M].北京:人民体育出版社,2005.

[51] 周伟良.中华民族传统体育概论高级教程[M].北京:高等教育出版社,2003.

[52] 国家体委武术研究院.中国武术史[M].北京:人民体育出版社,1996.

[53] 国家体育总局武术研究院.剑术[M].北京:高等教育出版社,2010.

[54] 张福旺.陈式太极拳释疑[M].南京:江苏科学技术出版社,2011.

[55] 杜七一.现代跆拳道教程[M].武汉:湖北科技出版社,2007.

[56] 中国健美操协会.全国健美操大众锻炼标准(第三套)[M].北京:北京精彩视觉文化传播有限公司.2009.

[57] 肖光来.健美操[M].北京:人民体育出版社,2004.

[58] 单亚萍.形体艺术训练[M].杭州:浙江大学出版社,2004.

[59] 冯萍,张杰.健美操与体育舞蹈[M].杭州:浙江大学出版社,2004.

[60] 翟林.体育舞蹈教程[M].昆明:云南科技大学出版社,2002.

[61] 向智星.形体训练[M].北京:高等教育出版社,2004.

[62] 范京广.时尚健身瑜伽[M].北京:北京体育大学出版社,2003.

[63] 国家体育总局健身气功管理中心.健身气功·八段锦[M].北京:人民体育出版社,2003.

[64] 李文杰.大学体育教程[M].武汉:武汉理工大学出版社.2006.

[65] 陈智芳,冯丽明.大学体育教程[M].长春:吉林大学出版社,2014.

[66] 何涅,陈智芳.大学体育教程[M].武汉:华中科技大学出版社,2017.

[67] 金其荣.体育与健康·实践教程[M].北京:北京大学出版社,2013.

[68] 任晋军.大学体育与健康教程[M].北京:教育科学出版社,2010.

[69] 傅兰英,杨晓林.大学体育与健康教程[M].北京:高等教育出版社,2009.

[70] 杨芳良,谭祝平,李志祥.大学体育教育教程[M].北京:北京体育大学出版社,2011.